序

自八十年代以來，魏晉玄學（即魏晉哲學）的研究雖然已經取得了相當可觀的成績，但比起宋明理學的研究在廣度上卻有所不足，研究的學者人數也較少。從中國哲學發展的歷史上看，魏晉玄學和宋明理學同樣是一個發展的重要階段，它們都使中國哲學大大的深化了。我認爲魏晉玄學至少有以下問題可以特別注意：⑴它和老莊哲學一樣討論了非常多的重要的哲學問題，如存在與所以存在、一般和個別、目的性與能動性、本質和現象、自由與必然、現實與超越、相對與絕對、根據與條件等等；⑵它把兩漢以討論宇宙構成的問題發展成爲討論宇宙本體的問題，而有本末有無問題的討論；⑶它繼承老莊思想和《易傳》哲學把言意關係的問題發展成一種系統的哲學方法，「言意之辨」形成一種思維模式，因而對中國的文學藝術理論發生了重大影響，在文學理論上的「言外之意」，繪畫理論上的「畫外之景」，音樂理論上的「弦外之音」等等，無不受玄學方法的影響；⑷由於魏晋玄學的興起，因而印度佛敎（特別是般若學）更加容易爲中國文化所接受，而使佛敎能在魏晋玄學以後對中國社會生活和學術思想起著更大的作用。這樣，在魏晋時期中國哲學就形成了以儒道互補爲特徵的局面，而到隋唐以後中國哲學就形成了儒釋道三敎合流的格局。因此，我覺得許抗生先生撰寫的《魏晋思想史》是一部很有意義的著作，它不僅詳細、深入地勾畫出魏晋哲學發展的歷史，而且對當時哲學家所討論的哲學問題作了較爲充分的剖析，取得了可喜的成果。

魏晋玄學的研究當然還需要繼續深入和拓寬，我認爲對魏晋玄學的研究或者有兩個方面可以爲我們所重視：一是，魏晋玄學的思維模式或者可以作爲一種認識理論深入研究，特別是與今日哲學思想在認識理論上也許有若干會通之處，例如對客體的認識離不開主體的能動性和認識的限制性等等；西方哲學的本體論和中國哲學中的本體論對「本體」在認識上的異同，是否可以有互補性以及西方現代文學理論（如T.S. Eliot和W.K. Wünsatt的理論）和在魏晋玄學影響下的中國文學理論的理路的相似性等等。另一是，哲學的研究要跟上時代的步伐前進，能解釋現實中存在的問題。但是哲學卻與政治不同，它並不能去直接解決現實存在的種種具體問題，而是提出一種思考解釋問題的路徑，而反映時代精神的哲學所提出的思考問題的路徑，卻可以爲推動時代前進指明一個解決種種具體現實問題的方向。我們會看到，有些哲學問題或者是哲學家們會永遠要討論下去的哲學問題，這是因爲這些哲學問題的研究只能是不斷的深化，而不可能最終解決。我認爲，在中國哲學中就有這樣一類眞的哲學問題，例如「天道與性命」、「存在和所以存在（迹與所以迹）」、「因果與自然」等等，而魏晉玄學中包含著不少將會爲哲學家們不斷討論下去的眞的哲學問題。在眞的哲學問題上，存在著不同見解和不同的研究路徑和方法，無疑是推動哲學發展的必要條件。就我個人說，我認爲當今世界文化和哲學是在一全球意識下多元發展的大潮之中，因此由多方面、多視角、多層次探討現時代人類發展的哲學問題是一總的趨勢。我們研究中國哲學史的學者應該適應這個總趨勢來研究和討論一些哲學問題。二十一世紀，將不可能是西方哲學獨霸的世紀，但也不可能變成爲由東方哲學獨霸的世紀，哲學的發展將是東西哲學在多種形式下的匯合。

湯一介　一九九二年十二月六日

前言

魏晉時期是中國古代哲學發展史上的一個轉折時期，如果說先秦兩漢的哲學宇宙觀，主要討論的是宇宙生成論的話，那麼魏晉以降的中國哲學則轉入了宇宙體用論的研討。宇宙生成論尚屬於具體科學研究的範圍，宇宙體用論則是純哲學的思維，它超出了具體科學思想的範圍，討論的是宇宙萬物存在的根據，世界統一性的基礎等哲學問題。以此魏晉玄學的產生，標誌著中國哲學進入了一個劃時代的新時期。基於這一認識，我對魏晉玄學早就產生了研究的興趣，早在大學時代我就開始注重對魏晉哲學的學習與研究，其時我的中國哲學學習的啓蒙老師是湯一介先生。由於他重視對魏晉玄學的研究，所以對我的影響頗不小。大學畢業後，又攻讀了北京大學哲學系的研究生，導師是湯用彤先生。當時在湯老指導下開始學習與研究魏晉南北朝的佛學。不幸湯老去世，繼而有任繼愈先生繼續指導我學習。研究生畢業後，正值「文革」開始，動亂十年，中斷了我的研究工作。眞正重新開始對這一時期哲學研究的是在一九七八年之後。我先從專題研究開始，陸續發表了有關這期哲學（玄、佛、道）思想研究的十多篇論文，然後在這研究基礎上，寫出了這一著作。其目的在於從思想發展史的角度出發來闡明這一期哲學（主要是玄、佛、道三者）思想發展的基本線索與特點，以把握中國哲學在這一時期發展的脈絡，及其對整個中國哲學發展的影響。但由於自己能力所限，該書的目的是否已經達到，望海內外同仁批評指正。

緒言

自漢代董仲舒提出「獨尊儒術，罷黜百家」之後，儒家學說很快地取得了獨尊的地位，成爲統治階級的官方哲學，先秦的其它諸家則很難再作爲一個獨立的學派而存在。時至魏晋時期，則又與兩漢不同，學術界打破了僵死的沉悶的漢代儒家經學一統天下的局面，給人們的思想帶來了一定程度的「自由」與「解放」，致使沈睡了好幾百年的許多學派與思想，在這一時期裡，又相繼活躍了起來，繼春秋戰國之後，呈現出又一次「百家爭鳴」的局面。

自漢末官方儒學衰頹之後，從三國（西元二二〇～二六五年）至兩晋時期（西元二六五～四二〇年），在學術界裡，首先興起的學說是漢末魏初的名法之學，然後是魏晋時期的老莊玄學。從西晋末至東晋時代，在玄學思潮的影響下，又出現了佛教玄學與道教哲學。除此之外，也還有佛學、墨學、縱橫學、兵學等。但影響較大的還是玄學與佛、道兩教的思想。魏晋玄學則是籠罩於魏晉思想界的一股占統治地位的哲學思潮。佛、道兩教自漢代傳入(佛教)與產生(道教)之後,在兩晉時期,都得到了較大的發展,各自建立了自己的宗教思想體系,從而形成爲我國歷史上頗具影響的兩大宗教思想。

魏晉玄學,興起於魏正始年間。當時主要代表人物是何晏、王弼。他們推崇老學,主玄學貴無論學說,曾經盛極一時,是魏晉時代玄學哲學的主流思潮。而後魏晉之際嵇康、阮籍又服膺老莊學,興起了放達的時風,在士階層中影響亦不小。西晉郭象則在向秀《莊子注》思想的基礎上,加以「述而廣之」,又振起了莊學玄風,從而使得玄學時風籠罩了整個魏晉時代。魏晉玄學的影響所及不僅在於哲學界,而且當時的文學、藝術、倫理道德、政治思想,乃至人生態度、生活習俗,也都無不受到玄學的影響,玄學成爲整個時代的精神與風尚。因此,研究魏晉哲學,從某種意義來說,主要就是研究魏晉玄學。

佛教與道教,在三國兩晉時期,尤其在西晉末至東晉時期,在兩教發展史上,都是一個重要的「勃興」的時期。其主要標誌是:在這一時期中兩教各自都完成了自己獨立的宗教哲學思想體系。以往的道教大多屬於下層民間的宗教,一般稱之爲早期道教。兩晉時期興起的道教,則是在改造早期道教性質的基礎上,建立的符合統治階級需要的所謂「貴族」的道教,從而使得道教也得到了統治階級的賞識與提倡。佛教在魏晉玄學的影響下,兩晉時期大乘般若空學盛行,並在般若學內部出現了「百家爭鳴」的局面，產生了所謂「六家七宗」之說。東晉時代隨著中觀三論學與涅槃學的傳入，並與我國的傳統思想結合（包括與玄學、儒學的結合），中華佛學進入了建立自己的獨立的佛教哲學體系時期。其中尤以僧肇與道生的佛教思想爲主要代表，從而使得我國的佛學進入了一個新的時期。

至於三國兩晉時期的其它學說，例如儒學在這一時期裡，本來就是不景氣的。雖說孔子名義上還是被推崇爲最高的聖人，但整個儒家學說並沒有得到大的發展。所以淸人皮錫瑞稱這一時期經學爲中衰時期①，並不是沒有道理的。玄學實際上取代了儒學在思想界的統治地位。當然站在儒家立場反對老莊玄學的人還是不少，其中裴頠就是一位很突出的代表。至於墨學，其代表人物是西晋隱士魯勝，他主要討論的也還是名實關係問題，應是漢末魏初名學的繼續。

總之，玄學、佛教、道教是三國兩晋時期的主要思想，對三者作一比較簡略的歷史發展的考察，這就是本書的目的。

註釋

①見皮錫瑞《經學歷史》的〈經學中衰時代〉一章。皮氏云：「經學盛於漢，漢亡而經學衰」。但也應看到這一時期經學還是有相當成就的。如王弼《易注》，何晏《論語集解》，杜預《左傳集解》，范寧《穀梁集解》，郭璞《爾雅注》等，都在經學史上佔有重要的地位。

目錄

第一編　魏晉玄學思想

總論

魏晉時代出現了一股崇尚老莊哲學的所謂「玄學」思潮。這一哲學思潮曾經統治了魏晉整個歷史時代，同時它還深深地影響了當時和爾後的佛教哲學，乃至後來的宋明理學。它是中國哲學史發展過程中的一個重要環節。

玄學的「玄」字，最早出現在先秦《老子》一書的第一章。《老子》：「玄之又玄，衆妙之門。」何謂「玄」呢？王弼解釋說：「玄，謂之深也。」（《老子指略》）即玄學是指一種深遠莫測的學問。當時人們把先秦的《老子》《莊子》與《周易》，都看作爲深奧的學問，總稱之爲「三玄」。關於「三玄」這一名稱史籍記載則較晚，始見於北齊顏之推的《顏氏家訓》中。《顏氏家訓·勉學》：「洎於梁世，茲風（指玄學清談之風或稱玄風）復闡，《老》、《莊》、《周易》，總謂三玄。」玄學，就是以研究「三玄」而著稱的。但是魏晉玄學又不是重複先秦的老莊哲學與周易哲學，而是有著以下幾個玄學特徵：

⑴以「三玄」爲重要研究對象。魏晉玄學除張湛的《列子注》外，大都是以發揮《老》、《莊》、《周易》三玄思想的。著名的玄學家王弼既作了《老子注》又作了《周易注》，玄學家郭象的代表作則是《莊子注》，皆是以《老》、《莊》、《周易》當作研究對象的。然而《老》與《莊》屬道家，《周易》屬儒家，魏晉玄學屬於新道家系統，爲什麼又把《周易》納入自己的系統呢？這是由於魏晉三玄中的易學已經完全不同於先秦與兩漢時儒家易學，而是用老莊玄學重新解釋了《周易》，使易學老莊化了。例如玄學創始人王弼的《周易注》與《周易略例》兩書，就是以《老》解易的代表作，它既不同於先秦儒家的易學，也不同於漢儒易學的象數學，而是使易學成爲了一種老莊化了的義理之學。

⑵以辯證「有無」問題爲中心課題。魏晉玄學直接繼承了老莊哲學的「有無」之辯，把「有無」問題當作自己哲學討論的中心問題。當時的主要玄學家如何晏、王弼、向秀、郭象、王衍、張湛等人的哲學思想，無一不是以圍繞這一問題的討論而展開自己的哲學論說的。按照對這一問題的解答不同，除了嵇康阮籍之外①，當時的玄學家對有無問題的看法一般可分爲兩大派：一是以何晏、王弼爲代表的玄學貴無派，一是以向秀、郭象爲代表的玄學崇有派。前者把「無」（指無任何規定性的絕對的無）當作世界的根本，宇宙統一性的基礎，後者則把「有」（即指各個具體存在物）當作世界的根本，以爲世界就是由這些衆多的具體存在物「有」所組成，有之外並不

需要有一個「無」（絕對的無）作爲自己存在的依據。

(3)以討論宇宙的本體之學爲其哲學的基本特徵。先秦的老莊哲學主要討論的是宇宙生成論。《老子》說：「天下萬物生於有，有生於無。」（《老子》四十章）《莊子》則說：「（道）生天生地，成鬼成神。」（《莊子．大宗師》）這裡都講的是：宇宙（天地萬物）怎樣從無（即道）中產生出來的宇宙生成論。魏晉玄學則主要討論的是宇宙本體論（指宇宙天地萬物的體用關係問題），而很少講到生成問題。所以湯用形先生說：「玄學乃本體之學，爲本末有無之辯。」這是抓住了魏晉玄學的哲學本質特徵的。魏晉玄學討論的有無問題，主要是指有無之間誰依賴誰，誰爲依據，誰爲根本的問題，屬於體與用、本與末的關係問題。何晏、王弼的玄學貴無派以爲，萬有的存在需要以「無」爲存在的根據，提出了「有」以「無」爲體的「末有本無」的思想。以郭象爲代表的玄學崇有派，他們既反對無中生有說，亦反對有必以無爲體說，他們主張有之自生說，以爲「有」是獨立自存的存在物，不需要有一個「無」作爲自己的本體，因此以爲「有」是以自己的存在爲本體的，或者說「有」是無體的。兩者觀點雖不同，但都是圍繞本體之學而言的。

(4)以討論名教與自然的關係問題，爲其哲學的根本目的。魏晉玄學雖說標榜自己遠離實際，是要直探深奧的宇宙本體的學問（「玄遠之學」）的，然而它們哲學的最後歸宿還是要解決現實的自然與名教的關係問題的。所以討論解決名教與自然的關係問題，成爲了魏晉玄學的最終目的。在名教與自然的兩者關係上，先秦的老莊學，以崇尚自然反對名教，爲其思想特徵的。而魏晉玄學（除嵇阮外）總的來說，則是以調和儒道，調和自然與名教的關係，爲其基調。玄學的開創人王弼用以老解儒的方法注《周易》與《論語》，就是企圖把儒道兩者調和起來的。他並從本末有無的玄學哲理出發，認爲名教是自然和表現。郭象則提出了名教即是自然的思想，認爲「聖人雖在廟堂之上，然其心無異於山林之中。」（《莊子．逍遙遊》注）自然與名教是合二而一的東西。至於嵇康、阮籍的老莊學，則與何、王、郭的玄學有所不同，他們是以反儒而著稱的。然而他們的反儒是「有激而爲」，是針對司馬氏宣揚的虛僞的禮教而發。就他們本性來說，也並不是要完全拋棄封建綱常名教的，所以他們也都承認儒家的禮樂教化的作用，認爲禮樂可以達到移風易俗的目的。

玄學產生於魏正始年間。但它的產生，是有著深刻的社會根源與思想演變的歷史根源的。玄學似乎討論的是玄妙的遠離現實的問題，其實不然，它正是魏代社會現實的產物。它的產生至少有如下幾個方面的重要原因：

㈠正始玄學的產生，是適應著魏朝政治形勢變化以維護曹魏統治需要的產物，亦是魏朝政治衰落的表現。

曹魏政權一方面是在鎭壓東漢末年黃巾農民大起義的基礎上建立的，同時亦是在與封建豪族的軍事割據勢力的鬥爭中發展起來的。爲此，曹操一度推行了打擊豪强的政策，主張「重豪强兼併之法」（《三國志．魏志．武帝紀》）實行刑名法治。所以史書稱：「魏武好法術，而天下貴刑名。」（《晉書》卷四十七〈傅玄傳〉）除了在政治上推行法治之外，在選拔官吏上，注重選拔出身於行伍和寒門庶族的那些不仁不孝「而有治國用兵之術」的人；經濟上則實行屯田制度，抑制豪强的土地兼併。但是，這些措施的效果是短暫的有限的。曹操、曹丕去世之後，朝政即日趨腐敗，屯田制遭到破壞，就連曹魏貴族自己也起來兼併土地。如曹爽、何晏等人，就占有了國家的土地「數百頃」（見《三國志．魏志．曹爽傳》）。可見，曹魏政權喪失了過去的進取精神，開始走上了衰弱的道路。至於選舉官吏的制度，也失去了以前的「唯才是舉」的精神。魏文帝所頒佈的「中正九品制」，很快也爲世家大族所把持，他們控制了「中正」這一選官的大權，致使得「其始造也，鄉邑清議，不拘爵位，褒貶所加，足爲勸勉，尤有鄉論餘風，中間漸染，遂計資定品，使天下觀望，唯以居位爲貴。」（《晉書》卷三十六〈衞瓘傳〉）以此逐漸造成爾後兩晉南北朝時期的「上品無寒門，下品無世族」的門閥地主統治的局面。在生活上，原來主張儉樸的曹魏政權，也開始追求享樂而腐化起來。自明帝青龍年間開始，朝政就日趨腐化，「是時大治洛陽宮，起昭陽、太極殿，築總章觀。」（《三國志．魏志．明帝紀》）以供王室娛樂。所以陳壽《三國志》

中評論說：「明帝沉毅斷識，任心而作，蓋有君人之至概焉。於時百姓凋蔽，四海分崩，不先聿修顯祖，闡拓洪基，而遽追秦皇、漢武，宮館是營，格之遠猷，其殆疾乎！」（《三國志·魏志·明帝紀》）其後正始年間曹爽擅權，其奢侈腐化更盛②。曹魏政權的勢力，也就日趨衰頹。而這時司馬氏集團的力量，卻越來越强大，兩派政治集團的明爭暗鬥，則日益尖銳化。面對著這一政治形勢，曹魏集團中的一些思想家們，爲了維護當時搖搖欲墜的曹魏統治，他們倡導了以老子學爲主的玄學哲學。其目的有二：㈠他們想用老子的思想來革去當時的一些弊政。如主張老子的素樸之治，反對當時的奢侈浪費等。㈡他們想發揮老子的「君人南面之術」，即君主統治術來鞏固曹魏的統治。以此他們研討了老子的政治策略思想，妄圖用清靜無爲之治，達到以弱勝强，以一統衆，以君統臣民的目的。以此可見，正始玄學（夏侯玄、何晏、王弼的玄學）的產生，是適應著衰頹了的曹魏政權，爲了鞏固自己的統治所需要的。從某種意義來說，它也是當時政治鬥爭的產物。

㈡正始玄學是在漢代經學隳壞的基礎上，爲了彌補儒學，以維繫封建名教的產物。

漢代占統治地位的官方哲學，是由董仲舒到《白虎通》所神化了的孔子儒學。這種儒學最後是由最高的封建統治者皇帝欽定與頒佈天下的，有著至高無上的權威。然而東漢末年，由於階級矛盾的激化，爆發了黃巾大起義，農民起義摧毀了東漢王朝，同時也把官方的儒學打翻在地，神聖的東西遭到了無情的褻瀆，致使得「天下大亂，百祀墮壞，舊居之廟（指孔廟），毀而不修，褒成之後，絕而莫繼，闕里不聞講頌之聲，四時不覩蒸嘗之位，……」（《三國志·魏志·文帝紀》）隨之，兩漢盛行一時的「經學」也就衰頹了下來。爲此，魏明帝曹叡感嘆說：「兵亂以來，經學廢絕，後生進趣，不由典謨。」（《三國志·魏志·明帝紀》）以此文帝與明帝都想來重新恢復與提倡經學，然而經學已經墮壞，兩漢的經學本身又有著非墮壞不可的致命的弱點，致使得它失去了維繫統治的作用，要想恢復也是不可能的了。其致命的弊病至少有這樣兩點：一、繁瑣的注經，二、粗糙的神學。繁瑣使人得不到要領，粗糙易爲人們所看穿，不可取信。確實漢代儒學的章句之學，是頗以繁瑣著稱的。據《漢書·儒林傳》說：張山拊解章句「授信都秦恭延君，恭增師法，至百萬言。」同書《藝文志》說：「博學者又不思多聞闕疑之義，而務碎義逃難，便辭巧說，破壞形體，說五字之文，至於二、三萬言。」顏師古在此作注則說：「言其煩妄也。」桓譚《新論》云：「秦近（近應作延）君能說堯典篇目，兩字之說，至十餘萬言；但說『日若稽古』三萬言。」解釋五字用二、三萬言，說兩字至十餘萬言，考訂幾字花三萬言，眞可謂繁瑣極了。所以《文心雕龍·論說篇》中說：

若秦延君之注堯典，十餘萬言；朱晉之解尚書，三十萬言；所以通人惡煩，羞學章句。

繁瑣的東西總是要滅亡的，最後弄得通人學士們反而起來厭惡它了。至於粗糙神學，這是漢代官方儒學的通病。自董仲舒開始，就企圖把孔丘的儒學改作爲一種粗糙的神學來加以宣揚。他們宣稱天是最高的主宰，「天者，百神之大君也。事天不備，雖百神猶無益也。」（《春秋繁露·郊語》）並以爲天人之間又能互相感應，人君有了過錯，天能用災異來譴告之。至於孔丘本人則被神化爲「受命於天」、「以春秋當新王」。這一套粗製的神學，隨之又演變成了讖緯迷信思想，大多是一些無稽之談的東西。所以漢代統治階級中的一些有識之士，如桓譚、王充等人，就曾開展了對這些宗教迷信思想的批判。漢代繁瑣化、神祕化的經學，既已喪失了生命力，必然要有新的理論學說來彌補它、取代它。這就是魏正始年間以崇高老學爲主的何晏、王弼的貴無論玄學。何王玄學與漢代經學的弊端正相反，它以簡約和精致著稱，從而克服了漢代經學的弊陋。先秦的老子思想，本來就有這兩個特點，它以少而精的五千之言，表達了一個十分深奧完整的哲學思想體系，思辯性强，抽象性高，所以正始年間何晏、王弼等人傾心於老學的研究，也就並不是沒有道理的。確實何晏的道德二論、王弼的《老子注》與《老子指略》，以及王弼用老子思想所作的《周易注》和《周易略例》，同樣具有「要約明暢」的特點，而其思想又頗爲精密深奧。正如《文心雕龍·論說篇》所說：

> 輔嗣之兩例（指《周易略例》和《老子指略》），平叔之二論（指道德二論），並師心獨見，鋒穎精密，蓋人倫之英也。

唐人孔穎達在評論王弼的《周易注》時也說：

> 漢理珠囊，重興儒雅，其傳《易》者，西都則有丁、孟、京、田，東都則有荀、劉、馬、鄭，大體更相祖述，非有絕論。唯魏世王輔嗣之注，獨冠古今。所以江左諸儒，並傳其學；河北學者，罕能及之。（《周易正義》序）

在這裡劉勰與孔穎達都給予了何晏、王弼的著作以高度的評價。由此可見，何王的著作，尤其是王弼的論著，在我國歷史上唯心論哲學中，確是有數的精致的佳作，而絕不是粗製淺陋的東西。當然王弼與何晏所提倡的老子學，並不就是先秦的老子思想，而是按照自己的需要加以改造了的老學。先秦的老學反對儒學，而何王的老學卻是用來調和儒道，以彌補經學的不足的。他們用的是道家的宇宙論來論證儒家名教的合理的。所以從某種意義上說，何王玄學是用頗爲精致的道家唯心論哲學思想來對儒家的名教，提供一種新的論證而已。所以我們說，正始玄學，是在漢代經學墮壞的基礎上，爲了彌補儒學，以維護名教的產物。

㈢正始玄學是兩漢以來道家思想（黃老學）演變發展的歷史產物。

兩漢時代，除儒學成爲官方哲學之外，道家思想也曾得到了一個很大的發展。西漢初年黃老學還曾經一度贏得了統治的地位，成爲了官方支持的學術。當時首先起來用黃老學治國的是曹參。司馬遷說他「參爲漢相國，清靜極言合道。然百姓離秦之酷後，參與休息無爲，故天下俱稱其美矣。」（《史記．曹相國世家》）爾後黃老學更得到了文帝之妻竇太后的尊崇。史書稱：「竇太后好黃帝、老子言，帝（景帝）及太子（武帝）、諸竇，不得不讀《黃帝》、《老子》，尊其術。」（《史記．外戚世家》）除在政治上推行黃老術治國外，西漢初年在理論界裡也出現了一批黃老學家，如著名學者司馬談就是其中的一位。漢初黃老學的理論總結，則是劉安組織人編纂的《淮南子》一書。此書集我國古代黃老之學的大成，是黃老之學的主要理論代表著作。西漢初年可以說黃老學發展到了鼎盛時期。自漢武帝採納了董仲舒的「獨尊儒術，罷黜百家」建議之後，儒學才逐步地成爲官方哲學，而排斥了道家的統治地位。但道家思想的發展，並未由此止息，它卻成爲了官方儒學的反對派手中的思想武器。例如西漢末年的嚴遵、揚雄、桓譚，東漢的王充、仲長統等人，他們的思想中一般都在不同程度上吸取了道家自然無爲的思想。西漢末蜀郡隱士嚴遵（本姓莊，因《漢書》避明帝劉莊諱，故更莊爲嚴），著有《老子指歸》一書，繼承與發揮了西漢初年的黃老之學。黃老之學本以崇尚老子的自然無爲思想爲主，同時吸取了儒家的禮義仁愛思想、法家的法治思想、名家的名實思想、陰陽家的陰陽學說等等。而漢以來的黃老學，則更多地兼取了儒家的禮義思想。所以嚴遵的《老子指歸》亦是道儒兼學，以道爲主的。尤其值得注意的是，《老子指歸》中不僅有著老子的自無到有的宇宙發生論思想，而且已經包含有以無爲本的宇宙本體論的成分。在先秦的《老子》中既講到了「有」生於「無」的思想，同時又講到了「無」（道）生出了「有」之後，「有」尚要「復守其母」，而不能失去「母」的思想。在這裡已經有了萬有以道爲存在依據的思想。但《老子》重在宇宙生成論，所以後者的思想並沒有得到更多的闡說。而《老子指歸》則較多地發揮了這一思想，例如書中說：「虛無無形，微寡柔弱者，天地之所由興，而萬物之所因生也，衆人之所惡，而侯王之所以自名也，萬物之源泉，成功之本根也。」（《老子指歸》）這即是說，虛無無爲是天地所由興和萬物所因生的根據，這就開了「道者無之稱也，無不由也。」的「以無爲本」的王弼玄學本體論思想的先河。所以宋晁說之說：「王弼老子道德經二卷，眞得老子之學歟！蓋嚴君平《指歸》之流也。」（《道德指歸序》）隨後的揚雄十分推崇嚴遵，說：「蜀莊之才之珍也，不作苟見，不治苟得，久幽而不改其操，雖隋（隋珠）、和（和璧）何以加諸？」（《法言．問明》）而揚雄自己則聲稱：「老子之言道德，吾有取焉耳。及搥提仁義，絕滅禮學，吾無取焉耳。」（《法言．問道》）取其言道德，去其搥提仁義與絕滅禮學。這就是說，揚雄也是要把道、儒兩者思想揉合在一起的。他所作的《太玄》一書，形式上採取的是《易經》形式，而其思想內容上則是揉和了易學與老學的，或者可以說他更多是用老學來解《易》

的。例如他對「玄」解釋說：「玄者，幽摛萬類而不見形者也。資陶虛無而生乎規，攔神明而定摹，通同古今以開類，摛措陰陽而發氣。」（《玄摛》）在這裡很明顯地帶有老學的崇尚虛無無形思想的色彩。這就是所謂有取於「道德」之所在。所以揚雄自己在《太玄賦》中說：「觀大《易》之損益兮，覽老氏之倚伏。」是主張老易兼學的。這種兼學老易與以老解易的思想，後來也就不能不對王弼的以老解易的《周易》研究產生深遠的影響。這種關係從現有的史料來看，似乎也能看到一些跡象。《後漢書．劉表傳》中曾經講到劉表為荊州牧時，其時「荊州人情好擾，加四方駭震，寇賊相扇，處處麋沸。」而「表招誘有方，威懷兼洽，其姦滑宿賊更為效用，萬里肅清，大小咸悅而服之，關西、兗、豫學士歸者蓋有千數。」荊州一時成了文人學士薈萃之地。對於這些學士們，劉表則能「安慰賑贍，皆得資全。遂起立學校，博求儒術，綦母闓、宋忠等，撰立五經章句，謂之後定，愛民養士，從容自保。」這裡所提到的宋忠，乃是當時荊州一代名士。宋忠重易學③，尤重揚雄的太玄之學。其時王肅在荊州，「年十八，從宋忠讀《太玄》，而更為之解。」（《三國志．魏書．王朗傳》）可見太玄之學確為當時荊州士人所重。劉表故居為山陽高平，「少知名，號八俊」，曾「受學於同郡王暢」（《三國志．魏書．劉表傳》注引謝承《後漢書》）。暢孫粲與族兄凱因戰亂而避地荊州依就劉表。王弼則為粲之孫，業之子也。以此可推知，王弼很可能受到當時荊州學風的影響。「張惠言說，王弼注《易》，祖述肅說，特去其比附爻象者。」（《湯用形學術論文集》第二六六頁）如這一說法確能成立的話，則王弼之學乃就是宋忠、王肅的易學與太玄學的繼續了。《隋書·經籍志一》說：「後漢陳元、鄭衆，皆傳費氏之學。馬融又爲其傳，以授鄭玄。玄作易注，荀爽又作易傳。魏代王肅、王弼，並爲之注，自是費氏大興。」可見王肅、王弼皆傳的《周易》費氏古文易學，他們兩人的思想自有相通之處的，而王肅受學於宋忠，則王弼也可能受到宋忠思想的影響。這樣的推斷也還是有一定道理的。

繼嚴遵與揚雄之後，桓譚在評論揚雄的《太玄》時亦說：「子雲所造，《法言》、《太玄經》也。玄經數百年，其書必傳。世咸尊古卑今，貴所聞賤所見也，故輕易之。老子，其心玄遠而與道合。若遇上好事，必以《太玄》次五經也。」（《新論》）桓譚稱頌了老子，亦認爲《太玄經》是講的老子之學，並預言《太玄經》必爲後進所傳。東漢的王充，則更是以尊崇黃老學反對天人感應的神學目的論的官方儒學而著稱。王充繼承了先秦稷下黃老學的精氣說，和改造了老子無道無爲的思想，提出了元氣自然無爲說和「天地合氣人偶自生」的偶然論思想，以此批駁了宣揚天能賞善罰惡、天有意志的神學目的論的官方儒學。王充當時公開地起來反對官方哲學，而推崇黃老之學。如他說：「夫寒溫、譴告、變動、招致，四疑皆已論矣。譴告於天道尤詭，故重論之。論之所以難別也。說合於人事（「人事」指當時普遍流傳的天人感應的事），不入於道意，從道不隨事，雖違儒家之說，合黃老之義也。」（《論衡·自然》）從這裡我們可看到，王充反對神學目的論的主要武器，就是改造了的老子天道無爲的學說。所以他十分推崇黃帝與老子，他說：「賢之純者，黃老是也。黃者，黃帝也；老者，老子也。黃老之操，身中恬淡，其治無爲，正身共己，而陰陽自和，無心於爲而物自化；無意於生，而物自成。」（《論衡·自然》）足見，王充的思想是與黃老學有著密切的思想聯繫的。而這種天道無爲無有目的的思想，在王弼的《老子注》中我們亦能找見。王弼說：「天地任自然，無爲無造，萬物自相治理，故不仁也。仁者必造立施化，有恩有爲。造立施化，則物失其眞。有恩有爲，則物不具存。物不具存，則不足以備載。天地不爲獸生芻，而獸食芻；不爲人生狗，而人食狗。無爲於萬物各適其所用，則莫不贍矣。」（《老子注》五章）王弼的這些天地無爲以反對目的論的思想，很有可能是與前代王充的思想有著親緣關係的。據《後漢書·王充傳》唐章懷太子注說：「袁山松書曰：『充所作《論衡》，中土未有傳者，蔡邕入吳始得之，恒秘玩以爲談助』。」又《三國志·魏書·王粲傳》說：「獻帝西遷，粲徙長安，左中郎將蔡邕見而奇之。時邕才學顯著，貴重朝廷，常車騎塡巷，賓客盈坐，聞粲在門，倒屣迎之。粲至，年旣幼弱，容狀短小，一座盡驚。邕曰：『此王公孫也，有異才，吾不如也。吾家書籍文章，盡當與之。』」《三國志·魏書·鍾會傳》注引《博物記》則說：

> 初，王粲與族兄凱俱避地荊州，劉表欲以女妻粲，而嫌其形陋而用率，以凱有風貌，乃以妻

凱。凱生業，業即劉表外孫也。蔡邕有書近萬卷，末年載數車與粲，粲亡後，相國掾魏諷謀反，粲子與焉，既被誅，邕所與書悉入業。業字長緒，位至謁者僕射。子宏字正宗，司隸校尉。宏，弼之兄也。

這幾段文字交待得很清楚，蔡邕有數車書送給了王粲，粲死後其書全留給了王業（業爲粲族兄凱之子，是劉表的外孫。），而王業即是王弼之父，所以蔡邕所送的書最後也就到了王弼手中。可見王弼之所以能夠成爲一位青年理論家，有著淵博的知識，大概是與他家中有著大量的藏書這一優越的條件不無關係的。而這些藏書中很可能就有蔡邕「恒秘玩以爲談助」的王充的《論衡》一書，所以王弼的思想受到王充思想的影響，這也是可想而知的。

綜上所述，我們可以看到，兩漢時代的黃老學的思想已經爲王弼玄學思想的產生，提供了大量的思想資料。除此之外，兩漢尤其是東漢時的老子學已經逐步地演化成爲了時代的思想風尚。不僅嚴遵、揚雄、王充等一些思想家崇尚老子學，而且一般的政論家，乃至崇尚儒學的經學大師們，也都開始傾心於老子學的研究。例如，東漢初年的馮衍，由於政治上「不得志」，乃自論曰：

馮子以為夫人之德，不碌碌如玉，落落如石。風興雲蒸，一龍一蛇，與道翱翔，與時變化，

> 夫豈守一節哉？用之則行，舍之則臧，進退無主，屈伸無常。故曰：「有法無法，因時為業，有度無度，與物趣舍。」④常務道德之實，而不求當世之名，闊略杪小之禮，蕩佚人閒之事，正身直行，恬然肆志。……（《後漢書．馮衍傳下》）

這一「自論」明顯帶有黃老學的思想色彩，主張「因時爲業」，任應自然。同時馮衍又主張「闊門講習道德，觀覽乎孔老之論」，「嘉孔丘之知命兮，大老耼之貴玄」，認爲孔老是應當兼學的。正由於他把老學之貴玄引進了自己的思想之中，因此他「常務道德之實」，而「闊略杪小之禮」，追求自然而厭棄繁瑣的俗禮。這種思想在漢代雖說尚屬萌芽狀態的東西，但確是開了爾後魏晉一代士人的風氣的，因此不能不看到他們兩者之間的前後承繼的關係。待至東漢末年仲長統，其思想則更帶有濃厚的老學味道。例如他說：「安神閨房，思老氏之玄虛，呼吸精和，求聖人之彷彿。與達者數子，論道講書，俯仰二儀，錯綜人物，彈南風之雅操，發清商之妙曲。消搖一世之上，睥睨天地之間。不受當時之責，永保性命之期。如是，則可以陵霄漢，出宇宙之外矣。」（《後漢書．仲長統傳》）這種道家的養生保身逍遙於一世之上的思想，亦頗與魏末的嵇康阮籍的思想相仿。至於「爲世通儒」的一代經師馬融，其風度卻「達生任性，不拘儒者之節」；其著作則除了著有「注孝經、論語、詩、易、三禮、尚書」等儒家經書之外，還注了《老子》與《淮南子》等道家的典籍。（見《後漢書．馬融傳》）他在經學內部開了儒道兼學的風氣⑤。東漢這種崇尚老學的思想風尙，尤其在早期道敎的形成中和早期佛敎的傳入中，表現得尤爲明顯。道敎依託於老子，推老子爲敎主，用老子的思想來論證神仙術。其時在民間中還出現了張角倡導的「黃老道」，和張魯⑥在漢中活動的五斗米道，他們甚至還號召自己的徒衆「習老子五千文」。可見當時下層民間亦重老子學，然而在何晏王弼玄學貴無論思想產生之前，首先起來宣揚老子虛無哲學的，還是要首推東漢末年的佛敎徒。佛敎傳入中國內地之初，人們只是把它看作是像我國神仙方術一類的東西。袁宏《後漢紀》記載說：「佛身長一丈六尺，黃金色，項中佩日月光，變化無方，無所不入，故能化通萬物，而大濟羣生。」這裡所描繪的佛猶如同神通廣大的神仙一般，所以桓帝在宮中「設華蓋以祠浮屠老子」，把方士所宣揚的神仙老子與佛並祀的。待到靈帝光和中平之間，支類迦讖譯出《般若道行品》，自此大乘般若空宗學說漸入東土，而般若空宗的理論，又恰好與老子的虛無哲學有相向之處，一個說空，一個談無，因此佛敎徒們自此開始用老子的虛無玄理來解釋佛道。其時支讖所譯的《道行般若經》中，就已經用老子思想中的「本無」這一思想來解釋般若空了。如《道行般若經》第十四品的《眞如品》，就被譯成爲「本無品」。隨後三國時的支謙在他所譯的《大明度經·本無品》中，更詳細地闡說了「本無」這一思想。什麼叫「本無」呢？他在此經中說：「善業言：如來是隨如來敎，若法無所從生爲隨敎，是爲本無。無來源亦無去迹，諸法本無，如來亦本無無異。如來本無立爲隨如來敎，與諸法不異。無異本無無作者，一切皆本無，亦復無本無等無異。於眞法中本無，諸法本無，無過去、未來、今現在，如來亦爾，是爲眞本無也。」（《大明度經・本無品》）這裡講的本無雖說並不就是玄學講的本體是無、現象是有的本體論，而是講的方法本來是無。然而他卻是開了一代用老子的虛無概念來解釋佛學的風氣的。自此佛教開始脫離神仙術的影響，反過來斥神仙學爲外道了。漢末牟子《理惑論》就是這一風氣下的產物。當時牟子「銳志於佛道，兼研老子五千文」，引老解佛，並斥神仙方術之士。他自稱：「吾未解大道之時，亦嘗學焉。辟穀之法，數千百術，行之無效，爲之無徵，故廢之耳。」又說：「吾既覩佛經之說，覽老子之要，導恬淡之性，觀無爲之行，還視世事，猶臨天井而闚溪谷，登嵩岱而見丘垤矣。」（《理惑論》）所有這些佛教徒用老子的思想來解釋佛教典籍，用老子的本無概念來解釋般若空宗的學說，也正好是開了魏晋一代用老莊玄理來解釋儒家經典的玄學風尚的。雖說在這裡，我們尚不能說佛教影響了玄學，但是這種崇尚老學的時代風尚的發展趨勢，則是與玄學的產生有著直接關係的。

㈣正始玄學是漢末魏初清議與清談思想直接演變的產物。劉邵《人物志》的清談思想爲正始玄學之先驅。

自東漢末年開始，社會上出了一股清談之風。玄學就是在漢末魏初清談基礎上，直接發展起來的一股談玄（指老莊玄學）之風。所以玄學也叫做「玄談」。漢末魏初的清談，一般主要偏重於人物的品題，及其與此有關的才性問題的討論。品題人物之風，最初是從東漢末年開始的，其時稱做爲「清議」。當時由於外戚與宦官弄權，政治腐敗，「主荒政謬」，社會處於混亂之中。當時的一些地主階級知識分子（「士人」），爲了謀求自己的出路，曾各樹朋黨，黨同伐異，互相題拂，「激揚名聲」，以求聲名與官祿。自此清議之風漸熾，臧否人物成爲風氣。然而最初的清議尚有抨擊時政的積極一面（「品覈公卿，裁量執政」），後來則成爲了知識分子之間互相吹噓的工具。東漢末年在品題人物方面，享有盛名的郭泰，在評論袁奉高與黃叔度時說：「奉高之器，譬之泛濫，雖清而易挹。叔度之器，汪汪若千頃之波，澄之不清，撓之不濁，不可量也。」（《後漢書·郭泰傳》）這種評論並不是從人物的實際言行出發，而是脫離實際，賣弄玄虛的一種浮誇的作法，不過它卻是符合那些沒有實才，追求虛名的豪門士子們的胃口的，所以當時的清談之風很盛。其時的曹操是一位有抱負的政治家，他爲了實現統一中國的政治目的，推行名法之治，需要有一批有實際才幹的人才，因此他講求眞才實學，主張「唯才是舉」，反對虛浮的作法，爲此在曹操當政的時代，思想界出現了講求實際，主張綜合名實的名理學研究。《晉書·傳玄傳》：「近者魏武好法術，而天下貴刑名。」這一說法看來是符合當時的實際的。其徐幹的著作《中論》就是這方面的理論代表作。

徐幹，字傳長，漢末魏初人。史書稱：「幹清玄體道，六行脩滿，聰識洽聞，操翰成章，輕官忽祿，不耽世榮。」（《三國志．魏書．王粲傳》注引《先賢行狀》）他是一位很有學識而不圖虛榮的人。當時正值漢靈帝之末世，「國典隳廢，冠族子弟結黨權門，交援求名，競相尚爵位」（徐幹《中論》序）。徐幹不願與世俗合汚，「病俗迷昏，遂閉戶自守，不與之羣，以六籍娛心而已。」（同上）後跟曹操從戍征行，「歷載五、六」，成爲曹操手下的一位重要人物。由此可見，徐幹政治上是極力擁護曹操的。他菲薄當時的「冠族子弟」追求虛名的惡劣作風，認爲當時社會的最大禍患就在於求虛名。他說：

夫爲名者，使眞僞相冒，是非易位，而民有所化，此邦家之大災也。（同上）

因此他認爲追逐虛名是聖人絕對禁止的（「故求名也，聖人至禁也。」），爲此，徐幹提出了自己的名實理論。他說：

名者，所以名實也。實立而名從之，非名立而實從之也。故長形立而名之曰長，短形立而名之曰短，非長短之名先立，而長短之形從之也，仲尼之所貴者，名實之名也。貴名乃所以貴實也。（《中論．考僞》）

這即是說，名是名實的，先有實立然後有名隨，猶如先有長短之形然後才有長短之名一樣。因此，實是根本的第一性的，名是從屬於實的第二性的東西。這是一種唯物主義的名實學說，是合乎眞理的思想，從而也就從理論上駁倒了只求名不求實的錯誤，爲曹操的「唯才是舉」的政治主張作了理論上的論證，在當時來說是有一定的進步意義的。

曹魏政權在選拔官吏上，也確實一向是按照名法之治的原則，比較講求實才，反對徒求虛名的。不僅曹操是這樣，直至後來的魏明帝曹叡也還有這樣一些傳統。據《三國志．魏書．盧毓傳》記載說：「（魏明帝）時舉中書郎，詔曰：『得其人與否，在盧生（指盧毓）。選舉莫取有名，名如畫地作餠，不可啖也。』」當時盧毓回答說：「名不足以致異人，而可以得常士。常士畏敬慕善，然後有名，非所當疾也。愚臣既不足以識異人，又主者正以循名案常爲職，但當有以驗其後，故古者敷奏以言，明試以功。」這裡的盧毓雖說不反對以名取士，但他主張「明試以功」，「以驗其後」，最後强調的還是要名實相符的。所以盧毓的《九州人士說》一書，梁代目錄中被列於名家類（《隋書．經籍志》摘引梁代目錄）。但總的來說，隨著曹魏政權的逐步衰敗，魏初的名法之治的精神，已經大爲減弱，到了曹芳正始年間，代之而起的則是一種新的學術思潮，即崇尚無名無爲而治的玄學思想，成爲了時代的主流思潮。

曹操去世之後，魏代歷經了文帝與明帝兩朝，然後進入曹芳正始年間，其間由崇尚名法之學而轉入崇尚老子的玄學淸談，是有一個由前者折入後者的思想轉變過程的。而主要活動於文帝、明帝兩朝的劉邵就是這一轉變過程中的一位關鍵性的代表人物。

劉邵字孔才，廣平邯鄲人。建安中爲計吏，在文帝朝曾爲尙書郎，散騎侍郎，受詔集五經羣書，作《皇覽》。明帝即位，出爲陳留太守，徵拜騎都尉，遷散騎常侍，曾與議郎庾嶷、荀詵等定科令，作新律十八篇，著《律略論》，並受詔作《都官考課》，可見，劉邵是位法律學家，爲文帝、明帝兩朝的一位重臣。當時明帝下詔博求衆賢，散騎侍郎夏侯惠荐邵曰：

伏見常侍劉邵，深忠篤思，體周於數，凡所錯綜，源流弘遠，是以羣才大小，咸取所同而斟酌焉。故性實之士服其平和良正，清靜之人慕其玄虛退讓，文學之士嘉其推步詳密，法理之士明其分數精比，意思之士知其沈深篤固，文章之士愛其著論屬辭，制度之士貴其化略較要，策謀之士贊其明思通微，凡此諸論，皆取適己所長而舉其支流者也。臣數聽其清談，覽其篤論，漸漬歷年，服膺彌久，實為朝廷奇其器量。以為若此人者，宜輔翼機事，納謀幃幄，當與國道俱隆，非世俗所常有也。(《三國志·魏書·劉邵傳》)

據此可知，劉邵確定是一位知識十分淵博的人，同時又是一位魏代淸談中的人物。然而他的淸談又與以往的淸談有所不同，以往的淸談只是對具體人物加以評品，而劉邵的淸談則是從抽象的理論角度，討論與品題人物有關的才性問題和聖人標準等問題，從而把以往的淸談提高到了一個新的高度。他的《人物志》一書，就是他這方面的理論代表作。此書在《隋書．經籍志》中被列爲名家。這大概是書中也討論了名實關係問題，具有名家傾向，但書中已帶上了濃厚的道家思想色彩，實是一部由名法之學轉入正始玄學的過渡性作品。

劉邵的《人物志》思想，也是從鑒察人物開始的，他首先看到了鑒察人物，並不是一件容易的事。他說：

> 夫愛善嫉惡，人情所常。苟不明質，或疏善、善非（即以非為是）。何以論之？夫善非者，雖非猶有所是。以其所是，順己之長，則不自覺情通意親，忽忘其惡。善人雖善，猶有所乏。以其所乏，不明己長，以其所長，輕己所短，則不自知志乖氣違，忽忘其善。是惑於愛惡者也。（《人物志．七繆》）

所以他主張鑒察人物不能以自己的好惡作標準，而應弄清人的材質，要「明其質」、「理其本」。然而一個人的材質又由什麼決定的呢？劉邵認爲：

> 蓋人物之本，出乎情性，情性之理，甚微而玄，非聖人之察，其孰能究之哉？凡有血氣者，莫不含元一以為質，稟陰陽以立性，體五行而著形。（《人物志．九征》）

人的材質、性情是由所賦的無一、陰陽決定的。當然這種以自然原因來解釋人的材性問題，自然是不夠科學的說法，但是這裡他强調了一點就是鑒察人物不能停留在一個人的外表上，而要直探人的材質本性，就這點來說，其思想是深刻的，雖說這裡講的材質尚未能脫出漢代陰陽五行說的巢臼。至於聖人的本質本性又是如何呢?劉邵說：

凡人之質量，中和最貴矣。中和之質，必平淡無味，故能調成五材，變化應節。是故觀人察質，必先察其平淡，而後求其聰明。聰明者，陰陽之精。陰陽清和，則中叡外明。（《人物志．九征》）

這就是說，聖人具有「中和之質」，所以他內有智慧外有聰明，能「調成五材，變化應節」。因此劉邵認爲，君子之德應該是中庸無爲，謙讓不爭，「其質無名」的。他說：

是故君子知屈之可以為伸，故含辱而不辭；知卑讓之可以勝敵，故下之而不疑。……且君子能受纖微之小嫌，故無變鬥之大訟，……是故君子之求勝也，以推讓為利銳，以自修為棚櫓，靜則閑嘿泯之玄門，動則由恭順之通路，是以戰勝而爭不形，敵服而怨不構。……老子曰：「夫帷不爭，故天下莫能與之爭。……君子誠能睹爭途之名險，獨乘高於玄路，則光暉煥而日新德聲倫於古人矣。」（《人物志．釋爭》）

這裡講的全然是以弱勝强的鬥爭策略，他要求統治者採取《老子》的無爲而治，妄圖以無爲、不爭、謙讓的手段，達到鞏固統治的目的。這種思想也正是曹魏政權由過去的積極有爲（名法之治）逐步轉化爲消極無爲政治的表現。至於劉邵的清談則已經不滿足於一般的人物品題，而是要直探人物的本性、材質，在此基礎上，後來還發生了才性問題的大辯論，提出了所謂才性四本的學說⑦。同時劉邵在《人物志》中又如此地强調《老子》的君人南面之術的無爲政治與柔道哲學，這說明劉邵已經在爲正始玄學的產生開闢道路。而何、王的玄學清談（「玄談」）又要比劉邵的清談更進一步，它從更抽象的角度，遠離了人物品題及才性等具體問題的討論，躍進到宇宙觀的高度，要直探整個世界的本質、本性，並用《老子》的虛無哲學來解釋世界的本體，用《老子》的無爲政治來塡補儒家的名教之治，所有這些思想，顯然都是對於劉邵清談思想的進一步發展。所以我們說，何王的正始玄學是當時清談思想直接演變的產物。

魏晋玄學的發展過程，大致經歷了四個階段：

第一階段爲正始玄學，亦稱正始之音，屬玄學的產生或開創時期，其主要代表人物是何晏與王弼，所以一般也稱作爲何王玄學。何王玄學以老學爲主，在哲學上，主「本無末有」的宇宙本體論，認爲整個世界是「以無爲本」、「以無爲體」、「以有爲末」、「以有爲用」，即認爲「無」是世界的本體，「有」爲各種具體的存在物，是本體「無」的表現。並認爲世界的本體

「無」是絕對靜止的，而現象的「有」則是千變萬化的，運動著的萬有最後必須返本，歸於「虛靜」；在政治上，何王玄學崇尚老子的自然無爲而治，主儒家的名教出於道家的自然之說，認爲治理社會要以道家的自然無爲爲本，以儒家的名教爲末，主調和儒道論。

第二階段爲魏晉之際的阮籍嵇康的竹林玄學。阮籍與嵇康爲當時的竹林七賢之首領人物，所以他們的玄學亦可稱爲林下之風。嵇康阮籍玄學兼學老莊，他們繼承了何王崇尚老子的自然無爲思想，並進而提出了「越名教而任自然」的主張，從而使得自己的玄學帶上了强烈的反儒思想傾向，其目的在於反對司馬氏集團利用虛僞的禮教翦滅異己篡奪曹魏政權而發。同時他們又都欣賞莊子遁世逍遙的思想，目的是以消極的手段反抗司馬氏的强權政治。以此他們在老學之外，又重視起莊學的研究，並使得整個玄學的發展由老學向莊學過渡。在玄學發展中阮、嵇的老莊學起到了承上啓下的作用。

第三階段爲西晉元康年間的郭象玄學。郭象的玄學是在魏晉之際的向秀《莊子注》思想基礎上發展起來的，所以這一期的玄學亦可稱之爲向郭玄學。向郭的玄學，以莊學爲主。他們以反對何王的貴無派玄學的面目出現，在哲學上提出了自己的玄學崇有派思想。他們主張「有」之自生獨化說，以此否定了「無中生有」說和「以無爲體」說，認爲「有」是自生獨化的，並不需要一個「無」作爲自己的本體。但由於向郭玄學割裂了事物之間的聯繫，把自生獨化說成是全然孤立的東西，從而導至了「無因」說，最後得出了神祕主義的「獨化於玄冥之說」的思想。在政治上，向郭則主張名教即自然，儒家即是道家，兩者合一的思想。以此提出了逍遙遊外（道家）與從事名教世務（儒家），本是一回事，即所謂宏內即是遊外的學說，所以說：「雖在廟堂之上，其心無異於山林之中。」因此，逍遙並不需要遁世。很明顯，這是針對嵇阮的遁世逍遙而發的，是用來調和司馬氏集團與曹魏集團以及一些自鳴淸高的知識分子之間矛盾的產物。

第四階段爲東晉玄學。東晉時代玄學的特點是調和玄學中貴無與崇有兩派的思想。其有兩種表現形式：其一是以張湛的《列子注》思想爲代表。雖說張湛不再以三玄（老、莊、易）爲主要研究對象，而以《列子》爲研究對象，但《列子》仍是一部道家著作，張湛的《列子注》思想則是想來調和貴無與崇有兩派思想的。其二是以佛、玄合流的佛教玄學爲代表。雖說佛教玄學是佛學是宗教，但當時的佛學已經玄學化了，是佛玄合流的產物。東晉時代，社會處於大動蕩大分裂時期，苦難的社會給佛教的發展提供了良好的條件，以此佛教得到了空前的發展。佛教玄學的影響要遠比張湛的《列子注》思想要大得多深遠得多。這是由於當時老莊學盛行，而佛教的大乘空宗又頗與老莊思想相類：一個講「空」，一個講「無」，從而使得佛教徒們紛紛以我國的老莊玄學來解釋印度的佛學，佛教玄學化（老莊化），一時成爲了佛學的風尚。其時佛教玄學的主要代表人物有道安、支遁、僧肇等，其中尤以僧肇的思想影響爲最大。僧肇著有〈不眞空論〉與〈物不遷論〉等論文，對當時的佛學，和對魏晉時期的玄學哲學，都作了總結。他揉合了玄學的貴無派與崇有派的兩派，提出了「契神於有無之間」的學說。他認爲貴無與崇有都是各執一偏的理論，而應當是「合有無爲一」。「雖有而不有」，「雖無而非無」，「有無異稱，其致一也」。這即是說，從眞諦說萬物性空爲無，但無異不絕虛，還是有著因緣和合而生的假有的；從俗諦說萬物爲有，但有是因緣而生的假有，其性爲空，並不是眞有。所以萬物應當是亦有亦無、有無一如的。在這裡，僧肇的佛教玄學最後完成了玄學思維發展的一個三段式的前進過程，即從「貴無」中間經過「崇有」再到「合有無爲一」的一個認識史上的圓圈。僧肇的佛教玄學把魏晉玄學的思維發展到了頂峯，從而也就從理論上結束了玄學的發展，使得玄學逐步地退出了歷史舞台，爲新的中華佛學所代替。而佛教玄學雖代表著玄學發展的最後階段，但它已是屬於佛學的範疇了。

註釋

①嵇康阮籍的思想受何王玄學的影響，又與後來的向秀郭象的莊子學有一定關係，是玄學發展中的一個中間環節，但他們都沒有直接討論「有無」問題這一玄學的中心問題，所以他們的哲學應屬於玄學的一個分支。

②《三國志．魏志．曹爽傳》：「爽飲食車服，擬於乘輿，尚方珍玩，充牣其家，妻妾盈後庭，又私取先帝才人七八人，及將吏、師工、鼓吹、良家子女三十三人，皆以爲伎樂、詐作詔書，發才人五十七人送鄴台，使先帝使伃教習爲伎。擅取太樂樂器，武庫禁兵。作窟室，綺疏四周，數與晏等會其中，飲酒作樂。」

③據《隋書．經籍志》載：「《周易》五卷，漢荊州牧劉表章句，梁有漢荊州五業從事宋忠注《周易》十卷，亡。」

④語見西漢黃老學者司馬談《六家要旨》。

⑤馬融之後的鄭玄更是用老子「有生於無」的思想來解釋《易經》。《乾坤鑿度》：「太易始著太極成。太極成，乾坤行。（鄭玄注：太易，無也；太極，有也。太易從無入有。聖人知太易有理未形，故曰太易。）老神氏（鄭玄注：天英氏）曰，性無生（鄭玄注：天地未分之時無生），生復體（鄭玄注：生與性天道精還復歸本體，亦是從無入有。）天性情地曲巧未盡大道，各不知其自性，乾坤既行，太極大成。（鄭玄注：太極者，物象與天地同根。天產聖人，躭射萬源，立乾坤二體，設用張弛。）」

⑥張魯爲五斗米道創立者，張陵之孫，相傳張陵，或說爲張魯，還曾著有《老子想爾注》一書。

⑦所謂才性四本說，據《世說新語．文學》中的鍾會撰《四本論》條注引《魏志》說：「四本者，言才性同、才性異、才性合、才性離也。尚書傅嘏論『同』，中書令李豐論『異』，侍郎鍾會論『合』，屯騎校尉王廣論『離』，文多不載。」四本的具體內容已不得詳知。這裡的「性」指「德性」，「才」指「才能」。曹操認爲才與性可以不統一，以此屬於曹魏集團的李豐與王廣主張才性「異」與「離」，屬於司馬氏集團的傅嘏與鍾會則講才性「同」與「合」。

第一章 夏侯玄、何晏、王弼的玄學貴無派哲學思想

——玄學發展的第一階段

第一節 夏侯玄的玄學思想

一、夏侯玄的生平與著作

夏侯玄，字太初，生於漢獻帝建安十三年（西元二〇八年），被司馬氏殺害於魏嘉平六年（西元二五四年）。其父夏侯尚，爲曹魏重臣，官至征南將軍領荊州刺史，假節都督南方諸軍事，封昌陵鄉侯。夏侯玄少時即有名氣，「弱冠爲散騎黃門侍郎」。正始初，曹爽輔政，「玄，爽之姑子也」，「累遷散騎常侍，中護軍。」《三國志·魏志·夏侯玄傳》引《世語》說：

玄世名知人，為中護軍，拔用武官，參戟牙門，無非俊傑，多牧州典郡。立法垂教，於今皆為後式。

可見夏侯玄是頗有政治才幹的。善於選拔官吏，並制定了一套選舉的法規，爲後世所效法。看來，他是位想通過一些政治措施，把曹魏政權重新搞好的人。後遷爲征西將軍，假節都督雍、涼州諸軍事。正始五年，曾與曹爽一起伐蜀。曹爽被殺後，徵爲大鴻臚，數年後又徙太常。然夏侯玄總以曹爽被殺而不平。時中書令李豐，內結皇後父光祿大夫張緝，於嘉平六年，陰謀誅大將軍司馬師，以夏侯玄代之輔政。事敗未成，夏侯玄和李豐、張輯皆遭夷三族之禍。玄「格量弘濟，臨斬東市，顏色不變，舉動自若。」時年四十七歲。

夏侯玄的著作，據《魏氏春秋》說：

玄嘗著樂毅、張良及本無、肉刑論，辭典通遠，咸傳於世。（《三國志·魏志·夏侯玄傳》注引）

然樂毅、張良、本無、肉刑等論，皆已佚失。今中華書局出版的《三國志》，對這一段注的引文，作了新的標點是：「玄嘗著樂毅、張良及本無肉刑論。」認爲夏侯玄作的是〈本無肉刑論〉，而不是〈本無論〉，實誤。查《世說新語·論說》：

叔夜（嵇康）之辯聲（指〈聲無哀樂論〉），太初（法）之本玄，輔嗣（王弼）之兩例（《周易略例》與《老子指略》），平叔（何晏）之二論（指〈道〉〈德〉二論），並師心獨見，鋒穎精密，蓋人倫之英也。

據此看來，夏侯玄曾作有〈本玄論〉一文。范文瀾先生《文心雕龍．論說》注引《扎逸》說：

案〈本玄論〉，張溥輯《太初集》已佚。考《列子．仲尼篇》張注引夏侯玄曰：「天地以自然運，聖人以自然用。自然者，道也。道本無名，故老氏曰強為之名，仲尼稱堯蕩蕩無能名焉，云云。」與本無之義正合，疑即〈本無論〉之文，無無玄元，傳寫貿亂，逆成歧互爾。

此說實是。其實〈本無論〉即〈本玄論〉。在玄學家看來，玄即是無，也即是道。所以本無與本玄應是同義的。以此可見，夏侯玄確作了〈無本論〉一文，但文已佚失，具體內容已不得而知。

二、夏侯玄的玄學思想

夏侯玄首先在政治思想上，針對著當時曹魏政權的奢侈腐化的時弊，主張清簡樸素之治。並認為要實現清簡樸素的政治，其首要的事情，在於選拔各級官吏。「官才用人，國之柄也。」（《三國志．魏志．夏侯玄傳》）因此選舉官吏的大權，必需「銓衡專於台閣，上之分也」（同上），不得「機權多門」。「機權多門」，則「是紛亂之原也」（同上），就不能得到「風俗之清靜」。因此，台閣應當「據官長能否之第，參以鄉閭德行之次，擬其倫比，勿使偏頗」；中正官「則唯考其行迹，別其高下，審定輩類，勿使升降。」（同上）認爲做到這樣的話「內外相參，得失有所，互相形檢，孰能相飾？斯則人心定而事理得，庶可以靜風俗而審官才矣。」（同上）同時夏侯玄又主張官吏應專一職守，他說：

司牧之主，欲一而專，一則官任定而上下安，專則職業修而事不煩。夫事簡業修，上下相安而不治者，未之有也。（同上）

只有專一自己的職守，才能做到上下相安而職業修，不然的話，就會「職業不修，則事何得而簡？事之不簡，則民何得而靜？民之不靜，則邪惡並興，而姦僞滋長矣。」（同上）爲此，他反對設置重疊的官制造成官吏之間互相牽制，而不能專一職守。認爲如由於「懼宰官之不脩」，而「立監牧以董之」，「畏督監之容曲」，而「設司察以糾之」之類，這樣就會使「人懷異心，上下殊務」。因此，他主張去掉這些重疊的建制，做到「官省事簡」。例如地方上的郡守之官可以廢去，而「但任刺史」。這樣就可做到「刺史職守則監察不廢，郡吏萬數，還親農業，以省煩費，豐財殖穀」，更可使「具皆徑達，事不擁隔，官無留滯，三代之風，雖未可必，簡一之化，庶幾可致，便民省費，在於此矣。」（同上）這些措施，實際上就是要精簡機構，裁減冗員，簡化辦事手續，節省人力物力的思想，這些思想在當時對於革去曹魏弊政，鞏固曹魏政權來說，是很有政治見地的。

夏侯玄一方面主張官吏要專一事簡，另一方面，他又十分强調官吏要興質樸之風，反對鋪張浪費。他說：

> 今科制自公、卿以下，位從大將軍以上，皆得服綾錦、羅綺、紈素、金銀飾鏤之物，自是以下，雜綵之服，通於賤人，雖上下等級，各示有差，然朝臣之制，已得侔至尊矣，玄黃之采，已得通於下矣。欲使市不鬻華麗之色，商不通難得之貨，工不作彫刻之物，不可得也。（同上）

以此他主張在上的統治者，必須實行樸素之治：

> 夫上之化下，猶風之靡草。樸素之教興於本朝，則彌侈之心自消於下矣。（同上）

夏侯玄針對當時朝廷的奢侈，主張「救之以質」，提倡「樸素之教」，並要求先從王公貴族官吏做起，這是切中時弊的。「樸素之教興於本朝，則彌侈之心自消於下」，「上之化下，猶風之靡草」。由此可見，夏侯玄提出清簡之治，是爲了改革當時的弊政，以鞏固本朝，即曹魏政權的統治的。

夏侯玄的哲學思想，由於其著作〈本玄論〉（即〈本無論〉）已佚，具體的思想已不得而知，僅能從何晏〈無名論〉一文中所引用的夏侯玄的一段話中，略知其一二。何晏的引文說：

夏侯玄曰：「天地以自然運，聖人以自然用。自然者，道也。道本無名，故老氏曰強為之名。仲尼稱堯蕩蕩無能名焉，下之巍巍成功，則強為之名，取世所知而稱耳。豈有名而更當云無能名焉者邪？」（《列子．仲尼篇》張湛注引）

「自然」即是無名無爲的道，「天地以自然運，聖人以自然用」，也就是以無爲爲運，以無爲爲用，這就是老子所講的實行無爲而治的思想。他所主張的清簡樸素的政治思想，也是受了老子的「見素抱樸」、「少私寡欲」等崇尚樸素之治的結果。

《魏氏春秋》說：

初夏侯玄、何晏等名盛於時，司馬景王（司馬師）亦預焉。晏嘗曰：「唯深也，故能通天下之志，夏侯泰初是也；唯幾也，故能成天下之務，司馬子元是也；唯神也，不疾而速，不行而至，吾聞其語，未見其人。」蓋欲以神況諸己也。（《三國志．曹爽傳》注引）

按照何晏的評論，夏侯玄的思想「惟深（深刻）故能通天下之志」；司馬師的思想「惟幾」（觀察微細的變化）故能成天下之務」；而何晏標榜自己爲「唯神」（陰陽莫測之謂神），所以說他能「不疾而速，不行而至」，表示自己是神妙的人。然而夏侯玄的思想究竟怎樣「深」法，已不可詳知，但他主自然無爲之道，又著〈本玄法〉（即〈本無論〉），推崇老子的思想，實爲正始玄學開創者之一。

第二節 何晏的玄學思想

一、何晏的生平與著作

何晏，字平叔，南陽（今河南南陽）人。生於漢靈帝初平九年（西元一九〇年），被司馬氏殺害於齊王曹芳正始十年（西元二六九年）。晏爲何進的孫子，母尹氏，「太祖（曹操）爲司空時，納晏母，並收養晏。」（《三國志·魏書·曹爽傳》注引《魏略》）何晏也就成爲了曹操的養子。晏「少以才秀知名」，「好老莊言」，「善談《易》《老》」、「又尚公主」，賜爵爲列侯。其婦金鄉公主，「即晏同母妹」（《三國志·魏書·曹爽傳》注引〈魏末傳〉）。又以「其母在內，晏性自喜，動靜粉白不去手，行步顧影。」（同上書注引《魏略》）①並愛服五石散，以開朗神明②。明帝時，何晏與鄧颺、李勝、丁謐、畢軌等人，「咸有聲名」，然「明帝以其浮華，皆抑黜之。」曹芳即位之後，曹爽秉政，正始初，何晏「曲合於爽」，亦恃其才能，進用爲散騎常侍，遷侍中，尚書，「主選舉，其宿與之有舊者，多被拔擢。」（《三國志·魏志·曹爽傳》注引《魏略》）曹爽原以宣王（司馬懿）「年德並高」，「恆父事之，不敢專行」，待到曹爽重用了何晏、鄧颺、丁謐等人之後，自此爽、晏等獨擅朝政，「諸事希復由宣王」，司馬懿以此「稱疾避爽」，曹魏集團與司馬氏集團之間的矛盾也就日趨尖銳化。何晏等人則倚仗曹爽，結黨營私，權勢傾人。按照《三國志·魏書·曹爽傳》記載說：

晏等專政，共分割洛陽、野王典農部桑田數百頃，及坏湯沐地以為產業，承勢竊取官物，因緣求欲州郡。有司望風，莫敢忤旨。晏等與廷尉盧毓素有不平，因毓吏微過，深文致毓法，使主者先收毓印綬，然後奏聞。其作威如此。

當時民間流行著所謂「何、鄧、丁，亂京城」之說，何晏、鄧颺、丁謐之流的專橫跋扈可想而知。正始十年，司馬懿發動政變，何晏等人作爲曹爽之黨同時被殺。

何晏是正始玄學的首領人物，是玄學的重要開創人之一。在當時享有盛名，著述亦不少，

《三國志》說他「作〈道德論〉及諸文賦，著述凡數十篇。」據《世說新語·文學篇》說：

> 何平叔注《老子》始成，詣王輔嗣，見王注精奇，迺伏曰：「若斯人可與論天人之際矣。」因以所注為〈道〉、〈德〉二論。

然又說：

> 何晏注《老子》未畢，見王弼自說注老子旨，何意多所短，不復得作聲，但應諾諾，遂不復注，因作〈道德論〉。

不管前說正確，還是後說正確，都說明何晏自己注過《老子》，但他自認爲自己的注是不及王弼，所以他才把《老子》注改爲〈道〉、〈德〉二論，或者不再注《老子》而作〈道德論〉的。以此看來，〈道德論〉或即是〈道〉〈德〉二論。《三國志·王弼傳》說：「其（王弼）論道，附會文辭，不如何晏；自然有所拔得，多晏也。」《魏氏春秋》也說：「弼論道約美不如晏，自然出拔過之。」（《世說新語·文學篇》注引）何晏的玄學著作文字上美於王弼，而思想內容上則不及王弼，然而玄學的首領人物，還應首推何晏，這是因爲何晏當時在社會上的地位和影響遠高於王弼。

何晏的〈道〉〈德〉二論，或即〈道德論〉已經佚失。現存的僅有《列子》張湛注中所引用的何晏

〈道論〉中的一段話，和〈無名論〉一篇。此外《晉書・王衍傳》中，保存了何晏王弼的一段思想資料，其內容與《列子》張注所引的何晏〈道論〉的思想差不多，很可能就是〈道論〉中的思想片斷。至於〈無名論〉是否就是〈道德論〉中的一部分，我們就不得而知了。另據《隋書・經籍志》載，何晏與王弼等著有《老子雜論》一卷，《晉書・王衍傳》所引何、王的言論，也可能是出自《老子雜論》一卷的。何晏的著作除了〈道德論〉之外，還有一部重要的著作，即是《論語集解》。此書集了漢魏人的注，同時何晏自己也加了些注。這部書被唐朝人定爲《論語》的標準注解，清朝人則把它編入《十三經注疏》中，一直爲歷代的儒家學者們所重視。玄學的一個重要特點是企圖把孔子老子化，用老來解孔，調和儒道，但《論語集解》除了個別少數注解中有老學化的色彩外，尚沒有全用玄學來注《論語》，還是保持了漢代傳統的儒學注解，這與王弼注《周易》、注《論語》（《論語釋疑》）是不同的。這說明何晏的思想尚帶有漢代傳統思想的影響，還沒有完全玄學化。另外姚振宗補《三國藝文志》載，何晏尚著有《周易說》一卷，而《清史稿・藝文志》則著錄爲《周易解》。此書已佚，現僅存有馬國翰的輯本。又據《冊府元龜》載，何晏曾撰有《周易私記》和《周易講說》，但書已全佚。

除此之外，何晏還作有諸多的文賦，《三國志》稱「著述凡數十篇」，不過現存的亦不多，其中最著名的爲〈景福殿賦〉。《文心雕龍・明詩篇》說：

> 正始明道，詩雜仙心，何晏之徒，率多浮淺。

這是說，何晏的詩賦尚浮虛，不如嵇康那樣「清峻」有力。《詩紀》中所載有何晏詩二首，其一首名爲〈擬古〉，其一首失題。〈擬古〉詩云：

> 雙鶴比翼遊，羣飛戲太清，常恐失網羅，憂禍一旦並。豈若集五湖，順流唼浮萍，逍遙放志意，何為怵惕驚。

失題的一首詩云：

> 轉蓬去其根，流飄從風移；茫茫四海涂，悠悠焉可彌。願為浮萍草，託身寄清池；且以樂今日，其後非所知。

從這兩首詩來看，何晏的思想感情是十分消極悲觀的，他已經預感到在當時激烈的政治鬥爭中，隨時有失敗的危險，因此他只想成爲無根的浮萍之草，逍遙放志，圖得一時的歡樂，至於今後的事也就不敢再去考慮了。

二、何晏的玄學思想

何晏與王弼一起都是魏晉玄學的開山鼻祖。何晏的玄學顯然與夏侯玄主張改革弊政的思想不一樣，他玄學思想中一個很重要的特點，就是要用老子的思想，來解釋孔子的儒家學說。何晏認爲，老子與孔子，道家與儒家兩者是並不矛盾的，他們的思想是相同的。正如《文章敍錄》中所說：

自儒者論以老子非聖人，絕禮棄學。晏說與聖人同，著論行於世。（《世說新語·文學篇》注引）

這裡所說的「著論行於世」，不知是否就是指〈道德論〉而言。看來何晏的玄學就是用道家的理論來論證儒家名教，以維護曹魏政權的等級名分秩序的。因此他的思想主儒道相同說。由於史料缺乏，何晏的思想，我們只能依據一些殘缺的零星資料，窺測其思一、二而已。

1.有之爲有，恃無以生

玄學討論的中心問題，是有無本末的關係問題，從現有的史料來看，何晏的思想就是緊緊地圍繞著這一問題而展開的。

何晏在《道論》中說：

有之為有，恃無以生。事而為事，由無以成。（《列子．天瑞篇》張注引）

《晉書．王衍傳》載何晏之語：

天地萬物，皆以無為為本。無也者，開物成務，無往而不存者也。陰陽恃以化生，萬物恃以成形。賢者恃以成德，不肖恃以免身。故無之為用，無爵而貴矣。

以「無爲」爲本，即是以無爲本，所以下面緊接著說到「無也者，開物成務」的思想。以「無」爲本，那麼「有」則爲末。這裡的「本」，指天地萬物的依據、根據而言；「末」指天地萬物種種事物的現象而言。依何晏看來，萬物萬事種種現象都是不能獨立存在的，它們都必須依據著一個根本的東西才能存在。這個根本的東西，不能是「有」自己，必須是超越於「有」之上的「無」。所以他說：「有之爲有，恃無以生」。因此天地、萬物、陰陽、賢與不肖等等，都是不能離開「無」而存在的（「陰陽恃以化生，萬物恃以成形。賢者恃以成德，不肖恃以免身」）。在這裡，何晏强調的是「有」依賴於「無」而生，有與無之間是依賴與被依賴的關係，而不是强調無直接生出有的問題，因此在這一點上，何晏的思想與先秦的老子所主的無中生有說，是有所不同的。

那末爲什麼「無」能成爲事物存在的依據呢？在何晏看來，這是因爲只有「無」才是世界上最完滿的東西，所以它能成爲衆多事物生成的依據。何晏說：

夫道之而無語，名之而無名，視之而無形，聽之而無聲，則道之全焉。故能昭音響而出氣物，包形神而彰光影，玄以之黑，素以之白，矩以之方，規以之員。員方得形，而此無形，白黑得名，而此無名也。（《列子．天瑞篇》注引）

這就是說，無是沒有任何具體規定性的東西，它無形無聲，無法用言語來講說，亦無法用名稱來命名，如果它有具體規定性，或是圓的或是方的，或是白的或是黑的，那末，它就成爲了一個具體的事物「有」了，也就成不了衆多事物生成的根據，所以這只能是沒有任何規定的無，才是最完滿的東西，才能成爲萬物的存在根據。所以說，音響、氣物、形神、光影、黑白、方圓……，皆是依據這一道（即無）而生成的。何晏在這裡企圖是要找尋出世界統一性的基礎的，他反對從某一種具體事物中去找這種統一性（如漢代樸素唯物論從元氣中去找那樣），這一思想是深刻的，但是他卻出了一個脫離一切事物超越於萬有的「無」的絕對，把它當作爲世界統一性的基礎，這樣就使他的哲學陷入了客觀唯心論。

何晏一方面把有無關係，看作爲本末關係，視「無」爲萬有統一性的基礎；另一方面有時又把有和無視爲並列的兩物，例如他在〈無名論〉中說：

> 夫無名者，可以言有名矣；無譽者，可以言有譽矣。然與夫可譽可名者豈同用哉？此比於無所有，故皆有所有矣。而於有所有之中，當與無所有相從，而與夫有所有者不同。同類無遠而（不）相應，異類無近而不相違。譬如陰中之陽，陽中之陰，各以物類自相求從。夏日為陽，而夕夜遠與冬日共為陰；冬日為陰，而朝晝遠與夏日同為陽。皆異於近而同於遠也。詳此異同，而後無名之論可知矣。

在這裡，何晏把有無關係比作爲陰陽關係，就如陰中之陽，陽中之陰一樣。這一譬喻顯然與他所主張的有無關係爲本末關係的思想不相一致的。「同類相應異類相違」，這用來解釋陰陽似能說得過去，如果把它用來解釋有無關係，那這樣解釋就是把有無當作並列的兩類事物，也就違背了自己所主張的萬有皆是「以無爲本」的思想。從這裡我們也可看到，何晏的思想尙受到兩漢哲學思維方式的影響。漢代哲學一般總是停留在陰陽五行等具體問題的討論上，其抽象性思辯性遠不如魏晉玄學。何晏作爲玄學的初創人，其哲學尙難免帶上漢代哲學的痕迹。

2. 無名與有名、老子與孔子

道是絕對的無（「惟無所有者也」），所以道也就無所作爲（「無爲」），如果有所作爲的話，那麼道也就不是無。正由於道是無爲的，所以它能成就天地萬物。因此何晏說：「天地萬物皆以先爲爲本，無也者，開物成務，……故無之爲用，無爵而貴矣」。同樣道是絕對的無，所以道也是不能稱譽的，沒有名稱的。如果它有了名稱，那末它就有了限制有了規定，也就不是大全的「無」了。正由於道是無名的，因此它能成就天下有名的東西。所以何晏說：「若夫聖人，名無名，譽無譽。謂無名爲道，無譽爲大。則夫無名者，可以言有名矣；無譽者，可以言有譽矣。」（《列子．仲尼篇》注引〈無名論〉）依何晏看來，聖人是「道」的體現者，是無名無譽的人。然而正由於聖人無譽無名。所以他才能「言有名」「言有譽」。由此可以推出，儒家的名教之治是出自體現了「道」的聖人的思想的。這裡的聖人何晏指的是孔子，因此說老子的思想「與聖人同」。這就是儒道相同說。此外，何晏還提出了「聖人無喜怒哀樂」的思想。《三國志．魏書．鍾會傳》注引《王弼傳》說：「何晏以爲聖人無喜怒哀樂，其論甚精。鍾會等述之。」但其論究竟怎樣「精」已不得而知。總之，他認爲聖人是不同於凡人的，是超越於凡人之上的人。

綜上所述，何晏的哲學是以老解孔，主張儒道相同說，實際上是用老子的哲學來論證儒家的名教，並想用老子的無爲之術，來鞏固正始年間的曹魏政權罷了。

第三節 王弼的玄學思想

一、王弼的生平與著作

王弼，字輔嗣，山陽高平（今山東金鄉縣一帶）人，生於魏黃初七年（西元二二六年），卒於魏正始十年（西元二四九年），是曹魏時代的一位著名的玄學理論家，少年即享高名，死時年僅二十四歲。晉人何邵爲其作傳稱：「弼幼而察慧，年十餘，好老氏（《世說新語．文學篇》注稱「好莊老」），通辯能言。」（《三國志．魏書．鍾會傳》注引），頗爲時人所重。當時的玄學首領何晏「嘆之曰：『仲尼稱後生可畏，若斯人者，可與言天人之際乎！』」（同上）確實，王弼是一位後來居上的玄學家，他的思想大大超過了何晏的水平，唱出了魏晉一代的天（自然）人（名教社會）新義。正始年間，曹爽與何晏擅政，黃門侍郎這一官職累缺，何晏有意要提拔王弼，然而曹爽手下的丁謐卻與何晏爭衡，向曹爽推荐高邑的王黎，於是曹爽用王黎充當黃門侍郎，而以王弼補臺郎。王弼通達超拔，才識卓出，善談玄理，不治名高，然而事功卻「雅非所長，益不留意」（同上），表現出玄學家遠離具體事務的風度。他善於論辯，曾先後與劉陶、鍾會、荀融

（融曾難弼大衍義）、何晏等人往復論難，發揮玄理。然而他常以所長笑人，所以爲士君子所疾恨。最初他與王黎、荀融友善，待到王黎奪其黃門侍郎之後，又怨恨王黎，與荀融交往也未能始終如一。正始十年，政歸司馬氏集團，王弼「以公事免」，同年秋病故。王弼死後，司馬師「嗟嘆之累日，曰：『天喪予！』其爲高識悼惜如此。」（《世說新語‧文學篇》注引）

王弼與何晏不同，他並不是一位政治家，而是一位思想家。王弼僅活到二十四歲，然而著作甚多，他一生的精力主要是用於著書立說上的。他的哲學著作主要有：㈠《老子注》。這是一部通行的《老子》注本子，但錯字較多，近人陶鴻慶在《讀諸子札記》的《讀老子札記》中附有〈王弼注勘誤〉可供參考。㈡《周易注》。王弼作了《易經》的注，並作了《周易略例》，但未注《易傳》；後《傳》有韓康伯注，兩者合在一起稱《周易注》，現收集在《十三經注疏》本中。有關研究《周易》的著作，據《舊唐書‧經籍志》載，王弼還著有《周易大衍論》一卷，似爲通論《繫辭傳》的。又姚振宗補《三國‧藝文志》尚錄有《周易窮微論》一卷，又《宋史‧藝文志》錄有《易辨》一卷，《明史‧藝文志》錄有《易傳纂圖》三卷等。這些著作全已佚失，是否都是王弼所作，已無法考證。㈢《論語釋疑》。《隋書‧經籍志》著錄有三卷。此書是對《論語》中文義難通的地方所作的解釋，書已佚，部分散見於梁皇侃的《論語義疏》中。㈣《老子指略》。此書原已佚，後經過近人王維誠於《道藏》中發現，由王氏整理後，刊載於北京大學《國學季刊》第七卷第三期上。據何邵〈王弼傳〉說：「弼注老子，爲之指略，致有理統，著《道略論》。」唐陸德明《經典釋文》敍錄中，亦載有《老子》王弼注二卷外，又謂王弼作《老子指略》一卷；《新唐書·藝文志》則載有王弼《老子指例略》二卷；《宋史·藝文志》又稱王弼有《道德略歸》一卷等等。以此看來，王弼傳中所說的「爲之指略」而著的《道略論》與《釋文》所講的《老子指略》、《新唐書》講的《老子指例略》、《宋史》所稱的《道德略歸》，疑即爲同一本書，大概都是指的王弼扼要地綜合概括《老子》的思想而寫成的一部著作。此書早已亡佚。今人王維誠偶於檢閱《道藏》時，發現《雲笈七籤》卷一引有〈老君指歸略例〉一段，文一千三百五十字。後又於《道藏》第九百九十八册中得《老子微旨例略》一卷，合二千五百五十二字，其文分爲二段，首段與《雲笈七籤》中〈老君指歸略例〉相同，而其全文字數則較《七籤》所引幾多一倍。《老子微旨例略》又與嚴君平《老子指歸》文義不合，卻與王弼《老子注》文義閉合③。由此可見，王弼的《老子指略》佚文實際保存在《道藏》中。經過這一發現，王弼的幾本主要哲學著作，基本上也就都完整無缺了。此外《隋書·經籍志》講王弼除有《周易注》、《周易略例》、《論語釋疑》、《老子注》之外，尚有何晏、王弼等所著的《老子雜論》一卷和《王弼集》五卷，但都已亡佚，《老子指略》一卷是否包括在《老子雜論》中也不得而知。

王弼的著作今有樓宇烈先生集爲《王弼集校釋》一書，可供參閱。

二、王弼的「以無為本」的客觀唯心主義玄學哲學體系

「正始之音」的首領人物雖說首推何晏，然而從建立玄學哲學理論體系來說，王弼卻大大超過了何晏。何晏雖說崇尚《老子》的貴無思想，然而他還沒有全用《老子》的思想來解釋孔丘的《論語》，他作的《論語集解》基本上還沒有玄學化。而王弼在注解儒家經典時，卻全面地體現了玄學的思想。王弼的《周易注》就是用《老子》《莊子》來解《易》的，王弼對孔丘與《論語》的解釋也都是貫串了玄學思想的。至於從建立玄學貴無派理論體系來看，就現存的史料說，何晏雖說提出了「天地萬物皆以無爲爲本」的貴無論的基本哲學命題，但是他並沒有全面地論說本末有無的關係，也很少涉及動靜、言意等玄學的一系列重大理論問題，因此還沒有能建立起一個完整的玄學哲學體系。王弼則勝過了何晏，他全面系統地論說了玄學本體論哲學以及玄學的方法論、認識論的各種問題。因此可以說王弼是玄學理論體系的奠基人。

王弼的哲學思想體系在當時來說，確實別開生面，開了一代哲學的新風，道出了與前代大不相同的「天人」新義，即自然界與人類社會關係的新見。漢代的官方哲學講的是粗糙的天人感應的宗教化了的儒家神學，王弼講的則是要比漢代粗鄙神學精致得多的唯心主義本體學。漢代的哲學基本上還停留在具體的現象世界上，討論的是諸如天、陰陽、五行等等具體事物，抽象思維的

水平並不高。王弼的哲學則要直探現象世界背後的本質，希望能從某種具體的事物形態之外去找尋世界統一性的原理，從而提出了本（本體世界）末（現象世界）兩者關係的本體論哲學問題，把我國古代哲學的理論思維水平大大向前推進了一步。王弼的本體論哲學主要討論了這樣五個方面的理論問題：㈠本末有無的關係問題，這一問題屬於本體論世界觀的範疇。㈡運動（「動」）與靜止（「靜」）的關係問題，屬於運動觀的範疇。㈢言與意的關係問題，屬於認識論與方法論的範圍。㈣性與情的關係問題，屬於人性論的問題。㈤自然與名教的關係問題，即玄學哲學與封建政治倫理的關係問題。下面我們就對這五個問題加以分別論述：

1.「以無爲本，以有爲末」的本體論

王弼首先在宇宙觀上認爲：世界的本體是「無」，世界的現象即具體事物是「有」，「有」是「末」，「無」是「本」，「有」依賴於「無」而存在。王弼說：

> 天下之物，皆以有為生。有之所始。以無為本。將欲全有，必反於無也。（《老子》四十章注）

又說：

> 天地雖大，富有萬物，雷動風行，運化萬變，寂然至無是其（指天地萬物）本矣。（《周易．復卦》注）

這就是說，世界的本體是無，「有」只是「無」表現在外的現象與作用。所以王弼强調「不能捨無以爲體」（同上），把「有」與「無」的關係當作爲「用」與「體」的關係而不可分割，這就克服了何晏有時仍判「有」「無」爲兩物的缺陷，堅持了世界的統一性原理。並認爲只有以「無」爲「體」，世界才能有條不紊地統一起來。但爲什麼「有」即各種具體的存在物不能成爲世界統一性的始基，而必須要以「無」爲根據呢？依王弼看來，這是因爲各種具體事物都是有著自己的一定的規定性的，「若溫也則不能涼矣，宮也則不能商矣。」（《老子指略》）把某種一定的事物當作世界的始基，也就不能說明世界的多樣性，所以「有」不能成爲世界統一性的基礎。

所以王弼說：

> 夫為陰則不能為陽，為柔則不能為剛。唯不陰不陽，然後為陰陽之宗，不柔不剛，然後為剛柔之主。故無方無體，非陰非陽，始得謂之道。（唐楊士勛《春秋穀梁傳疏》引王弼語）

王弼又說：

道者，無之稱也，無不通也，無不由也，況之曰道。（邢昺《論語義疏》卷七引王弼《論語釋疑》）

王弼認爲，道既不能是陰，也不能是陽；既不爲剛，也不爲柔。道亦無方無體。它是一種沒有任何具體物質規定性的東西，因此道也就只能是一種絕對的「無」。正由於它是一種絕對的「無」的東西，所以它才能成爲一切相對的「有」的存在根據。「唯不陰不陽，然後爲陰陽之宗；不柔不剛，然後爲剛柔之主。」所以道能成爲萬物之宗主，能使萬物動而不亂，有條不紊地運動。因此王弼在《周易略例．明象》中說：「物無妄然，必由其理。」理就是條理、規律。萬物爲什麼「必由其理」呢？這就是萬物皆根由於其宗主「道」的原故。而「道」本來就含有法則、規律的意思。其實這裡的「道」和「理」，照王弼看來，並不眞的就是事物本身具有的法則、規律，它不過是一種絕對的「無」的表現。王弼的這一思想顯然是錯誤的，實際上是把事物的法則與事物本身割裂了起來，使其成爲脫離了事物，剔去了具體內容的獨立存在的東西。這樣的道與理，也就不再是事物的道與理，而是一種獨立於事物之上的越時空的抽象的絕對概念「無」了，然後再把它强加到萬有身上去。這就是王弼客觀唯心主義的實質之所在。王弼的這種思想顯然是從《老子》那兒承襲來的，《老子》就是把「無」當作「道」的，但是王弼和何晏又與《老子》有所不同。《老子》講「有生於無」、「道生一、一生二、二生三、三生萬物」的宇宙生成說，而王弼强調的則是「無」與「有」是體（本）與用（末）的關係。這就避開了《老子》哲學中的一個不可解決的問題，即「無」怎麼生「有」的問題。當然王弼也與何晏一樣未能完全脫出《老子》宇宙生成說的窠臼，他有時仍然把「無」與「有」的關係說成是前後生成的關係，這樣又帶上了舊有的宇宙生成論的痕迹④。

同時爲了論證紛紜複雜的現象統一於本體的「無」，王弼還把「無」與「有」的關係直接說成是一與多的關係，即世界的統一性與多樣性的關係。爲什麼說「無」是「一」呢？王弼論證說：「萬物萬形，其歸一也。何由致一？由於無也。由無乃一，一可謂無。」（《老子》四十二章注）萬物萬形的多樣性的世界最後總是要統一起來（「歸一」）的，爲什麼能統一呢？「由於無也」，即「無」是造成世界萬物萬事統一的基礎。所以從這個意義上說，「無」也就是「一」。王弼又論證說：「一，數之始，而物之極也，各是一物之生所以爲主也。」（《老子》三十九章注）萬物都由一以生，因此一是多的主宰、統御者，世界之所以「繁而不亂，衆而不惑」就在於有「一」的統御。所以他又說：「夫衆不能治衆，治衆者至寡者也」、「夫動不能制動，制天下之功者，貞夫一者也。」（《周易略例·明象》）在多樣性的物質現象之背後，還有一個主宰世界統一的「無」或「一」。以此王弼在解釋《易傳》中所說的「大衍之數五十，其用四十有九」時說：

> 演天地之數，所賴者五十也。其用四十有九，則其一不用也。不用而用以之通，非數而數以之成，斯易之太極也。四十有九，數之極也。夫無不可以無明，必因於有，故常於有物之極，而必明其所由之宗也。（韓康伯《周易·繫辭傳》注引）

這裡不用之「一」即代表「無」，用之四十有九即代表衆多的「有」，四十有九的數所以能發揮作用就在於依賴了不用的一的緣故。所以一（「無」）爲多（「有」）的宗主。這顯然是割裂了統一性與多樣性的結果，把統一性當作脫離了多樣性而存在，並能支配世界多樣性的東西。其實，統一性即存在於多樣性之中，沒有多樣性也就沒有統一性。王弼所說的統一性，絕不是現實世界中的統一性，而只能是唯心主義的虛構物。

2.「以靜爲本，以動爲末」的運動觀

在運動觀上，王弼主張本體是靜止的，運動是表面現象。上面已經講到王弼既然認爲本體世界是絕對的「無」，「無」是沒有任何物質規定性的，所以他認爲「無」也是絕對靜止不動的，運動則屬於「有」的物質現象世界的東西。簡言之，王弼主張本靜末動，「無」靜「有」動說。王弼在《老子》注十六章中說：「凡有起於虛，動起於靜，故萬物雖並動作，卒復歸於虛靜，是物之極篤也。」又在《周易·復卦》注中說：「復者反本之謂也。天地以本爲心者也。凡動息則靜，靜非對動者也。語息則默，默非對語者也。然則天地雖大，富有萬物，雷動風行，運化萬變，寂

然至無，是其本矣。」這就是說，動是現象，靜才是本質，動是屬於「末有」的物質現象世界，本體世界「無」則是絕對靜止的，因此動是相對的（「動息則靜」），靜是絕對的（「靜非對動者也」）。動即是動，靜即是靜，這就完全顚倒了動靜的辯證關係，是一種形而上學的觀點。但他也承認在現象世界裡有運動有變化（「運化萬變」）的存在，他還觀察到了一些矛盾轉化的現象，帶有一些辯證法因素，如說：「修下而高者降，與彼而取此者服矣。是故情僞相感，遠近相追，愛惡相攻，屈伸相推。」（《周易略例．明爻通變》）等等。但他把這些矛盾運動看成是外部的現象，非本質的東西，說什麼「夫情僞之動，非數之所求也。故合散屈伸，與體相乖。形躁好靜，質柔愛剛，體與情反，質與願違。」（《周易略例．明爻通變》）本質的東西與現象相反，本體世界是絕對靜止的。這種說法雖說也看到了本質與現象有矛盾，但是把本質看成是絕對靜止永遠不變的東西，則是形而上學思想。王弼之所以會宣揚世界本質是靜止的，從認識根源上看，主要是他片面誇大了靜止的一面。在這裡，王弼似乎看到了宏觀世界上某些具體的運動總是趨向靜止的（「動息則靜，語息則默」），由此他認爲整個宇宙世界的運動也是趨向靜止的，靜止是它們的最後歸宿，即所謂「返本則靜」。他不了解平衡、靜止總是暫時的、相對的，對某種具體運動而言的，整個世界（包括宏觀世界與微觀世界）卻永遠處於運動之中，平衡總要被打破，靜止總要被破壞，運動變化是絕對的。從階級根源上看，王弼完全是站在維護曹魏政權統治立場上說話的，他的目的是爲了息亂安民。王弼說：

夫息亂以靜，守靜以侯，安民在正，弘正在謙；屯難之世，陰求於陽，弱求於強，民思其主之時也。（《周易·屯卦》注）

王弼用來解釋《屯卦》的這一段話，意思是說，在社會動亂的時候，要求君主用「靜」（即講「無爲而治」）來息亂，要使百姓懂得「靜」才是世界的根本，因此應當安於當順民，而不應犯上作亂。這就是「返本歸靜」的眞正的社會涵義。

3.「得意忘象」和「得象忘言」的認識論

在認識論上，王弼討論了言、象、意的三者關係問題，提出了「得意在忘象」、「得象在忘言」的思想。既然王弼認爲本體與現象是不一樣的，甚至是相反的，因此眞理的認識就不能停留在現象上，必須把握世界的本質。依王弼看來，作爲世界本性的「道」，是絕對的「無」，是「寂然無體，不可爲象」的，因此王弼說，「從事於道者，以無爲爲君，不言爲教，綿綿若存，而物得其眞，與道同體，故曰同於道。」（《老子》二十三章注）這就是說，道是超言絕象不可名狀的，不是一般人所能認識的對象，只有「與道同體」的聖人才能把握。因此王弼說：

子（指孔丘）欲無言，蓋欲明本，舉本統末，而示物於極者也。……是以修本廢言則天而行化，以淳而觀，則天地之心見於不言。（皇侃《論語義疏》引《論語釋疑》）

言是不能表達本體世界的，只有「無言」才能明「本」。據何劭〈王弼傳〉記載，裴徽問王弼「夫無者誠萬物之所資也，然聖人（指孔丘）莫肯致言，而老子申之無已者何」時，王弼回答說：「聖人體無，無又不可以訓，故不說也。老子是有者也，故恆言無（「無」疑爲「其」）所不足。」（《三國志．魏書．鍾會傳》注引）「無」是不可言說的，所以聖人體「無」不說「無」，而老聃是「有」者，並沒有體無，所以常說「無」。這樣一來，老聃成了崇有者，而孔丘變成了尚無的人，這眞可算是王弼的以老解孔的絕技了。但是，王弼又認爲雖然道本「無」而不可言說，但道的外部表現，即各種具體存在的現象（「末有」）卻是可以言狀的，體認道須先從這些外部的現象入手，即還是要先從言狀做起的。王弼在《周易略例．明象》裡用卦象與言意的關係來說明了這一問題。他說：

夫象者，出意者也。言者，明象者也。盡意莫若象，盡象莫若言，言生於象，故可尋言以觀象。象生於意，故可尋象以觀意。意以象盡，象以言著。故言者所以明象，得象而忘言；象者所以存意，得意而忘象。猶蹄者所以在兔，得兔而忘蹄。筌者所以在魚，得魚而忘筌也。然則，言

> 者，象之蹄也；象者，意之筌也。是故，存言者，非得象者也；存象者，非得意者也。象生於意而存象焉，則所存者乃非其象也；言生於象而存言者乃非其言也。然則忘象者乃得意者也，忘言者乃得象者也。得意在忘象，得象在忘言。

在這裡，「言」指語言文字，「象」指卦象或物象，「意」指卦象或物象所包含的意義。其三者的關係是：言是表達象的，象是表現意的，所以說：「盡意莫若象，盡象莫若言。言生於象，故可尋言以觀象。象生於意，故可尋象以觀意。」這是以卦象的說明與表達而言。王弼的這一講法顯然是對《繫辭》有關這一思想的發揮。《繫辭上》：「子曰：『書不盡言，言不盡意。然則聖人之意，其不可見乎？』子曰：『聖人立象以盡意，設卦以盡情僞。繫辭焉，以盡其言。……』」立卦象以盡意，就其卦象思想的表達而言，自然是對的。但王弼所說的「象」並不僅指卦象，而且有泛指物象之義。例如他說，「是故觸類可爲其象。」（《周易略例・明象》）觸類可爲象，即是泛指物類，所以王弼隨著就例舉出牛、馬等物象。若以物象而言，王弼把象說成是「生於意」的，則又是本末顚置的唯心論說法了。王弼認爲言與象、象與意的關係猶如筌蹄兔魚的關係一樣。筌是一種捕魚的竹器，或云是餌魚的香草。「蹄」爲一種捕兔的工具，以繫住兔腳，故名「蹄」。這就是說，言是得象（認識象）的工具，象是得意（認識意）的工具。蹄者在兔，得兔而忘蹄；筌者在魚，得魚而忘筌。如果僅停留在筌蹄上，則得不到魚兔，猶如只存留在言、象上，則得不到象與意。所以說：得意在於忘象，得象在於忘言。王弼的這一比喻來源於《莊子·外物篇》：「筌者所以在魚，得魚而忘筌；蹄者所以在兔，得兔而忘蹄。言者所以在意，得意而忘言。」但《莊子》並沒有講到象，由於王弼是以《莊》來解《周易》卦象的，所以談到了言、象、意三者的關係。其實，言與象、象與意的關係，並不是筌蹄與魚兔僅僅爲工具和目的關係，言是用概念、判斷等來達物象的內容的，象是包含著意的客觀內容的，意是抽象出來的一般概念，而一般則存在於具體的物象之中。三者之間有其內在的聯繫。通過語言交流來認識事物，獲得對事物的間接經驗，這是一種認識的過程，其間必須形成對事物的正確的概念與判斷，而這些概念與判斷又是不能離開語言的，所以得象則不能忘言。至於象與意的關係，應該是，意是來源於象的，意是從具體的物象中抽象出來的一般，一般與個別是矛盾的統一體。一般並不就是個別，這種矛盾王弼似乎猜測到了，所以他說：「義苟在健，何必馬乎？類苟在順，何必牛乎？」「健」這個一般性質並不拘限於馬上；「順」這個一般性質也並不拘限於牛上。如果把健等同於馬，順等同於牛，那就把問題弄亂了。以此王弼認爲，存象者非得意者也，得意則必須忘象。然而他不知道，離開象也就無意可得，離開個別也就無所謂一般。當然意是反映到人們頭腦中的一般，是有其相對獨立性的。但它來源於外界的物象，是對物象的反映，同時這種「意」是否正確，還是要回到實踐中去，加以驗證與修正，因此得意決不能忘象。

以上分析中看出，王弼的言、象、意的討論，尚是局限在具體的意與象的關係上，並沒有涉及到宇宙本體的意（即無）與世界萬有的關係。但按照王弼自己思維的邏輯，言象意的關係，是可以與整個宇宙本體世界聯繫起來的。王弼認爲，本體世界是「無」，相當這裡所說的「意」；現象世界是「有」，有形有象，相當這裡所說的「象」；「言」則是指人們的對現象世界的言語表達。本體世界的「無」，是一切「有」之外的「無」，它是超越於言象之外的東西，就像這裡的「意」一樣是超越於言語與卦象的。既然得意在於忘象忘言，所以要能夠得到本體的「無」就必須不停留在「有」這些現象上，而必須超越於「有」之外，不停留在言語表達上，而必須超越於「言」之外。在這裡王弼涉及了哲學上現象與本質以及言與意的兩對矛盾問題。在現象與本質的關係上，王弼雖然看到了它們兩者之間的差別，猜測到了要通過現象來把握本質，但是他卻把現象與本質作了形而上學的割裂，認爲本質並不存在於現象之中，而是獨立於事物之外，現象世界不過是達到本體世界的一種橋樑與工具而已，一旦把握了本體世界，現象世界可捨棄在一邊。由此可見，王弼所講的本體世界是超越於一切現象之外的東西，只能是唯心主義的虛構物，對它的認識就只能是忘象忘言了。在言、意問題上，「言」本來是用來表達「意」的，兩者是密切聯繫著的，然而意與言又是有矛盾的，言語往往不能充分地表達思想，言不能完全盡意，這就有了矛盾。王弼似乎看到了這一矛盾，然而他又把這一矛盾加以誇大，得出了荒謬的「盡意在忘言」

的結論。所以依王弼看來，體認了「道」的聖人是忘言的，是沒有一般人所謂的知識的，然而聖人又「體無」，是所謂把握了絕對眞理的人，所以聖人是無知而又無不知的。王弼在這裡顯然是在宣揚一種神祕主義的認識理論。

但「得意忘言」的命題，也有其合理的方面，語言確是一種思想交際的工具，語言是用來表達思想（「意」）的，因此不能停留在言辭上，而要把握其所表達的思想。同時言意之間又存在著矛盾，常常出現語言不能完全表達思想的情況，有時思想（「意」）要靠心領神會，是不能靠尋常的語言所能表達的。以此，這就存在一種「意在言外」的問題。這是一種實際存在的情況，意在言外而「得意忘言」，確有著眞理性的地方。

一個時代的哲學精神，往往就是該時代文學藝術的理論基礎。王弼的「得意忘言」說，給予了當時以及而後中國文學藝術思想以極大的影響。《文心雕龍．神思篇》：「文之思也，其神遠矣。」而此神即要探索人生之眞諦、宇宙之本體。然而言有限而意無窮，以此不能執著於文言，而要通過文言來把握無窮之意趣。這就要求文外之意，或稱隱義。「自陸機之『文外曲致』，至劉勰『情在詞外』，此實爲魏晉南北朝文學理論所討論之核心問題也」⑤。「文外曲致」、「情在詞外」，也就是要求得言外之意。這實是魏晉玄學「得意忘言」說在文學藝術理論中的具體運用，由此進而開創了中國文學藝術學說史上的一個新階段。魏晉玄學哲學大大地推進了中國文學藝術理論的發展，這一歷史貢獻是決不可低估的。

4.以性統情的人性論

在人性問題上，王弼討論了性與情的關係問題。從他的本體論理論出發，王弼認爲有體現「無」的性，和表現「有」的情。情與性比，當然是以性爲主，性統率情。因此王弼認爲體無的聖人，也有同於常人的喜怒哀樂之情。在這一點上，王弼的觀點顯然是與何晏不同的。王弼說：

> 聖人茂於人者神明也，同於人者五情也。神明茂，故能體沖和以通無；五情同，故不能無哀樂以應物。然則聖人之情，應物而無累於物者也。今以其無累，便謂不復應物，失之多矣。（《三國志．魏書．鍾會傳》注引〈王弼傳〉）

這就是說，聖人之所以不同於一般人，在於他有極大的智慧，因此他能「體沖和以通無」，然而體無的聖人也有同於一般人的情感以應物，只是聖人能「以情從理」、能「性其情」，不會直情違性。所以王弼在注《周易．乾卦》所講的「利貞者性情」時，說：「不性其情，何能久行其正，……利而正者必性情也。」「性情」即是性其情，以性來統情，不使情妄作非爲。因此聖人並不是沒有人情，他與凡人不同的地方在於能性其情。以此王弼在回答荀融所難大衍義時說：「顏子（顏淵）之量，孔父之所預在。然遇之不能無樂，喪之不能無哀。」（《三國志．魏書．鍾會傳》

注引）這即是說，孔聖人也是有與常人一樣的哀樂之情的，這樣王弼就把聖人與凡人溝通了起來，使之與常識的見地相調和。因此，王弼的這一套理論要比何晏關於聖人無喜怒哀樂的講法圓通得多。

5.名教本於自然論

在自然與名教的關係問題上，也就是說在玄學哲學與封建政治倫理兩者關係上，王弼認爲自然（即玄學所說的宇宙本體論）是名教（即以三綱、五常爲核心的儒家政治道德思想）之本，名教是自然的必然表現。因此，他認爲自然與名教是統一的，兩者並不矛盾。當時由於兩漢以來的儒家名教之治已大大地失去了它原來維繫封建秩序的作用，尤其是作爲漢代名教的理論基礎——天人感應神學目的論的儒學已經墮壞，在這種情況下，魏晉時期的統治階級，爲了恢復名教的權威來維護自己的統治，就必須爲名教提供一種新的論證、新的哲學理論。王弼的所謂「天人新義」，也就是用新的玄學的宇宙論（「天」）對封建名教（人事、政治）的一種新論證。依王弼看來，名教是本於自然的，是自然本體的表現，而本體便是「無」，它「以無形無爲成濟萬物」，因此，人類社會也應當按照這種本體（無）的法則辦，實現無爲而治。他要求統治者能清靜無爲於上，「以無爲爲君，以不言爲教」，老百姓能相安無事於下，「物無所尚，志無所營，各任其貞。」（《老子》三十八章注）這樣「上守其尊，下安其卑，自然之質，各定其分，短者不爲不足，長者不爲有餘。」（《周易．損卦》注）長短、尊卑自然「各有定分」。因此，在上的最高統治者只要做到設官分職，定好名分，就可長久地坐享其成了。這也就是王弼所說的「以無統有」、「執一統衆」、「以寡治衆」、「以靜制動」之道。由此看來維護封建等級秩序的「名教」之治，確實是出於無爲的自然之「道」的。在這裡提倡名教的儒家與崇尚無爲而治的道家，兩者並不矛盾，而是相爲表裡的。爲此，王弼在《老子注》三十八章中提出了「崇『本』（道家無爲而治）舉『末』（儒家名教之治）」與「守母（母指道家無爲）存子（子指儒家名教）」的理論。王弼說：

> 夫載之以大道，鎮之以無名，則物無所尚，志無所營，各任其貞，事用其誠，則仁德厚焉，行義正焉，禮敬清焉。（《老子注》三十八章）

仁德厚，行義正、禮敬清，是「載之以大道，鎮之以無名」所造成的結果。反之，離其大道，捨其無名，各「役其聰明」，則「仁則尚焉，義則競焉，禮則爭焉」，紛競爭尚就會產生，仁德禮義反而不能實現。以此王弼說：

> 故仁德之厚，非用仁之所能也；行義之正，非用義之所成也；禮敬之清，非用禮之所濟也。載之以道，統之以母，故顯之而無所尚，彰之而無所競。用夫無名，故名以篤焉；用夫無形，故

形以成焉。守母以存其子，崇本以舉其末，則形名俱有而邪不生。（同上）

道家無名無爲之治是「母」是「本」，儒家名教之治是「子」是「末」，母產生子，而「仁義，母之所生，非可以爲母」（同上），所以只有「崇本」才能「舉其末」，「守母」才能「存其子」。在這裡，王弼極力調和儒道兩者的思想，希望儒家的名教能借助於道家的無爲政治來實現。

很明顯，王弼的這套政治倫理學說，是爲正始時期曹魏政權服務的。他希望在曹魏治下的社會，能成爲一個君臣上下都能相安於無事社會，君實現無爲而治而清靜於上，臣民們則應各安其性，順從於下，做到「上守其尊，下守其卑」（《周易．泰卦》注）「賢愚有別，尊卑有序，然後乃享」（《周易．鼎卦》注）。爲此，他竭力主張要清除爭源，認爲只有清除了爭源，才能「物有其分，職不相濫。爭何由興？」依王弼看來，爭源就在於「民之多智多欲」，因此當務使民「塞兌閉門，令無知無欲。」（《老子》注六十五章）即能消除爭源。一句話也就是要對老百姓實行愚民的政策，要使民「無知無欲」，成爲樸素之民，作爲統治者來說，亦應實行「息巧僞而寡私欲」的樸素之治。以此王弼說只有「絕司察，潛聰明，去勸進，翦華譽，棄功利，賤寶貨」，才能「使民愛欲不生」（《老子指略》）。這裡王弼與夏侯玄有相類似之處，他們都反對統治者自己奢侈腐化，很顯然這是針對著當時的曹魏政權奢侈而發的。至於作爲曹魏政權的最高統治者的君主又應怎樣實行統治呢?在這理王弼從《老子》那裡學來了以柔勝剛、以靜制動、以一統多、以無爲而治天下的一套「君人南面之術」，認爲這是君主的最好的統治方法。王弼說：「萬國所以寧，各以有君也。」(《周易．乾卦》注)又說：「屯難之時，陰求於陽，弱求於强，民思其主之時也。」(《周易．屯卦》注)君主是一國的主，只有君主能「以一統衆」，使民有秩序而不亂，尤其在危難之世，老百姓更要依靠君主來息亂至寧。所以君主的至尊地位必須維護。「夫兩雄必爭，二主必危。」(《周易．坤卦》注)因此決不能容許有兩主兩雄的存在。至於在下的臣僚則應「過而不至於僭，盡於臣位而已。」(《周易．小過》注)然而君主至一，而民至衆，如何才能「以一統衆」呢?王弼說：「居於尊位，用謙與順，故能不富而用其鄰。」(《周易．謙卦》注)又說：「處得尊位，以柔乘剛，而居於中，能行其戳者也。」(《周易．噬嗑卦》注)這就是所謂「處尊用柔」之術。王弼認爲，君主只有用柔道的謙下的辦法，才能得到民心，「以柔居尊，而爲損道，江海處下，百谷歸之。」(《周易．損卦》注)同時王弼認爲，君主只有用清靜無爲的辦法，才能息亂安民，「息亂以靜，守靜以侯，安民在正，弘正在謙。」(《周易．屯卦》注)「靜爲躁君，安爲動主，故安者，上之所處也；靜者，可久之道也。」(《周易．恆卦》注)所有這些以柔勝剛、以靜制動的主張，大都是來自老子的策略思想。這種妄圖少花力量甚至不花力量，用柔靜無爲的辦法來鞏固君主統治的思想，正符合當時已經衰弱了的曹魏政權與强大的司馬氏集團鬥爭的需要，由此不難看出，王弼的哲學貴無論思想，就是爲這種政治策略思想（即君主統治術）提供理論根據的。

三、王弼玄學在中國哲學史上的地位與作用

何晏、王弼倡導的貴無論玄學哲學，其時成爲了當時占統治地位的哲學思潮，玄學自此代替了兩漢時期的儒學，統治了魏晉南北朝時代的哲學論壇。它不僅影響了當時的整個哲學界，而且還影響了包括佛、道兩教在內的宗教界。同時何、王所開創的玄學還影響了當時的整個時代的文學藝術，詩賦文章言必稱老莊，成爲了時代文學的風尚。正如《文心雕龍．時序篇》所說：

> 自中朝貴玄，江左稱盛，因談余風，流成文體，是以世極迍邅，而辭意夷泰。詩必柱下（指老子）之指歸，賦乃漆園（指莊周）之義疏。

從我國哲學史的演變與發展上看，王弼、何晏所提出的本末體用的本體論哲學，起了劃時代的作用。從前哲學講的宇宙論，不論是唯心主義還是唯物主義，一般都是講的宇宙生成說，而王弼則拋棄了它，提出了一個全新的本末體用的宇宙本體論學說。這種哲學的思維水平自然要比漢代的宇宙生成說深刻得多，抽象性要高得多，從而使得當時整個哲學史起了一個大的轉變，以前的哲

學以研究宇宙生成說爲主，以後的哲學則以討論宇宙的本體論爲主。何、王的本體論哲學一直影響到後來的佛教哲學，乃至宋明理學。而且也給歷史上的唯物主義思想家提供了可以吸取的營養。例如范縝提出的「形質神用」的科學命題，就是對王弼「體用」之說的改造和運用。

同時也由於王弼玄學的思想以「老」爲本（自然），以儒爲末（名教），雖說推崇孔丘爲聖人，實際上卻是提高了老學的地位，降低了孔學的尊嚴，這時當時的思想界，如阮籍、嵇康等人稱頌老莊鄙棄禮法是有一定影響的。正因爲如此，他後來就遭到了儒家的攻擊。例如晉人范寧就認爲當時社會所以造成「浮虛相扇，儒雅日替」的情況，其根源「始於王弼、何晏二人之罪」。他著論說：

> 王、何蔑棄典文，不遵禮度，……遂令仁義幽淪，儒雅蒙塵，禮壞樂崩，中原傾覆。古之所謂言偽而辯，行僻而堅者，若斯人之徒歟！（《晉書．范汪傳》）

在這裡，范寧對王、何的批評是片面的。其實王、何並不曾「蔑棄典文，不遵禮度」，恰恰相反，他們對於儒家經典十分重視。何晏作了《論語集解》，王弼作了《周易注》與《論語釋疑》。《論語集解》與《周易注》曾經被唐人定爲儒家經典的標準注解，並爲清朝人編輯的《十三經注疏》本所採用。應該承認何晏、王弼對於儒家思想在歷史上的發展是曾經起過一定的作用的。爲此清人錢大昕著了〈何晏論〉，爲王、何作了辯正。錢說：

典午之世，士大夫以清談為經濟，以放達為盛德，競事虛浮，不修邊幅，在家則綱紀廢，在朝則公務廢。……然以是咎嵇、阮可，以是罪王、何不可，……自古以經訓顓門者，列入儒林，若輔嗣之《易》，平叔之《論語》，當時重之，更數千年不廢，方之漢儒，即或有間，魏晉說經之家，未能或之先也。（《潛研堂集》卷二）

總的說來，王、何玄學哲學思想是以一種比較精緻的思辯唯心論，代替比較粗製的漢代官方的儒家神學唯心論。但是王何玄學又確實突破了漢代僵化的教條的官方哲學傳統，它抬高了道家的地位，實際上也就貶低了儒學，從而在思想界起到了一定的「思想解放」的作用。這點也是不能抹煞的。同時也由於王、何的玄學哲學是一種比較精緻的、思辯性較强的唯心論，所以它能夠提出或論證了一系列的有價值的哲學範疇，如本末、體用、動靜、言意等，從而在中國哲學史上，大大提高了哲學理論思維的水平。所以王弼在中國哲學史上是一位具有劃時代作用的重要人物。

註釋

①《世說新語．容止》：「何平叔美姿儀，面至白。魏明帝疑其傅粉，正夏月與熱湯麵，即噉大汗出，以朱衣自拭，色轉皎然。」

②《世說新語．言語》：「何平叔云，服五石散，非唯治病，亦覺神明開朗。」劉孝標注引《秦丞相寒食散論》曰：「寒食散之方，雖出漢代而用之者寡，靡有傳焉。魏尚書何晏首獲神效，由是大行於世，服者相尋也。」

③參見王維誠：《魏王弼撰《老子指略》佚文之發現》一文，載北京大學《國學季刊》第七卷第三期。

④關於王弼的這一宇宙生成論的痕跡，將在第四章郭象哲學中加以分析。

⑤見《中國研學史研究》，一九八〇年第一期的湯用彤《魏晉玄學和文學理論》。

第二章 阮籍、嵇康的玄學思想

——玄學發展的第二階段

魏晉之際在士大夫階層中，出現了一批任性放達、輕時傲世之名士，而爲時人所推崇的「竹林七賢」就是這樣一些人物。其中尤以阮籍嵇康最享盛名。嵇、阮一面不拘禮節、任性放達、不事王侯；一面又都有著自己的抱負，有著「濟世之志」。他們一邊反對虛僞的禮義教化，一邊又眞誠地想維護禮教，維護封建秩序的。正如魯迅先生所說：「古代有許多人受了很大的冤枉。例如嵇、阮的罪名，一向說他們毀壞禮教。但據我個人的意見，這判斷是錯誤的。……至於他們的本心，恐怕倒是相信禮教，把禮教當作寶貝看待的。」（〈魏晉風度及文章與藥及酒之關係〉）

阮籍嵇康的思想之所以會產生這樣複雜的矛盾，乃是當時魏晉之際社會政治鬥爭的產物。其時曹魏集團與司馬氏集團展開了激烈的權力之爭，而曹魏集團的力量已經衰弱，最後爲掌握了政治、軍事力量的野心勃勃的司馬氏集團所翦除。這一鬥爭自正始以來，就日趨白熱化，正始之後朝廷大權實際上落入了司馬氏手中。司馬氏利用儒家的禮教，宣揚虛僞的忠道與孝道，以維護名教爲名，大肆進行了殺伐異己的活動。而阮籍嵇康就是生活在這樣一個政治鬥爭的形勢之下，他們是曹魏集團中的一些正直的知識分子，對於曹魏集團（曹爽、何晏等人）的政治腐敗，他們也並不滿意，而對於虛僞欺詐，利用僞善的禮教進行爾虞我詐的司馬氏集團，則更是深惡痛絕。在司馬氏的統治之下，正直之士「雖曰義直」，卻常遭到「神辱志沮」。因此他們對司馬氏有著强烈的反抗情緒，對司馬氏的虛僞的名教之治，進行了挑戰，成爲了當時反名教的著名人物。當然他們的反名教並不就是要完全拋棄禮教，實只是要想眞誠地實行禮教而已。至於他們的反抗也只是消極地與司馬氏不合作而已。以此他們採取了一種避世的態度，所以他們在思想上則雅好老莊，崇尚老子的因順自然的學說，尤其是欣賞莊周的逍遙自得思想，藉以得到精神上的自慰。嵇康就曾稱頌：「老子莊周，吾之師也」（《嵇康集·與山巨源絕交書》），從而標榜自己是老莊之徒。

然而，嵇、阮的老莊學既不同於何晏、王弼的老子學，也不同於向秀、郭象的莊子學。王弼、何晏的思想屬於玄學貴無論，向秀、郭象的思想屬於玄學崇有論。而阮、嵇的思想，雖說也受到何、王玄學思想的很大影響，但是他們的思想又不同於玄學貴無論；雖說他們與向、郭一樣都推崇莊子的逍遙思想，然而又不同於向、郭的玄學崇有論。從哲學理論上看，何、王、向、郭都討論了玄學哲學的根本問題，即有無、本末的關係問題，而阮籍、嵇康的哲學思想基本上是樸素的氣一元論思想，並沒有討論有無本末的思辯哲學問題，因此就其哲學思想來看，是不同於玄學哲學的，可以說，他們是玄學發展中的一個分支派別。然而嵇、阮的思想，又是玄學發展中的一個重要環節。它上承何王老子學的崇高自然無爲的思想，又下開向郭莊子學的任性逍遙的學說。它討論了玄學的一個重要問題，即自然與名教的關係問題。在這一問題上，王弼主張以自然爲本、名教爲末，主名教是自然的必然表現。這就抬高了自然的地位。嵇、阮正是從何王的崇尚自然出發，走上了反名教的道路，提出了「越名教而任自然」的思想的。而向郭的名教與自然合二而一的學說，則是用來調和嵇、阮的名教與自然之間的矛盾的。由此可見，嵇、阮的思想，在玄學發展中，起到了承上啓下的作用。因此，嵇、阮的老莊學應是玄學發展中的一個重要階段。

第一節 阮籍的哲學思想

一、阮籍的生平與著作

阮籍，字嗣宗，陳留尉氏（今屬河南省）人。生於漢獻帝建安十五年（西元二一〇年），卒於魏元帝景元四年（西元二六三年），年五十四。父阮瑀，「魏丞相掾，知名於世」。史稱：「籍容貌瓌傑，志氣宏放，傲然獨往，任性不羈。」（《晉書》卷四十九〈阮籍傳〉）「或閉戶視書，累月不出；或登臨山水，經日忘歸。」（同上）常與嵇康、山濤、劉伶、阮咸、向秀、王戎「集於竹林之下，肆意酣暢，故世謂竹林七賢。」（《世說新語．任誕》）阮籍則爲「竹林七賢」之首領人物。籍「博覽羣書，尤好老莊」。太尉蔣濟聞其有雋才而欲辟之爲吏，阮籍乃作〈奏記詣太尉蔣濟〉一書，自稱：「今籍無鄒、卜之道，而有其陋。猥見採擇，無以稱當。」又說自己「方將耕於東皋之陽，輸黍稷之稅，以避當塗者之路。負薪疲病，足力不強，補吏之召，非所克堪。」（《阮籍集．奏記詣太尉蔣濟》）表明自己不是一位熱衷於名利的人，爲了「避當塗者之路」，不願出來做官。只是在「蔣濟大怒，於是鄉親共喻之下，乃就吏」，後又「謝病歸，復爲尚書郎，少時又以病免。」（《晉書》卷四十九〈阮籍傳〉）其事當在正始初年。《三國志．魏書》說：「齊王即位，（蔣濟）徙爲領軍將軍，世爵昌陵亭侯，遷太尉。」（《三國志》卷十四）可見蔣濟遷太尉，大約在齊王芳即位初年，以此可知，蔣濟太尉欲辟阮籍爲吏，很可能亦在此期間。其時阮籍三十多歲左右。「及曹爽輔政，召爲參軍，籍固以疾辭，屏於田里，歲餘而爽誅，時人服其遠識。」（《晉書》卷四十九〈阮籍傳〉）曹爽召阮籍爲參軍，應在正始九年，「歲餘而爽誅」，曹爽被誅於正始十年。其時阮籍四十歲左右。此段經歷說明阮籍雖爲曹魏集團中人，但他並不滿意於曹爽當政。

待司馬氏執政之後，阮籍爲了避免禍及自身，不得不應司馬氏的徵召，「爲從事中郎」。高貴鄉公即位後，又封爵關內侯，「徙散騎常侍」。但他做官而不幹事，常以酣飲爲樂。正如《晉書》所說：「籍本有濟世志，屬魏晉之際，天下多故，名士少有全者，籍由是不與世事，遂酣飲爲常。」司馬昭曾經欲爲司馬炎求婚於籍，籍「醉六十日，不得言而止」，拒絕了司馬氏的求婚。鍾會「數以時事問之，欲因其可否而致之罪」，阮籍「皆以酣醉獲免」。司馬昭輔政時，籍拜爲東平相，「乘驢到郡，壞府舍屏障，使內外相望，法令清簡，旬日而還。」（《晉書》卷四十九〈阮籍傳〉）顯示了阮籍的從政才能，被司馬昭「引爲大將軍從事中郎」。後「籍聞步兵廚營人善釀，有貯酒三百斛，以求爲步兵校尉」，所以時人常稱他爲「阮步兵」。會司馬昭讓九錫，「公卿將勸進，使籍爲其辭，籍沉醉忘作，臨詣府，使取之，見籍方據按醉眠，使者以告，籍便書按使寫之。」所寫〈勸進表〉「辭甚清壯」，爲時人所稱頌。平素阮籍雖不拘禮節，然發言玄遠，「口不臧否人物」，並不像嵇康那樣鋒芒畢露，所以《世說新語．德行》說：「晉文王稱阮嗣宗至愼」①。阮籍從而能在司馬氏集團的淫威下得以全身。然而這些都是他不得已而爲的，阮籍本是一位有抱負的人，他曾登臨武牢山，眺望京邑，而賦〈豪傑詩〉，是位有豪傑之志的人。可惜詩已佚，但他的〈詠懷詩〉也反映了這一志向。〈詠壞詩〉五十三云：

壯士何慷慨，志欲威八荒。驅車遠行役，受命念自忘。良弓挾烏號，明甲有精光。臨難不顧生，身死魂飛揚。豈為全軀士？效命爭戰場。忠為百世榮，義使令名彰。垂聲謝後世，氣節故有常。

這首詩是何等慷慨豪壯！「臨難不顧生，身死魂飛揚。豈爲全軀士？效命爭戰場。」決不做貪生怕死的膽小鬼，而應成爲「志欲威八荒」、「效命爭戰場」的胸有大志，氣吞山河的壯士。但是阮籍生不得志，抱負不能實現，才能不得施展，生於「天下多故」之際，生命常朝不保夕，所以在他的文章與詩歌中，又常常表現出消沉傷感的情調，表示出對現實社會的失去信心。例如他在另一首〈詠懷詩〉中說：

嘉樹下成蹊，東園桃與李。秋風吹飛藿，零落從此始。繁華有憔悴，堂上生荊杞。驅馬舍之去，去上西山趾。一身不自保，何況戀妻子？凝霜被野草，歲暮亦云已。

桃李遭秋風，繁華成憔悴，「一身不自保，何況戀妻子」，自己的生命尚不能保全，哪還能顧得上妻子兒女呢？這首詩充分地表達了阮籍在司馬氏集團壓迫下生活的辛酸情景的。爲了逃避冷酷的現實。在這種「一身不自保」的艱險環境下，阮籍欣賞起了莊子的逍遙遁世與道教的神仙思想：

誰言萬事艱，逍遙可終生。臨堂翳華樹，悠悠念無形。彷徨思親友，倏忽復至冥。寄言東飛鳥，可用慰我情。（《阮籍集．詠懷詩》）

北里多奇年，濮上有微音。輕薄閑遊子，俯仰乍浮沉。捷徑從狹路，僶俛趨荒淫，焉見王子喬，乘之翔鄧林？獨有延年術，可用慰我心。（同上）

逍遙遁世，不與世事，神仙雖不可達到，也可延年慰心。這自然是一種逃避鬥爭的消極反抗情緒，精神上的一種自我安慰而已。

司馬氏提倡儒學，標榜以孝道治天下，而阮籍崇尚老莊，「不拘禮教」，這明顯是對司馬氏集團在思想意識上的一種反抗。據《晉書．阮籍傳》說：

（阮籍母喪）裴楷往弔之，籍散發箕踞，醉而直視。楷弔唁畢便去。或問楷：「凡弔者主哭，客乃為禮，籍既不哭，君何為哭？」楷曰：「阮籍方外之士，故不崇禮典；我俗中之士，故以軌儀自居。」時人嘆為兩得。籍又能為青白眼，見禮俗之士，以白眼待之。及嵇喜來弔，籍作白眼，喜不懌而退。喜弟康聞之，乃齎酒挾琴造焉，籍大悅，乃見青眼。由是禮法之士，疾之若仇。

《世說新語．任誕篇》亦說：

阮籍遭母喪，在晉文王坐，進酒肉。司隸何曾亦在坐，曰：「明公方以孝治天下，而阮籍以重喪，顯於公坐，飲酒食肉，宜流之海外，以正風教。」文王曰：「嗣宗毀頓如此，君不能共憂之，何謂？且有疾而飲酒食肉，固喪禮也。」籍飲噉不輟，神色自若。

遇母喪，阮籍飲酒食肉；裴楷來弔而阮籍不哭，「醉而直視」；嵇康「齎酒挾琴造焉，而阮籍大悅」。這些確是褻瀆了神聖禮教的行爲，自然要遭到禮俗之士的反對，甚至司隸何曾提出要把他「流之海外，以正風教」，以維護司馬氏的「以孝治天下」的名教之治。這很顯然是阮籍對名教的挑戰。然而阮籍的行爲，雖說違背了儒家的孝道原則，但他內心中卻並不是不孝敬其父母的，他反對的是徒具形式的儒家禮儀。《世說新語．任誕篇》說：

阮籍當葬母，蒸一肥豚，飲酒二斗，然後臨決直言窮矣。都得一號，因吐血，廢頓良久。

〈任誕篇〉注引《魏氏春秋》說：

籍性至孝，居喪雖不率常禮，而毀幾滅性。

同書注引鄧粲《晉紀》亦說：

> 籍母將死，與人圍碁如故，對者求止，籍不肯，留與決賭。既而飲酒三斗，舉聲一號，嘔血數升，廢頓良久。

《晉書．阮籍傳》則說：

> （籍）至孝，母終，在與人圍碁，對者求止，籍留與決賭。既而飲酒二斗，舉聲一號，吐血數升。及將葬，食一蒸豚，飲二斗酒，然後臨決，直言窮矣。舉聲一號，因又吐血數升，毀瘠骨立，殆致滅性。

由此看來，阮籍對於其母親的孝心，雖說不合常禮，但其喪母而痛心欲絕，卻是發自肺腑的。阮籍不拘禮節，所以他的思想也比較「開放」、「自由」。例如《世說新語．任誕篇》記載：

> 阮籍嫂嘗還家，籍見與別，或譏之（劉孝標注：《曲禮》嫂叔不通問，故譏之）。籍曰：「禮豈為我輩設也。」

又記載說：

阮公鄰家婦有美色，當壚酤酒，阮與王安豐常從婦飲酒，阮醉便眠其婦側，夫始殊疑之，伺察終無他意。

王隱《晉書》則說：

籍鄰家處子有才色，未嫁而卒。籍與無親，生不相識，往哭盡哀而去。其達而無檢，皆此類也。（《世說新語．任誕》注引）

可見阮籍舉止實是「解放」的，對當時的名教是一個大膽的挑戰。

阮籍的著作主要有：〈樂論〉、〈通易論〉、〈通考論〉、〈達莊論〉、〈大人先生傳〉等政治與哲學論文多篇，並著有〈詠懷詩〉八十餘首。這些論文與詩賦，現大都收集在《阮籍集》中。阮籍的著作，其思想並不是完全一貫的，其中〈通易論〉與〈樂論〉基本上是儒家著作。〈通老論〉、〈達莊論〉有反儒思想，推崇道家，把道家置於儒家之上。而反儒最激烈的著作，則是〈大人先生傳〉一文。這些著作思想之所以不同，很可能是反映了阮籍自己思想的演變過程。〈通易論〉與〈樂論〉寫出的年代較早，很可能是在正始之前（或正始初年）所作，所以沒有受到或很少受到老莊思想的影響。〈通老論〉很可能寫於正始年間，王何的老子學盛行之時。〈達莊論〉與〈大人先生傳〉則分明是反對司馬氏所提倡的儒家名教的，當在正始之後所作。〈樂論〉與〈通易論〉、〈通老論〉都是講治理社會的，而〈達莊論〉與〈大人先生傳〉主要講的不是治理社會，而是追求個人的精神逍遙與恬靜的（「聊以娛無爲之心而逍遙於一也」），思想比較消極，缺乏了以前著作中的進取之心，顯係是阮籍後期的作品。

二、阮籍的政治倫理思想

阮籍的早期論著〈通易論〉與〈樂論〉原是屬於儒家系統的，在這些著作中，他不僅不反儒，而且主張用儒家的政治倫理思想來治理好社會。〈通易論〉發揮的是《易傳》中的儒家學說，〈樂論〉則更是宣揚正統儒家的禮樂思想的。〈通易論〉中說：

> ……是以「先王以建萬國，親諸侯」，收其心也。原而積之，畜而制之，是以上下和洽，「裁成天地之道，輔相天地之宜，以左右民」，順其理也。先王既殆，德法乖事，上凌下替，君臣不制，剛柔不和，「天地不交」，是以君子一類求同。「遏惡揚善」，以致其大，……於是大人得位。明聖又興，故先王「作樂」，「薦上帝」，昭明其道，以答天貺。於是萬物服從，隨而事之，子遵其父，臣承其君，臨馭統一，「大觀」天下。（〈通易論〉）

「先王『作樂』『薦上帝』，昭明其道」，明顯就是講的父子有等，君臣有序，子遵其父，臣承其君的儒家禮義之道。所以最後他在論文中帶有結論性地說：

> 故立仁義以定性，取著色以制情，仁義有偶而禍福分。是故聖人以建天下之位，定尊卑之制，序陰陽之適，別剛柔之節，順之者存，逆之者亡，得之者身安，失之者身危。（同上）

立仁義以定性，建天下之位以定尊卑之制，這些思想，都是《易傳》中所宣揚的儒家學說。至於〈樂論〉則更是闡說了儒家的禮樂制度的作用，發揮了正統儒家所謂「安上治民，莫善於禮；移風易俗，莫善於樂」的思想。阮籍認為，治理天下，禮與樂是相須而行，缺一不可的東西。他指出：

> 刑教一體，禮樂外內也。刑弛則教不獨行，禮廢則樂無所立。尊卑有分，上下有等，謂之禮；人安其生，情意無哀，謂之樂。車服旌旗，宮室飲食，禮之具也，鍾磬鞞鼓，琴瑟歌舞，樂之器也。禮踰其制，則尊卑乖；樂失其序，則親疏亂。禮定其象，樂平其心；禮治其外，樂化其內。禮樂正而天下平。（〈樂論〉）

刑教一體，禮樂外內，「相須而行」。禮定尊卑名分等級於外，樂則安生平心於內，禮樂兩者不可缺一。禮廢平心之樂無以立，樂廢親疏等級之禮無以定。這明顯是從儒家立場對禮樂制度相互作用所作的闡說。並且〈樂論〉還進一步地探討了音樂的性質和作用的問題。阮籍說：

> 夫樂者，天地之體，萬物之性也。合其體，得其性，則和；離其體，失其性，則乖。昔者聖人之作樂也，將以順天地之體，成萬物之性也。（同上）

樂來源於天地萬物，來源於自然界的本性，所以聖人作樂是「順天地之體，成（成應作體，《藝文類象》四十二作「順天地之性，體萬物之生。」）萬物之性」的。在這裡阮籍强調了音樂來源於自然界的思想，帶有樸素唯物主義的傾向。他並認爲，只有合天地之體，得天地之性的樂，才是平和的正樂，才能起到陶冶人情，平和人心，移風易俗的作用。阮籍說：

> 故聖人立調適之音，建平和之聲，制便事之節，定順從之容，使天下之為樂者，莫不儀焉。自上以下，降殺有等，至於庶人，咸皆聞之。歌謠者，詠先王之德；頫仰者，習先王之容；器具者，象先王之式；度數者，應先王之制。入於心，淪於氣，心氣和洽，則風俗齊一。聖人之為進退頫仰之容也，將以屈形體，服心意，便所修安所事也。歌詠詩曲，將以宣平和，著不逮也。鐘鼓所以節耳，羽旄所以制目。聽之者不傾，視之者不衰，耳目不傾不衰，則風俗移易。故「移風易俗，莫善於樂」也。（同上）

阮籍認爲，聖人「立調適之音，建平和之聲」，使得上自君主下至庶人，都能心氣和洽，風俗齊一，起到移風易俗的作用。所以說：「先王之爲樂也，將以定萬物之情，一天下之意也。故使其聲平，其容和，下不思上之聲，君不欲臣之色，上下不爭而忠義成。」（〈樂論〉）總之，「爲樂」的最後目的，是要使上下不爭而忠義成。這就是說，阮籍認爲，樂的根本作用，在於維護當時的封建等級秩序和封建的倫理觀念。爲此，他反對那種有損於封建倫常的淫聲與縱欲的行爲。他說：

> 昔先王制樂，非以縱耳目之觀，崇曲房之嬿也。心通天地之氣，靜萬物之神也；固上下之位，定性命之真也。故清廟之歌，詠成功之績；賓饗之詩，稱禮讓之則；百姓化其善，異俗服其德。此淫聲之所以薄，正樂之所以貴也。（同上）

先王之制樂不是爲了縱欲，而是爲了「固上下之位，定性命之眞」，所以樂「貴正樂」而「屛淫聲」。以此阮籍還批評了當時的社會，認爲現實生活中，先王之樂已衰，「樂」已經不成其爲「樂」了。「樂者，使人精神平和，衰氣不入，天地交泰，遠物來集，故謂之樂也。今則流涕感動，噓唏傷氣，寒暑不適，庶物不遂，雖出絲竹，宜謂之哀。奈何俛仰嘆息，以此稱樂乎？」（同上）樂之失去了使人精神平和的作用，而成了噓唏傷氣之哀聲。所以「絲竹不必爲樂，歌詠不必爲善」，樂不在於絲竹之聲，而在於能否導人以平和向善。

綜上分析我們看到，不論是〈通易論〉，還是〈樂論〉，宣揚的都是儒家的禮樂思想，並沒有道家反禮樂的味道，可以說阮籍早年是想用儒家的禮樂思想來「濟世」的。當時曹魏政權，自文帝即位以來，就在提倡恢復儒家的正統地位，文帝死後明帝亦同文帝一樣提倡儒學，並於太和四年（西元二三〇年）下詔曰：

> 世之質文，隨教而變。兵亂以來，經學廢絕，後生進趣，不由典謨，豈訓導未洽，將進用者不以德顯乎？其郎吏學通一經，才任牧民，博士課試，擢為高第者，亟用；其浮華不務道本者[2]，皆罷退之。（《三國志．魏書．明帝紀》）

詔令主張恢復經學，學習典謨，提出「學通一經，才任牧民」，經課試而高第者，即可選拔錄用。並務求黜退「其浮華不務道本者」（註：如何晏之徒）。可見明帝對於恢復儒學的傳統是十分重視的。太和四年正值阮籍二十一歲左右，看來阮籍當時很可能是受到明帝這一詔令的思想影響的。其時阮籍研究了儒家典籍，也很可能就是在二十多歲至三十歲左右時，寫出〈樂論〉與〈通易論〉的。所以其論文中沒有「浮華不務道本」的東西，不像後來那樣「發言玄遠」，不關世事，而宣揚的主要是儒家的禮樂思想，其目的則是爲了治理好當時曹魏的封建統治秩序的。至於他反對縱欲、淫聲的思想，則也很可能是他針對明帝「大治洛陽宮，起昭陽、太極殿，築總章觀」（《三國志·魏書·明帝紀》）等，追求享樂奢侈而發。在當時來說，是有一定的現實意義的。

但是進入正始（二四〇年～二四九年）之後，阮籍開始轉入老學，這大概是他受到了何王「正始之音」影響的結果。其時他的主要著作就是〈通老論〉一文。〈通老論〉說：「道者，法自然而爲化。」以此他主張用老子的自然無爲的思想來治理天下（「君臣垂拱，完太素之樸；百姓熙怡，保性命之和」）。正始之後，司馬氏控制了政權，他們打著儒家的旗號，口稱忠道孝道，利用僞善的禮教來殺戮異己，篡奪曹魏的政權。對此阮籍十分不滿，以此他開始對當時的虛僞的禮義說教進行無情的鞭撻，表明阮籍與司馬氏集團，在意識形態上發生對立。其時的主要代表作，即是〈達莊論〉與〈大人先生傳〉兩文。可見他的反儒思想確實是「有激而發」的。

〈達莊論〉公開地推崇莊學，而貶低儒學，認爲儒學只是「常服」、「凡乘」，六經之言不過是「分數之教」，只有「莊周之云」才是「致意之辭」。儒家禮教談的是一些具體的名數而已，並不是根本道理之所在，所以儒家只是「一曲之說」，莊學才是「寥廓之談」。莊周從天地自然出發來看待整個世界，而六經只是區區於社會等極名分之域，兩者是不能相比的。因此，阮籍說：

> 故至道之根，混一不分，同為一體，乃（疑當作「得」）失無聞。伏羲結繩，神農教耕，逆之者死，順之者生，又安知貪洿之為罰，而貞白之為名乎？使至德之要，無外而已。大均淳固，不貳其紀。清靜寂寞，空豁以俟。善惡莫之分，是非無所爭。故萬物反其所而得其情。儒墨之後，堅白並起，吉凶連物，得失在心，結徒聚黨，辯說相侵。昔大齊之雄，三晉之士，嘗相與瞑目張膽，分別此矣。咸以為百年之生難致，而日月之蹉無常。皆盛僕馬，修衣裳，美珠玉，飾帷墻，出媚君上，入欺父兄，矯厲才智。競逐縱橫。家以慧子殘，國以才臣亡。故不終其天年而大自割，繫其於世俗也。（〈達莊論〉）

至德之世本是清靜寂寞，善惡莫分，是非無爭，只是後來儒、墨出現之後，才有爭名辯說，互相紛爭的。人們互相之間「競逐縱橫」，結果弄得家殘國亡，人人不得「終其天年」，而繫於世俗之累。爲此「莊周見其若此，而述道德之妙，敍無爲之本，寓言以廣之，假物以延之，聊以娛無爲之心，而逍遙於一也。豈將以希咸陽之門，而與稷下爭辯也哉？」（同上）在這裡阮籍講的是莊周，其實也是講的自己。在「名士多故，少有全者」的魏晉之際，阮籍捨棄了儒學禮樂治世的思想，而轉入了欣賞莊子的遁世逍遙之說。他說：

> 至人者，恬於生而靜於死。生恬，則情不惑；死靜，則神不離。故能與陰陽化而不易，從天

地變而不移。生究其壽，死循其宜，心氣平和，不消不虧。是以廣成子處崆峒之山，以入無窮之門；軒轅登崑崙之阜，而遺玄珠之根。此則潛身者，易以為活，而離本者，難與永存也。（同上）

至人恬靜，不為生死所累，就能生壽死宜，心氣和平，所以遯世潛身「易以為活」，反之則「難與永存」。阮籍希望自己能超脫世俗，過著恬靜的生活，以恬性養生，求得自保長壽。阮籍的這一思想在〈大人先生傳〉中，表現得尤為明顯。他說：

先生以為中區之在天下，曾不若蠅蚊之著帷，故終不以為事，而極意乎異方奇域，遊覽觀樂非世所見，徘徊無所終極。（《阮籍集．大人先生傳》）

夫大人者，乃與造物同體，天地並生，逍遙浮世，與道俱成，變化散聚，不常其形。（同上）

今吾以飄颻於天地之外，與造化為友，朝飧陽谷，夕飲西海，將變化遷易，與道周始。（同上）

先生乃去之，彷泱莽，軌湯洋，流衍溢，歷度重淵，跨青天，顧而逌覽焉，則有逍遙以永年，無存忽合，散而下臻。霍分離蕩，漾漾洋洋，飆涌雲游，達於搖光。直馳騖乎太初之中，而

> 休息乎無爲之宮。（同上）

這裡的先生指隱士蘇門先生。阮籍是借助蘇門先生之言，以表達他自己的思想。「與造化爲友」，「逍遙浮世」，「休息乎無爲之宮」，以期「永年」。這是阮籍所嚮往的理想人生目標，他對現實社會失去了信心，只好把希望寄託於想像中的逍遙浮世上，以便安慰自己受現實社會壓抑的心靈。

但阮籍在〈大人先生傳〉一文中，除了有消極的逃避現實鬥爭的一面之外，也還有其對司馬氏統治的不滿與控訴的積極的反抗一面，即無情地揭露了當時的對建禮教的虛僞性，諷刺了那些禮俗之士。阮籍說：

> 且汝獨不見夫虱之處褌子中乎！逃於深縫，匿乎壞絮，自以為吉宅也。行不敢離縫際，動不敢出褌襠，自以為得繩墨也。飢則嚙人，自以為無窮食也。然炎丘火流，焦邑滅都，羣虱死於褌中而不能出。汝君子（指禮法之士）之處寰區之內，亦何異夫虱之處褌中乎？悲夫！（同上）

這是說，禮俗之士，禁錮於禮法之中，自以爲得意，好像得到了吉宅，而互相爭名逐利，爾虞我詐，以禮吃人，然而總不能出雷池一步，猶如虱子處褌襠中，總不敢出褌襠一樣，都是些渺小之輩。然而這樣的褌襠並不是虱子的吉宅，一旦遇到炎丘火流，就會燒死於褌襠之中。悲夫！禮法之士反爲禮法所害，這樣的事情還見得少嗎？這樣的禮法之士眞是可憐的虱子啊！在這裡阮籍的諷刺是十分辛辣而深刻的。進而他還痛斥了這批禮法之士都是些口蜜腹劍的僞善之徒，說：

今汝造音以亂聲，作色以詭形，外易其貌，內隱其情，懷欲以求，詐偽以要名，君立而虐興，臣設而賊生，坐制禮法，束縛下民。欺愚誑拙，藏智自神。強者睽眂而凌暴，弱者憔悴而事人。假廉而成貪，內險而外仁。罪至不悔過，幸遇則自矜。（同上）

今汝尊賢以相高，競能以相尚，爭勢以相君，寵貴以相加，驅天下以趣之，此所以上下相殘也。竭天地萬物之至，以奉聲色無窮之欲，此非所以養百姓也。於是懼民之知其然，故重賞以喜之，嚴刑以威之。財匱而賞不供，刑盡而罰不行，乃始有亡國、戮君、潰敗之禍。此非汝君子之為乎？汝君子之禮法，誠天下殘賊、亂危、死亡之術耳，而乃自以為美行，不易之道，不亦過乎？（同上）

這即是說，儒家所提倡的造音作色，坐制禮法，立君設臣等等，並不是爲了養育百姓，只是爲了「束縛人民」、「欺愚誑拙」而已。而那些口蜜腹劍的禮法之士，僞善君子，則「假廉以成貪，內險而外仁」，他們各自「尊賢以相高，竟能以相尚，爭勢以相君」，從而使得社會不寧，上下相殘。以此可見，儒家的禮法，實在是殘賊、亂危、死亡之術。在這裡，阮籍對於儒家禮教的虛僞性、殘忍性的揭露，是淋漓盡致的。

阮籍針對著現實社會的殘忍黑暗的統治，以追述遠古的方式提出了自己的理想社會的藍圖。他認爲，人類社會的最初階段就是一個沒有紛爭、沒有欺詐、無有君臣上下，無有尊卑貴賤的一個美滿的世界。他指出：

昔者天地開辟，萬物並生。大者恬其性，細者靜其形。陰藏其氣，陽發其精。害無所避，利無所爭。放之不失，收之不盈，亡不為夭，存不為壽。福無所得，禍無所咎。各從其命，以度相守。明者不以智勝，闇者不以愚敗，弱者不以迫畏，強者不以力盡。蓋無君而庶物定，無臣而萬事理，保身修性，不違其紀。惟茲若然，故能長久。

這是一個完美的古代社會，其所以沒有貴賤貧富，沒有欺詐與紛爭的原因，是由於古代是一個無君的社會，沒有君臣上下名分等級的原故。阮籍的這一無君論思想，在當時來說，是一個十分大膽的思想。它一方面是對吃人的維護封建等級制的儒家禮教的抗議，一方面也是對司馬氏集團篡奪君權行爲的反抗。但是阮籍是位地主階級知識分子，他的反對禮教只是「有激而發」的。儒家所維護的綱常名教乃是地主階級根本利益之所在，因此在封建社會中，就是像反儒的激進分子阮籍這樣的人也不可能要把禮教全部拋棄掉，所以當他的兒子阮渾「少慕通達，不飾小節」，「風氣韻度」有「父風」時，阮籍戒之曰：「此流汝不得復爾。」（《晉書》卷四十九〈阮籍傳〉）〈竹林七賢〉云：「籍之抑渾，蓋以渾未識己之所以爲達也。」（《世說新語・任誕篇》注引）可見他並不是從內心中眞的要拋棄儒家禮教。

三、阮籍的哲學思想

在阮籍的前期著作，如〈樂論〉、〈通易論〉等中，他對整個自然界的看法講的不多，主要講的是聖人爲什麼要作樂作《易》的問題。只是在其論說樂與《易》的思想來源時，才表現出了一定的唯唯主義思想傾向。如他說：

> 《易》之為書也，本天地，因陰陽，推盛衰，出自幽微，以致明著。（〈通易論〉）

又說：

> 《易》順天地，序萬物，方圓有正體，四時有常位，事業有所麗，鳥獸有所萃，故萬物莫不一也。（同上）

《易》的思想來源於對客觀世界天地陰陽變化的認識，《易》是順應著天地陰陽的，並不與天地陰陽相違背。所以說：「天地，《易》之主也；萬物，《易》之心也。」（同上）這是對《周易》思想來源的唯物主義解釋。在〈樂論〉中，阮籍則闡說了聖人作樂的思想來源。他說：

> 夫樂者，天地之體，萬物之性也。合其體，得其性，則和；失其性，則乖。昔者聖人之作樂也，將以順天地之體，成（疑成應作體）萬物之性。（〈樂論〉）

這即是說，樂來源於自然界，所以聖人作樂必須體順天地萬物之性。這在音樂理論上，也是堅持了素樸唯物主義的觀點的。當然樂是社會生活的反映，所以不能把它僅看作是純自然的產物。至於樂與《易》的反作用，阮籍則作了充分的肯定。他肯定了樂能起到「移風易俗」的作用。並認爲《易》已「覆燾天地之道，囊括萬物之情」，治理天下大事，一切都可按照《易》來辦理。這就誇大了《易》的作用。《易》並不能達到對自然界包羅萬象的認識，自然界是無窮的，人類的認識也是無窮的，因此對自然界的認識決不可能一次完成。在這裡阮籍的思想帶有形而上學性。但是另一方面阮籍又接受了《易》中所强調的「變」的思想，以爲「《易》者何也？乃昔之玄眞，往古之變經也」，「上下無常，剛柔相易，不可爲典要，惟變所適，故謂之易。」（〈通易論〉）《易經》是部「變經」，《易》就在於「惟變所適，無變即無《易》」。所以他在解釋乾卦「潛龍勿用」時說：

故乾元初「潛龍勿用」，言大人之德隱而未彰，潛而未達，待時而興，循變而發。（同上）

正由於阮籍接受了《易》的變化思想，所以他在討論「禮樂」的時候，他認爲禮樂是隨時而變的，沒有一成不變的禮樂。他說：

然禮與變俱，樂與時化，故五帝不同制，三王各異道，非其相反，因時變也。（〈樂論〉）

禮樂與時俱化，所以各個時代（五帝、三王）的禮與樂是不同的，都是隨著時代的變化的。「禮與變俱，樂與時化」的觀點，是符合辯證法思想的。

阮籍在稍後的著作〈達莊論〉與〈大人先生傳〉中，則較爲詳細地闡明了自己的哲學觀點。他曾經在〈樂論〉中提出「天地合其德，則萬物合其生」的思想，但當時對這一觀點並未加以發揮。在爾後的〈達莊論〉和〈大人先生傳〉裡，則較多地發揮了這一思想，闡明了自己對整個世界的看法。他說：

天地生於自然，萬物生於天地。自然者無外，故天地名焉。天地者有內，故萬物生焉。當其無外，誰謂異乎？當其有內，誰謂殊乎？地流其燥，天抗其濕，月東出，日西入，隨以相從，解而後合。升謂之陽，降謂之陰，在地謂之理，在天謂之文。蒸謂之雨，散謂之風。炎謂之火，凝謂之冰。形謂之石，象謂之星。朔謂之朝，晦謂之冥。通謂之川，迴謂之淵。平謂之土，積謂之山。男女同位，山澤通氣。雷風不相射，水火不相薄。天地合其德，日月順其光。自然一體，則萬物經其常。入謂之幽，出謂之章，一氣盛衰，變化而不傷。是以重陰雷電，非異出也；天地日月，非殊物也。故曰：自其異者視之，則肝膽楚越也；自其同者視之，則萬物一體也。（〈達莊論〉）

這一大段議論意思是說，萬物生於天地，天地生於自然，「自然者無外，故天地名焉」。這裡的自然並不是天地之外另有一個自然，自然就是指天地的自然而然的存在，所以說：「自然無外，故天地名焉。」萬物則生於天地之中，而天地萬物皆是一氣之變化，陽氣升騰成天文，陰氣下降成地理，風、雨、火、冰、石、星、川、淵、土、山……，乃至天地日月重陽雷也，都是「一氣之盛衰」，所以萬物統一於一體，而氣則永恆不會消滅（「變化而不傷」）。這是堅持了戰國兩漢以來的氣一元論的唯物主義宇宙觀的傳統的。

阮籍從天地萬物皆是「一氣之盛衰」出發，由於受到了莊周的齊萬物齊是非的相對主義的思想的影響，又得出了「死生一貫，是非一條」的相對主義的結論。阮籍認爲，既然天地萬物都是一氣變化而成的。那末重陰雷電非異出，天地日月非殊物，所以它們也就沒有什麼區別：

以生言之，則物無不壽；推之以死，則物無不夭。自小視之，則萬物莫不小；由大觀之，則萬物莫不大；殤子為壽，彭祖為夭，秋毫為大，泰山為小。故以死生為一貫，是非為一條。別而言之，則鬚眉異名；合而說之，則體之一毛也。（〈達莊論〉）

死生壽夭，大小是非，都是人們從不同的角度，看待事物所造成的結果，而事物本身則無所謂大小是非的差別。這就否定了事物的質的差別，否定了事物的多樣性，從而誇大了統一性而得出了相對主義的詭辯結論。阮籍之所以接受莊周的相對主義思想，也是與他後期思想趨向消極，妄圖躲避現實的鬥爭，宣揚所謂「善惡莫之分，是非無所爭」的人生處世態度，密切不可分的。

在形體、精神、自然界三者關係上，阮籍也作了論說：

人生天地之中，體自然之形。身者，陰陽之精氣也。性者，五行之正性也。情者，遊魂之變欲也。神者，天地之所以馭者也。（〈達莊論〉）

人爲天地中之一物，人的身體是由陰陽之精氣所構成，這種說法也是繼承了漢代「精氣爲人」的思想而來，是一種樸素的唯物主義思想。人性則來自五行之性，這是企圖用自然現象解釋人性，也是漢代以來的一種通常的說法。至於阮籍把人的情看作是「遊魂之變欲」，這種說法可能導至把「魂」當作是一種可以游離的東西的錯誤思想。並且他在進一步討論神的時候，提出了「神者，天地之所以馭者也」，和「天不若道，道不若神。神者，自然之根。」（〈大人先生傳〉）的思想。這就誇大了神的能動性。神確實能反作用於自然，能認識自然改造自然，但神本身又是自然界的產物，又要受自然界支配，決不能把神說成是可以駕馭整個自然界的。至於把神說成是自然之根，「天不共道，道不若神」，把神放到了自然天地之上，這就使他的哲學陷入了唯心主義泥坑。阮籍在這裡，還提出了一個「道」的概念。道在正始玄學家何晏、王弼那裡，是作爲宇宙本體講的，他們把宇宙的本體說成是道是無的東西，而把物質現象世界說成是「物」是「有」的東西，是本體道的表現的。阮籍講道，則與何王不同，他講的道仍然與老子的道差不多，講的是宇宙起源問題，認爲道是宇宙的最初始基。所以他在〈大人先生傳〉中說：

太初何如？無後無前，莫究其極，誰識其根。邈渺綿綿，乃反復乎大道之所在。

然而阮籍的思想，又有與老子不同的地方，他還提出了一個「神」的概念，認爲神比道更根本，道則爲「神之宅」，「施無有而宅神，永太清乎遨翔」，所以說「天不若道，道不若神。神者，自然之根。」阮籍認爲大人先生就是具有這種「神」的神人。他說：

（大人先生）必超世而絕羣，遺俗而獨往，登乎大始之前，覽乎忽漠之初，慮周流於無外，志浩蕩而自舒，飄颻於四達繇翱翔乎八隅，欲從肆而彷彿，浣瀁而無拘，細行不足以為毀，聖賢不足以為譽。變化移易，與神明扶，廓無外以為宅，周宇宙以為廬，強八維而處安，據制物以永居。夫如是，則可謂富貴矣。是故不與堯舜齊德，不與湯武並功，王（王子喬）許（許由）不足以為匹，陽（老子字伯陽）丘（孔丘）豈能與比縱？天地且不能越其居，廣成子曾何足與並容？激八風以揚聲，躡元吉之高蹤，被九天以開除兮，來雲氣以馭乘龍，專上下以制統兮，特古今而靡同。夫世之名利，胡足以累之哉？（〈大人先生傳〉）

大初真人，唯天之根。專氣一志，萬物以存。退不見後，進不睹先。發西北而造制，啟東南以為門，微道而以德久娛樂，跨天地而處尊。夫然成吾體也，是以不避物而處，所睹則寧；不以物為累，所逌則成。彷徉足以舒其意，浮騰足以逞其情。（同上）

這完全是阮籍所追求的遁世逍遙，所謂的「飄颻於天地之外」、「與造物者遊」的人生理想之描繪。然而這種理想的神人是虛幻的，不可能存在的。他之所以要在天地與道之上提出一個「神」的思想，不過就是為了給他的人生理想作一佐證而已。

綜上所述，阮籍的哲學，當他承認「天地生於自然，萬物生於天地，自然者無外，故天地名焉」的思想，和天地萬物皆是「一氣盛衰」的時候，他是一位樸素的唯物主義者。但當他又認為「神者，天地之所以馭者也」和「天不若道，道不若神。神者，自然之根」的時候，他又是一位唯心主義者，阮籍就是這樣動搖於唯物主義與唯心主義之間的一位哲學家。這是與他政治上一方面維護禮教，正視現實，積極地抨擊時政；另一面又反對禮教主張逍遙浮世的徘徊態度是相一致的。但總的來說，應當肯定，阮籍的哲學唯物主義思想是主要的。

第二節　嵇康的哲學思想

一、嵇康的生平與著作

嵇康，字叔夜，譙國（河南譙縣）銍人，生於西元二二三年（魏文帝黃初四年），被司馬昭殺害於西元二六二年（魏元帝曹奐景元三年）。《晉書》說：「其先姓奚，會稽上虞人，以避怨徙焉。銍有嵇山，家於其側，因而命氏。」（《晉書》卷四十九〈嵇康列傳〉）《三國志》卷二十一〈王粲傳〉注引虞預《晉書》亦說：「康家本姓奚，會稽人。先自會稽遷於譙之銍縣，改爲嵇氏，取「稽」字之上，（加）「山以爲姓」，蓋以志其本也。一曰銍有嵇山，家於其側，遂氏焉。」或說：「嵇本姓奚，其先避怨徙（疑徙爲「從」字）上虞，移譙國銍縣。以出自會稽，取國一支音同本奚焉。」（《世說新語·德行》注引王隱《晉書》）可見，儘管說法不同，嵇康家原不姓嵇而姓奚大概是確實的。這可能是爲了避怨，遷居譙國銍縣之後，才更姓埋名的。以此看來，嵇康家世比較微賤，不可能出於世家大族。所以《晉書》說：「初康居貧，嘗與向秀共鍛於大樹之下，以自贍給。」這種情況，看來也是可能的，只是後來他的家境才有了變化。所以史書上對他的家世記載，也就很少，只知其父嵇昭曾督過軍糧，官至治書侍御史，兄喜歷任徐、揚州刺史。

嵇康，「早孤，有奇才」，「遠邁不羣」，「尚奇任俠」、「美詞氣」、「有風儀」、「恬靜寡慾，含垢匿瑕」，「寬簡有大量」③，「學不師受，博覽無不該通」，「長而尤好老莊之業。」（《晉書．嵇康傳》）後至京師，與魏宗室通婚，爲「魏長樂亭主婿，拜中散大夫」。嵇康「常修善性服食之事」，又善「彈琴詠歌」。關於他初至京師時的情況，《晉書》記載說：

初康常遊於洛西，暮宿華陽亭，引琴而彈，夜分忽有客詣之，稱是古人，與康共談音律，辭致清辯，因索琴彈之，而為廣陵散，聲調絕倫，遂以授康。

又《世說新語．言語》注引〈向秀別傳〉說：

（向秀）常與嵇康偶鍛於洛邑。

這兩段文字記述大概就是嵇康離開家鄉來到洛都的生活片斷，在此期間並與魏宗室通婚。但他在京師時間不長，他的一生的主要經歷都是在山陽（今河南焦作市東修武縣）度過的。

嵇康寓居山陽之後，曾與陳留阮籍等人結成了竹林七賢之遊。《世說新語．任誕》說：

> 陳留阮籍、譙國嵇康、河內山濤，三人年皆相比，康年少亞之。預此契者，沛國劉伶，陳留阮咸、河內向秀、琅玡王戎。七人常集於竹林之下，肆意酣暢，故世謂竹林七賢。

嵇康等人的竹林之遊，很明顯是一種對司馬氏集團的消極反抗，他們拒絕做司馬氏的官，過起隱居不仕，酣酒清淡的生活。其時當在司馬懿發動政變，誅殺曹爽何晏等人之後④。據王戎說：「與嵇康居山陽二十年，未嘗見其喜慍之色。」（《晉書．嵇康傳》）而嵇康一生僅活了四十歲，由此可見，他平生一半時間（大約二十歲之後）都是在山陽渡過的。不過據《世說新語．言語》注引嵇紹《趙至敍》說：

> （至）年十四，入太學觀，時先君（指嵇康）在學，寫石經古文，事訖去，遂隨車問先君姓名。先君曰：年少何以問我？至曰：觀君風器非常，故問耳。先君具告之。至年十五佯病，數數狂走五里三里，為家追得。……年十六，遂亡命。徑至洛陽，求索先君不得。至鄴，……。先君到鄴，至具道太學中事，便逐先君歸山陽經年。……

據此嵇康曾經在京師洛陽太學中寫石經古，趙至十四時入太學見到過他。按照《晉書．趙至傳》

說，趙至卒年於太康中，年三十七。據劉汝霖《漢晉學術編年》考證，趙至卒於太康二年，則知趙至十四歲那時在太學見到嵇康當在甘露三年（西元二五八年）⑤。以此可知，嵇康在嘉平年間（西元二四九～二五四年）於山陽結竹林之遊之後，又曾回到過京師在太學中活動過一段時間，而後又重返山陽的。至於嵇康爲什麼不能久留京師，而又要外出避世，這大概又與司馬氏集團的逼迫有關。《三國志・魏書・王粲傳》注引《魏氏春秋》說：

鍾會為大將軍所昵，聞康名而造之。會，名公子，以才能貴幸，乘肥衣輕，賓從如雲。康方箕踞而鍛，會至，不為之禮。康問會曰：何所聞而來？何所見而去？會曰：有所聞而來，有所見而去。會深銜之。大將軍嘗欲辟康。康既有絕世之言，又從子不善，避之河東，或云避世。

這裡的大將軍指司馬昭。司馬昭在正元二年（西元二五五年）任大將軍。鍾會爲大將軍所寵愛，成爲其「心腹」人物，當在平定諸葛誕的壽春之役之後，則時間亦當在甘露三年（西元二五八年）之後。可見嵇康這次出離京師是與大將軍的「欲辟康」和鍾會的「往造」有關的。

據說嵇康在山陽時說「嘗採藥遊山澤」，曾遇見過隱士孫登，並從之遊三年乃返。關於這段事迹，《晉書》記載說：

康嘗採藥遊山澤，會其得意，忽焉忘返。時有樵蘇者遇之，咸謂之神。至汲郡山中見孫登，康遂從之遊。登沈默自守，無所言說。康臨去，登曰：君性烈而才雋，其能免乎？（《晉書》卷四十九〈嵇康傳〉）

《晉書》卷九十四〈孫登傳〉又說：

孫登，字公和，汲郡共人也，無家屬，於郡北山為土窟居之。……文帝（司馬昭）聞之，使阮籍往觀，既見，與語亦不應。嵇康又從之遊三年，問其所圖終不答。康每嘆息將別，謂曰：「先生竟無言乎？」登乃曰：「子識火乎？火生而有光，而不用其光，果在於用光。人生而有才，而不用其才，而果在於用才。故用光在乎得薪，所以保其耀；用才在乎識真，所以全其年。今子才多識寡，難乎免於今之世矣。子無求乎？」

《世說新語．棲逸》則說：

嵇康遊於汲郡山中，遇道士孫登，遂與之遊。康臨去，登曰：「君才則高矣，保身之道不足。」

正如孫登所料，嵇康懷才而不爲世用，「果遭非命」，爲司馬氏所殺害。嵇康被捕入獄後，曾作〈幽憤詩〉一首，詩中有這樣兩句話：「昔慚柳下，今愧孫登」，這大概就是嵇康在汲郡山中，受到孫登的告誡，而後在獄中因感慨所發的吧！

竹林七賢雖有過共同的避世隱居的生活，但後來有的還是要到司馬氏政權中去做官的，如山濤、王戎。也有的是被迫而出來應付做官的，如向秀。也還有的由於對當時社會的不滿，而走上了消極厭世的道路，整日縱酒放蕩的，如劉伶、阮咸之流。劉伶並著有〈酒德頌〉一篇，其辭云：

有大人先生，以天地為一朝，萬期為須臾，日月為扃牖，八荒為庭衢，行無轍迹，居無室廬，幕天席地，縱意所如，止則操卮執觚，動則挈榼提壺，惟酒是務，焉知其餘？有貴介公子，搢紳處士，聞吾風聲，議其所以，乃奮袂攘襟，怒目切齒，陳說禮法，是非鋒起。先生於是方捧罌承槽，銜懷漱醪，奮髯箕踞，枕麴藉糟，無思無慮，其樂陶陶，兀然而醉，豁爾而醒，靜聽不聞雷霆之聲，熟視不睹泰山之形，不覺寒暑之切肌，利欲之感情。俯視萬物擾擾焉，若江海之載浮萍；二豪侍側焉，如蜾蠃之與螟蛉。（《晉書》卷四十九〈劉伶傳〉）

劉伶思想「以天地爲一朝，萬物爲須臾」，帶有莊子相對主義思想傾向，他所宣揚的「唯酒是務」，不聞世事，以縱酒爲樂的思想，純是一種消極反抗司馬氏的情緒。以此亦深爲禮法之士所切齒痛恨。總的來說，他的人生態度是消極的。

竹林七賢之中，只有嵇康與阮籍，他們一面任性放達，不拘禮節，有著强烈的反儒思想，對司馬氏政權則採取了不合作的做法，一面又各自都有著自己的理想與抱負，有著「濟世之志」的。嵇康與阮籍一樣，提出了自己的社會政治主張，並描繪了自己嚮往的理想社會的藍圖。然而在對待司馬氏政權問題上，嵇康的做法又要比阮籍更爲堅決，拒絕了去司馬氏政權中做官，最後釀成了殺身之禍。《晉書．嵇康傳》：「山濤將去選官，舉康自代，康乃與濤書告絕。」其時當在景元二年（西元二六一年），在〈與山巨源絕交書〉中，嵇康說明了他不能當官的「七不堪」與「二不可」的理由⑥。這些理由可以歸結爲兩個方面：

㈠任性放達，「不涉經學」，「不遵禮法」，「每非湯武而薄周孔」，爲「世教所不容」。

㈡「剛腸嫉惡，輕肆直言，遇事便發，難與俗人相處。」

這兩點理由，充分表達了他不滿司馬氏政權的思想情緒，爲此觸怒了司馬氏，正如《魏氏春秋》中說：

及山濤為選曹郎，舉康自代，康答書拒絕，因自說不堪流俗，而非薄湯武，大將軍（司馬昭）聞而怒焉，初康與東平呂昭子巽及巽弟安親善。會巽淫安妻徐氏，而誣安不孝，囚之。安引

康為證，康義不負心，保明其事。安亦至烈，有濟世志力。鍾會勸大將軍因此除之，遂殺安及康。（《三國志．魏書．王粲傳》注引）

呂安本是嵇康好友，「東平呂安服康高致，每一相思，輒千里命駕，康友而善之。」（《晉書．嵇康傳》）嵇康並常「與呂安灌園於山陽」（《世說新語．言語》注引〈向秀別傳〉）。呂安被誣告入獄，嵇康「義不負心」，「保明其事」，這本來是件很正當的事，然而司馬氏鼓吹名教，以禮殺人篡奪政權，而嵇康非薄湯武周禮，揭露了他們的虛僞性，從而成爲了名教的罪人，因此司馬昭利用呂安的訴訟事件，殺害了嵇康，這完全是司馬氏排氏異己的做法。可見鍾會卻羅列了嵇康一大堆罪行，說：

今皇道開明，四海風靡，邊鄙無詭隨之民，街巷無異口之議。而康上不臣天子，下不事王侯，輕時傲世，不為物用，無益於今，有敗於俗。昔太公誅華士，孔子戮少正卯，以其負才亂羣惑眾也。今不誅康，無以清潔王道。（《世說新語．雅量》注引〈文士傳〉）

《晉書》也記載說：

（鍾會）言於文帝曰：「嵇康臥龍也，不可起，公無憂天下，顧以康為慮耳。」固譖康欲助毋丘儉，賴山濤不聽。昔齊戮華士，魯誅少正卯，誠以害時亂教，故聖賢去之。康安等言論放蕩，非毀典謨，帝王者所不宜容，宜因衅除之，以淳風俗。帝既昵聽信會，遂並害之。（《晉書》卷四十九〈嵇康傳〉）

可見，嵇康的被害，完全是他「不事王侯」、「言論放蕩」、「非毀典謨」、「害時傷政」，觸犯了司馬氏政權所導致的結果。至於鍾會說他「欲助毋丘儉」作亂，則完全是一種藉口而已。

嵇康臨刑前，據說有「太學生三千人，請以爲師。」（同上）或說：「康之下獄，太學生幾千人請之，於時豪俊皆隨康入獄，悉解喻一時散遣，康竟與安同誅。」（《世說新語．雅量》注引王隱《晉書》）臨刑時，「兄弟親族咸與共別，康顏色不變，問其兄曰：『向以琴來不邪？』兄曰『以來。』康取調之，爲太平引，曲成嘆曰：『太平引於今絕也。』」（《世說新語．雅量》注引〈文士傳〉）或說：「嵇中散臨刑東市，神氣不變，索琴彈之，奏廣陵散，曲終曰：『袁孝尼嘗請學此散，吾靳固不與，廣陵散於今絕矣。』」（《世說新語．雅量》）時年嵇康四十歲，「海內之士，莫不痛之。」（《晉書》卷四十九〈嵇康傳〉）

嵇康的著作現存有《嵇康集》十卷，魯迅先生爲之校勘。而《隋書．經籍志》載有魏中散大夫《嵇康集》十三卷（梁十五卷，錄一卷）。《唐書．經籍志》載有《嵇康集》十五卷，《新唐書．藝文志》亦載十五卷，而《宋史．藝文志》則載《嵇康集》十卷。可見，嵇康的著作早就有所亡佚，梁時原有十五卷，錄一卷，至隋時已佚二卷，唐時復出，宋時又復失五卷，僅存十卷了。不過《晉書·嵇康傳》中，所談及到的著作，則大都尚在。這些著作是：〈養生論〉、〈釋私論〉、〈與山巨源絕交書〉、〈幽憤詩〉、〈大師箴〉、〈聲無哀樂論〉。惟〈高士傳贊〉一文不存。嵇康的主要論著可能還是保存下來了。

現存十卷中，主要的哲學與政治著作有：〈養生論〉、〈聲無哀樂論〉、〈釋私論〉、〈明膽論〉、〈難自然好學論〉、〈難宅無吉凶攝生論〉、〈與山巨源絕交書〉、〈太師箴〉、〈管蔡論〉、〈家誡〉等。這些著作具體的寫作年代已很難詳考。嵇康一生大概可以分爲四個時期：㈠孩童時期，居家於譙國銍縣。㈡青年時期，曾出遊京都（洛陽）與魏宗室通婚。㈢遷居河東山陽，這一段時期最長，王戎稱「與康居山陽二十年」，這即是說嵇康大概在二十歲左右時即正始三年左右（西元二四二年），就移居山陽了。㈣最後獄中生活被殺害時期，「終年四十歲。」由此可見，避地山陽時期是嵇康的主要活動時期。著名的七賢「竹林之遊」，就是在這一時期中。因此嵇康的大部分著作，大概都是在這一期中寫就的。〈養生論〉與〈答難善生論〉與向秀駁難，〈明膽論〉與呂安討論，〈與山巨源絕交書〉表示拒絕山濤推薦出來做官，〈家誡〉爲誡子之書，顯係都作於這一時期。〈幽憤詩〉則作於牢獄之中，故詩中有「卒致囹圄」之語。其它著作也就很難確定其具體年代。

二、嵇康的政治觀與人生觀

嵇康在政治上傾向於曹魏集團，與司馬氏集團始終格格不入。特別是司馬氏所鼓吹的儒家名教之治和利用禮教進行翦除異己篡奪政權的行爲深惡痛絕，從而使得他成爲了當時反名教的一位激進人物。以此他提出了許多反對舊傳統、舊觀念的具有一定思想解放作用的新觀念新思想，在當時的思想界起到了一新耳目的作用。不過，他一面反對虛僞的禮義教化，另一面又是眞心誠意地想來維護禮教，把封建秩序搞好的。所以魯迅先生說他的本心「恐怕倒是相信禮教，……。將禮教當作寶貝看待的。」（〈魏晋風度及文章與藥及酒之關係〉）在這裡他的思想是充滿矛盾的。其次，在人生觀上，他採取了輕時傲世、任性放達、不拘禮節、不事公侯、遁世逍遙的處世態度。這又是一種消極的反抗情緒，是一種藉此聊以精神上自我安慰的表現。

正由於嵇康猛烈地抨擊了禮教，又有「遁世逍遙」的處世思想，從而使得他傾心於老莊之學，標榜「老子莊周，吾之師也」（〈與山巨源絕交書〉）。自然也就容易接受老莊的消極無爲、任性逍遙的思想，甚而至於欣賞起道教中的長生不死和追求神仙的樂趣。然而，他雖說有「潛遁之志」，卻又不能「被褐懷玉」，不露鋒芒，尤其是他那種「尚奇任俠」、「抗心希古」、「不堪流俗」、「剛腸疾惡，遇事便發」的剛直不阿的品格，也就不可能使得他不出來說話，所以想潛遯也是潛遯不了的。因此，在他的思想中，既有著消極的無爲、放達、逍遙遁世的一面，又有積極的抨擊時政，反對僞善的禮教，主張修明政治的一面。而嵇康的這種思想的矛盾，正是當時魏晉之際政治鬥爭中的產物。

嵇康對現實社會不滿，而嚮往著一個理想政治的社會。爲此，他十分推崇古代的樸素的自然狀態的世界。他認爲，人類最美滿的社會，是遠古赫胥氏、羲皇氏時代，後來的社會則是古代美滿社會墮落的表現。在他設想的這個美滿社會裡，天下是美好的，人君是無私無爲的，人民是樸素安逸的。他說：

昔鴻荒之世，大樸未兮，君無文於上，民無競於下，物全理順，莫不自得，飽則安寢，飢則求食，怡然鼓腹，不知為至極之世也。若此，則安知仁義之端，禮律之文？（〈難自然好學論〉）

這即是說，人類社會的遠古時代（「鴻荒之世」），在上的君主實行無爲而治（「君靜於上」），在下的人民安居樂業（「民順於下」），處於太平盛世（「大道之隆，莫盛于茲，太平之業，莫顯於此」）。只是後來由於人們貪求物欲才產生了禍患，「欲以物開，患以事成」，爲了防止禍患，於是聖人制定了禮律與仁義教化。可見，聖人只是在「不得已」的情況下，才起來君臨天下的。按照嵇康所設想的古代美好的社會，歸結起來有這樣幾個特點：首先，天下是爲公的。「爲天下而尊君位，不爲一人而重富貴也。」（〈答難養生論〉）因此，古代聖人沒有私心，「以萬物爲心，在宥羣生，由身以道，與天下同於自得，穆然以無事爲業，坦爾以天下爲公。」（同上）其次，天下是太平的。當時是「君臣相忘於上，蒸民家足於下」（同上），上下相安於無事，聖人「雖居君位，饗萬國，恬若素士接賓客也。」（同上）第三，天下是尊重賢才的，當時人君所以能治理好社會就在於「君道自然，必託賢明」，因此能夠做到「茫茫在昔，罔或不寧」（〈大師箴〉）。第四，先王也要制禮作樂，不過目的是爲了用來陶冶人情的。由於情不可放縱，「故抑其所遁」，由於欲不可滅絕，「故因其所自」。所以先王爲了陶冶人們的情欲，才「爲可奉之禮，制可導之樂」的（〈聲無哀樂論〉）。在這裡嵇康對於古代的禮樂制度的作用作了充分地肯定。由此可見，嵇康並不是不要禮樂制度的。他之所以要崇尚古代的君王和古代樸素的禮樂制度，目的是爲了揭露現實社會的政治腐敗與禮教的虛僞和墮落，批判現實社會的黑暗與罪惡的。以此他還將理想的古代社會與現實社會作了以下的對比分析：

一、「昔爲天下，今爲一身」。赫胥和羲皇時代以至於堯舜，都是「功德齊均，不以天下私親」；而今日的君主卻是「宰割天下，以奉其私」。這就必然會造成「君位益侈，臣路生心」，「下疾其上」、「君猜其臣」的局面，其結果是篡權竊國，弑逆橫行，「喪亂弘多，國乃隕顚。」（〈大師箴〉）

二、「刑本懲暴，今以脅賢」。過去的君主「必託賢明」，所以「茫茫在昔，罔或不寧」。至於先王所以要設立仁義教化則完全是爲了用來勸善的，制定刑法只是用來懲暴的。然而現今社會「賞罰雖存，莫勸莫禁」，不能「懲暴」而反以「脅賢」。這樣治國是沒有不亂不亡的。

三、先王之制禮作樂是爲了「知情之不可放，故抑其所遁；知欲之不可絕，故因其所自。故爲可奉之禮，制可導之樂」，目的是在「結忠信，著不遷也」。然而現在的禮樂制度卻成爲人們追逐名利的工具，人們學習「六經」，爲的是「學以致榮」。所以「利巧愈競，繁禮屢陳，刑教多施」，反而「失性喪眞」，這是社會衰敗的表現。爲此，嵇康對儒生們一味地去吹捧「六經」，把「六經」當作太陽，鼓吹學習「六經」是人的自然本性之所好的論調，加以了批駁。他說：

> 六經以抑引為主，人性以從欲為歡。抑引則違其願，從欲則得自然。然則自然之得，不由抑引之「六經」，全性之本，不須犯情之禮律。知仁義務於理僞，非養真之要求；廉讓生予爭奪，非自然之所出也。（〈難自然好學論〉）

「六經」與人的本性是違背的，因此學習「六經」並不是自然之所好，不過是爲了「積學明經以代稼穡」而已。因此六經並不是太陽，不學也未必處於長夜。「今若以明堂爲丙舍，以諷誦爲鬼語，以六經爲蕪穢，以仁義爲臭腐，睹文籍則目瞧，修揖讓則變傴，襲章服則轉筋，譚禮典則齒齵，於是兼而棄之，與萬物爲更始，則吾子雖好學不倦，猶將闕焉。則向之不學未必爲長夜，六經未必爲太陽也。」（同上）由此可見，嵇康與阮籍一樣，對儒家的抨擊是十分激烈的尖銳的。嵇康並且自己還公開地宣稱「每非湯武而薄周禮」，表現出了他強烈地反儒家思想的傾向。

然而批判並不等於建設，當時的社會究竟應該如何地加以治理呢？嵇康在這方面談得不多，他的消極厭世的思想在這裡起了作用。不過作爲地主階級中的一位正直之士，他還是總想把封建社會搞好的，所以他也提出了一些治理社會的主張。例如：他認爲作爲最高封建統治者的帝王要戒驕淫、棄佞幸、尊德音，要能聽取忠臣的逆耳之言，不要聽信那些阿諛逢迎之語，所以嵇康說：「故居帝王者，無曰我尊，慢爾德音；無曰我強，肆於驕淫；棄彼佞幸，納此迕顏……。」（〈太師箴〉）朝廷選擇官吏要任用賢能之士，不要搞任人唯親（「唯賢是授，何必親戚」）等等。

嵇康爲了反對虛僞的禮教，還提出了「越名教而任自然」的主張。他認爲只有任心之自然而行，才能做到「直心而言，言無不是」，「觸情而行，事無不吉」，這種主張的提出顯然是針對司馬氏所搞的僞善的禮義說教而發的。不過他所提倡的「直心而言」，要說老實話，要言行一致，要做「正直」之士，這自然是一種良好的願望。然而在當時的爾虞我詐的統治階級之間是根本不可能實行的。這種因任自然的思想，很顯然是受了何、王推崇自然思想的影響的結果。但何、王主張無為任自然，並不主張「越名教」，因為他們認為名教正是自然的表現，所以任自然也就要任名教。而嵇康則與之相反，認為名教是與自然對立的，只有「越名教」才能做到「任自然」。王弼任自然的思想，主要强調的是君主的無為而治（「君人南面之術」），而嵇康的任自然的思想，主要講的是一個人的任自然之性與任自然之心，所以兩者是有很大區別的。嵇康甚至還把「任心而行」，說成都是「善」的「是」的行為，這樣就把心當作衡量「眞」、「善」、「美」的標準，這對批判虛僞的禮教是十分有意義的，但從理論上來說，則仍然是一種主觀唯心主義的理論。

嵇康為了論證其「越名教而任自然」的政治倫理主張，他還曾作有〈釋私論〉一文，主張任應心之自然，反對用文教來束縛自己的思想。他說：「稱君子者，心無措乎是非，而行不違乎道者也。」（〈釋私論〉）心不應有一個事先的是非標準，因為「夫氣靜神虛者，心不存乎矜尚；體亮心達者，情不繫於所欲，矜尚不存乎心，故能越名教而任自然；情不繫於所欲，故能審貴賤而通物情。物情順通，故大道無違；越名任心，故是非無措也。」（同上）心應保持虛靜的自然狀態，而不應為「矜尚」與「所欲」所累，而名教之是非就是產生「矜尚」與「所欲」爭名與逐利的根子，因此就應該「越名任心」、「是非無措」。嵇康並認為，只有任心而行，才能做到「公而無私」，「是而無非」。在這裡，他對「公」與「私」的劃分標準問題，提出了一個與衆不同的新見，他說：

論公私者，雖云志道存善，心無凶邪，無所懷而不匿者，不可謂無私；雖欲之伐善，情之違道，無所抱而不顯者，不可謂不公。（同上）

「公」與「私」以是否匿情而劃分。任應心之自然，毫無隱匿，這就是「公」。反之，口是心非、陽奉陰違，隱匿自己的眞情，這就是「私」。很顯然，這一思想是對司馬氏集團的虛僞的名教說教在理論上的抨擊。按嵇康看來，司馬氏的口是心非的一套做法，完全是「私而無公」的東西。因此「公」就要順應心之自然，任心之無措則沒有不是「公而無私」、「是而無非」的。他說：

君子之行賢也，不察於有度而後行也；任心無窮，不識於善而後正也；顯情無措，不論於是而後為也。是故傲然忘賢，而賢與度會；忽然任心，而心與善遇；儻然無措，而事與是俱也。（同上）

又說：

直心而言，則言無不是；觸情而行，則事無不吉。（同上）

但是，事先不察不識，不論是非，只要隨心而行，就能做到「言無不是」、「事無不吉」，則顯然是主觀唯心主義的。人的思想是外部世界的反映，總要受到外部客觀世界的限制，不可能任心而行，同時也只有當自己的思想與客觀的實際相符合時，才能達到「是」，才符合眞理性的認識，因此只是任心而行決不能做到「言無不是」與「事無不吉」。又，人們在認識事物的過程中，往往總是要受到自己的階級立場與世界觀的影響，並總是以已有的認識爲基礎，因此事先就不可能不察不識不論是非，而關鍵在於這些「是非」是否正確而已。因此嵇康提出的「心無措乎是非」也是不可做到的。不過嵇康反對用虛僞的儒家說教來箝制人心，主張自由的思想，在一定程度上起到了思想解放的作用。在中世紀能提出「越名任心」這樣大膽的思想，應當說是難能可貴的。

三、嵇康的哲學思想

嵇康的哲學思想與其政治思想相應，也存在著積極的東西與消極的東西的矛盾，既有唯物主義思想，又有唯心主義思想的兩個方面，而唯物主義思想是主導的方面。但總的說來，他並沒有建立起系統的哲學體系。

在自然觀上，嵇康基本上是元氣一元論的唯物論者。他繼承了東漢王充等人的元氣論，認爲天地萬物都是由元氣所組成。他說：「元氣陶鑠，衆生稟焉。」（〈明膽篇〉）又說：「浩浩太素，陽曜陰凝，二儀陶化，人倫肇興。」（〈太師箴〉）總之，天地萬物統一於物質形態的氣，這是我國樸素唯物主義的氣一元論的傳統觀點。嵇康依據這一唯物主義思想對儒家宣揚的神祕主義思想進行了批判。歷史上一些庸俗的儒生們墨守儒家典籍中的神祕主義思想，認爲「盛衰吉凶莫不存乎聲音」，並認爲聲音可以預知吉凶禍福。他們說：「葛盧聞牛鳴，知其三子爲犧；師曠吹律，知南風之不競，楚師必敗，羊舌母聞兒啼，而知其喪家。」（〈聲無哀樂論〉）就是說，依據聲音與音樂可以預卜吉凶。這實質上是儒家天人感應思想的表現。嵇康對此批駁說：「夫天地合德，萬物資生。寒暑代往，五行以成。章爲五色，發爲五音。音聲之作，其猶臭味在於天地之間，其善與不善，雖遭治亂，其體自若，而無變化。豈以愛憎易操、哀樂改度哉？」（同上）這就是說，萬物都是資生於天地的，五音與五色一樣皆是天地所產五行的表現，因此聲音與臭味相似，皆是自然地存在於天地之中的，與社會的治亂無關，也不具有人的哀樂的感情，只有善與惡的不同。所謂善聲即是指諧音和聲，所謂惡聲即是那些沒有節奏的不調和的噪聲。因此，聲音是自然的產物並不具有神祕的性質。

在認識論上，嵇康討論了才性問題和明膽（即聰明與膽量）問題。他認爲，人的形體是稟賦元氣而成的，人們的認識能力、聰明智慧也是由稟受的元氣決定的。所以嵇康說：「夫元氣陶鑠，衆生稟焉，賦受有多少，故才性有昏明。」這即是說，「才性昏明」是由一個人賦受的元氣決定的。（〈明膽篇〉）這一思想則是來源於王充的。《論衡．率性篇》中說：「人之善惡，共一元氣，氣有多少，故性有賢愚。」在這裡，嵇康與王充的思想基本一致。嵇康還認為明與膽兩者也是由稟賦之氣不同而造成的。他說：「明膽異氣，不能相生。」因此兩者的作用也是互異的，「明以見物，膽以決斷。」在這裡，嵇康雖然揭示了人的認識能力要依賴有物質基礎（氣）的思想，但是他脫離社會實踐來考察人的認識，不懂得人們的聰明才智、勇氣膽量除了有自然的物質基礎外，更重要的它們都是人類社會實踐的產物。嵇康認識不到這一點，結果使自己在認識論上陷入將人的聰明才智完全視為天生決定的錯誤。嵇康並且認為，聖人之所以超於常人，就是因為「唯至人特鍾純美，兼周外內，無不畢備。降此已往，蓋闕如也。」（〈明膽論〉）這即是說，聖人稟受的元氣是最純美，最完備的，因而明膽二氣俱備，具有「超常」的智慧與勇氣。這就完全否定了社會實踐對人的才性形成的決定作用。

至於嵇康所說的「明膽不能相生」的觀點，也是片面的。當時嵇康的朋友呂安主張「有膽可無明，有明便有膽」的思想，與嵇康發生了爭論。其實呂安的觀點倒要比嵇康合理一些。見識（明）與膽量（膽）兩者之間既有統一的一面，亦有矛盾的一面。見識得廣和深，能增強自己的工作的勇氣與膽量。反之，對事物缺乏認識，工作沒有把握，就提高不了勇氣。但是膽量與勇氣並不僅僅取決於見識，還受著個人與社會方面的得失利害等關係的限制等等，所以有時雖說對事物有所認識，但囿於利害關係的考慮，顧慮重重，提高不了工作的勇氣與膽量。因此，明膽關係要作具體的分析，而「不能相生」的觀點，顯然是片面的，是誇大了兩者之間矛盾而否定了統一性的結果。

除上述以外，嵇康在認識論上，也還有一些合理的思想。例如：他認爲「推類辨物」，「當先求之自然之理。理已定，然後藉古義以明之耳。」（〈聲無哀樂論〉）這是說，要認識事物，必須先求得事物的自然之理，然後再用間接的書本知識（古義）來加以證明。嵇康認爲，不去求得實際事物的道理，只是去古書上找證明，是不行的。他說：「今未得之於心，而多恃前言以爲談證，自此以往，恐巧曆不能記。」（同上）以此他駁斥了那些只知援用古人的間接經驗，而不重視當前的實際經驗的俗儒。這些看法，顯然具有唯物主義因素。

在與認識論有關的鑒別人才的問題上，嵇康還提出了識別瞳子的問題。《世說新語．言語》：

嵇中散語趙景真（趙至，字景真，代郡人）：「卿瞳子白黑分明，有白起之風。」

瞳子白黑分明，即有白起之風，這一說法似與蔣濟所說的察眸子而足以知人的思想相同（關於蔣濟的思想本書第三章第一節中將談及)。蔣濟論眸子常以言不盡意論爲談證，在這裡嵇康論瞳子是否也是受到了言不盡意論的思想影響的結果呢？由於史料的缺乏，我們不可作强斷了⑦。確實瞳子(眼珠)能傳神，有時言語不能表達時，可用眼睛來傳遞思想感情，因此鑒別人物時識別瞳子是有一定道理的。但誇大這一作用，以瞳子白黑分明而作出有白起之風的結論，則顯然是不科學的。

在形神關係問題上，由於他追求超脫，企圖通過頤養形神，過上那種逍遙自得，長生不老的神仙生活。嵇康深信「至於導養得理，以盡性命，上獲千餘歲，下可數百年，可有之耳。」(〈養生論〉)的說法，因此他特別重視養生問題的研究⑧。他認爲養生的原則主要是要做到「形神俱濟」，「形恃神以立，神須形以存」，「形神相須」。在這裡嵇康雖然並沒有確定形與神誰是第一性的問題，顯然帶有平行論的傾向，但是他也揭示了它們之間不可分割的聯繫，是有合理因素的。他說：

> 修性以保神，安心以全身。愛憎不棲於情，憂喜不留於意，泊然無感，而體氣和平。又呼吸吐納，服食養身，使形神相親，表裡俱濟也。(〈養生論〉)

這裡顯然吸收了道家清靜無爲的思想和道教方士的養生之術。養神與養形必須同時並舉，少一不可。確實養生需從兩方面作起，這是有道理的。嵇康堅信導養得理是可以延年益壽的，以此他反對壽夭命定論。他說：如果以爲「命有所定，壽有所在，禍不可以智逃，福不可以力取，……萬物萬事，凡所遭遇，無非相命」，那末爲什麼「唐虞之世，命何同延；長平之卒，命何同短？此吾之所疑也。」（〈難宅無吉凶攝生論〉）在養生問題上，他强調了人爲的作用，反對了傳統儒家的「死生有命」的宿命論思想，還是有其一定的合理因素的。但是由於他相信長壽可以至百歲千歲，因此他又相信神仙的存在，認爲「神仙雖不目見，然記籍所載，前史所傳，較而論之，其有必矣，似特受異氣，稟之自然，非積學所能致也。」（〈養生論〉）甚至認爲「神祇遐遠，吉凶難明」，不可否認有鬼神的存在和「宅有吉凶」的迷信等⑨。這就完全是錯誤的了。

由於嵇康在形神關係上，具有平行論傾向，和不懂得人們的認識來源於實踐的反映論思想，從而在〈聲無哀樂論〉一文中，在討論心與聲的關係時，又陷入了心、聲二元論的錯誤。嵇康認爲音樂並不反映人的思想感情，音樂也沒有悲歡的區別，音樂與自然界聲音一樣，只有善與不善即和聲與噪聲之分。那末人們在欣賞音樂的時候，爲什麼會有悲歡不同的感受呢？嵇康認爲這種悲歡之感與音樂本身無關，完全是人主觀的東西。嵇康說：一般人都以爲「哭謂之哀，歌謂之樂」，然而「殊方異俗，歌哭不同，使錯而用之，或聞哭而歡，或聽歌而戚。然其哀樂之情均也。今用均同之情，而發萬殊之聲，斯非聲音之無常哉？」（〈聲無哀樂論〉）一般人是聽哭而哀，聽歌而歡，但是「殊方異俗」，也有聽哭而歡，聽歌而哀的。因此嵇康得出結論說，歌哭本身並沒有一定的哀樂之情。他指出，如果「聲有定分」，即音樂有一定的哀樂之情，那末「假使鹿鳴重奏，是樂聲也，而令戚者遇之，則聲化遲緩，但當不能使變令歡耳。」（同上）即使像鹿鳴這樣的歡樂曲調，也不能使本來悲哀的人產生歡樂。因此，他認爲悲哀的感受完全是主觀自生的，人本來就有的悲哀之心，只是遇到和聲而發而已。「夫哀心藏於內，遇和聲而後發；和聲無象，而哀心有主。夫以有主之哀心，因乎無象之和聲而後發，其所覺悟，唯哀而已。」（同上）以此類推，歡樂的感受也是一樣。「心之與聲，明爲二物。」（同上）心（哀樂之感受）與聲（音樂）兩者沒者必然的聯繫，從而得出了音樂沒有哀樂之分的聲無哀樂論。

其實，音樂已屬於社會意識形態之一的藝術的範圍，它已不同於自然的聲音，音樂中已經賦予了人們的思想感情。確實如嵇康所說，自然界的聲音是沒有哀樂之情的，它是自然的存在物。但它有和諧與不和諧、有節奏和沒有節奏之分，或者有的聲音比較高亢，有的聲音比較低沉等等。人們就通過聲音的這些自然性質來表達自己的喜怒哀樂之情，譬如用高亢輕快的聲音表達歡樂，用低沉抑鬱的聲音表達悲哀等等。這樣就有了音樂的語言，形成了有所謂悲哀的樂曲與歡樂的樂曲的不同。悲哀的樂曲，激發人們的哀情，歡樂的樂曲則激發人們的歡快的感情。這兩方面（客觀的樂曲與主觀的感情）應當是一致的（當然有時也有由於人的經歷、環境、文化程度等的不同而造成主觀感受不一致的情況）。嵇康的錯誤在於：他僅看到了音樂的自然屬性的一面，把音樂僅看作自然存在物（就這點說，對於破除俗儒所宣揚的音樂神祕主義有一定意義），但他沒有能看到音樂社會屬性的一面，即當作藝術欣賞的音樂已經賦予了人的感情的這一方面。從而得出了「聲無哀樂」和判「心聲」爲二物，否定了音樂美與音樂美感的統一性的錯誤。

總之，嵇康的哲學思想是充滿矛盾的。他一面在自然觀上基本上堅持了唯物主義，一面又在認識論上陷入了唯心論，在形神、心聲關係問題上又具有平行論與二元論的傾向；他一邊反對俗儒們所宣揚的神秘主義思想，一邊又自己鼓吹起長生不死的神仙迷信思想，他在哲學基本問題上的左右搖擺，正是他政治上的矛盾心理的反映。從認識論根源上說，他企圖用樸素的元氣一元論唯物主義思想來解釋複雜的社會現象與認識論問題，這就只能使他的哲學最後落入「聲、心」二元論與唯心論的泥坑。對於這一理論思維的歷史教訓，我們是應當記取的。

註釋

①《世說新語．德行》注引李康〈家誡〉曰：「……天下至愼者，其唯阮嗣宗乎！每與之言，言及玄遠，而未嘗評論時事，臧否人物，可謂至愼乎！」

②道本，這裡的道本是指儒家的禮樂、仁義等政治倫理思想。

③關於嵇康的容止，《世說新語．容止》：「嵇康身長七尺八寸，風姿特秀，見者嘆曰：『蕭蕭肅肅，爽朗清舉。』或云：『肅肅如松下風，高而徐引。』山公曰：『嵇叔夜之爲人也，長七尺八寸，傳容色，土木形骸，不加飾厲而龍彰鳳姿，天質自然正爾，在羣形之中，便自知非常之器』。」

④《隻聖賢羣補錄》（下）稱「七賢」「在嘉平中並居山陽，共爲竹林之遊。」據此可知，嵇康寓居山陽結竹林之遊，當在魏正始之後的嘉平年間。

⑤可參閱丁冠之著〈嵇康評傳〉，載《中國古代著名哲學家評傳》第二卷第一六七頁。

⑥「七不堪」與「二不可」，〈與山巨源絕交書〉：「……自惟至熟有必不堪者七，甚不可者二：臥喜晚起而當關呼之不置，一不堪也；抱琴行吟弋釣草野，而吏卒守之不得妄動，二不堪也；危坐一時，痺不得搖，性復多蝨，把搔無已，而當裹以章服，揖拜上官，三不堪也；素不便書，又不喜作書，而人間多事，堆案盈機，不相酬答，則犯教傷義，欲自勉強則不能之，四不堪也；不喜弔喪，而人道以此爲重。已爲未見恕者所怨，至欲見

中傷者，雖瞿然自責，然性不可化，欲降心順俗，則詭故不情，亦終不能獲無咎無譽，如此，五不堪也；不喜俗人，而當與之共事，或賓客盈坐，鳴聲聒耳，囂塵臭處，千變百伎，在人目前，六不堪也；心不耐煩，而官事鞅掌，萬機纏其心，世故煩其慮，七不堪也。又每非湯武而薄周孔，在人間不止此事，會顯世教所不容，此甚不可一也；剛腸疾惡，輕肆直言，遇事便發，此甚不可二也。」

⑦關於嵇康是否亦持言不盡意論，前人馬宗霍在《中國經學史》中說：「鍾會、劉邠、嵇康、阮籍之流，莫不喜談《易》，各有著作。」又說：「嵇康著有《周易言不盡意論》」，不知其根據是何。據《玉海》記載，《嵇康集》中原有〈言不盡意〉一文，但已佚。《世說新語．文學》：「舊云王丞相（王導）過江左，止道〈聲之哀樂〉、〈養生〉、〈言盡意論〉，三理而已。」前兩論爲嵇康所作，後一論是否應即是嵇康所作的〈言（不）盡意論〉，亦不可知。然嵇康曾經說過「況乎天下微事，言不能及，數所不能分，是以古人存而不論，……」之類的話（見〈難宅無吉凶攝生論〉），可見嵇康有言不盡意的思想。

⑧關於嵇康的養生思想的具體內容，將在本書第三編總論中研究，這裡只著重研究形神關係的問題。

⑨嵇康著有〈難宅無吉凶攝生論〉與〈答釋難宅無吉凶攝生論〉兩文，與阮德如〈宅無吉凶攝生論〉展開論辯。嵇康認爲「夫神祇遐遠，吉凶難明，雖中人自竭，莫得其端，而易以惑道。故夫子寢答於來問，終愼神怪而不言」，因此不能斷定說「無陰陽吉凶之理」。又說：「吾謂古人合德天地，動應自然，經世所立，莫不有徵，豈匿設宗廟，以期後嗣，妄借鬼神以誷將來耶？」表示不能否認有鬼神的存在。

第三章 楊泉、歐陽建、裴頠等人對玄學貴無派思想的批判

三國末至西晉時代，何晏王弼的玄學貴無論與阮籍嵇康的「越名任心」的放達論風靡時壇。前者本是治國安邦的南面術，到了西晉時期流爲門閥士子手中「立言籍其虛無，謂之玄妙，處官不親所司，謂之雅遠」，不務實事，「好高浮游之業」的純粹虛無空談，如王衍之徒即是這一類人。後者本是「有激而發」，是爲了反對司馬氏的虛僞禮教的，到了這時，則流爲一些失意的士人，或享樂過度失去了靈魂的一批門閥士子，只知追求放縱、縱欲，不要道德廉操的所謂「狂放」思想，正如晋人戴逵在〈放達爲非道論〉中所說：「放者似達，所以亂道。然竹林之爲放，有疾而爲顰者也；元康之爲放，無德而折中者也。可無察乎？」（《晋書·戴逵傳》）《世說新語·文學》注引〈竹林七賢論〉亦說：「是時竹林諸賢之風雖高，而禮教尚峻。迨元康中，恣至放蕩越禮。」這即是說，元康（西晋惠帝朝）時所興起的放達時風，只是追求竹林之放的形式，而不再

有任何深刻的思想，徒知其「縱恣而已」。所以《世說新語．德行》注引王隱《晉書》說：

魏末阮籍嗜酒荒放，露頭散髮，裸袒箕踞。其後貴遊子弟阮瞻、王澄、謝鯤，胡毋輔之之徒，皆祖述於籍，謂得大道之本，故去巾幘、脫衣服、露醜惡、同禽獸，甚者名之為通，次者名之為達也。

晉代的貴遊弟子阮瞻、王澄、謝鯤、胡毋輔之之外，還有畢卓、羊曼、光逸等人，皆屬於這類人。如《晉書．胡毋輔之傳》說：「(胡毋輔之)與謝鯤、王澄、阮修、王尼、畢卓，俱爲放達。」又說他「出爲建武將軍，樂安太守，與郡人光逸，晝夜酣飲，不視郡事。」同書〈畢卓傳〉說：「卓嘗謂人曰：『得酒滿數百斛船，四時甘味置兩頭，右手持酒杯，左手持蟹螯，拍浮酒船中，便足了一生矣。』」《晉書．光逸傳》則說：「輔之(胡毋輔之)與謝鯤、阮放、畢卓、羊曼、桓彝、阮孚，散髮裸袒。閉室酣飲已累日。逸將排戶入，守者不聽。逸便於戶外脫衣露頭，於狗竇中窺之而大叫。輔之驚曰：『他人決不能爾，必我孟祖(光逸字)也。』遽呼入，遂與飲不捨晝夜，時人謂之八達。」這就是元康之時興起的所謂「八達」之放。

針對著空談虛無與亂禮狂放的玄學時風，地主階級中的一些有識之士，深患「口談虛玄，時俗放蕩」，對國家對社會的危害，紛紛起來抵制這一風氣，開展了對玄學貴無派思想的批判。而楊泉、歐陽建、裴頠等人，就是其中的主要代表人物。

第一節　楊泉、歐陽建對玄學貴無論的批判

楊泉，字德淵，三國時吳處士。入晉，徵爲侍中，不就。生平不詳。曾著有《太玄經》十四卷，《物理論》十六卷，集二卷。《隋書·經籍志》說：「梁有楊子《物理論》十六卷，楊子《太玄經》十四卷，並晉征士楊泉撰。」《舊唐書·經籍志》亦著錄有《物理論》十六卷、《太玄經》十四卷，與《隋書》同。但南宋之後，均已佚失。然而《物理論》在《意林》和《太平御覽》中皆有徵引，清人孫星衍據此輯有《物理論》一卷，然把晉人傅玄的《傅子》內容誤輯其中。因此，我們在引用孫輯《物理論》時，應注意區分兩者的內容①。

楊泉在《物理論》中，尖銳地抨擊玄學虛無之談：

> 夫虛無之談，尚其華藻，無異春鼃（同蛙）秋蟬，聒耳而已。

虛無玄談，只是尚其華藻之辭，而不切合實際，因此無異於春蛙秋蟬空叫一氣，不能解決實際問題，只是「聒耳」好聽而已。楊泉主張務求實際。他說：「工匠之方圓規矩，出於心，巧成於

手。」(《物理論》)沒有精心的思考,熟練的操作,工匠就不可能成功方圓與規矩,因此空談無益於事,要的是從事實際的事務。爲此楊泉在評論歷史上的史學家時說:「述時務則謹辭章而略事實,非良史也。」(同上)

楊泉雖說在哲學思想上,並未直接批判何王的貴無派玄學,但他堅持了一條傳統的素樸的唯物主義的氣一元論哲學路線,則是與何王思辯的唯心論相對立的。他說:「天元氣也,皓然而已,無他物焉。」(同上)又說:「元氣皓大,則稱皓天。皓天,元氣也。」(同上)這即是說,天乃至日、月、星、辰皆是由物質的氣形成的,並不是虛無不實的東西。同時他的思想又與一般的元氣說傳統有別,一般的元氣說不再講元氣從何產生,然而楊泉並不把元氣當作最根本的物質元素,認爲「所以立天地者,水也。夫水,地之本也。吐元氣,發日月,經星辰,皆由水而興。」(同上)這裡顯然受到了《管子》的〈水地篇〉思想的影響,把水當作世界最後的物質始基。所有這些思想與玄學貴無派的「以無爲本」的唯心論思想是不相調和的,相對立的。

歐陽建,字堅石。晋人,「世爲冀方右族」,「雅有理思,才藻美贍,擅名北州,時人譽之曰:『渤海赫赫,歐陽堅石。』」(《晋書・歐陽建傳》)曾歷任山陽令、尚書郎、馮翊太守。時趙王倫專權,「歐陽建與倫有隙」,建爲石崇甥,當時崇有妓曰綠珠,「美而艷,善吹笛」,孫秀使人求之,崇不許,以此秀乃勸趙王倫誅崇、建。於是趙王矯詔誅殺石崇、潘岳、歐陽建等(見

《晉書．石崇傳》），時歐陽建僅三十餘歲。「臨命作詩，文甚哀楚。」（同上）歐陽建著有《言盡意論》一文，駁斥了當時玄學清談家所主張的「言不盡意」說。

「言意之辯」是魏晉玄學中的一個重要課題。言，指語言；意，指思想。言意之辯就是討論語言與思想兩者關係的問題。言與意這對哲學概念，最早出現於先秦哲學中。被魏晉人稱之爲「三玄」之一的《周易》書中說：「子曰：『書不盡言，言不盡意。』然則聖人之意，其不可見乎？子曰：『聖人立象以盡意，設卦以盡情僞，繫辭焉以盡其言，變而通之以盡利，鼓之舞之以盡神。』」（《周易．繫辭上》）按照《繫辭》的這一說法，語言（「言」）是不能表達思想（「意」）的，聖人之意只有通過神祕主義的《周易》的卦象來表現。除了《易傳》外。《莊子．外物篇》也討論過言與意的關係問題，它說：「筌者所以在魚，得魚而忘筌；蹄者所以在兔，得兔而忘蹄；言者所以在意，得意而忘言。」筌與蹄是捕捉魚兔的工具。在這裡《莊子》把言與意的關係，說成是與筌蹄和魚兔的關係一樣，它們之間並沒有內在的必然的聯繫，是可以互相分割開的，猶如語言只是得到意的中途橋樑而已，過河就可拆橋，得意而可忘言的。殊不知思想是離不開語言的，一般說來，兩者是矛盾的統一體，沒有語言也就沒有思想，沒有思想也談不上需要語言。因此《莊子》的「得意而忘言」的說法，實是一種承認沒有語言而有思想，沒有形式而有內容存在的錯誤思想。這就是說「意」是不需要「言」來表現的，這與《繫辭》的「言不盡意」的說法有相通之處。

言意問題雖說在先秦的《易傳》與《莊子》中已經提出，但當時並沒有爲思想界所廣泛重視，眞正展開「言意之辯」的，則在魏晉時代。

魏晉時期的「言意之辯」發自漢末的名理學。漢末魏初社會上出現了一股清談之風，其時的清談常以品藻人物爲中心，而品評人物往往就會碰到人的言語外貌與人的內心精神的矛盾問題。正如湯用彤先生所說：「漢末名家發現『言意之辯』，由其知人論世，謂觀人不能單觀其言論、骨相，而必須觀其全、觀其神；知人常不能言傳，而只能意會。」（〈魏晉玄學和文學理論〉，引自《中國哲學史研究》創刊號，第三十七頁）這樣就產生了一個與名實問題有關的言意關係問題。言究竟能表達意呢？還是不能表達意呢？圍繞著這個問題思想界展開了論爭。歸結起來主要有這樣兩派意見：㈠主言不盡意論，爲一般清談家所主張，主要代表人物有荀粲、蔣濟、張韓等人②；㈡主言盡意論，主要代表人物是歐陽建，是言不盡意論的反對者。

關於言不盡意論，據晉人歐陽建說：

世之論者，以為言不盡意，由來尚矣。至乎通才達識，咸以為然。若夫蔣公之論眸子，鍾、傅之言才性，莫不以此為談證。（〈言盡意論〉，引自嚴可均輯《全晉文》）

這說明「言不盡論」產生較早，在思想界頗有影響。這裡所說的蔣公，即是指蔣濟，他認爲觀察眸子（眼珠）就能足以知人（即認爲眼睛能傳神），並著有〈萬機論〉一文。鍾、傅即指鍾會與傅嘏，他們都是清談中的人士，都討論過才性問題。《三國志．魏書．傅嘏傳》：「嘏常論才性同異，鍾會集而論之。」然而究竟他們是怎樣論說才性的，現已不得而知。不過按照歐陽建的說法，這一點是淸楚的，即蔣濟、鍾會、傅嘏他們在論說自己的理論時，都是援用了言不盡意之說。足見言不盡意論在他們之前就已產生，但由於史料缺欠，這一發明權究竟歸誰已無法考訂。據《三國志．魏書．荀彧傳》注引何劭〈荀粲傳〉所記載，荀粲已經提出這一觀點，或許荀粲就是較早提出這一思想的人。

荀粲，字奉倩，荀彧之子，是魏代清談家中的一位名士。何劭〈荀粲傳〉說：

> 粲諸兄（即指惲、俁、詵、顗四兄）並以儒術論議，而粲獨好言道，常以為子貢稱夫子之言性與天道，不可得聞，然則六籍雖存，固聖人之糠秕。粲兄俁難曰：「《易》亦云聖人立象以盡意，繫辭焉以盡言，則微言胡為不可得而聞見哉？」粲答曰：「蓋理之微者，非物象之所舉也。今稱立象以盡意，此非通於意外者也，繫辭焉以盡言，此非言乎繫表者也；斯則象外之意，繫表之言，固蘊而不出矣。」及當時能言者不能屈也。（《三國志．魏書．荀彧傳》注引）

以此可見，照荀粲看來，「理之微者」，如「性與天道」之類，是不能用「言語」、「物象」來表現的。而《周易》中所說的「立象以盡意」，則不是說能盡象外之意；「繫辭焉以盡言」，也不是說能盡繫表之言。從荀粲看來，「象外之意」和「繫表之言」，都是指的「理之微者」，是不能用言象來表達的，言象表達的只是一些粗迹的「糠秕」而已，所以說：「六籍雖存，固聖人之糠秕」爾。荀粲的這一微理不可言說的思想，實已經與何晏王弼的「道之而無語，名之而無名」的思想相通。「粲獨好言道」，實已經是一位何王玄學的先驅人物。何劭〈荀粲傳〉又說：「太和初，（粲）到京邑與傅嘏談。嘏善名理而粲尚玄遠，宗致雖同，倉卒時或有格而不相得意。裴徽通彼我之懷，爲二家騎驛，頃之，粲與嘏善。夏侯玄亦親。」《世說新語．文學篇》亦有類同之記載。以此可見，荀粲談尚玄遠，與傅嘏所談的很可能就是他的言不盡意論。他與夏侯玄親，足見他的思想已與玄學中人有了交往。

言不盡意論在晉代又得到了張韓的發揮。張韓生平已不可考（嚴可均認爲他即是張翰不知確否）。張韓著有〈不用舌論〉一文，文中說：

> 夫子之文章，可得而聞也；夫子之言性與天道，不可得而聞。是謂至精，愈不可聞。（〈不用舌論〉，引自《全晉文》）

張韓認爲，至精之理（性與天道）是不可得而聞的，即不可以言說的。所以他說：

> 論者認為心氣相駈（駈同驅），因舌而言。捲舌翕氣，安得暢理？余以留意於言，不如留意於不言；徒知無舌之通心，未盡有舌之必通心也。（同上）

一般人認爲心氣相驅，因舌而言，以言而暢理的。張韓則認爲留意於言，不如留意於不言，言不能暢理，理只能以心意相通。這就完全否認了語言作爲思想交際工具的作用。這是「言不盡意」論者的一個共同的錯誤。

針對著當時社會上所風行的「言不盡意」論，歐陽建則提出了與此相反的「言盡意」論，形成了「言意之辯」中的兩派哲學的對立。

歐陽建說：

> 夫天不言，而四時行焉；聖人不言，而鑒識存焉。形不待名，而方圓已著，色不俟稱，而黑白以彰。然則名之於物，無施者也；言之於理，無為者也。而古今務於正名，聖賢不能去言，其故何也？誠以理得於心，非言不暢；物定於彼，非名不辨。言不暢志，則無以相接。名不辨物，則鑒識不顯。鑒識顯而名品殊，言稱接而情志暢。原其所以，本其所由，非物有自然之名，理有必定之稱也。欲辨其實，則殊其名；欲宣其志，則立其稱。名逐物而遷，言因理而變。此猶聲發響應，形存影附，不得相與為二矣。苟其不二，則言無不盡矣。（〈言盡意論〉，引自《全晉文》）

這篇論文雖說很短，但道理講得非常透徹明白。歸結起來，它的思想有這樣幾點：

㈠「名之於物，無施者也；言之於理，無爲者也。」名對於物說來，並不有所增加什麼；言對理來說，也並不有所作爲。這即是說，物與理都是客觀存在的，並不以人們的主觀意志爲轉移，即所謂「形不待言，而方圓已著；色不俟稱，而黑白已彰。」這是很明顯的唯物主義的觀點。

㈡「理得於心，非言不暢；物定於彼，非名不辨。」誠然，言與名又都是有著自己的作用的。「理得於心」，沒有言語就不能表達出來人們的思想，就不能互相交流。即是說，語言是社會交際的工具，是社會需要的產物，因此絕不能廢言與忘言的。名稱則是用來稱謂外界事物的，沒有名稱也就不能辨認事物（「名不辨物，則鑒識不顯」）。所以去名廢言是不可能的。

㈢「名逐物而遷，言因理而變。」既然名稱是用來分辨事物的，言語是用來表達思想的，那末事物與思想變了，名與言也就應當隨之而變。兩者關係就如聲響、形影一樣，絕不能割裂開來。

㈣「苟其不二，則言無不盡。」既然二者不能分割，猶如聲響、形影一樣，所以結論是：言無不盡意。語言是表達思想的，語言的內容應當與思想相一致。歐陽建的這一結論顯然是正確的。

總之，歐陽建的言盡意論，是對魏晋時期「言意」之辨的一次批判性總結。他站在唯物主義立場上比較正確地解決了「言意」兩者的關係問題，從而有力地批駁了言不盡意說的唯心主義理論。自此以後在我國哲學史上也就基本上結束了「言意之辨」問題的討論。當然我們也應看到歐陽建的言盡意論也是有缺陷的，他比較強調的是言意之間的統一性，而忽視了它們之間的矛盾性，言確實存在有不能完全盡意的方面，這是一個矛盾，誇大這個矛盾得出言不盡意論顯然是錯誤的，而忽視這個矛盾，只講言盡意論也有其不全面的缺陷。

第二節　裴頠的崇有論對玄學貴無論的批判

一、裴頠的生平與著作

裴頠字逸氏，河東聞喜（今山西絳縣）人，生於西晋武帝泰始三年（西元二六七年），被殺害於西晋惠帝永康元年（西元三〇〇年），死時僅三十四歲。

裴頠出身於高門顯族，其祖父裴潛官至魏尚書令，父親裴秀官至晋司空，爲晋開國元勳，封爲巨鹿郡公，食邑三千戶。裴頠爲裴秀次子，長兄裴濬早亡。裴秀去世之後，頠襲父爵位，晋武帝（司馬炎）太康二年徵爲太子中庶子，遷散騎常侍。惠帝（司馬衷）即位後，官轉國子祭酒兼右將軍，後遷侍中和尚書左僕射，爲一朝之重臣。

頠自少知名，「雅有遠識」，當時的御史中丞周弼稱讚說：「頠若武庫，五兵縱横，一時之傑也。」（《晉書．裴頠傳》）賈充（賈后賈南風的父親，裴頠的從母夫）則稱頌裴頠爲「才德英茂，足以興隆國嗣。」（同上）裴頠雖爲賈后的親屬，身居高位，然「四海不謂以親戚進也」，而「惟恐其不居位」（同上），可見他當時頗爲時人所重。在武帝去世，賈后擅權時期，他雖爲賈后近臣，但並不同流合汚，而是力圖匡救弊政，主張選賢舉能，刑賞相稱。旣不滿賈后的亂政，又反對諸王的干政。西元三〇〇年趙王倫、梁王彤發動兵變，殺賈后，廢惠帝，裴頠等人亦被殺害。

裴頠在學術上，「博學稽古」，尤通儒業。並「兼明醫術」。惠帝初即位，「天下暫寧」，裴頠曾「奏修國學，刻石寫經」。裴頠是位儒學家。

裴頠的著作，曾有《裴頠集》九卷，《隋書．經籍志》著錄，但已亡。現存的有〈崇有論〉一文，保存有《晉書．本傳》中。《晉書》說：

頠深患時俗放蕩，不尊儒術，……乃著崇有之論，以釋其蔽。……王衍之徒，攻難交至，

並莫能屈。（《晉書．裴頠傳》）

關於裴頠與王衍的辯論，《世說新語．文學篇》也有同樣的記載：

裴成公（裴頠）作〈崇有論〉，時人攻難之，莫能折。唯王夷甫（王衍）來如小屈。時人即以王理難裴，理還復申。

這就是說，「時人」（指西晉社會上一般的玄學家）不能折服裴頠，只有善於狡辯的「一世龍門」王衍這樣的玄學首領人物，親自出馬進行辯論，才似乎使得裴頠小有所屈，但也沒有眞正駁倒裴頠，其理尚可「復申」。所以《晉諸公贊》說，「裴頠談理，與王夷甫不相上下。」（《世說新語．文學篇》注引）

此外，裴頠還著有〈辯才〉一文，「謂古今精義，皆辯釋焉」，但書「未成而遇禍」（《晉書．裴頠傳》）又《三國志．魏志．裴潛傳》注引陸機惠帝〈起居注〉說：

頠雅有遠量，當朝名士也。又曰民之望也。頠理具淵博，贍於論難，著〈崇有〉〈貴無〉二論，以矯虛誕之弊，文辭精富為世名論。

以陸機的〈起居注〉看，裴頠不僅著有〈崇有論〉，而且還著有〈貴無論〉的。但《晉書．本傳》中卻並未提及此論，究竟裴頠是否著有〈貴無論〉一文，現在已很難加以考訂了。不過在這裡我想提供兩點線索來探討這一問題：

㈠記載裴頠著有〈崇有〉〈貴無〉二論的，不僅有陸機的〈起居注〉，而且晉人孫盛在〈老聃非大賢論〉中亦說：

昔裴逸民（即裴頠）作〈崇有〉〈貴無〉二論。（《廣弘明集》卷五）

《晉諸公贊》則說：

頠疾世俗尚虛無之理，故著〈崇有〉二論以折之。（《世說新語．文學》注引）

上一說肯定了作有〈貴無論〉，下一說雖未點明有〈貴無論〉，卻是肯定了裴頠作有兩篇論文用以來批判虛無之理的。從這幾部書的記載來看，裴頠很可能是著有〈貴無〉一論的。

㈡從現在的〈崇有論〉一文來看，裴頠對於老子的貴無思想並不持全部否定的態度，而是有所肯定的。他認為：

（老子）表摭穢雜之弊，甄舉靜一之義，有以令人釋然自夷，合於《易》之〈損〉、〈謙〉、〈艮〉、〈節〉之旨。（《晉書·裴頠傳》）

這即是說，老子是爲了反對繁雜的毛病才提出守靜抱一（「靜一」）的思想的，而這些思想是符合儒家的經典《易經》中損卦（減省）、謙卦（遜讓）、艮卦（靜止）、節卦（節制）之義的。裴頠還說：

人之既生，以保生為全，全之所階，以順感為務。若味近以虧業，則沉溺之釁興；懷末以忘本，則天理之真滅。故動之所交，存亡之會也。夫有非有，於無非無；於無非無，於有非有。是以（老子）申縱播之累，而著貴無之文，將以絕所非之盈謬，存大善之中節，收流遁於既過，反澄正於胸懷。宜其以無為辭，而旨在全有。（同上）

這就是說，一個人既然已經生在世上，那末他就應保全自己的生命。要保全自己的生命，則只有順從人與外物的相互感應。如果快意於自己愛好的物欲而損害自己的本份（即指保全自己的生命），那末沉溺於物欲的禍患就會發生，這樣懷末利而忘本分，一個人的天性也就被損壞了，所以與外物相接交，是生命存亡的關鍵。縱欲貪得反而傷於生命（「於有非有」），而節制欲望反能更好地保全生命（「於無非無」）。因此，裴頠認爲老聃就是爲了闡明縱欲放肆的危害而「著貴無之文」的，其目的則在於「以無爲辭而旨在全有」，爲了保全生命而提倡節欲反對盈欲的。由此可見，裴頠對於老聃的守靜抱一的貴無思想確是有所肯定的。因此我們認爲裴頠很有可能著有〈貴無論〉一文來闡發他這方面的思想。

二、裴頠〈崇有論〉哲學對玄學貴無思想的批判

裴頠的〈崇有論〉，是針對當時社會上崇尚何宴、王弼的玄學貴無思想而發的，文章鋒芒畢露，鬥爭性很强。

〈崇有論〉的基本思想，是針對著何、王玄學「以無爲體」的宇宙本體論思想，而提出的世界萬物都是「以有爲體」的學說。這是裴頠哲學的核心。裴頠說：「夫總混羣本，宗極之道也。」（《晉書．裴頠傳》引〈崇有論〉，以下未注出處的引文皆見此書）這裡的羣本即指萬有本身，萬有本身就是世界的本體，宇宙即是總括一切萬有的存在，這就是所謂最高宗極的「道」。因此離開了萬有的存在，也就無所謂「道」。這就否定了玄學家王弼所鼓吹的「欲將全有，必返於無」的思想。

接著裴頠在這一思想基礎上，提出了「形象著分，有生之體」和「理之所體，所謂有也」的命題。認爲各種有形有象的具體存在物，就是各自有生之物的本體，它並不需要以「無」作本

體。正由於各有自己的本體，各有自己不同的性質，所以它們能夠各自按照自己族類的不同而加以區分（「方以族異，庶類之品也」）。至於說到「理」，則是事物運動變化的結果（「化感錯綜，理迹之原也」）。因此理即是事物本身的理，決沒有象玄學貴無派所說的獨立於事物之上的理或道。依裴頠看來，理的本體就是萬有本身，（「理之所體，所謂有也」），理是依賴於萬有而存在的，並不是萬有依賴理，把理當作自己的本體而存在。這就在理與萬物的關係問題上，堅持了唯物主義的學說。

裴頠還探討了各個具體存在的事物之間的關係問題。他認識到，每個事物決不是相互沒有聯繫而孤立存在的，它們之間互相有著依存的關係。裴頠說：

> 夫品而為族，則所稟者偏；偏無自足，故憑乎外資。

又說：

> 有之所須，所謂資也；資有攸合，所謂宜也；擇乎所宜，所謂情也。

這是說，既然萬有能夠區分為不同的品類，各個族類的事物都有各自的特點，因此，各類事物也就不能包括所有事業的性質，都是各具一偏的。因此每個事物也就不能只依靠自己就能存在。

（例如樹木生長需要水、日光和養料，人活著需要空氣、水、食物、陽光等）。這就需要憑借外在的物質條件（「憑乎外資」）。所以每一個具體事物的存在，都是有賴於其它事物的存在（「濟有者，皆有也」），萬物之間是互相成濟的。不過外在的物質條件要符合自己生存的需要，符合的才是適宜的，因此對於外物就需要有所選擇，有所取捨，這就是人的情欲。所以人的正當的情欲是爲人類生存所必須的。這就從客觀物質世界本身中，揭示出了萬事萬物所以能存在的原因，這也就與何晏、王弼所宣揚的「萬物恃無以生」的唯心主義根本對立了起來。

然而萬物究竟是怎樣產生出來的呢？老聃認爲「有生於無」。何晏、王弼則認爲「無也者，開物成務，無往而不存者也。陰陽恃以化生，萬物恃以成形。」（《晉書．王衍傳》）即是說萬物是依賴於無而生成的，然而到底「無」怎麼能生出「有」來，「有」是怎樣恃「無」以生的呢？不論是老聃，還是何晏、王弼，這是個很難講清的問題。對此裴頠提出了「至無者，無以能生，故始生者，自生也」的觀點。至無就是絕對的無，當然這樣的「無」什麼也生不出來，那末萬物是如何產生的呢？裴頠的回答是「始生者，自生也」。萬有都是自生的，並沒有一個超物質的東西使它產生，這就否定了一切關於造物主的神學觀點。這種「自生」說與向秀的「生自生耳，生者豈有物哉」的思想③和郭象的「無不能生物」而「物自生」的思想相似，他們都認爲「至無」就是什麼都沒有，不可能生出「有」來的。

裴頠在討論「有」與「無」關係時，還提出了「虛無」是「有之所謂遺者」的思想。裴頠認爲，所謂「虛無」是對「有」（具體的存在）而言的，也就是非存在，對「有」的否定。如果萬物失卻了「有」的本體，遺棄了「有」，那就是結束了自己的生命，不復再存在，即成爲了「無」。所以裴頠說：

生以有為己分，則虛無是有之所謂遺者也。

因此，無只是對有的否定，是對有而言的，決沒有離開有而獨立自存的絕對的無。這就從理論上駁倒了從老聃到王弼都把「無」當作一種客觀的實體存在的錯誤。

〈崇有論〉的最後結論是：「濟有者，皆有也。虛無奚益於已有之羣生。」依裴頠看來，成濟事物的都是「有」而不能是「無」。裴頠說：

故養既化之有，非無用之所能全也；理既有之眾，非無為之所能循也。心非事也，而制事必由於心，然不可以制事以非事，謂心為無也；匠非器也，而制器必須於匠，然不可以制器以非器，謂匠非有也。是以欲收重泉之鱗，非偃息之所能獲也；隕高墉之禽，非靜拱之所能捷也；審投弦餌之用，非無知之所能覽也。由此而觀，濟有者，皆有也，虛無奚益於已有之羣生哉？

這就是說，世界上要成全一件事物，都要依靠「實有」，不能依賴於「虛無」。要做件事情就要用心思考，雖然心並不就是事，但決不能說心是無。製器而要工匠來製，雖說工匠並不就是器，但決不能說工匠是個無。不投釣餌，釣不著深水的魚，不張弓發射，打不下高處的鳥，偃臥無爲，靜息拱手是什麼事情也辦不成的，因此，結論只能有一個：「濟有者，皆有也，虛無奚益於已有之羣生。」確實鼓吹虛無、無爲對於羣生來說只能是有害而無益。這是對那些玄學清談家們口談虛玄，不務實事的一個有力的抨擊。

此外，裴頠還對玄學貴無論的認識根源與社會危害性進行了比較深刻的揭露與批判。

首先，裴頠從養生論角度揭露了玄學貴無思想的理論錯誤。

養生問題在魏晉時期也是一個爲士人們經常討論的問題，早一些的嵇康與向秀兩人還曾圍繞著養生問題展開過論辯。所以裴頠在這裡也從養生論的角度來討論問題。依裴頠看來，既然萬有各自有著自己的本性和特點，都有自己的局限，並不是圓滿自足的，因此它們的生存都需要依賴於外物，追求外物的欲望是生物的通情，這本來是無可非議的事。然而一個人的吉凶、禍福、得失、成敗，也都是在與外物接觸中產生的。過分地追求物質欲望反而會妨礙生存，給人帶來禍患，但適當的物質欲望則是必需的。所以裴頠說：

> 賢人君子，知欲不可絕，而交物有會，觀乎往復，稽中定務。惟夫用天之道，分地之利，躬其力任，勞而後饗，居以仁順，守以恭儉，率以忠信，行以敬讓，志無盈求，事無過用，乃可濟乎！故大建厥報，綏理羣生，訓物垂範，於是乎在，斯則聖人為政之由也。

這就是說，摒棄一切欲望是不可以的，重要的是掌握住與物相接觸中決定吉凶存亡的關鍵之處，這就必須觀察其往返的變化，然後考訂適當的準則，決定自己努力的方向。在自然界要利用天時、地利，親自疾作，勞而後享，在社會裡則要實行仁順、恭儉、忠信、敬讓等道德原則，這就不會有過分的行為，事情就可以成功。這就是治理國家的最高準則，聖人爲政之根由。進而裴頠指出，何王玄學貴無論者卻不懂得這一道理，他們只片面地看到了淫欲的危害，認識到「若乃淫抗陵肆，則危害萌矣。故欲衍則速患，情佚則怨博，擅恣則興攻，專利則延寇，可謂以厚生而失生者也。」片面强調淫欲的這些危害，從而導致「察夫偏質有弊，而睹簡損之善，遂闡貴無之議，而建賤有之論」的理論錯誤。爲此，裴頠指出：

> 夫盈欲可損而未可絕有也，過用可節而未可謂無貴也。

即是說，欲可損但不可絕，用可節但不可以無用爲貴。這就比較正確地解決了節欲還是絕欲，節用還是以無爲用的問題；以此也就揭露了王弼等人玄學貴無論者，把節欲誇大爲絕欲無欲，把節用說成是以無用爲貴，從而鼓吹起「虛無」哲學的錯誤。同時也從理論上與當時放達派們所鼓吹的縱欲思想劃清了界線。

其次，裴頠從維護儒家的名教出發，揭露了玄學清談家有損名教的社會危害性。裴頠說：

> 遂聞貴無之議，而建賤有之論。賤有則必外形，外形則必遺制，遺制則必忽防，忽防則必忘禮；禮制弗存，則無以為政矣。

這就是說，只去追求所謂根本的「無」的本體，而把各種具體存在的事物當作次要的東西，這樣也就必然會把自己的形體置於度外，進而不去重視那些社會上的禮制法度；一旦忽視了防止人們踰越名教的各種禮制規範，那麼地主階級的政治統治也就無法維持，這樣就會對地主階級的國家造成嚴重的危害。確實，魏晋時期貴無論玄學盛行的結果，也正如裴頠所說的給禮教帶來了失防的危險。其時西晋玄學家們的所作所爲，正如裴頠所指出的：「立言籍於虛無，謂之玄妙；處官不親所司，謂之雅遠；養身散其廉操，謂之曠達。」乃至最後結果造成了「砥礪之風，彌以陵遲。放者因斯，或悖吉凶之禮，而忽容止之表，瀆棄長幼之序，混漫貴賤之級。」更有甚者：「至於裸裎，言笑忘宜，以不惜爲弘，士行又虧矣。」這種不遵禮法，追求曠達，直至縱欲放肆的做法，走到了原來何王玄學願望的反面，確實是有損於封建等級秩序的維護的。裴頠從地主階級的根本利益出發，起來抵制這種不良的玄學清談風尚，對於鞏固西晉政權，當時是有著現實意義的。

其三，裴頠還進一步地指出玄學的貴無思想來源於先秦老聃錯誤的「以無爲宗」的學說。他認爲，老聃著五千之文，爲了批評當時的思想繁雜和追求盈欲的毛病，提出了守靜抱一的貴無學說，這本來可以成爲一家之言，但是老聃又鼓吹「有生於無」、「以無爲宗」，這就是片面的不正確的了（「若謂至理信以無爲宗，則偏而害當矣」）。裴頠認爲，已往的「先賢達識」對老聃的這些錯誤的思想都沒有留心研究，所以都未能加以「深論」。只有漢代班固寫了一篇〈難莊論〉批評過老莊思想，但又未能使人折服。至於孫卿、楊雄二人雖說大體上都是否定老莊的，然而對其某些方面也還是有所讚許。從而使得老聃的「虛無」之言，「日以廣衍」，待到後來釀成爲這樣的局面：

> 眾家扇起，各列其說，上級造化，下被萬物，莫不貴無。

這即是說，把世界萬物一切都說成是以無爲根本，這就造成了魏晉時期的玄學貴無思想的泛濫。在這裡，裴頠的論說是符合歷史實際的。確實對老莊的虛無哲學在以往的歷史上，並沒有得到理論上的批判。先秦的唯物主義集大成者孫卿，主要批判的是傳統的天命論，漢代大唯物主義者王充，雖說是從唯物主義立場改造老子的天道無爲的思想，然而他又自認是繼承黃老的，因此也未能對老聃的「以無爲宗」說加以公開的批評。直至西晉時期的裴頠針對著當時玄學貴無思想的泛濫，起來揭露其錯誤的思想來源，才開始對老聃的虛無哲學進行理論的批判，這也是完全必要的。

裴頠的著作雖說不多，但是他在中國哲學史上，卻占有重要地位。魏晉時期玄學貴無論唯心主義籠罩著整個哲學思想界的論壇，「口稱虛玄，時俗放蕩」，裴頠能在這種汚濁的風氣下，獨樹一幟，標新立異，站在唯物主義立場上發出了向玄學唯心論的尖銳的挑戰，這在魏晉時期的哲學史裡是應該給予較高的評價的。

裴頠的〈崇有論〉思想深刻，批判尖銳，切中了何、王玄學貴無思想的要害，在當時的思想界裡影響很大。正如晉人陸機所說：

> 頠雅有遠量，當朝名士也。又曰民之望也。頠理具淵博，瞻於論難，著〈崇有〉〈貴無〉二論，以矯虛誕之弊，文辭精富，為世名論。（《三國志．魏書．裴頠傳》注引陸機〈惠帝起居注〉）

《晉諸公贊》亦說：

頠著二論以規虛誕之弊，文詞精富，為世名論。（《世說新語．文學》注引）

由此可見，〈崇有論〉在當時聲名確實很大。

梁人劉勰在《文心雕龍．論說》中指出：

> 詳觀蘭石（傅嘏）之才性，仲宣（王粲）之去代（疑為伐字），叔夜（嵇康）之辯聲，本初（夏侯玄）之本玄，輔嗣之兩例，平叔之二論，並師心獨見，鋒穎精密，蓋人倫之英也。至如李康（魏明帝時人）運命，同《論衡》而過之；陸機辯亡，效過秦而不及，然亦其美矣。次及宗岱、郭象，銳思於幾神之區，夷甫（王衍）、裴頠，交辯於有無之域，並獨步當時，流聲後代。

在這裡，劉勰把魏晉時期的重要論著幾乎一一都論說了一番，最後肯定了王衍裴頠的有無之辯，也是「獨步當時，流聲後代」的。不過劉勰接著又說：「然滯有者，全繫於形用；貴無者，專守於寂寥；徒銳偏解，莫詣正理。」認爲崇有與貴無兩者理論上都有片面性，都沒有得到「正理」。對於這點晋人孫盛亦持有同樣的看法，他說：

> 昔裴逸民作崇有貴無二論。時談者或以為不達虛勝之道也，或以為矯時流遁者。余以為尚無既失之矣，崇有亦未為得也。（〈老聃非大聖論〉）

這種認爲，裴頠的崇有論與玄學家的貴無論都是各執一偏的觀點，各打五十大板的做法，恐怕這樣的評論是不夠公允的，裴頠的崇有論是有其自己的缺點，但總的來說是唯物主義的，符合眞理的。何晏、王弼的貴無論，雖說自有其思想深刻的一面，但總的說來是唯心主義的，並不符合眞理。

不過在當前的學術界裡，也有的學者認爲裴頠的崇有論，雖然反對玄學的貴無論，但其哲學的性質仍然是屬於唯心論的。因爲裴頠仍然把「道」當作世界的本源，認爲宇宙的大全就是「道」，並不是自然界的物質存在。這主要是對裴頠〈崇有論〉開頭的「夫總混羣本，宗極之道也」一句的理解上的分歧所造成的。依我們看來，裴頠的這一句話意思只是說：包括一切萬有的宇宙就是最高的道。在這裡他是把萬有當作世界最後的根源來看的。當然我們也應指出裴頠的這一哲學命題表達上是不確切的，運用概念是混亂的。「道」在哲學史上一般指的是事物的規律，或萬物的總規律。因此「總混羣體」即總括萬有的宇宙，並不能被說成就是最高的道。這種運用概念上的混亂，自然會給我們後人帶來理解上的困難，所以有些人對這一命題作了錯誤的理解，這是不足爲奇的。

〈崇有論〉的哲學理論基本上是正確的，唯物主義的，從某種程度上說，它還突破了以往哲學唯物主義的某些缺陷。例如以往的唯物主義在討論世界統一性時，總是把世界的最後根源歸結爲某一種或某幾種具體的物質形態（如陰陽五行說、元氣說等），而裴頠則不再强調這些具體的物質形態，而提出了概括性較强的「有」的概念，用「有」來概括各種具體存在的物質現象，認爲世界就統一於這個「有」（即物質存在）上，這就在中世紀中大大地提高了我國唯物主義的理論思維水平。裴頠所以能在理論上達到這樣的成就，這也是與當時何、王玄學的興起分不開的。何晏、王弼提出了「以有爲末，以無爲本」的玄學本體論哲學，一反兩漢以來的哲學圍繞著天、人、陰陽、氣等具體問題上的討論，深入到更抽象的玄學本體論的研究，從而使得何、王玄學的理論思維水平大大超過了前人。裴頠的哲學則是在何、王玄學興起之後，在與玄學貴無論的鬥爭中產生的。因此裴頠也就面臨著抽象性較高的「有無」問題的討論，同時在這鬥爭中，裴頠又批判地吸取了何、王玄學所提出的本末、體用這些哲學概念，用本末體用的理論闡說了唯物主義的崇有學說，提出了「形象著分，有生之體」，「理之所體，所謂有也」的思想，從而提高了自己的理論思維水平。這在歷史上，又一次說明唯物主義與唯心主義之間是既有著鬥爭的一面，又有著互相滲透、互相吸取的統一性一面的。

但是，我們也應看到他講的「有」的概念，與我們所說的哲學的物質概念，還是有著質的不同的。他講的「有」並沒有脫離樸素唯物主義的直觀性，「有」主要是指有形有象的具體存在物，並不就是我們所講的「物質」是標誌著不依賴於人們意識而存在的客觀實在的哲學範疇。此外，裴頠的哲學思想還有如下的缺陷：

第一，裴頠只强調事物之間互相依存性，但是事物之間不僅有著互相依存的關係，而且更重要的還有著互相轉化的關係。質量互變的規律是物質運動最普遍的規律之一。正由於事物之間互相轉化，發生質變，才造成了世界上物質的無限多樣性。由於裴頠不懂得事物之間互相轉化的辯證關係，因此他在解決事物的生成問題時，雖說堅持了唯物主義，反對了玄學唯心主義的無中生有說，然而他所提出的「有之自生」說卻是帶有形而上學性質的。他認爲各種具體的物質存在皆是自己生自己（「始生者，自生也」）。這實際上就是一種物種不變的學說，否定了事物之間的質的轉化，從而也就說明不了物種自身最早究竟是怎樣產生的問題。

第二，裴頠用崇有的學說，論證了封建的貧富貴賤的等級秩序的合理性，這顯然是錯誤的理論。封建等級秩序是封建社會的經濟基礎在政治領域中的反映，因此它決不是自然的存在物。裴頠爲了論證封建秩序的永恆性、合理性，把它說成是與自然界中的物質現象一樣都是自然的存在物，甚至把封建禮教之類的東西也歸入了標誌各種具體物質存在的「有」這一概念中，這就混淆了自然界與人類社會的質的區別，企圖以此論證所謂「衆理並而無害，故貴賤形焉」的封建等級秩序的永恆性，這在理論上是十分錯誤的，同時也明顯地暴露了裴頠的地主階級的局限性。

註釋

①清末葉德輝輯有《傅子》三卷，據此與孫輯《物理論》對照，即可區分出《物理論》中所參入的《傅子》部分。

②王弼、嵇康亦主言不盡意思想，王弼講「得意忘言」，嵇康講「天下微事，言所不能及」，皆具有言不盡意思想傾向。他們的思想已分別在第二章與第三章談及，故此章從略。

③關於向秀和郭象的思想將在本編第四章中討論。

第四章　向秀、郭象的玄學崇有派哲學思想

——玄學發展的第三階段

由向秀發端，完成於郭象的玄學崇有派哲學，是玄學繼何晏、王弼與嵇康、阮籍之後，發展的第三階段。何、王之學的宗旨，在於維護搖搖欲墜的曹魏政權的統治。嵇、阮之學是曹魏集團中的一些名士，爲反對司馬氏的儒家說教而發。向秀郭象之學，則是反映了司馬氏集團鞏固了政權之後，原來抵制司馬氏，後來又走上了與司馬氏政權妥協道路的一批士人的思想。向郭二人本身的經歷，就說明了這一點。向秀原是竹林七賢之一，只是在嵇康被司馬氏殺害之後，在大勢所趨的情況下，又轉向司馬氏政權中去做官的，走的就是一條由不合作到與司馬氏妥協合作的道路。郭象亦是如此，他最初也是不願做官的，是位常閒居以自娛的人，後來才參與了司馬氏的政權，成爲了一位顯赫的人物。因此，他們的思想特點，往往主調和儒道兩家的哲學，以爲自然與名教是合二而一的，即主張既可在精神上保持逍遙自在（道家的無爲逍遙），同時又可在行動上

參與司馬氏的政事（儒家名教之治）中，兩者可以並存而不悖。可見，他們在名教與自然的關係上，採取的是與嵇、阮派玄學相反的立場。嵇、阮主自然與名教對立論，提倡「越名教而任自然」的思想。而向、郭主名教自然合一論，認爲名教即是自然。在這點上，向、郭似與何、王相近，但實又不同於何、王。何王從「以無爲本」、「以有爲末」的本體論出發，認爲自然無爲（道家）爲本，名教（儒家）爲末，名教爲自然的表現，從某種意義上說，是抬高了自然（即道家）的地位的。向、郭則主名教自然爲一論，從而又挽回了名教的地位，使之與自然的地位相等。就向、郭思想本身而言，在宇宙觀上來說，向秀、郭象則創立了以「自生」、「獨化」說爲主的玄學崇有派哲學體系。以此與玄學貴無派相對立，成爲了一個玄學內部的反對派別，從而把玄學發展到了一個新的階段。之後，玄學發展到東晋時期，則出現了調和玄學崇有與貴無兩派的玄學思想和揉合佛學與玄學的佛教玄學思想。其中前者以張湛玄學爲代表，後者則以道安、僧肇等名僧爲代表，關於張湛玄學我們將在這一章的最後一節中來檢討，至於佛教玄學我們將在本書第二編中加以專門研究。

第一節　向秀的玄學思想

向秀，字子期，河內坏人（今河南武陟地區）。生於魏明帝太和六年（西元二二七年），卒於晉武帝咸寧三年（西元二七七年）。秀「雅好老莊之學」，「清悟有遠識」，「少爲山濤所知」（《晉書．向秀傳》），爲竹林七賢之一，與嵇康、呂安友善。「康善鍛，秀爲之佐，相對欣然，傍若無人，又共呂安灌園於山陽。」（同上）可見，向秀本和嵇康、呂安同爲閒居遁世之士。只是待呂安、嵇康被司馬氏殺害之後，向秀才放棄了閒居自傲以反抗司馬氏的做法，而入京做官的。當時司馬昭問他說：「聞有箕山之志，何以在此？」向秀回答是：「以爲巢許狷介之士，未達堯心，豈足多慕。」（《晉書．向秀傳》）表示了他已改變了原來的志向，從而得到了司馬昭的寬待。後爲散騎侍郎，轉黃門侍郎，散騎常侍。但「在朝不任職」，僅「容迹而已」。可見，向秀雖在司馬氏政權中做官，但並未爲司馬氏效力，思想上卻仍然懷念著與嵇康呂安昔日的友情，並作〈思舊賦〉以寫心懷。他在〈賦〉的序文中說：

余與嵇康、呂安居止接近，其人並有不羈之才，嵇意遠而疏，呂心曠而放，其後並以事見法。嵇博綜技藝，於絲竹特妙，臨當就命，顧視日影，索琴而彈之。逝將西邁，經其舊廬，於時日薄虞泉，寒冰淒然。鄰人有吹笛者，發聲寥亮，追想曩昔，游宴之好，感音而嘆，故作賦。（《晉書．向秀傳》）

其賦曰：

將命適於遠京兮！遂旋返以北徂，濟黃河以汎舟兮！經山陽之舊居，瞻曠野之蕭條兮！息余駕乎城隅，踐二子之遺迹兮！歷窮巷之空廬。嘆〈黍離〉之愍周兮！悲〈麥秀〉於殷墟，追昔以懷今兮！心徘徊以躊躇，棟宇在今而弗毀兮？形神逝其焉如？昔李斯之受罪兮！嘆黃犬而長吟，悼嵇生之永辭兮！顧日影而彈琴，託運遇於領會兮！寄餘命於寸陰，聽鳴笛以慷慨兮！妙聲絕而復尋，佇駕言其將邁兮，故接翰以寫心。（同上）

向秀經山陽嵇康之舊居，追想往昔，觸景生情，寫下了〈思舊賦〉一首，充分表達了自己對嵇呂二友的深厚的感情，尤其是對嵇康的悲壯的殉難，表現出了深切的同情。

向秀的主要著作是《莊子注》。《晉書．向秀傳》說：

莊周著內外數十篇，歷世才士，雖有觀者，莫適論其旨統也。秀為之隱解，發明奇趣，振起玄風，讀之者超然心悟，莫不自足一時也。

又說：

始秀欲注，嵇康曰：「此書詎復須注，正是妨人作樂耳。」及成示康曰：「殊復勝不？」

關於向秀與嵇康討論作《莊子注》的事，《世說新語．文學篇》注引〈向秀別傳〉說：

秀與嵇康、呂安為友，趣舍不同，嵇康傲世不羈，安放逸邁俗，而秀雅好讀書，二子頗以此嗤之。後秀將注《莊子》，先以告康、安，康、安咸曰：「此書詎復須注，徒棄人作樂事耳。」及成以示二子。康曰：「爾故復勝不？」安乃驚曰：「莊周不死矣。」

確實，向秀《莊子注》在當時影響很大，「發明奇趣，振起玄風」，是開了西晉時期一代的玄學新風的。向秀的《莊子注》也確有新義，「初注《莊子》者，數十家，莫能完其旨要」，而向秀能於舊注外爲之「解義，妙演奇致，大暢玄風」，所以深受當時士人們的歡迎。正如〈竹林七賢論〉說：

秀為此義（指《莊子注》），讀之者無不超然，若已出塵埃而窺絕冥，始了視聽之表，有神德玄哲，能遺天下外萬物，雖復使動競之人顧觀所徇，皆悵然自有振撥之情矣。（《世說新語．文

學》注引）

可見，向秀的《莊子注》為當時士人們所樂意稱道的，是他發揮了《莊子》的「能遺天下外萬物」和「已出塵埃而窺絕冥」的逍遙新義。而這種逍遙玄義後來又影響了郭象的思想，成為了玄學發展的第三階段的議論中心。

向秀除了《莊子注》之外，尚有《周易注》。《世說新語・文學》注引〈向秀別傳〉說：

後注《周易》，大義可觀，而與漢世諸儒互有彼此，未若隱莊之絕論也。

然而向秀的《周易注》與《莊子注》皆已佚失，僅存的著作，只有在《嵇康集》中，所保存下來的〈向子期難養生論〉一篇，是與嵇康討論養生問題的。至於《莊子注》現僅存一些零星的資料，散見於張湛的《列子注》與陸德明的《莊子釋文》中。然而《世說新語・文學篇》注引〈向秀別傳〉說：「或言秀遊託數賢，蕭屑卒歲，都無注述，唯好《莊子》聊應崔譔所注，以備遺忘云」，恐怕這種說法是不符合歷史事實的。

向秀的思想，由於史料的散佚而難見全貌，現僅從《列子》張湛注所引用的向秀材料中似乎可略知其一、二：

1.「無心任自然」說

《列子．黃帝篇》張湛注中引向秀《莊子注》說：

唯無心者，獨遠耳。

得全於夫者，自然無心，委順至理也。

苟無心而應感，則與變升降，以世為量，然後足為物主，而順時無極耳。

無心以隨變也，汎然無所繫。

向秀認爲要無心而任應自然，委順至理，「與變升降」，如「泛然無繫」之舟一樣，隨順著自然的變化，這樣反而才能成爲物主。這就是所謂「無爲而爲」的思想。所以向秀說：「變化頹靡，世事波流，無往不因，則爲之非我，我雖不爲，而與羣俯仰。」（《列子．黃帝篇》注引）因此至人無感，「萌然不動，亦不自止，與枯木同其不華，死灰均其寂魄。」（同上）無心而感，隨順自然，這叫做「不爲而自然也」。這種無心任自然的思想，後爲郭象所吸取。郭在《莊子．達生篇》注中並完全用了向秀的「惟無心者獨運耳」的話。又在〈應帝王篇〉注中，亦抄襲了向秀的「至人無感」、「與變化升降」，和「無心而隨變也，汎然無所繫」等思想。在這裡郭象的思想，基本上與向秀的思想是一致的。但向秀的思想與嵇康的思想則有所不同。嵇康强調的是「越名教而任自然」，即要隨任著自已心的自然變化，所以也又提出「越名任心」的主張。嵇康的

「任心」與向秀的「無心」是不一樣的：「任心」可以「越名」，可以超越名教；「無心」則可任名，可以隨順名教。所以嵇康因越名教而遭誅殺，向秀則最後還是可以到司馬氏政權中去當官的，但做官又是無心而做，不爲而聽其自然，所以做官僅是「容迹而已」。這大概也是向秀的一種消極的鬥爭手段吧！

2.「自生」說

張湛在《列子．天瑞篇》注中引向秀的注說：

向秀注曰：吾之生也，非吾之所生，則生自生耳，生生者豈有物哉？故不生也。吾之化也，非物之所化，則化自化耳。化之者豈有物哉？無物也，故不化焉。若使生物者亦生，化物者亦化，則與物俱化，亦奚異於物？明夫不生不化者，然後能爲生化之本也。

王叔岷說，在「故不生也」之「故」字前，疑脫「無物也」三字。「無物也故不生也」正與下文「無物也，故不化焉」相對爲文，王說是。這段話的意思是說，物之生化，既不是物自己使之所生，亦不是它物爲之所化，而是「生自生」、「化自化」。這是因爲沒有一個生生者與化化者存在（「無物也」）的原故。如果有生生者之物與化化者之物存在的話，那末這個物本身亦要生化，因此與一般的物也就沒有什麼差別，所以也就談不上有生生者與化化者的物。物是自生自化的，並無造物者使之生死，所以自生自化也即是不生不化（即無物使之生化），而正由於它不生不化，乃「能爲生化之本」。這就是向秀的「自生」、「自化」說。這種自生說顯然是用來反對造物主的存在和無中生有說的，就這一意義上講，這一觀點是帶有唯物主義無神論思想傾向的①。向秀的這一思想，看來郭象也是吸收了的。例如郭象說：「然則生生者誰哉？塊然而自生耳。自生耳，非我生也。我既不能生物，物亦不能生我，則我自然生。」（《莊子・齊物論注》）又說：「然則凡得之者，外不資乎道，內不由於己，掘然自得而獨化也。」（《莊子・大宗師注》）塊然自生，既非我所生，亦非它物生，外不依賴道，內不由乎己，因此自生並不需要有一個生生者。這些思想大致都與向秀思想相似。但在這裡，向秀似乎並未像郭象那樣提出「獨化」說，更沒有講到「獨化於玄冥之境」的思想。看來他們二人的思想，仍是有所不同的，正如《晉書・向秀傳》所說：「秀乃爲之隱解（指莊注）……。惠帝之世，郭象又述而廣之。」這種說法很可能是符合歷史實際的，郭象的思想，是在向秀思想基礎，「述而廣之」的產物②。

3.逍遙義與「儒道合一」說

謝靈運在〈辯宗論〉中說：「昔向子期以儒道爲一」。向秀究竟是怎樣論說「儒道爲一」的呢？現我們已經不得而知。似從向秀的「無心而任自然」的思想來看，無心即爲道家的無爲之說，任自然即可隨順名教，在這裡道家與儒家是可以統一起來的。據劉孝標說：「向子期、郭子玄逍遙義曰：『夫大鵬之上九萬，尺鷃之起榆枋，小大雖差，各任其性，苟當其分，逍遙一也。然物之芸芸同資有待，得其所待，然後逍遙耳。唯聖人與物冥，而循大變，爲能無待而常通，豈獨自通而已。又從有待者不失其所待，不失則同於大通矣。』」（《世說新語．文學篇》注引）查現存的郭注《莊子．逍遙篇》開首就說：「夫小大雖殊，而放於自得之場，則物任其性，事稱其能，各當其分，逍遙一也，豈容勝負於其間哉！」接著又說，大鵬與尺鷃的逍遙都是「有待」的逍遙，尚不是「無待」的逍遙，只有「至德之人，玄同彼我者之逍遙」才是「無待」的逍遙。「苟有待焉，則雖列子之輕妙，不能以無風而行，故必得其所待，然後逍遙耳，而況大鵬乎！夫唯與物冥而循大變者，爲能無待而常通，豈自通而已哉。又順有待者，使不失其所待，所待不失，則同於大通矣。」至人與物冥而循大變，故能無待而逍遙，但無待又能常通物情，順應有待，做到無往而不通。在這裡郭象的注與劉孝標所引的向子期、郭子玄逍遙義，兩者思想是完全一致的。可見向、郭兩人在逍遙義上是相通的。逍遙在於各任其性，所以大鵬高飛九萬里，滿足了自己的性分而逍遙，斥鷃則抱榆枋而止，亦滿足了自己的性分，也得到了逍遙，其於逍遙一也。至於至人的逍遙，雖爲無待而逍遙，但又能順有待而同於大通。這說明要得到道家的逍遙自得，並不需棄世離俗，只要在世俗社會中滿足自己的性分（指一般人），或在思想上做到「玄同彼我」—「與物相冥」（指聖人），都可得到逍遙的。因此逍遙並不要拋棄從事世務的活動。所以說，「身在廟堂之上（從事名教），其心無異於山林之中（逍遙自得）」，在這裡儒道是合二而一的。這種逍遙說，顯係與嵇康、阮籍所主張的遁世逍遙說是不一樣的。嵇康、阮籍認爲，只有離開世俗，浮世逍遙，才能不爲世俗所累，所以他們輕時傲世，與司馬氏政權採取了不合作的做法，願作隱遁之士。而向秀認爲，只要保持住精神上的逍遙自得，不必遁世，就是做了司馬氏手下的官吏，也是可以得到逍遙的。這就是所謂「朝隱」的思想。在這種思想的指引下，所以後來向秀與嵇康走了兩種不同的道路。

至於向秀《難養生論》一文，似應作在他的《莊子注》以前，文中尚無多少道家思想的影響，而儒家思想較濃。他批評嵇康的養生論，他說：

> 若夫節哀樂，和喜怒，適飲食，調寒暑，亦古人之所修也。至於絕五穀、去滋味，窒情欲，抑富貴，則未之敢許也。（《嵇康集．難養生論》）

這是針對嵇康所提出的「清虛靜泰，以私寡欲，知名位之傷德，故忽而不營，非欲而強禁也；識厚味之害性，故棄而弗顧，非貪而後抑也。」（嵇康《養生論》）的養生思想而發的。嵇康認爲，世人不察這個道理，而「五穀是見，聲色是耽，目惑玄黃，耳務淫哇」，「名位是求」，「飲食不節」，從而使得「易竭之身而內外受敵」，致使「百毒所傷」而「中道夭折」，其實只要「導善得理，以盡性命，上獲千餘歲，下可數百年」，而「世皆不精，故莫能得之爾。」一時於嵇康的這一套養生之學，他的好友向秀卻持反對態度。向秀反對的理由，歸結起來有這樣幾點：

一、向秀認爲，情欲生於自然，可節而不可絕，情欲是人的自然的生理需要，所以「絕五穀、去滋味、窒情欲」是違背了人的自然本性的。向秀說：

> 夫人受形於造化，與萬物並存，有生之最靈者也。異於草木不能避風雨辭斧斤，殊於鳥獸不能遠網羅而逃寒暑，有動以接物，有智以自輔，此有心之益有智之功也。若閉而黙之，則與無智同，何貴於有智哉？有生則有情，稱情則自然得。若絕而外之，則與無生同，何貴於有生哉？且夫嗜欲、好榮惡辱、好逸惡勞，皆生於自然，……。（〈難養生論〉）

人之所以異於草木在於人有智，若「清虛靜泰」不用智慧就如無智之草木同；「有生則有情」，有情則爲自然，所以嗜欲、好榮、悲辱、好逸、惡勞，皆是出於自然之情，如果要把這些自然之情都要絕去之則與無生同。所以向秀說：「令五色雖陳，目不敢視，五味雖存，口不得嘗，以言爭尙獲勝則可，焉有芍藥爲荼蓼，西施爲嫫母，忽而不欲哉？苟心識可欲而不得從，性氣困於防閑，情志鬱而不通，而言養之以和，未之聞也。」（同上）情欲是自然生理之需要，强去之也就不可能養生。當然縱欲也是會傷生的，但不能以「見食之有噎，因終身不餐耳。」「夫人含五行而生，口思五味，目思五色，感而思室，飢而求食，自然之理也，但當節之以禮耳。」（同上）關鍵在於要用禮義制度來節制人們的情欲。由此可見，向秀當時尚站在儒家禮教的立場上來解決這一問題的。甚至他還援用了「上帝是饗，黍稷惟馨，實降神祇」之類的儒家傳統的宗教神學來論證黍稷五穀不能絕去的道理（「神祇且猶重之，而況於人乎」？）。他的結論是人之爲樂並不在於絕欲長壽，而在於「以恩愛相接，天理人倫燕然娛心。榮華悅志，服饗滋味以宣五情，納御聲色以達性氣，此天理自然，人之所宜，三王所不易也。」（同上）

確實誠如向秀所說，飲食男女是自然生理之常情，是不可加以絕去的。但嵇康的〈養生論〉似乎也並沒有要完全絕去情欲的意思，他只是要去掉「飲食不節」與「好色不倦」那樣的貪欲而已，所以嵇康說：「識厚味之害性，故棄而不顧。」他主張的則是「少私寡欲」的思想。以此嵇康在〈答難養生論〉中爲自己辯護說：

難曰：感而思室，飢而求食，自然之理也。誠哉是言！今不使不室不食，但欲令室食得理耳。夫不慮而欲，性之動也；識而後感，智之用也。性動者遇物而當，足則無餘。智用者從感而求，勌而不已。故世之所患，禍之所由，常在於智用，不在於性動。

嵇康並不否認飲食男女是自然之性，也不是要「不室不食」，而是要使「室食得理」耳。何謂

「得理」呢？「夫欲官不識君位，思室不擬親戚，何者？知其所不得，則未當生心也。故嗜酒者自抑於鴆醴，貪食者忍飢於漏脯，知吉凶之理，故背之不惑，棄之不疑也，豈恨不得酣飲與大嚼哉？」（同上）得理在於明曉事理，知道求而不得則不求，知道得而傷生則不做。以此可見，嵇康的「得理」與向秀的「節之以禮」，兩者也是有著不同的思想內容的。

二、向秀基於情欲出於自然的觀點。認爲富貴亦是人之所欲，天地之常情，所以「抑富貴」、「去名位」也是違背了自然之性的。向秀說：

> 夫天地之大德曰生，聖人之大寶曰位，崇高莫大於富貴，然則富貴天地之情也。貴則人順已行義於下，富則所欲得以財聚人，此皆先王所重，關之自然，不得相外也。又曰富貴是人之所欲也，但當求之以道，不苟非義，在上以不驕無患，持滿以損儉不溢，若此何為其傷德耶？（〈難養生論〉）

向秀的這段話是針對嵇康的「知名位之傷德，故忽而不營，非欲而强禁」所發的。在這裡向秀援用了儒家典籍《易傳》中的思想來論證富貴爲天地之情，並用人之所欲，只要得之以道，不驕不溢是不會傷德的道理，以此來反駁嵇康「去名位」的思想。但是向秀的論證是錯誤的，富與貴並不是如「飲食男女」那樣是人之自然本性，而是私有制社會的產物，人類尚處於自然狀態的情況下，是不存在富貴名位的觀念的。正如嵇康在〈難自然好學論〉一文中所說：「昔鴻荒之世，大樸未虧，君無文於上，民無競於下，物全理順，莫不自得，……若此則安知仁義之端，禮律之文？」因此名位富貴並不是人之自然之常情。爲此嵇康駁斥向秀說：

> 且聖人寶位以富貴為崇高者，蓋謂人君貴為天子富有天下也。富不可無主而存，主不能無尊而立，故為天下而尊君位，不為一人而重富貴也。又曰富與貴是人之所欲者，蓋為季世惡貧賤而好富貴也。（〈答難養生論〉）

以富貴爲崇高者，這是說的人君貴爲天子富有天下也。但這是爲天下立主，並不是爲一人尊君位，所以說：「爲天下而尊君位，不爲一人而重富貴也」。至於富貴變成人之所欲，這是季世惡貧賤好富貴而造成的，並不是出於人之本性。嵇康的這一「爲天下而尊君位，不爲一人而尊富貴」的思想，是帶有民主性的思想，是值得加以肯定的，在當時的歷史條件下能提出這樣的思想確是難能可貴的。而向秀把富貴當作「天地之情」與「人之所欲」，則顯然是錯誤的。而向秀後來又能去司馬氏政權中當官，這大概也是與他把富貴當作「天地之情」、「人之所欲」，不無關係的。不過他認爲追求富貴，「但當求之以道，不苟非義」而已。嵇康則不同於向秀，他把富貴當作贅瘤、塵埃來看待，不爲名利所動，其氣節是可敬的。

三、向秀認爲，人之壽夭，「天命有限」，因此嵇康所說的「導養得理，上獲千餘歲，下可數百年」的說法，不可置信，向秀說：

又云導養得理，以盡性命，上獲千餘歲，下可數百年，未盡善也。若信可然，當有得者，此人何在？目之未見，此殆景響之論，何言而不（不疑為可）得？縱時有耆壽耆老，此自特受一氣，猶木之有松柏，非導養之所致。若性命以巧拙為長短，則聖人窮理盡性，宜享遐期，而堯舜禹湯文武周孔上獲百年，下者七十，豈復疏於導養邪？顧天命有限，非物所加耳。（〈難養生論〉）

「天命有限，非物所加」，因此生死壽夭並非導養可以改變，所以嵇康所說的「導養得理，上獲千餘歲，下可數百年」是不對的。在這裡向秀的理由有兩點：㈠如果認爲嵇康的說法是對的，那末爲什麼我們看不見有這樣長壽的人？㈡如果導養得理能享遐期，又爲什麼聖人堯舜禹湯文武周孔活不到千歲數百年，難道是這些聖人不懂得導養嗎？向秀的這兩點理由都有一定的道理，人是活不到千歲數百年的，更不用說能長生不死。嵇康之所以相信導養得理能活千歲數百年，這是由於他受到了道教神仙學的影響的結果，自然是缺乏科學根據的。但導養得理是可以延長壽命的，這是爲生活的實踐所證明了的，然而向秀認爲人的壽夭由「天命」限定，不爲導養所改變，這顯然又是錯誤的。這又是他深受了儒家的「死生由命」的命定論思想影響的結果。

從上面的分析中，我們可以看到，關於嵇康與向秀在養生問題上的爭論，究竟誰完全正確或誰完全錯誤，很難作出一個簡單的結論，而應作具體地分析。至於向秀的思想比較多的接受了儒家思想的影響，嵇康思想則比較多的接受了道家的影響，還是比較清楚的。之後，很可能是向秀又注《莊子》受了道家思想的影響，從而主張起儒道合一說的。而嵇康則走上了一條堅持反儒的道路。

第二節 郭象的玄學思想體系

郭象是繼承與發揮向秀思想的一位玄學崇有派哲學思想的集大成者，他建立了一個龐大的玄學哲學思想體系，是魏晉玄學界的第二號重要人物，所以時人常稱他爲「王弼之亞」。

一、郭象的生平與著作

郭象，字子玄，河南（今洛陽）人，生於魏齊王曹芳嘉平四年（西元二五二年），卒於晉懷帝永嘉六年（西元三一二年）。〈文士傳〉稱他：「少有才理，慕道好學，託志老莊，時人咸以爲王弼之亞。」（《世說新語．文學篇》注引）《晉書．郭象傳》則說：「（郭象）少有才理，好老莊，能清言，太尉王衍每云，聽象之言，如懸河瀉水，注而不竭。」可見郭象自少好學，託志於老莊，是位很有才學的人，而且能言善辯（「如懸河瀉水」），爲時人所稱。初「州郡闢召，不就」，常「閒居家室」，「文論自娛」（同上），不願出來做官，亦不像出身高門，而是位隱遁之士。後轉入仕途，「闢司徒掾（《文士傳》稱「闢司空掾」），稍至黃門侍郎」（同上）。「東海王司馬越引爲太傅主簿，甚見親委，遂任職當權，熏灼內外。」（同上）於永嘉末年卒。

郭象的著作，主要是《莊子注》。《晉書．郭象傳》說：

先是注莊子者數十家。莫能究其旨統。向秀於舊注外，而為解義，妙演奇致，大暢玄風。惟〈秋水〉、〈至樂〉二篇未竟而秀卒。秀子幼，其義零落，然頗有別本遷流。象為人行薄，以秀義不傳於世，遂竊以為己注，乃自注〈秋水〉、〈至樂〉二篇，又易〈馬蹄〉一篇，其餘眾篇或點定文句而已。其後秀義別本出。故今有向郭二《莊》，其義一也③。

又《世說新語．文學篇》亦有相同的記載，均認爲郭象抄襲了向秀的《莊子注》。但《晉書．向秀傳》則云：

> 莊周著內外數十篇，……秀乃為之隱解，發明奇趣，振起玄風。……惠帝之世，郭象又述而廣之，儒墨之迹見鄙，道家之言遂盛矣。

按此說法，郭注對向注是既「述」且「廣」的，不是簡單的抄襲。從陸德明《莊子釋文》的引文看，既有「郭云」，也有「向云」，還有「向郭云」，說明二人既有不同的注，也有相同的注。與此相似，在張湛《列子注》的引文中，也有同樣的情況。可見郭注不是全盤抄襲向注，但應當承認二者相同之處甚多④。郭象的《莊子注》既然是對向秀注的「述而廣之」，所以郭象的玄學思想，要比向秀的思想，闡說得更加系統和完整。因此《文士傳》稱：「象作《莊子》注，最有清辭遒旨。」（《世說新語．文學篇》注引）

除《莊子注》之外，郭象還著有《論語體略》二卷，《隋書．經籍志》著錄，已佚，部分內容散見於皇侃的《論語義疏》中，又著《論語隱》一卷，《隋書．經籍志》著錄，亦已佚。另據齊梁時劉峻著《辯命論》說：「蕭遠（李康）論其本，而不暢其流，子玄語其流，而未詳其本」云云。這裡的子玄，即是郭象，他還曾著有《致命由己論》一文，討論過「命」的問題。此外，尚著有碑論十二篇，並且有《郭象集》一書，《隋書》著錄二卷，又稱梁時有五卷，錄一卷，但均已亡佚。

二、郭象崇有論玄學體系

西晉時期，隨著何晏、王弼玄學貴無派思想，流爲空談玄虛，不幹實事的風氣，和阮籍嵇康的「有激而發」的任放思想，流爲元康時徒求其形式的縱欲狂放的思想，從而激起了一批有識之士，起來抵制與批判這一玄學時風。當時站在儒家立場起來批判的首推裴頠，而站在玄學本身立場，從玄學內部起來反對貴無派的，則推郭象。上書中我們已經講到裴頠著有〈崇有論〉一文，駁斥了玄學貴無派的思想，而裴頠被害於晉惠帝元康之後的永康元年（西元三〇〇年），郭象則卒於晉懷帝永嘉六年（西元三一二年），兩人生活的年代相近。裴頠略早死於郭象十二年，而郭象注《莊子》則在「惠帝之世」，因此很可能裴頠與郭象的學術活動差不多是同時的，或者比裴頠稍晚一些。至於他們兩者思想之間究竟有何學術的聯繫，現我們很難考訂。但他們理論上都是主張崇有而反對貴無的，他們都主自生說，反對無中生有說和以無爲本說，就這點來說，兩人思想是相通的。但是他們對於自生的解釋、「有」與「有」之間的聯繫、自然與名教的關係等問題上，又有著截然相反的見解。因此郭象的哲學與其說是受到裴頠思想的影響，倒不如史傳所說，郭象思想是對向秀義的「述而廣之」。抑或裴頠的崇有思想亦是受了向秀自生說影響的結果，裴頠郭象皆是從不同的角度對向秀「自生」思想的發揮。

郭象的玄學體系的總的骨架是：

以反對無中生有說爲始點，而提出自生無待說，進而由自生無待說推至獨化相因說，並由獨化說導致足性逍遙說爲中間環節，最後由足性逍遙說得出宏內遊外，即名教與自然合一說，爲其哲學的最後歸宿。

下面我們就按照郭象的哲學本身邏輯體系，作一番分析：

1.「無不能生有」與「有之自生」說

何晏、王弼的玄學貴無派認爲，「有」是依賴於「無」而生的。「有之爲有，恃無以生」（《列子．天瑞》張湛注引何晏《道論》），「萬物皆由道而生」（王弼《老子注》三十四章）。當然這裡的「恃無以生」與「由道而生」，皆是指的「有」根由於「無」而生，講的是依據與被依據的本末體用關係，並不是指時間上的先後生成問題。但是何、王都主老學，發揮的是《老子》的思想，《老子》則講「道生一」，「無生有」的生成問題，所以在何、王的思想中，也還存在有《老子》無中生有說的「痕跡」。例如：王弼說：「夫物之所以生，功之所以成，必生乎無形。」（《老子指略》）又說：「凡有皆使於無，故未形無名之時，則爲萬物之始。」（《老子注》一章）似乎都承認萬物有個開頭，有個生成問題。由此可見，何、王思想中既有以無爲本、以有爲末的本末體用思想，亦有無中生有的思想。當然前者是主要的，後者是較次要的。裴頠主要抓住了前者進行了批判，而郭象則著重抓住了後者，展開了對何、王貴無派思想的攻擊。郭象說：

無既無矣，則不能生有；有之未生，又不能為生。然則生生者誰哉？塊然而自生耳。……則我自然矣。自己而然，則謂之天然。天然耳，非為也，故以天言之，所以明其自然也。（《莊子．齊物論》注引）

「無」就是什麼都沒有，因此「無」就不能生「有」，而「有之未生，又不能爲生」，那末「有」是怎樣出來的呢？「塊然而自生」。塊然者無爲而自然也。無爲而自生，無有生生者也。那麼還有沒有什麼造物主呢？郭象接著推論說：

請問造物者有耶？無耶？無也，則胡能造物哉？有也，則不足以物衆形。故明衆形之自物，而後始可言與造物耳。（同上）

無有造成主，自然不能造物。如果有造物主，但也不能一個人創造出世界上這樣衆多的事物，所以不存在什麼造物主。在這裡郭象的論證方法，似乎與王充的論證方法相似。王充在《論衡．自然篇》中，也强調了萬物是自然而生的，並沒有造物主。他說：「春觀萬物之生，秋觀其成，天地爲之乎？物自然也。如爲天地爲之，爲之宜用乎，天地安得萬萬千千乎，並爲萬萬千千物乎？」（《論衡．自然篇》）天沒有萬萬千千乎，也就造不出萬萬千千的事物，因此並沒有造物主，物皆是自生的。在這裡郭象的思維方法與王充相似，認爲一個造物主是不可能造出萬萬千千的物來的，萬物是自造的。郭象否定了造物主的存在，否定了「無」中生「有」說，而主張有之自生說，應當肯定郭象的這些思想是具有唯物主義無神論思想傾向的。所以郭注〈莊子序〉中，對郭象的思想概括爲這樣兩句話：「上知造物者無物，下知有物之自造」，這是符合郭象思想實際的。

郭象的唯物主義思想傾向，不僅表現在否定造物主，主張物自然而生這一點上，而且有時還强調了物質的永恆性、不滅性。例如：他在解釋《莊子．知北游》的「天地常存，無未有之時」與「無古無今，無始無終」時說：

> 非唯無不得化而為有也，有亦不得化而為無矣。是以夫（夫原作無，今依《世德堂》本改）有之為物，雖千變萬化，而不得一為無也。不得一為無，故自古無未有之時而常存也。（《莊子．知北游》注）

又在解釋「有先天地生者物耶？物物者非物，物出不得先物也，猶其有物也。猶其有物也，無已」句時說：

誰得先物者乎哉?吾以陰陽為先物,而陰陽者即所謂物耳。誰又先陰陽者乎?吾以自然為先之,而自然即物之自爾耳。吾以至道為先之矣,而至道者乃至無也。既以無矣,又奚為先?然則先物者誰乎哉?而猶有物無已,明物之自然,非有使然也。(同上)

這即是說,無不能生有,但有也不能化成絕對的無,有可以千變萬化但不能化成烏有,所以有盡管變化,「自古無未有之時」,因此說:有是常存的。這就肯定了物質的永恆性。至於有沒有先物者的存在呢?郭象認爲,先物者是不存在的,世界上存在的皆是物,物之先還是物,物是無窮盡的,所謂自然的存在即是「物之自爾」。這就明確地肯定了世界的物質性。可以說郭象在這些地方都是堅持了唯物主義思想的。

2. 無待而獨化說

「有之自生」,「物各自造」,而又是怎樣「自生」與「自造」的呢?裴頠講了「自生」說:「夫至無者,無以能生,故始生者,自生也。」(〈崇有論〉)但他並沒有再討論怎樣「自生」的問題。在此之前,向秀就曾提出了「吾之生也,非吾之所生,則生自生耳」,「吾之化也,非物之所化,則化自化耳」的命題,否定了有個「生生者」的造物主,但物究竟是怎樣「自生」「自化」的呢?由於史料殘缺,我們已不得而知。看來郭象就是在向秀的「自生」「自化」說的基礎上,進一步地來論證「自生」問題的。郭象說:

自生耳，非我生也。我既不能生物，物亦不能生我，則我自然矣，自己而然，則謂之天然。（〈齊物論〉注）

這種自生說與向秀所說的「吾之生也，非吾之所生」，「吾之化也，非物之所化」的思想基本上是一致的。內不由於己，外不依於物，我是自然（自己而然）生，這就叫做「自生」。為此郭象又說：

然則凡得之者，外不資於道，內不由乎己，掘然自得而獨化也。（〈大宗師〉）

然莊子之所以屢稱無於初者何哉：初者，未生而得生。得生之難，而猶上不資於無，下不待於知，突然而自得此生矣。（〈天地〉注）

夫有之未生，以何為生乎？故必自有耳，豈有之所能有乎？此所以明有之不能為有，而自有耳。（〈唐桑楚〉注）

「外不資於道，內不由乎己」，「道」為至無（即等於零），「己」為主觀意識即知，所以這句話也就是說：「上不資於無，下不待於知。」這即是說，無不能生有，我（即主觀意識）亦不能生有，而是物自得而生的。在這裡郭象的說法並沒有什麼錯，然而郭象並沒有停留在這裡，並繼續向下推論，認為不僅無與我皆不能生有，而且有亦不能生有，「有之未生，以何為生乎？故必自有耳，豈有之所能有乎？此所以明有之不能爲有，而自有耳。」有亦不能爲有，那末有從那裡產生的呢？沒有造物主在這裡起作用「有」是無法生成的，然而郭象一開始就把造物主否定掉了，所以他只好求助於誰也說不清的無法解釋的「掘然自得而獨化」，「突然而自得此生」的純粹偶然的無因無條件現象了。郭象的這種自生獨化說，顯係來源於向秀的思想，因爲向秀也已提出了「吾之生化既非吾之所生，亦非物之所化」的思想，割裂了事物之間的聯繫，但從現有的史料來看，向秀似乎尚未提出這一極端的「獨化」說概念，把「自生」說歸結爲「獨化」概念的有可能是郭象的創造。而「獨化」思想也就成爲了郭象哲學的重要內容。關於自生獨化學說，郭象有如下一段議論是發人深省的：

> 世或謂罔兩（影外之微陰）待景（即影），景待形，形待造物者。請問：夫造物者有耶？無耶？無也，則胡能造物哉？有也，則不足以物衆形，故明衆形之自物，而後始可與言造物耳。是以涉有物之域，雖復罔兩，未有不獨化於玄冥者也。故造物者無主，而物各自造。物各自造而無所待焉，此天地之正也。故彼我相因，形景俱生，雖復玄合，而非待也。明斯理也，將使萬物各返所宗於體中，而不待乎外，外無所謝，而內無所矜。是以誘然皆生而不知所以生，同焉皆待而不知所以得也。今罔兩之因景，猶云俱生而非待也，則萬物雖聚而共成乎天，而皆歷然莫不獨見

矣。故罔兩非景之所製，而景非形之所使，形非無之所化也。（〈齊物論〉注）

罔兩，郭象注曰：「景（影）外之微陰也。」罔兩是有賴於影子的，影子是有賴於事物的形狀的，它們之間有著因果的聯繫，這本來是合乎常識的正確的見解。在這裡，郭象爲了反對有造物主的存在，否定貴無派主張的「無」能生有的說法，提出「形者，非無之所化也」，這是對的，就這點來說，確實萬物的存在是無待的。但郭象由此而提出，物各各都是無待的（「罔兩不待影，影不待形」），皆是自生獨化的說法，割裂了事物之間固有的聯繫，從而陷入了形而上學的錯誤。就這點來說，他的思想落後於裴頠。這也是他妄圖追求世界的終極的原因所導致的結果。例如他說：

若責其所待，而尋其所由，則尋責之極，而至於無待，而獨化之理明矣。（同上）

這即是說，尋求一個事物的所待，而所待尚有所待，直至窮極，並沒有一個終極的原因，沒有一個最後的造物主，那末物到底怎麼產生出來的呢？郭象認爲，這只能是「無待而獨化」才是可能的。既然最初之物是「無待而獨化」產生的，那末每一個事物的產生亦應是這樣，皆是「無待獨化」而生的。其實事物的發展就是無窮的因果系列，不可能有一個終極的原因，郭象看到了這一問題，但又不承認這一無窮的鎖鏈，而否定了這一無限的因果系列，從而得出了各個事物都是無待孤立而獨化的結論。

郭象講的獨化，既然是無條件的無原因的，不依賴於任何事物的自生自化（「皆所以明其獨生而無所資藉」（〈知北游〉）），那末它們的產生也就一都是純粹偶然的。所以郭象說：

欻然自生，非有本；欻然自死，非有根。（〈唐桑楚〉注）

死生出入，皆欻然自爾，無所由，故無所見其形。（同上）

死生出入，皆無本無根，欻然自爾，無有形迹可尋。以此他否定了何、王玄學的本體論，認爲有之存在是無本無根的。同時郭象又認爲事物都是瞬息生滅變化的，以此他又反對那種靜止不變的觀點（例如，王弼貴無派就認爲世界的本體「無」是絕對靜止的）：

夫無力之力，莫大於變化者也。故乃揭天地以趨新，負山岳以舍故，故不暫停，忽已涉新，則天地萬物，無時而不移也。世皆新矣，而自以為故；舟日易矣，而視之若舊；山日更矣，而視之若前。今交一臂而失之，皆在冥中去矣。故向者之我，非復今我也，我與今俱往，豈常守故哉？而世莫之覺，橫謂今之所遇，可繫而在。豈不昧哉！（〈大宗師〉注）

事物是日新變故，無時而不移，因此不能守故。郭象的這一日新變化反對守故之說，要比王弼的返本歸靜說進步得多。但他又認爲這些變化，「皆忽然而自爾」（〈知北游〉注），「忽已涉新」，一切都是在偶然之中忽然之中變化了的，對於這種變化，人們也就無法把握它，只能隨任著它，這樣一切偶然的東西，對人們來說，也就一切都成爲了無法抗拒的必然的東西了。所以他說：

聖人游於變化之塗，放於日新之流，萬物萬化，亦與之萬化；化者無極，亦與之無極；誰得遯之哉？（〈大宗師〉注）

人們只能順應變化，誰也不能逃脫這一必然性的擺佈，只好「任理之必然」了。以此郭象在〈德充符〉一篇的注解中說：

夫我之生也，非我之所生也。則一生之內，百年之中，其坐起、行止、動靜、趣舍、情性、知能，凡所有者，凡所無者，凡所為者，凡所遇者，皆非我也，理自爾耳，而橫生休戚乎其中，斯又逆自然而失者也。

其理固當不可逃也，故人之生也，非誤生也；生之所有，非妄有也。天地雖大，萬物雖多，吾之所遇，適在於是，則雖天地神明國家聖賢絕力至知，而弗能違也。故凡所不遇，弗能遇也；其所遇，不能不遇也；所不為，弗能為也；其所為，弗能不為也。故付之而自當矣。

夫命行事變，不舍晝夜，推之不去，留之不仃，故才全者隨所遇而任之。（〈德充符〉注）

人的一生中，凡所有的，凡所無的，凡所遇的，凡所不遇的，都不是自己所能掌握的，一切都是由必然之理支配著，其理不可逃，只能「隨所遇而任之」。這種遇與不遇的偶然性，即是必然的無法抗拒的「命」，所以只可「付之而自當」。這就否認了人的主觀能動性的作用，只能被動地聽任著偶然性（也即是必然性）的驅使。在這裡，郭象的錯誤在於：他不懂得必然性與偶然性的兩者的辯證關係。我們認爲，必然性是通過偶然性而表現出來的，兩者決不是絕對對立的。我們可以通過偶然性來找尋出事物發展的必然規律，掌握了事物發展的規律，人們就可獲得改造世界的主動權，得到自由，以此我們就可以擺脫作必然性或偶然性的奴隸。然而郭象不可能懂得這一必然偶然、必然自由的辯證關係，而把一切變化都說成是純粹偶然的，無法把握的，從而又把偶然性提高到必然性（「命」）的地位。對於歷史上這一理論思維的教訓，我們則應很好地記取。

3. 獨化相因說

萬事萬物皆無待而獨化，那事物之間還沒有聯繫呢？如果有聯繫，這種聯繫又是怎樣造成的呢？這些問題對於郭象哲學來說，都是需要回答的問題。既然要使自己的無待而獨化的理論成立，那就得承認事物之間毫無聯繫，然而這樣的思想，明顯是與現實的實際情況不合，與人們的常識大相逕庭，所以僅僅這樣講獨化又是不能說服人的。爲此郭象又得承認萬物之間的聯繫，承認事物之間有著相因的關係。這就產生了矛盾，對於這種矛盾郭象又是怎樣來解決的呢？在此，郭象提出了一個很獨特的獨化而相因的學說，即認爲正由於事物是無待而獨化的，因此事物之間有著相因關係的思想。郭象說：

> 物各自造而無所待焉，此天地之正也。故彼我相因，形景俱生，雖復玄合，而非待也。……今罔兩之因景，猶云俱生而非待也，則萬物雖聚而共成乎天，而皆歷然莫不獨見矣。（〈齊物論〉注）

又說：

> 天下莫不相與為彼我，而彼我皆欲自為，斯東西之相反也。然彼我相與為脣齒，脣齒者未嘗相為，而脣亡則齒寒，故彼之自為，濟我之功宏矣。斯相反而不可以相無者也。（〈秋水〉注）

這即是說，「萬物雖聚而共成乎天」，整個宇宙是和諧的協調的整體，天下莫不相與相助，彼此相因。然而各個事物又無不都是無待而獨化的，都是自爲而不爲他的。而正由於獨化自爲，才造成了彼此相因，猶如相互爲唇齒一樣，唇並不爲齒而存在，然而唇亡則齒寒，唇是獨化自爲的，齒亦是獨化自爲的，然而它們之間又有著唇亡則齒寒的關係，所以說：「彼之自爲，濟我之功宏矣。」這就是無待的待，無聯繫的聯繫，因此事物之間「相反而不可以相無者也」。彼我之間互相協調、和諧地結合在一起，從而形成了宇宙的整個和諧的整體。以此郭象認爲，世界上存在的一切，都是組成宇宙和諧整體的一分子，誰也是不可以缺少的，所以他說：

人之生也，形雖七尺，而五常必具。故雖區區之身，乃舉天地以奉之。故天地萬物，凡所有者，不可一日而相無也。一物不具，則生者無由得生；一理不至，則天年無緣得終。（〈大宗師〉注）

這樣他就把世界上存在的一切，都僵化起來了，固定化了，這種思想實際上就是承認一切存在的都是永恆不變的形而上學思想。在這裡，郭象是否定了事物之間的本質的聯繫與非本質的聯繫、必然的聯繫與偶然的聯繫之間的種種區別，從而把一切都說成是絕對必然的不可改變的東西的。

然而獨化自爲究竟是怎樣造成相互相因的呢？在這裡，問題並沒有得到解答。這是一個十分棘手的問題，無聯繫怎能造成聯繫，無待又怎能造成有待來的呢？在此，它與獨化自生說一樣，沒有造物主上帝的幫忙，問題是不能得到解決的，然而郭象哲學體系又不允許造物主的存在，造物主與物各自造的獨化理論顯然是矛盾的，不能並存的，郭象的哲學就是從反對「無」中生「有」說，反對有一個造物主的存在，爲其根本出發點的。所以郭象不願違背自己的出發點而去重新揀起已被自己否定了的東西，那末怎麼辦呢？此地此刻他是十分尷尬的，爲此郭象只得把它推至於不可知論，推之於所謂「獨化於玄冥之境」的學說了。

自生無待而獨化，「明斯理也，將使萬物各返所宗於體內，而不待乎外，外無所謝，內無所矜，是以誘然皆生，而不知所以生；同焉皆得，而不知所以得也。」（《齊物論》注）自生自得皆不知其所以生所以得，然而這樣的獨化又怎能造成世界的和諧，彼此之間相因的呢？郭象的回答是：這是由於它們皆「獨化於玄冥之境」所造成的結果。何謂「玄冥之境」？要弄清郭象的這一思想，關鍵在於首先要弄清「玄冥」這一概念。「玄冥」兩字，最早出自《莊子．大宗師》篇。《莊子》說：「於謳聞之玄冥」。成玄英疏曰：「玄者，深遠之名也；冥者幽寂之稱。」玄冥爲深遠幽寂的意思。郭象摘取了《莊子》這一概念，而又有自己的解釋。其在《莊子》注中，大量地運用了玄、冥與玄冥三個概念。爲了弄清玄冥這一概念，我們得首先考察一下玄與冥這兩個概念的意思：

「玄」，王弼說：「玄，謂之深也。」（《老子指略》）這是與成玄英的解釋是一致的，都是指深遠的意思。然而王弼又說：「玄者，冥默無有也。」（《老子注》一章）王弼又把玄視作爲無，這是與他的貴無論思想有關的。對此郭象不同意這種說法，認爲「玄冥者，所以名無而非無也。」（《莊子．大宗師》注）只是名無而實並非無，因此把「玄冥」解釋爲「無」是不符合郭象的意思的。「玄」應當解釋爲深遠的意思。但郭象又常把「玄」字與「合」字或「同」字連在一起使用。例如郭象說：

故聖人付當於塵垢之外，而玄合乎視聽之表。（〈齊物論〉注）

故彼我相因，形景俱生，雖復玄合，而非待也。（同上）

所遇斯乘又將惡乎待哉？此乃至德之人，玄同彼我者之逍遙也。（〈逍遙遊〉注）

夫體神居靈，而窮理極妙者，雖靜默閒堂之裡，而玄同四海之表。（同上）

此玄同萬物，而與化為體，故其為天下之所宗也。（〈大宗師〉注）

……

「玄同」、「玄合」，皆指深遠地和同，深遠地結合，亦指完全地「同」完全地「合」的意思。「冥」，一般指幽暗寂靜的意思（「冥者幽寂之稱」）。郭象說：「今交一臂而失之，皆在冥中去矣。」（〈大宗師〉注）這裡的「冥」就是指暗暗之中的意思。然郭象在大多數場合，用「冥」這一概念時，又常指「暗合」的意思。例如他說：

知天人之所為者，皆自然也。則內放其身，而外冥於物，與眾玄同，任之而無不至者也。（〈大宗師〉注）

夫理有至極，外內相冥，未有極遊外之致，而不冥於內者也；未有能冥於內，而不遊於外者也。(同上)

夫物有自然，理有至極，循而直往，則冥然自合，非所言也，故言之者孟浪。(〈齊物論〉注)

冥然與造化為一。(〈養生論〉注)

……

這裡的「冥」都有暗合之義，「與物相冥」、「內外相冥」、「理與物冥合」、「與造化相冥爲一」等等，無一不是有在暗暗之中相合之義。

玄有玄合之義，冥有冥合之義，那「玄」與「冥」結合爲「玄冥」，又是指什麼意思呢？郭象說：

是以涉有物之域，雖復罔兩，未有不獨化於玄冥者也。故造物者無主而物各自造。物各自造而無所待焉，此天地之正也。故彼我相因，形景俱生，雖復玄合，而非待也。……今罔兩之因景，猶云俱生而非待也，則萬物雖聚而共成乎天，而皆歷然莫不獨見矣。故罔兩非景之所制，而景非形之所使，形非無之所化也，則化與不化，然與不然，從人之與由己，莫不自爾。吾安識其

所以哉？故任而不助，則本末內外，暢然俱得，泯然無迹。（〈齊物論〉注）

彼我相因，形景俱生，雖復玄合而非待，然非待卻萬物能聚而共成乎天，本末內外暢然俱得，這就是獨化於泯然無迹的「玄冥」之結果。因此「玄冥」兩字也是具有玄合冥合的意思。而宇宙之間這種暗合的和諧，是「不知所以得」的，是「深遠莫測」的，人們只能任之而已。由此可見，「獨化於玄冥」，即指獨化於深遠的暗合之中，而這種深遠暗合之所以產生，是誰也無法認識的。因此「玄冥」這一概念帶有著濃厚的神祕主義與不可知論的色彩。宇宙的和諧是一種神祕的不可認知的必然性，而世界的一切都是由這種必然性所支配，所以說：「一物不具，則生者無由得生；一理不至，則天年無緣得終。」因此人們對於這種玄冥的和諧只能任應之。為此郭象說：

夫相因之功，莫若獨化之至也。故人之所因者天也，天之所生者獨化也。人皆以天為父，故晝夜之變，寒暑之節，猶不敢惡，隨天安之，況乎卓爾獨化，至於玄冥之境，又安得而不任之哉？（〈大宗師〉注）

在這裡，郭象先從偶然論的獨化論出發，中間經過獨化而相因的說法，最後得出了「獨化於玄冥之境」，承認一切都是由神祕的一種和諧的必然性所決定的結論。一切都是偶然的，最後一切又都是必然的，從一個極端走上了另一個極端。承認這種必然性，我們也還是沒有從神學的自然觀中走出來。無論我們同基督教一起把這叫做上帝的永恆的意旨，或者我們把它叫做天數，或者就叫做必然性，這對科學來說是完全一樣的。郭象的這種絕對的宇宙和諧的必然性，其出發點雖說是從反對造物主、反對「無」中生「有」說開始的，但從其本質上說，仍然沒有跳出神學的藩籬。這種神祕的和諧是誰安排的呢？其答案只能是上帝或者叫天意。然而郭象是不同意這種說法的，因此他只能把它歸之於神祕的「玄冥之境」，推知於不可知論了。

以上就是郭象無待獨化的理論，這種理論就某種意義上說，也還是一種虛廓之中生萬有的說法。不要憑藉任何的條件與原因，「忽然自爾」，「突然而得」，這不是說從「零」中產生萬有，又是什麼呢？雖然郭象並不像老子王弼那樣把「無」當作一種客觀存在的實體，但把萬有說成是從無根無本的「零」中產生的，顯然又陷入了無中生有論。然而同樣郭象是不願承認這點的，他仍然堅持著自己哲學的出發點，反對無中生有說。所以他反對把「玄冥之境」說成是「無」的境界，他稱「玄冥」爲「名無而非無」。爲什麼能是「名無而非無」呢？「窈冥昏默，皆了無也。夫莊老之所以屢稱無者何哉？明生物者無物，而物自生耳。」（〈在宥〉注）這即是說，窈冥昏默是用來說明「無」的，什麼是「無」呢？「明生物者無物，而物自生耳。」所以玄冥也就是「明生物者無物」，而物自生獨化的。「生物者無物」可稱爲「無」，而「物自生」又是非無。所以說：「玄冥者，名無而非無也」。郭象的這一辯論，顯係沒有解決問題的實質，物總是從一種形態轉變成另一種形態的，決沒有無本無根一無資藉而獨化自生的東西，這種自生說只能是虛空中產生萬有的說法。儘管郭象主觀上是想堅持反對無中生有說的，主張「上知造物者無物，下知有物之自造」的唯物主義思想的，但由於他的形而上學的思維方法，從本質上講，又使他的哲學陷入了唯心主義的泥坑。

4.足性逍遙說

物各無待而獨化，自爲而相因，因此各個事物只要充分發揮自己的性分，獲得自己性分的滿足，就可不必去考慮它人它物的存在，客觀上反而能有功於它物。這是郭象哲學邏輯發展的必然結論，以此郭象提出了足性則可逍遙自在的理論，認爲只要自足其性，即可得到精神上的滿足而逍遙。這就與竹林七賢的阮籍、嵇康的遁世逍遙說不同，而與向秀的逍遙義基本相同，顯係郭象在這裡是發揮向秀思想的。郭象與向秀身世遭遇上亦有相似的地方，郭象對待人生的態度，與向秀一樣有過轉變的過程，看來向秀的「任性逍遙」思想對郭象在人生道路上的轉變是起了作用的。不過向秀的做官「任職」僅是「容迹而已」，與司馬氏政權還是有一段距離的。而郭象出來當官之後，卻成爲了一位司馬氏政權中的顯赫人物，因此郭象的足性逍遙說，又要比向秀的任性逍遙說大大前進了一步。

郭象在注《莊子》的〈逍遙遊〉篇中說：

> 夫大小雖殊，而放於自得之場，則物任其性，事稱其能，各當其分，逍遙一也，豈容勝負於其間哉？
>
> 夫大鳥一去半歲，至天池而息；小鳥一飛半朔，搶榆枋而止；此比所能，則有閒矣，其於適性一也。
>
> 苟足於其性，則雖大鵬無以自貴於小鳥，小鳥無羨於天池，而榮願有餘矣。故小大雖殊，逍遙一也。（〈逍遙遊〉篇注）

這就是所謂任性、適性、足性逍遙說，不論是大鵬還是小鳥，只要適足其性，滿足了自己的性分，都是一樣逍遙的。大鵬高飛九萬里，至天池而息，這是大鵬性分之要求，滿足了這一性分，就獲得逍遙自在；小鳥搶榆枋而止，這是小鳥性分之要求，滿足了這一性分，同樣也可獲得逍遙。因此大鵬無以自貴於小鳥，小鳥亦無羨於大鵬，就其足性逍遙來說，它們之間是沒有差別的。以此郭象說：

> 夫以形相對，則大山大於秋毫也，若各據其性分，物冥其極，則形大未為有餘，形小不為不足於其性，則秋毫不獨小其小，而大山不獨大其大矣。若以性足為大，則天下足未有過於秋毫也；其性足者為小，則雖大山，亦可稱小矣。故曰：天下莫大於秋毫之末而大山為小，大山為

小，則天下無大矣；秋毫為大，則天下無小也。無小無大，無壽無夭，是以蟪蛄不羨大椿，而欣然自得；斥鴳不貴天池而榮願以足。苟足於天然，而安其性命，故雖天地未足為壽，而與我並生，萬物未足為異，而與我同得，則天地之生又何不並，萬物之得又何不一哉？（〈齊物論〉注）

從性足這點來看，大山與秋毫沒有什麼大小的差別，以性足爲大，天下之大未有過於秋毫。所以說，天下莫大於秋毫之末，而大山反爲小了。以此郭象進一步推論說，既然以秋毫爲大，則天下莫不大了，以大山爲小則天下莫不小了，因此結論是：「無大無小，無壽無夭」，天地與我並生，萬物何得不一。在這裡郭象接受了莊子的相對主義思想，認爲大小、壽夭等等皆是相對的沒有差別的，以此他告訴人們用不著去追求高下、貴賤之分，人人應安其性命，自足其性就可以了。例如他說：

凡得真性，用其自為者，雖復皁隸，不顧毀譽而自安其業。故知與不知，皆自若也。若乃開希幸之路，以下冒上，物喪其真，人忘其本，則毀譽之間俯仰失錯也。（同上）

這即是說，就是像皂隸一樣的人，也要安於自己的奴隸地位，要認識到自己的本性就是當奴隸，當奴隸也就心安意足了，因此不應去「開希幸之路，以下冒上」，喪失自己的性分，而應知道自己的性分是永遠不可改變的，「知者守知以待終，而愚者抱愚以至死，豈有能中易其性者也？」

（〈齊物論〉注）這種理論，顯係是爲西晉森嚴的門閥等級制度作辯護的。可見原來的隱遁之士郭象，在這裡已經積極地站到了西晉統治階級的立場上，爲門閥等級制度的合理性作論證了。而如郭象這樣一些士人，參與統治，「任職當權」，也可被他們自己譽成是「足性逍遙」的行爲，所以也就不必遁世山林閒居以求「逍遙自娛」了。

5.游外宏內說

游外宏內是對封建統治者的最高人格聖人而言的，是做聖人的最高標準。所謂游外，即指心理上猶如閒居山林一樣逍遙自在，所謂宏內，即指參與世務，日理萬機地從事朝政。依郭象看來，聖人的游外與宏內是合二而一的。而游外宏內這一思想，則是從他的足性逍遙說中直接推演出來的。聖人的性分就是作天下的最高統治者，他日理萬機，治理朝政，然而雖說他的行爲是這樣忙於世務，然其心理上卻淡然自若，逍遙自得，猶如處在山林之中。這是因爲「俯仰萬機」正是他自足其性的表現，足性則得逍遙也。所以郭象說：

> 夫神人，即今所謂聖人也。夫聖人雖在廟堂之上，然其心無異於山林之中，世豈識之哉？徒見其戴黃室、佩玉璽，便謂足以纓紱其心矣；見其歷山川、同民事，便謂足以憔悴其神矣；豈知至至者之不虧哉？（〈逍遙遊〉注）

身在廟堂之上（「宏內」），其心無異於山林之中（「游外」），足性逍遙，宏內游外是一而不二的。所以不能僅看到聖人在廟堂之上忙於政務，就認爲擾亂（纓紱）了他的心，不得逍遙自在，其實其心淡然自若，猶如處於山林之中，所以神人也就是聖人，兩者是合二而一的。以此郭象說：

未有極游外之致，而不冥於內者也；未有能冥於內，而不游於外者也。故聖人常游外以宏內，無心以順有，故雖終日揮形，而神氣無變，俯仰萬機，而淡然自若。……則夫游外宏內之道，坦然自明。而《莊子》之書，故是涉俗蓋世之淡矣。（〈大師宗〉注）

游外冥內（冥合於內），內外相合，游外即是宏內，所以「終日揮形，神氣無變；俯仰萬機，而淡然自若」。聖人之身雖忙於世務，而其心則恬淡無爲，所以聖人無心而順有，無爲而任自然，逍遙而不離俗，游外即宏內也。「游外者依內，離人者合俗，故有天下者無以天下爲也。是以遺物而後能入羣，坐忘而後能應世。」（〈大宗師〉注）這就是所謂的「游外宏內之道」。

游外屬無爲逍遙，宏內屬有爲名教，因此在這裡道家與儒家、自然與名教（道家的無爲任自然與儒家的禮教）是合二爲一的。郭象的哲學與向秀一樣，都主張儒道合一說。當然郭象所主張的道家無爲論，與先秦莊子的消極無爲說還是不一樣的，莊子講無爲講的是隨任自然無有作爲，而郭象講的無爲則是要人們有所作爲的。所以郭象說：

> 夫無為者，則羣才萬品，各任其事，而自當其責矣。（〈天道〉注）
>
> 足能行而放之，手能執而任之，聽耳之所聞，視目之所見，知止其所不知，能止其所不能，用其自用，為其自為，恣其性內，而無纖芥於分外，此無為之至易也。無為而性命不全者，未之有也。（〈人間世〉注）

所謂無爲，即爲各任其性，「自當其責」，「爲其自爲」，而不要超出自己的性分之外，足行、手執、耳聽、目視，「用其自用」，都發揮自己的性分，這就叫做無爲。所以郭象講的無爲並不是眞的消極不爲，爲此他還批評了那種消極無爲說。他說：

> 所謂無為之業，非拱默而已。所謂塵垢之外，非伏於山林也。（〈大宗師〉注）
>
> 若謂拱默乎山林之中，而后得稱無為者，此莊老之談所以見棄於當塗者。（〈逍遙遊〉注）

無爲並不是「拱默」，什麼都不幹。拱默於山林的那種無爲，正是莊老「所以見棄於當塗」的原因。因此「無爲者，非拱默之謂也。直各任其自爲」（〈在宥〉注）而已。這樣郭象就使自己的無爲說，區別於莊老的消極無爲之談。同時這種無爲說，也是對王衍等人玄學貴無派所鼓吹的「不以物務自嬰」的批評。就這點說又與裴頠相似。最後郭象還把自己的這一無爲說用之於封建政治的君臣關係上。郭象說：

天下若無明王，則莫能自得。令之自得，實明王之功也。然功在無為，而還任天下。天下皆得自任，故似非明王之功。（〈應帝王〉注）

夫工人無為於刻木，而有為於用斧；主上無為於親事，而有為於用臣。臣能親事，主能用臣，斧能刻木，而工能用斧。各當其能，則天理自然，非有為也。若乃主代臣事，則非主矣；臣秉主用，則非臣矣。故各司其任，則上下咸得，而無為之理至矣。（〈天道〉注）

君位無為而委百官，百官有所司而君不與焉。二者俱以不為而自得，則君道逸臣道勞。勞逸之際，不可同日而論之也。（〈胠箧〉注）

明王君主應該無爲，不代臣勞，君主無爲而委百官，百官之所司君主不參與，如果君主「以一己而專制天下，則天下塞矣。」（〈胠箧〉）這叫做君逸臣勞。但君主並不是什麼都不幹，君主的本分則在「有爲於用臣」，即要善於用人，選拔官吏。至於官吏則要「親事」，「各當其任」，而不得「臣秉主用」，以下冒上。這就可以達到「各司其任，則上下咸得，而無爲之理至矣。」

君臣關係是封建政治中的一個重要內容，被列爲三綱中的第一綱。郭象的君臣關係的理論，很可能是針對著西晉當時政治的腐敗，君臣關係的混亂，諸侯王割據紛爭的政治局面而發的。主無爲於親事，不代臣勞，而有爲於用臣；臣能親事，而不秉主用。郭象認爲，只有做到了這樣，就可以達到上下咸得，相安於無事。以此看來，郭象是想用自己的這一套政治主張來維護住西晉當時已經混亂了的封建等級秩序的。就其穩定當時社會秩序來說，郭象的這一主張確實有一定的積極意義的。但是權利欲薰心的諸侯王們是不可能來採用郭象這一套說教的，所以郭象的哲學也不能挽救西晉的社會，最後西晉王朝也就在一片混亂中覆滅了。

至於游外宏內的理論，在西晉，不僅反映了郭象這樣一批原來爲隱逸的士人，既要參與朝政，又要自標清高的思想，同時也正適應著西晉門閥士族統治階級的需要，他們一面殘酷地壓迫剝削著人民，依勢弄權，把持朝政，一面又要標榜自己思想的純潔，清高，不爲物染，所以正需要一箭雙鵰的游外宏內之說，以欺騙別人與安慰自己。以此郭象的玄學在西晉風行一時，「惠帝之世，郭象又述而廣之（指對向秀的《莊子》注述而廣之），儒墨之迹見鄙，道家之言遂盛焉。」其間的道理，也就大概在這裡了。

三、郭象玄學在中國哲學史上的地位與影響

郭象的玄學，在中國哲學史上，也有著很大的影響。它不僅在魏晉玄學發展史上與有著重要

的地位，而且對而後的哲學發展也起到了深遠的影響。

郭象在玄學中被時人譽之爲「王弼之亞」（《世說新語．文學篇》注引〈文士傳〉），是僅次於玄學理論奠基人王弼的人。這一評價看來是允當的。確實從其理論體系來說。他的玄學哲學是魏晉玄學中最龐大的一個；從其崇有派玄學思想來說，他的玄學是繼向秀思想之後開了西晉一代玄學新風的。他上承向秀的思想，並以何王貴無論玄學的反對派面目出現，從而把玄學發展推進到了一個新的時期，所以郭象的哲學在魏晉玄學發展史上是占有著一個十分重要的地位的。

至於郭象的「欻然自生」與「獨化」的學說，認爲一切都是偶然產生的思想，則淵源於東漢王充等人的偶然論。王充爲了反對天有意志有目的神學說教，提出了「天地不故生人，人偶自生」，「天地合氣，物偶自生」的學說。郭象則吸收了東漢時代的這一偶然論學說，提出了欻然自生獨化說，以反對無中生有說，反對有所謂造物主的宗教神學。這種以偶然論的基礎的無神論學說，甚至影響到了南朝的偉大的唯物主義無神論思想家范縝的思想。范縝在〈神滅論〉中說：

若知陶甄稟於自然，森羅均於獨化，忽焉自有，怳爾而無，來也不御，去也不追，乘夫天理，各安其性。小人甘其壟畝，君子保其恬素，耕而食，食不可窮也；蠶而衣，衣不可盡也。下有餘以奉其上，上無為以待其下。可以全生，可以養親，可以為己，可以為人，可以匡國，可以

霸君，用此道也。（《梁書·范縝傳》）

這即是說，萬物（包括人在內）皆是「稟於自然」，「均於獨化」，「忽焉自有，怳爾而無」的，因此都是自然的，並沒有什麼「主宰」於其間，所以只要「乘夫天理，各安其性，小人甘其壟畝，君子保其恬素」，就能實現天下的安居樂業。這些思想很明顯是受到了郭象的忽然自生獨化說，以及「自足其性」，「順乎天理」思想的影響的。在這裡范縝吸取了郭象的偶然自生獨化的思想，用以來反對佛教的因果報應說和神不滅論的。由此可見，郭象的哲學確是啓迪了范縝的無神論思想。郭象哲學在中國哲學史上應占有一個重要的地位。

第三節 調和崇有與貴無兩派思想的張湛玄學

繼郭象之後的東晋時期，產生了佛教玄學與張湛的《列子》學玄學思想。佛教玄學我們將在本書第二編討論，這裡就張湛玄學思想作一研探。

《列子》相傳爲春秋戰國時的一位道家人物列御寇所作。《漢書·藝文志》著錄《列子》八篇。據劉向〈列子新書目錄〉說，原得「內外書凡二十篇，以校除複重十二篇，定著八篇。」可見《漢書·藝文志》所著錄的八篇，是劉向整理而成的。劉向〈目錄〉又說：「〈穆王〉〈湯問〉二篇，迂誕恢詭，非君子之言也。至於〈力命篇〉，一推分命；〈揚子〉之篇，唯貴放逸；二義乖背，不似一家之書。……孝景皇帝時貴黃老之術，此書頗行於世。及後遺落，散在民間，未有傳者，且多寓言，與莊周相類，故太史公司馬遷不爲列傳。」據此可知，《列子》早在漢代就已散落過，劉向所得的二十篇，其中就有十二篇「複重」，可見其間必有許多是漢人僞纂的。這是《列子》書的第一次散失。之後在三國兩晋時期又因戰亂而再次散落。現存的《列子》一書，據說是由東晋張湛根據其祖父從外舅王宏、王弼和他自己從王弼女婿趙季子家所得之書，加以拼合而成的。這一成書的過程，據張湛《列子序》說：

湛聞之先父曰：吾先君與劉正輿、傅穎根，皆王氏之甥也，並少游外家，舅始周，始周從兄正宗、輔嗣，皆好集文籍。先並得仲宣家書，幾將萬卷。傅氏亦世為學門，三君總角，競錄奇書。及長遭永嘉之亂，與穎根同避難南行，車重各稱力，並有所載。而寇虜彌盛，前途尚遠。張謂傅曰：「今將不能盡全所載，且共料簡，世所希有者，各各保錄，令無遺棄。」穎根於是唯賫其祖玄、父咸《子集》。先君所錄書中有《列子》八篇。及至江南，僅存者《列子》唯餘〈揚朱〉、〈說符〉目錄三卷。比亂，正輿為揚州刺州，先來過江，復在其家得四卷，尋從輔嗣女婿趙季子家得六卷。參校有無，始得全備。

以此說法，《列子》第二散失是在西晉永嘉之亂之後，由張湛收集編纂而成現存的《列子》一書的。《列子》已經歷了這樣兩次編纂，也就很難再保存住先秦原來著作的面目。現存的《列子》雖說也可能尚保存有一部分先秦列子的思想，但已很明顯大量地加進了漢魏晉時期的思想。在這方面許多學者已經做了大量的辯僞工作，就連張湛自己也承認《列子》「所明往往與佛經相參」。佛教思想已經被引入《列子》一書，足見《列子》已爲後人所僞纂⑤。

現存《列子》的內容，按張湛的說法：「其書大略明羣有以至虛爲宗，萬品以終滅爲驗；神惠以凝寂常全，想念以著物自喪；生覺與化夢等情，巨細不限一域；窮達無假智力，治身貴於肆任；順性則所之皆適，水火可蹈，忘懷則無幽不照。此其旨也。……大歸同於老莊。」可見《列子》也是一部屬於老莊道家的著作。所以張湛雖說沒有注釋「三玄」，而注了《列子》，其思想仍是屬於魏晉老莊玄學。

張湛，字處度，高平（今山東全鄉西）人。生活於東晉朝，生卒年不詳。張湛祖父張嶷，爲正員郎。父張曠，爲鎭軍司馬。張湛自己「官至中書郎」。（見《世說新語．任誕》注引〈張氏譜〉）

據《世說新語．任誕》說：「張湛好於齋前種松柏。時袁山松出遊，每好令左右作挽歌。時人謂張『屋下陳屍』，袁『道上行殯』。」張湛不僅愛好植樹，而且愛好學醫，對醫學亦頗有研究，可見他的興趣是比較廣泛的。據《晉書·范寧傳》說:「初,寧嘗患目痛,就中書侍郎張湛求方。湛因嘲之曰:『古方宋陽里子少得其術以授魯東門伯,魯東門伯以授左邱明,遂世世相傳。及漢,杜子夏、鄭康成、魏高堂隆,晉左太沖,凡此諸賢並有目疾。得此方云:用損讀書一,減思慮二,專內視三,簡外觀四,旦晚起五,夜早眠六。凡六物,熬心神火,下以氣蓰,蘊於胸中七日,然後納諸方寸。修之一時,近能數其目睫,遠視尺捶之餘。長服不已,洞見牆壁之外。非但明目,乃亦延年。』」以此可知,他的治療目疾之方,主要在於平日的保養,如損讀、減思、早睡、晚起、簡外觀、專內視(內視法屬道教的修煉法)等等。這種重視保健的治療法,是有其合理的內容的。至於所謂能「數其目睫」,「洞見牆壁之外」之類的說法,則很可能是張湛受到了神仙方術思想影響的結果。

張湛的著作現存的主要是《列子注》一書,據新舊《唐書》載,張湛還著有《養生要集》十卷和《延年祕錄》十二卷(《新唐書》著錄,《舊唐書》不著撰人)。又《文選》的〈辯命論〉李善注引用了《莊子》張湛注,以此可知,張湛也可能注過《莊子》⑥。

張湛玄學思想的特點是企圖調和玄學的貴無與崇有的兩派思想。張湛也以「有無」問題為其哲學的中心議題,他一方面接受了郭象的「忽爾自生」說,認為:

謂之生者，則不無；無者，則不生。故有無之不相生，理既然矣，則有何由而生？忽爾而自生。忽爾而自生，而不知其所以生；不知所以生，生則本同於無。本同於無，而非無也。以明有形之自形，無形以相形也。天地無所從生，而自然生。（《列子．天瑞》注）

這即是說，無不能生有，有亦不能生無，有無不相生，這就與郭象一樣反對了無中生有說。那末「有」是怎樣產生的呢？「忽爾而自生」。忽爾而自生所以不知其所以生，這也是沿襲了郭象的不可知論的偶然自生說，以此張湛與郭象一樣也反對了有所謂造物主的存在，即所謂「明有形之自形，無形以相形也。」但是，在這裡張湛又並沒有接受郭象的「獨化」說，而是反過去回到了何晏王弼那兒，認爲「有」之存在還是要「以無爲本」的。張湛接著說：

有之為有，恃無以生，言生必由無，而無不生有。此運通之功必賴於無，故生動之稱，因事而立耳。（同上）

又說：

形、聲、色、味，皆忽爾而生，不能自生者也。夫不能自生，則無為之本，無為之本，則無當於一象，無繫於一味，故能為形氣之主，動必由之者也。（同上）

至無者，故能為萬變之宗主也。（同上）

這即是說，有必恃（依賴）無以生，只有以無爲本，才能「無當於一象，無繫於一味」，成爲多樣性世界的統一的基礎。所以只有「至無」才是形氣之主，萬變之宗。在這裡，張湛一面講「忽爾而自生」，以明無不能生有；一面又講「忽爾生，不能自生」，以明「有之爲有」必須「恃無以生」，「以無爲本」。前者講的是郭象思想，後者講的是王弼思想。張湛就是要把崇有與貴無兩者思想揉合在一起。這種揉合很明顯是犧牲了郭象的「上知造物者無物，下知有物之自造」的唯物主義思想傾向的，而揉合進來的只是王弼的以至無爲形氣之主，爲萬變之宗的唯心主義思辯哲學的思想。張湛思想的實質已不是郭象的崇有說而是王弼的貴無論。張湛玄學的這一大特點，也是整個東晉時期玄學發展的一大特點。關於這一思想發展的趨勢，我們將在第二編討論佛學玄學時再加以考察。可以說，東晉的張湛思想與名僧道安、僧肇的佛教玄學，乃是整個魏晉玄學發展的第四階段，也是最後一個發展的階段。

註釋

①湯用彤先生在一九五七年曾提出向郭思想中包含有唯物主義思想（見《湯用彤學術論文集》第一九五頁，中華書局一九八三年出版）。

②關於向秀與郭象的關係將在下一節中詳議。

③以陸德明《釋文》引文看，似乎向秀並未注〈至樂〉篇，至於〈秋水〉似向秀作了前一部分的注，其中有注音與注義，但後部分未作注。

④參見侯外廬主編《中國思想通史》第三卷，第二一〇頁的「郭象、向秀注比較表」。

⑤季羨林先生在〈列子與佛典〉一文中指出，《列子·湯問篇》關於偃師之巧的故事和西晉竺法護所譯《生經》中的故事「內容幾乎完全相同」，可見《列子》已經吸收了西晉佛教的思想，文載《中印文化關係史論叢》（一九五七年人民出版社出版）。

⑥關於張湛的著作，可參閱楊伯峻先生的《列子集釋》附錄〈張湛事迹輯略〉。

第二編　三國兩晉佛教思想

總論

據史傳記載佛教自西漢末年，由西域傳入我國漢地①。之後，東漢明帝時的楚王劉英和漢桓帝等前後曾爲「浮屠」（即「佛」）齋戒祭祀。桓、靈之世，更有外來僧人安世高與支婁迦讖的來華譯經，自此佛教思想開始逐步地滲入我國內地。但是佛教是外來的宗教，它要能在我國生根發展，必須與我國封建社會固有的意識形態結合起來，才能適應於我國封建社會經濟、政治的要求。所以它在漢代傳入我國的時期，常常與我國傳統的假託黃老的神仙方術思想相結合，宣揚省欲去奢，無爲無欲，鬼神方術等思想，視佛與我國方士們所講的神仙一般，把佛教思想看成與我國的黃老神仙學說相似的一種道術。以此楚王劉英既「誦黃老之微言」，又「尚浮屠之仁祠」，桓帝則「設華蓋以祠浮屠、老子」，就是把佛與老子並列在一起加以膜拜的。當時佛教大乘空宗的哲學思想，雖說已經有了《般若小品經》的翻譯，但並沒有能引起人們的重視。佛教要在我國漢地得到廣泛的傳佈，尚缺乏應有的條件。只是到了魏晉玄學興起之後，佛教徒們才開始傾心於大乘般若空學的研究的。

三國時期的佛教，基本上是承襲漢代佛教的傳統。當時有支讖、康僧會（吳地建業）與曇柯迦羅（魏地洛陽）等人的譯述佛經，更有我國漢地僧人朱士行的西行，求取《般若大品》的活動，從而爲晉代般若學的興起，提供了前提。三國時期的佛教可以說是起到了承上啓下的作用。「漢魏法微，晉代始盛」。（《弘明集後序》）漢代「楚王修仁潔之祠，孝桓建華蓋之祭。法相未融，唯神之而已。」（同上）對於佛法教理尚缺乏認識，只是把佛當作神加以祭祀而已。「晉代之初，機緣漸深，耆域（天竺僧人，經海路來華）耀神通之跡，竺護（竺法護）採法寶之藏，所以百辟搢紳，洗心以修德；萬邦黎憲，刻意而遷善。暨晉明（晉明帝）叡悟，秉壹棲神，手畫寶像，表觀樂覽。既而安（指道安）上弘經於山東，什公（羅什）宣法於關右，精義既敷，實相彌照。英才碩智，並驗理而伏膺矣。」（同上）那末爲什麼佛教能在「晉代始盛」的呢？西晉時期佛教之所以興盛，是有其深刻的社會經濟、政治的原因，以及當時的思想條件的。

宗教是被壓迫生靈的嘆息，是無情世界的感情。因此佛教之所以能在「晉代始盛」，首先是當時無情的世界的產物。

晉王朝一開始就是依靠著腐朽的門閥士族的支持，以虛僞、欺詐、殺戮的卑劣行徑，篡奪曹魏政權而建立起來的。因此，門閥士族的各種卑劣齷齪的行爲，在晉代也就充分暴露了出來。他們荒淫無恥，揮霍浪費，有的一天的膳食竟達一、兩萬錢計，還嫌吃得不好。貴族豪門並以鬥富取樂，眞是「奢侈之費，甚於天災」。貴族之間則互相猜疑，勾心鬥角，各樹私黨，爭名逐利。互以殺伐爲事，最後竟釀成了「八王之亂」，使得社會處於一片混亂之中，致使得階級矛盾與民族矛盾空前激化，農民階級不斷起義，少數民族的豪酋入主中原，西晉政權也就在這一混亂之中結束了自己的統治。而新建立的東晉王朝，則偏安於東南一隅之地，繼續維持著豪門士族的統治。北方落入了少數民族（匈奴、鮮卑、羯、氐、羌等）豪酋的統治之下，形成了所謂「十六國」時期的割據混戰的局面。這樣戰亂動盪的社會，給勞動人民帶來了莫大的災難，人民流離失所、凍餒、飢饉，處於水深火熱之中。這種無情的世界，正是宗教賴以滋生的最好土壤。統治階級要求宗教「教導」人民「順從與忍耐」。受苦受難的人民則希望能在宗教裡得到自我精神的安慰。宗教是「無情世界的感情」。這就是佛教在「晉代始盛」的深刻的社會經濟、政治的根源。基於這一原因，統治者爲了維護自己的統治，也就大力提倡宗教。爲此，東晉的元帝、明帝、哀帝、簡文帝等，皆崇尚佛法，而明帝尤爲著稱。所以習鑿齒說：

唯肅祖明皇帝，實天降德，始欽斯道，手畫如來之容，口味三昧之旨。戒行峻於巖隱，玄祖

暢乎無生；大朴既唱，萬竅怒噏，賢哲君子靡不歸宗。日月雖遠，光景彌輝，道業之隆，莫盛於今。（《弘明集．與釋道安書》）

北方十六國時期少數民族的統治者們，更是傾心於外來的佛教。後趙羯人石勒、石虎，敬禮佛法尤爲積極。當時中書著作郎王度，曾經提出了「佛出西域，外國之神，非天子諸華所應祀奉」的問題，表示不同意禮拜佛教。對此，石虎下詔說：

度議云：佛是外國之神，非天子諸華所可宜奉。朕生自邊壤，忝當期運，君臨諸夏，至於饗祀，應兼從本俗。佛是戎神，正所應奉。（《高僧傳．竺佛圖澄傳》）

以此，他極力禮敬西域僧人佛圖澄，大力弘揚佛教，後秦國主羌人姚興更是「城塹三寶，弘道是務」（《肇論．答劉遺民書》），時集義學沙門五百餘人於逍遙園，「躬執秦文與什公（指羅什）參定方等」（《肇論．般若無知論》），表示了自己對佛教的篤敬。至於名士們則與僧徒的交往十分頻繁，在西晋則有陳留阮瞻、穎川庾凱，與僧人支孝龍的交結，「並結知音之友，世人呼爲八達。」（《高僧傳．支孝龍傳》）東晋時，一代名流，如王治、劉惔、殷浩、許詢、郗超、孫綽、王濛文子、袁弘、王羲之、謝安、謝朗、謝長遐等，「均與支道林爲友」②。僧徒支道林爲名士們競向崇奉，則名士們傾注佛教亦可見一斑。當時兩晋時期的佛教正是適應著時代的需要，在封建帝王的提倡下，名士們的宣揚下，興盛起來的。

兩晉時期佛教的興盛，還有一個極其重要的思想學術上的原因，即是佛教哲學與魏晉玄學的合流。魏晉時期出現一股崇尚老莊的玄學思潮，籠罩了整整一代的思想論壇。尤其是何晏、王弼的玄學標榜自己要遠離現象的世界，要在現實的現象世界之外去直探世界的本質，他們宣揚一種唯心主義的本體論，認爲世界的本體是無，現象世界（「有」）只是本體世界（「無」）的外部表現而已。這種「以無爲本」的貴無論思想，頗與佛教大乘空宗所主張的「一切皆空」的思想相類似。而「一切皆空」的大乘空宗思想，又正適應著當時的門閥士族們的思想空虛的心理狀態的。因此在盛極一時的玄學思潮影響下，佛教徒們就用玄學的思想來解釋佛教的般若空學，從而使得大乘空宗的思想得以廣泛的傳播。這是佛教思想所以能在「晉代始盛」的一個極其重要的思想原因。

當時佛教徒們援用老莊的玄學思想來解釋佛經的做法，稱之爲「格義之學」。格義之法最初創始於晉初的竺法雅。《高僧傳》稱：

雅乃與康法朗等，以經中事數，擬配外書，為生解之例，謂之格義。（《高僧傳．竺法雅傳》）

這裡所說的外書，主要就是指《老子》、《莊子》等書。所以當時的許多佛教徒都是精通老莊的。例如義學名僧僧肇，「每以老莊爲心要，嘗讀老子《道德章》」。又如東晉名僧慧遠，《高僧傳》就稱他「博綜六經，尤善老莊」，「年二十四，便就講說，嘗有客聽講，難實相義，往復移時，彌增疑昧。遠乃引《莊子》爲連類，於是惑者曉然。是後安公（指道安），特聽慧遠不廢俗書。」（《高僧傳．慧遠傳》）可見用老莊來解釋佛教思想是當時時代的風尚，從而使得佛教與玄學兩者結合起來，促進了佛學哲學的興盛。

兩晋佛教，佛教史學家們稱之爲佛教玄學化時期，這基本上是符合歷史實際的。當時的義學僧徒們與玄學名士們，不論在研討的哲學問題上，還是在他們所崇尚的風度儀表上，大都是相通的。他們兩者之間的相通處，至少有如下幾點：

一、當時佛教所討論的哲學問題，基本上也就是玄學所討論的哲學問題。玄學所討論的哲學中心問題是本末有無關係的本體論問題。佛教在玄學的影響下，也把佛教大乘空宗所討論的問題，理解爲跟玄學差不多一樣，討論的也是本末有無的本體論問題（如道安、僧肇等）。

二、佛教哲學對本體論的回答，有的也是援用或發揮了玄學的回答。玄學貴無派主張以「無」爲本，以「有」爲末，即把現象的世界（「有」）當作是本體世界（「無」）的表現。有的佛教徒也援用玄學貴無派思想，把空無當作世界的本體，把現實的世界（「有」）當作表面現象或假象來看待（如道安等）。

三、佛教哲學的認識方法，同樣也採用了玄學的「得兎忘蹄，得魚忘筌」的方法，即所謂「得意忘象，得象忘言」的思想。玄學宣揚要認識世界的本體，必須通過言、象，又不能執著在言、象上，只有忘言忘象才能體「道」（即世界的本體），就像筌、蹄這樣的工具一樣，得到了魚、兎就不再要筌、蹄。佛教哲學也認爲世界空無的本體是「象外之談」，所以要認識世界就必須超言絕象，悟徹言外，才能得到眞諦，而言象之談不過是俗諦的教化方便而已（如道生等）。

四、當時的佛教名僧們的風度儀表舉止等，亦模仿了玄談名士，具有名士風度，使得名僧與名士合二爲一。玄談家們標榜遠離實際，口談虛玄，善析名理（即擅長概念分析），終日手捉玉麈，優逸清談，不務世事；而當時的名僧們亦多參與清談，風度與名士等。所以當時名僧名士能結爲知交，世人能把僧徒支孝龍與名士阮瞻、庾凱等一起共呼爲「八達」。至於支遁則更成了一代名士的首領，王濛稱他：「造微之功不減輔嗣（王弼）」，「實紆鉢之王何也」。孫綽以支遁比作向子期，說：「支遁、向秀雅尙莊老，二子異時，風好玄同矣。」（《高僧傳．支遁傳》）諸如此類的例子，在當時是不勝枚舉的。

佛學的玄學化，當然也並不是簡單地用玄學解佛。如果把當時的佛教哲學與玄學哲學兩者等同起來看待，那也是錯誤的；我們應當同時看到佛教哲學又有其不同於玄學哲學的自己的特點。

更確切地說，兩晉時期的佛教並不是單純的玄學化，而是佛教哲學與玄學哲學的合流，是把佛教哲學與玄學哲學兩者結合起來，對原有的印度佛教哲學加以改造，使之適合於中國的思想情況。同時，佛教徒們也用佛教哲學思想對玄學哲學作了改造和發展。此外，我們也還應看到，兩晉時期，尤其是東晉中期之後（從僧肇哲學開始），除了佛教玄學化，即佛玄結合之外，佛教徒們還在努力地建立自己獨立的佛教哲學體系，以便逐步地擺脫玄學的影響，更多地去討論佛教本身所需要解決的宗教哲學問題。因此對於佛教的「玄學化」決不能作簡單的理解。

由於佛玄結合是一個比較複雜的過程，因此這一過程也就呈現出發展的階段性來。大致說來，前後經過了這樣三個階段：

㈠般若學玄學化時期，大約在西晉至東晉中期，主要代表人物有道安、法汰、支遁等。

㈡三論學與玄學結合時期，大約在後秦姚興弘始三年羅什入長安（晉世帝隆安五年）之後的東晉中、後期，主要代表人物有僧肇、僧叡等。

㈢涅槃學與玄學結合時期，約在晉宋之際，主要代表人物有道生等。

前有般若學，中有三論學，後有涅槃學，三學前後嬗遞而進，籠罩了兩晉佛壇。同時中間亦間雜有慧遠的一切有部學與彌勒淨土學乃至禪學等，匯合成了兩晉時期繁榮的佛教文化。

註釋

①《三國志・魏書》卷三〇裴注引〈魏略西戎傳〉曰：「昔漢哀帝元壽元年，博士弟子景盧，受大月氏王使伊存口授浮屠經。」這是佛教傳入我國漢地的最早記載。

②名士們的結交佛教徒的情況，可參見湯用彤先生著《漢魏兩晋南北朝佛教史》一書第七章〈兩晋際之名僧與名士〉。

第一章　三國時期的佛教思想

三國時代（西元二二〇～二六五年）的幾十年中，佛教與漢代一樣，處於傳譯、介紹、流佈時期。「漢魏法微」，佛教在三國時期並沒有得到很大的發展，但比起漢代來，在翻譯佛經與佛法傳佈上，還是有所進展，從而爲兩晋時期佛教的勃興打下了思想基礎。

第一節　三國時期佛教概況

三國時期的佛教，北方以洛陽、南方以建業爲重鎭，北方魏地有外國僧人曇柯迦羅、康僧鎧、帛延等人，前後在洛陽傳譯佛經。曇柯迦羅，此云法時，中天竺人，「幼而才悟」、「善學四書陀論①，風雲星宿圖讖運變亦無不研尋」。年二十五，「深悟因果，妙達三世，始知佛教宏曠，俗書所不能及。」（《高僧傳·曇柯迦羅傳》）乃棄捨世親，誓志出家，「誦大小乘經，及諸部毗尼（正翻爲『律』）」。魏嘉平中（二五〇年至二五四年）來至洛陽。時魏境雖有佛法，「而道風訛替」，僧人亦「未親歸戒」，只知「剪落齋懺祠祀耳」。曇柯迦羅至洛都，佛法始大行。時衆僧共請迦羅譯出戒律。迦羅以律部曲制繁廣，「佛教未昌，必不承用」，乃譯出《僧祇戒心》，並爲梵僧立羯磨法（羯磨，意譯爲「業」，指辦事的條規）。自此中土戒律始立。外國沙門僧康僧鎧，亦以嘉平末（約二五四年）至洛陽，譯出郁伽長者等四部經。安息國沙門曇諦（亦稱曇無諦）善律學，以魏正元中（二五五年至二五六年爲高貴鄉公曹髦正元年間），來遊洛都，譯出《曇無德羯磨》。由此可見，魏代的律學比較盛行，彌補了漢代佛教律學的不足。另有沙門帛延者，以魏甘露中（二五七年至二六〇年爲甘露年間），譯出《無量清淨平等覺經》等凡六部經。（見《高僧傳·曇柯迦羅傳》）

以上是外國僧人來中土魏地譯經的情況，至於漢地本土僧人在此其間，也有遠趣西域，求取佛經的。這自然要首推洛陽僧人朱士行了。

朱士行，穎川人，「少懷遠悟，脫落塵俗」，出家以後專務佛教經典。《高僧傳·朱士行傳》記載說：

> 昔漢靈之時，竺佛朔，譯出《道行經》②，即小品之舊本也，文句簡略，意義未周。士行嘗於洛陽，講《道行經》，覺文意隱質，諸未盡善。每嘆曰：『此經大乘之要，而譯理不盡。』誓志捐身，遠求大品遂以魏甘露五年，發迹雍州，西渡流砂，既至于闐，果得梵書正本凡九十章，遣弟子弗如檀，此言法饒，送經梵本還歸洛陽。

《祐錄》十三〈朱士行傳〉則說：

> （朱士行）出家後，便以大法為己任，常謂入道資慧，故專務經典。初天竺朔佛以漢靈帝時，出《道行經》，譯人口傳，或不領，輒抄撮而過，故意義首尾頗有格礙。士行嘗於洛陽講小品，往往不通，每嘆此經大乘之要，而譯經不盡，誓志捐身，遠求大品，遂以魏甘露五年，發迹雍州，西渡流沙。既於于闐，果寫得正品梵書胡本九十章六十餘萬言。

由此可見，朱士行是位般若學者，他對佛經的學習是很認眞的。由於竺佛朔口傳和支讖所譯的般若小品經即《道行經》，「譯經不盡」、「文意隱質，諸未盡善」，爲此士行「誓志捐身」，遠渡流沙，求取梵本大品經的。朱士行在于闐所得的梵本大品經，由弟子法饒帶回，此經先至洛陽，復至許昌，後又至陳留倉垣水南寺，以晋惠帝元康元年（二九二年）譯出。時執胡本者爲于闐沙門無義羅，優婆塞竺法蘭口傳，祝太玄、周玄同筆授。後太安二年（三〇三年）沙門竺法寂與竺叔蘭，又共考校書寫，作爲最後定本。其書稱之爲《放光般若經》。朱士行不辭勞苦，求取大品，最後卒於于闐，春秋八十，其精神可嘉，朱士行「常謂入道資慧」，從而認眞研習般若經，開唱了兩晋時期般若學的先聲。他所求得的大品經的譯出，對於爾後般若學的興盛起到了一定的作用。

三國時代南方的佛敎中心，則在吳都建業。時孫權控制江左，建立吳國，而佛敎尚未流行。先有優婆塞支謙，字恭明，一名越，月支③人，來遊漢境，受業於支亮（亮爲支婁迦讖弟子）。謙博覽經籍，亦習世間伎藝，通六國語，身細長黑瘦，眼白而睛黃，時人謂之曰：「支郎眼中黃，形軀雖細是智囊。」漢末喪禮，謙避地於吳，孫權聞其才思，召見之拜爲博士，使輔導東宮。謙以大敎雖行，而經多梵文，未盡翻譯，乃收集衆本，譯爲漢語。以吳黃武元年（二二二年），至建興中（二五二至二五三年爲建興年間），譯出《維摩》、《大般泥洹》、《法句》、《瑞應本起》等四十九部經，「曲得聖義，辭旨文雅」（《高僧傳．康僧會傳》）。又「從《無量壽經》中本起制菩薩連句梵唄員三契，並注《了本生死經》等」。又重譯《道行般若》（本爲漢時支婁迦讖所譯），稱之爲《大明度無極經》，以及譯《首楞嚴三昧經》等。

在吳地譯經傳法最有影響的人物，則推名僧康僧會。他以赤烏十年（二四七年）至建業，宏揚佛法，深得孫權器重，爲之建塔立寺，「由是江左大法遂興」（關於康僧會的佛敎思想，我們將在下一節中詳述，此從略）。

吳地除建業之外，武昌亦有佛法流佈。吳黃武三年（二二四年），天竺僧人維祇難與同伴竺律炎來遊武昌，齎《曇鉢經》（即《法句經》）至。時吳士共請出經，難與炎皆未善漢語，譯經「頗有不盡，志在義本，辭近樸質。」（《高僧傳．維祇難傳》）。直至晉世惠帝之末，才有沙門法立，「更譯爲五卷」（同上），沙門法巨著筆。然「值永嘉末亂，多不復存。」（同上）

第二節　康僧會的佛教思想

康僧會（?～二八〇年），康居④人，世居天竺。其父「因商賈，移於交阯」。會年十餘，二親雙亡，奉孝服畢，即出家事佛。其在〈安般守意經序〉中說：

余生末蹤，始能負薪，考妣殂落，三師凋喪，仰瞻雲日，悲無質受，睠言顧之，潸然出涕。宿祚未沒，會見南陽韓林、穎川皮業、會稽陳慧，此三賢者信道篤密，執德弘正，蒸蒸進進，志道不倦。余從之請問，規同矩合，義無乖異。陳慧注義（即指注《安般守意經》），余助斟酌，非師不傳，不敢自由也。

雙親去世，老師凋喪，幸有韓林、皮業、陳慧三賢，「從之請問」，又助陳慧注《安般守意經》，其時大概在康僧會未入建業之前。康僧會「篤志好學，明解三藏，博覽六經，天文圖緯，多所綜涉。」（《高僧傳．康僧會傳》）時吳地初染佛法，「風化未全」，康僧會欲使「道振江左，興立圖寺」，乃「杖錫東遊」，以吳赤烏十年（二四三年）初達建業，「營立茅茨」，設像宏教。並以所謂佛舍利顯靈驗的奇蹟，取信於吳主孫權，「權大嗟服，即爲建塔」，號爲「建初寺」。自此吳地有佛寺，「由是江左大法遂興」（同上）。後孫皓即位，「法令苛虐，廢棄淫祠，乃及佛寺」，並「遣張昱詣寺詰會」，欲毀塔寺。僧會以辯才折服張昱。孫皓以此大集朝賢，以馬車迎會，並詢問佛教報應事，從此康僧會的聲名更盛。僧會在建初寺曾譯出《阿難念彌陀經》、《鏡面王》、《察微王》、《梵皇經》等，又出《小品》及《六度集》、《雜譬喻》等，又注《安般守意》、《法鏡》、《道樹》等三經，並制經序。現存的有〈六度集經序〉、〈安般守意經序〉和〈法鏡經序〉三篇。現存的《安般守意經》譯文與注疏混合不分，似即陳慧與康僧會共注。至吳天紀四年四月孫皓降晋，同年九月康僧會遇疾而終，是歲爲晋武帝太康元年（西元二八〇年）。

康僧會爲《安般守意經》作注與序文，而《安般守意》乃爲安世高所譯，可知康僧會的佛教思想屬安世高的小乘禪學。僧會從之問學的陳慧、皮業、韓林三賢，亦爲安世高的弟子。康僧會接受了安世高系的禪學思想，認爲：

心者，衆法之源，臧否之根，同出異名，禍福分流。（〈法鏡經序〉）

心爲一切事物的源，善惡禍福的根，一切都是由心造就的，同時心又是神祕莫測不可捉摸的東西。他說：

心之溢盪，無微不浹，恍惚髣髴出入無間，視之無形，聽之無聲，逆之無前，尋之無後，深微細妙，形無絲髮，梵聖仙聖所不能照，明默種子此化生乎！（〈安般守意經序〉）

這是用老莊時無形的道的描繪來解釋心的微妙的。心無形無聲無前無後，微妙難測，然而它卻能產生出一切事物的種子來。他又說：

一朽乎下，萬生乎上，彈指之間，心九百六十轉，一日一夕十三億意。（同上）

一旦意念產生，則情欲萌動，無有滿足之時，內外六情（內情六：眼、耳、鼻、口、身、心，外情六：色、聲、香、味、細滑、邪意）之受邪行，猶海吞流，餓夫夢飯，「蓋無滿足也」。（同上）

家欲難足，猶海吞流，火之獲薪。六邪之殘已甚於蒺藜，網之賊魚矣。（〈法鏡經序〉）

這樣人們就永遠墮入了情欲所造成的生死苦海之中，得不到解脫，因此，只有修習四禪，滅諸穢念，做到「攝心還念，諸陰皆滅，謂之還也；穢欲寂盡，其心無想，謂之淨也。」（〈安般守意經序〉）這就叫做所謂得到了安般行法⑤。

得安般行者，厥心即明，舉眼所觀，無幽不睹，往無數劫方來之事，人物所更，現在諸剎，其中所有世尊法化弟子誦習，無遐不見，無聲不聞，恍忽髣髴存亡自由，大彌八極，細貫毛厘，制天地，住壽命，猛神德，壞天兵，動三千，移諸剎，八不思議，非梵所測，神德無限，六行之由也。（同上）

這顯然是一種唯心主義神祕主義的說法，人生在世的一切痛苦煩惱，似乎只要消滅一切意念，就能得到徹底解決的，成爲自由自在的神通廣大的神人的。其實人生的苦惱主要來源於社會的矛盾，滅諸意念：「攝心還念」，並不能消滅客觀存在的社會矛盾和階級矛盾，在這裡佛教的說教最多只能起到一種自我的精神安慰而已，並不能眞正消滅人生的痛苦的。

據《高僧傳》所載，康僧會還曾爲孫皓講了一番佛教因果報應的道理。僧會「以皓性凶粗不及妙義，唯敍報應近事，以開其心。」（《高僧傳・康僧會傳》）當時孫皓與康僧會有這樣一段對話：

皓問曰：「佛教所明善惡報應，何者是耶？」會對曰：「夫明主以孝慈訓世，則赤鳥翔而老人星見；仁德育物，則醴泉湧而嘉苗出。善既有瑞應，惡亦如之。故為惡於隱，鬼得而誅之；為惡於顯，人得而誅之，《易》稱積善餘慶，《詩》詠求福不回，雖儒典之格言，即佛教之明訓。」皓曰：「若然則周孔已明，何用佛教？」會曰：「周孔所言，略示近迹，至於佛教，則備極幽微。故行惡則有地獄長苦，修善則有天宮永樂，舉茲以明勸沮，不亦大哉！」（《高僧傳·康僧會傳》）

康僧會其先雖居天竺，而他本人則生於中土，又從小「博覽六經」，受到儒家思想的薰陶，所以他講解佛教的因果報應，首先引用的是儒家的格言。儒家講瑞象，講積善餘慶，但儒家的報應說，並不像佛教那樣遠離現實，講什麼「地獄長苦，天宮永樂」，使人不可捉摸。所以在康僧會看來，佛教的報應說，要大大地超過儒家，因此他說：「周孔所言略示近迹，至於佛教則備極幽微，……。舉茲以明勸沮，不亦大哉。」確實，佛教講天堂地獄的報應說，要比儒家的報應說講的精致得多。

康僧會不僅引用儒家的經典來宣揚佛教的果報說，而且還吸取了漢代的元氣說來論證因果報應的思想。他在其所譯的《六度集經》中說：

深睹人原始，自本無生。元氣強者為地，軟者為水，暖者為火，動者為風，四者和焉，識神生焉。……識與元氣，微妙難睹。形無係發，孰能獲把？然釋故稟新終始無窮矣。王以靈元化無常體，輪轉五途，綿綿不絕。（《六度集經》卷八〈察微王經〉）

地、水、火、風四大，皆是一元氣所化，這種講法顯然是漢代元氣說的講法，是不同於印度佛教本義的（印度講四大，但不講元氣所化）。「深睹人原始，自本無生」，這是解釋佛教「無我」說的。由元氣所化生的四大和合之後，識神即生（即產生了人的精神），然而識神與元氣都是無形無象，微妙莫測的，它們能「終始無窮」、「輪轉五途，綿綿不絕。」這樣就把佛教的生死輪迴因果報應的學說與漢代的元氣說揉合在一起，用元氣來論證佛教的輪迴學說了。由此可見，康僧會的佛學，已經不是純粹的印度佛教，而已經帶有了中國化的佛學，它的特點是把漢代的儒家思想與印度的佛教思想結合在一起。

註釋

①書陀，亦名吠陀，此云智論。書陀有四：一、阿由，此云方命，亦曰壽，謂養生繕性；二、殊夜，謂祭祀祈禱；三、婆磨，謂禮儀、占卜、兵法、軍陣；四、阿達婆，謂異能技敎，禁咒醫方。故曰：四書陀。（見《翻譯名義集》）

②應作竺佛朔口傳，支讖譯出《道行經》。

③月支，古族名，奏漢之際遊牧於敦煌祈連山地區，後遭匈奴攻擊，大部西遷至塞種地區（今新疆西部伊犂河一帶）。

④古西域國名，約在今巴爾喀什湖和鹹海之間。

⑤安般，即阿那波那，意譯爲數息觀，數出息入息鎭心之觀法。

第二章 兩晉之際的佛教般若學

般若，在印度佛教中意思是指最高的一種智慧。般若學是以研究印度佛教經典《般若經》而得名。《般若經》是印度大乘空宗的經典。大乘空宗大約在佛教創始人釋迦牟尼（西元前五六五～西元前四八三年），去世後五百年，即西元一世紀左右興起的。當時印度的奴隸社會開始衰弱，大乘般若空宗宣揚「一切皆空」的觀點，正是這種奴隸社會走向沒落，在佛教哲學中的反映。

般若學在我國的興起，則在魏末晉初時期。其時的主要代表人物即是朱士行。當時魏晉玄學風行，般若空觀正可與玄學貴無論思想相擬配，因此，佛教徒們開始傾心般若學，以便在玄學的思潮下，乘機擴大自己的勢力。早在朱士行西行遠求大品《般若經》之前，漢末三國時也已經有了《般若經》的兩種譯本，一是漢靈帝時，支婁迦讖所譯《道行經》是爲《般若經》的略抄本（亦稱爲「小品」）。二是吳時支謙重譯的《道行經》，稱爲《大明度無極經》。但是它們都不是《般若》大品，更主要的是當時魏晉玄學尚未興起，所以《般若經》尚不爲人們所重視。只是到了魏晉玄學盛極之後，《般若經》才爲人們所注目。

兩時期的般若學者衆多，除朱士行之外，主要的還有：

支孝龍（「常披味小品，以為心要」），

康僧淵（「誦《放光》、《道行》」，即讀般若大小品），

支愍度（「立心無義」），

竺道潛（「於御筵開講大品」），

竺法蘊（「悟解入玄，尤善《放光般若》」），

支遁（「講《道行般若》造《即色遊玄論》與《道行旨歸》等），

于法開（「善《放光》」、「與支道林爭即色義」），

道安（「講《放光般若》，注《般若道行》」），

竺法汰（「講《放光經》」），

竺僧敷（「著《放光》、《道行》等義疏」），

道立（「善《放光經》」），

慧遠（「著《法性論》述性空義」），

僧朗（「講《放光經》」），等。

由於他們各自對《般若經》的理解不一，形成了衆多的般若學說。使得當時「衆論競作」，學派林立，有所謂「長安本有三家義」之說（見吉藏《中論疏．因緣品》），亦有所謂「六家七宗，爰及十二」之說（見慧達〈肇論序〉），在般若學內部展開了「百家爭鳴」。但是不論是「三家」，還是「六家七宗，爰及十二」，大都是試圖用玄學，尤其是玄學貴無派的思想來對般若空觀的解釋，由於解釋的不同，而產生的歧義。

據宋莊嚴寺釋曇濟所作《六家七宗論》說：

> 論有六家，分成七宗。第一本無宗，第二本無異宗，第三即色宗，第四識含宗，第五幻化宗，第六心無宗，第七緣會宗。本有六家，第一家分為二宗，故成七宗也。（唐元康《肇論疏》）

這是唐元康所列的六家七宗，而僧肇在《肇論》中所批評的僅有本無，即色，心無三家。吉藏《中論疏》則說：「什師未至，長安本有三家義」（《中論疏．因緣品》），並列舉了道安的本無義和琛（竺法深？）法師的本無義，以及即色心無義四宗。至於曇濟所說的其餘三宗，是否在長安並不存在，抑或是影響不大，就不得而知了。從現存的史料來看，確實以本無、即色、心無三家的影響爲最大。

本無宗的主要代表道安，「徒衆數百」，分遷各處，是當時般若學的重鎮，他的影響遠非其它學派所可倫比。即色宗的主要代表支遁，是當時的一代名士，影響自然可知。心無之宗標新立異，爲僧徒們視爲異端邪說，成爲羣攻的對象，自然名聲亦不小。至於其他諸宗的影響則遠不及這三宗，因此僧肇僅破斥這三家是有一定道理的。

關於陳朝慧達《肇論疏》所說的「爰及十二」派的問題，由於史料不足，不知所據爲何了。元康曾引《續法輪》說：

下定林寺釋僧鏡作《實相六家論》，先設客問二諦一體，然後引六家義答之。第一家，以理實無有為空，凡夫謂有為有，空則真諦，有則俗諦。第二家，以色性是空為宗，色體是有為有。第三家，以離緣無心為宗，合緣有心為有。第四家，以心從緣生為空，離緣別有心體為有。第五家，以邪見所計心空為空，不空因緣所生之心為有。第六家，以色色所依之物實空為空，世流佈中假名為有。（元康《肇論疏》）

又說：

前有六家（指六家七宗），後有六家，合十二家也。故曰：爰及十二也。（同上）

這是否就是慧達所說的「爰及十二」，亦無法考訂。元康所謂的後六家都是講的空有二諦義，其中第一、第二兩家似接近本無宗；第三、第四、第五三家似講的心無問題，但又與心無宗講法根本不同；第六家似乎接近於即色宗。

在現存的史料中，記載六家七宗思想比較詳情一點的，只有唐元康的《肇論疏》、隋吉藏的《中觀論疏》和相傳是陳慧達的《肇論疏》中的幾處地方，因此我們只能根據有限的資料對它們進行一些探討和分析。

第一節 道安與本無宗的佛教思想

道安是兩晉時代的著名佛教學者。他對佛經的翻譯與整理、戒規的確立、彌勒淨土的信仰，尤其是對於兩晉時期般若學的興起，都起了很大的作用。他所倡導的本無性空宗，在當時的六家七宗中，影響是最大的。就一定意義上說，兩晉佛教的勃興，是與道安的努力分不開的。

一、道安的生平與著作

釋道安，俗姓衛氏，常山扶柳人（今河北冀縣人）。關於道安的生平年歷，史傳記載錯誤甚多，爲此我們有必要作一番考訂的工作。

道安生於西晋永嘉六年（西元三一二年），卒於東晋太元十年，即秦建元二十一年（西元三八五年）（見《高僧傳．道安傳》）。終年應是七十四歲。但《太平御覽》卷六五五所引《高僧傳》和《名僧傳抄》，皆作「年七十二」。然七十二有誤。據道安所作的〈毗婆沙序〉說：

余欣秦土忽有此經（即毗婆沙經），挈海移岳，奄在茲域，載玩載咏，欲疲不能，遂佐對校一月四日，然後乃知大方之家富，昔見之至狹也。恨八九之年，方闚其牖耳。

查《毗婆沙經》於建元十九年（西元三八三年）至長安，自四月至八月譯訖，同年道安又對校一月四日。此年道安自稱爲「八九之年」，即七十二歲。據梁《高僧傳》所說，道安終年「后十六年，什公（羅什）方至」。而羅什入關爲後秦弘始三年，即西元四〇一年。從四〇一年往前推十六年，則爲三八五年，即秦建元二十一年。由此可知，道安卒於三八五年，終年七十四。（關於道安生卒年考證，可參閱湯用彤《漢魏兩晋南北朝教史》第一三八頁）道安「家世英儒」，雙親早亡，「爲外兄孔氏所養」（《高僧傳．道安傳》），年七歲讀書，十二歲（西元三二三年）出家，「神性聰敏，而形貌甚陋，不爲師之所重」（同上），乃「驅役田舍」。積有數年，「方啓師求經」，讀《辯意經》與《成具光明經》，過目即誦，「不差一字」。後受具戒，遊學四方。先至鄴都，入中寺，遇佛圖澄（佛圖澄於三三五年至鄴），並事佛圖澄爲師①。西元三四九年後趙主石虎死，彭城王石遵嗣立，「遣中使竺昌蒲，請安入華林園，廣修房舍。」（同上）是年道安三十八歲。後遇「冉閔之亂」（西元三五〇年～三五二年），「避難潛於濩澤」。道安在《道地經序》中，記載了這一段辛酸的生活時，說：

> 予生不辰，值皇綱紐絕，玁狁猾夏，山左蕩沒，避難濩澤，師殞友折，周爰諮謀，顧靡所詢。時鴈門沙門支曇講，鄴都沙門竺僧輔，此二仁者，聰明有融，信而好古，冒嶮遠至，得與酬酢。

又在《大十二門經序》中說：

> 案經（指《大十二門經》）後記云，嘉禾七年，在建鄴周司隸舍寫，緘在篋匱向二百年矣。冥然不行，無聞名者。比丘竺道護於東垣界賢者經中得，送詣濩澤。

查《大十二門經》爲漢桓帝時安世高所譯，桓帝嘉禾七年，即爲永興二年（西元一五四年），自此二百年後，即是西元三五四年左右，正值冉閔之亂後。此時道安避難「潛於濩澤」，其師佛圖澄又於晋穆帝永和四年（西元三四八年）去世，圖澄去世後一年則石虎死，不久即爆發了「冉閔之亂」。以此道安有「師殞友折，周爰諮謀，顧靡所詢」的感傷之情。在此期間道安還曾與「太陽比丘竺法濟，并州道人支曇講」（〈陰持入經序〉），討論《陰持入經》，並爲此書作序解。之後道安與同學竺法汰，「俱憩飛龍山」，後又上太行恒山，創立寺塔（約西元三五四年之後）。其時道安已四十三歲左右。時武邑太守盧歆請道安開講佛法，「道俗欣慕」。至年四十五歲時（西元三五六年），道安「復還冀部（部疑作都），住受都寺，徒衆數百，常宣法化」（《高僧傳·道安傳》）。西元三五七年，前燕慕容儁遷都鄴，攻取河南州郡，道安爲避戰亂，「乃西適牽口山」，「迺復率衆入王屋女林山，頃之，復渡河依陸渾」，「俄而慕容儁逼陸渾」，道安「遂南投襄陽」。

以上道安的一段經歷，《高僧傳》記載的時間前後顚倒，把歷史弄亂了。《僧傳》把道安避難說成在石虎死之前，又把冉閔之亂放在避難濩澤之後等等，顯與事實不符。又《僧傳》說道安在濩澤時，遇「太陽竺法濟、并州支曇，講《陰持入經》，安從之受業」等，這又與道安所作的〈陰持入經序〉、〈道地經序〉等文不合，序文中的「支曇講」爲一人名，而《僧傳》誤寫成「支曇，講《陰持入經》」。所有這些《僧傳》皆誤，不可足信。

道安率徒衆南投襄陽，行至新野時，開始第一次分散徒衆。其事《高僧傳》記載說：

> （道安）謂徒衆曰：「今遭凶年，宜令廣布」。咸曰：「隨法師教」。乃令法汰詣揚州曰：「彼多君子，好尚風流。法和入蜀，山水可以修閑。」

道安分遣了法汰、法和等人之後，自己則「與慧遠等四百餘人渡河」，逕趣襄陽。關於這次分散徒衆的事，《世說新語．賞譽篇》注引車頻秦書亦說：

> 釋道安為慕容晉（儁）所掠，欲投襄陽，行至新野，集衆議曰：「今遭凶年，不依國主，則法事難舉。」乃分僧衆，使竺法詣揚州曰：「彼多君子，上勝可投。」法汰遂渡江至揚土焉。

其後，道安到達襄陽，「復宣佛法」。道安停「樊沔十五載」（西元三六四年至西元三七九年），即爲道安五十三歲至六十八歲之間，每歲常「講《放光般若》，未嘗廢闕」。然「舊譯時謬，致使深義隱沒」，道安「窮覽經典，鉤深致遠」注「《般若道行》、《密迹安般》」諸經，「尋文比句，爲起盡之義，及析疑甄解」，凡二十二卷，「序致淵富，妙盡深旨，條貫既序，文理會通，經義克明，自安始也。」（《高僧傳．道安傳》）又舊譯佛經，「名字弗說，後人追尋，莫測年代」，道安乃「總集名目，表其時人，論品新舊，撰爲經錄（即安錄）。」（同上）「時征西將軍桓朗子鎭江陵，要安暫住。朱序西鎭，復請還襄陽。」（同上）其時道安在襄陽以所住白馬寺狹小，乃更立檀溪寺，建塔鑄像。前秦苻堅又遣使送外國金箔倚像、金座像、結珠彌勒像，金縷繡像、織成像，各一尊。時襄陽習鑿齒，「鋒辯天逸，籠罩當時」，及聞安至，「即往修造」，並自稱言：「四海習鑿齒」，道安答之曰：「彌天釋道安」，「時人以爲名答」（同上）。後習鑿齒致書謝安，稱道安爲「非常道士」，又稱「（道安）師徒肅肅，自相尊敬，洋洋濟濟，乃是吾由來所未見。」（同上）高平郄超，則「遺米千斛，修書累紙，深致慇懃。」（同上）晉孝武帝司馬曜，並遣使通問，其有詔曰：「安法師器識倫通，風韻標朗，居道訓俗，徽績兼著，豈直規濟當今，方乃陶津來世，俸給一同王公。」（同上）道安當時爲時賢與王公朝貴所重，「類皆然也」。前秦苻堅素聞道安高名，每云：「襄陽有釋道安，足神器，方欲致之，以輔朕躬。」後於西元三七八年，前秦建元一十四年，遣苻丕南攻襄陽，並稱曰：「朕以十萬之師，取襄陽，唯得一人半。」所謂一人半，即指道安爲一人，習鑿齒爲半人。其時道安又遭戰亂，只得再一次分張徒衆。關於這第二次分散徒衆的事，《高僧傳．慧遠傳》記載說：

（慧遠）後隨安公，南遊樊沔，僞秦建元九年（應作建元十四年），秦將苻丕寇斥襄陽。道安為朱序所拘，不能得去，乃分張徒眾，各隨所之。臨路諸長德，皆被海約，遠不蒙一言。遠乃跪曰：「獨無訓勖懼非人例。」安曰：「如汝者，豈復相憂？」遠於是與弟子數十人，南適荊州，住上明寺。

是年道安已六十八歲。次年苻丕克破襄城，「安與朱序，俱獲於堅。」道安爲苻堅所重，於是迎安住長安五重寺，「僧衆數千，大弘法化。」

初魏晉沙門，一依師爲姓，故姓名不相同，道安以大師之本，「莫尊釋迦」，乃「以釋命氏」。後獲《增一阿含經》果稱：「四姓爲沙門，皆稱釋種」，於是以釋命氏，「遂爲永式」。時苻堅略定北方，「東極滄海，西併龜茲，南苞襄陽，北盡沙漠，唯建業一隅，未能抗伏。」（《高僧傳．道安傳》）以此欲平定江左，一統天下。道安諫阻曰：

陛下應天御世，有八州之富，居中土而制四海，宜棲神無為，與堯舜比隆。今欲百萬之師，求厥田下下之土，且東南區地，地卑氣厲，昔舜禹遊而不返，秦王適而不歸，以貧道觀之，非愚心所同也。（《同上》）

然苻堅不從，乃於西元三八三年，遣平陽公苻融等率精銳二十五萬爲前鋒，堅親率步騎六十萬衆攻晋。東晋則「遣征虜將軍謝石、徐州刺史謝玄」率兵八萬拒之。兩軍戰於淝水之濱，苻堅前軍大潰於八公山西，晋軍逐北三十餘里，苻融「馬倒殞首」，苻堅「單騎而遁」，晋軍大獲全勝。這就是歷史上有名的「淝水之戰」。不聽道安所諫，而秦軍大敗。由此可見，道安不僅是一位有學識的佛教學者，而且在政治上也是一位遠見卓識的人。是年道安爲七十二歲，後十誦律至，道安於是制定「僧尼軌範，佛法憲章」，條例爲三：「一曰：行香定座上經上講之法，二曰：常日六時行道飲食唱時法，三曰：布薩差使悔過等法。」（同上）天下寺舍，皆「則而從之」。又與弟子法遇等，於彌勒像前，立誓願生兜率，創彌勒淨土。其後慧遠在廬山建蓮社，共期西方，大概也是受了老師道安思想影響的結果。西元三八五年，秦建元二十一年（即晋太元十年），道安「無疾而卒」，葬長安城內五級寺中，終年七十四。道安「先聞羅什在西國」，「思其講析」，常勸堅取之；羅什在西域亦遠聞安風，「謂是東方聖人」，「恆遙而禮之」。然道安去世後十六年，羅什方至長安，東西兩位重要的佛教學者，未能相見一面，羅什爲之「悲恨無極」。

道安篤好經典，曾請外國沙門僧伽提婆、曇摩難提、僧伽跋澄等，譯出衆經百餘萬言。並與沙門法和，詮定音字，詳覈文旨，使得新出諸經，於是獲正。孫綽爲《名德沙門論》曰：「釋道安博物多才，通經名理」，又爲讚曰：「物有廣瞻，人固多宰，淵淵釋安，專能兼倍，飛聲汧隴，馳名淮海，形雖草化，猶若常在。」（《高僧傳・道安傳》）道安是一代名僧，其對佛教在晋代的興盛作出了努力，確實影響是很大的。

除了參助譯經之外，道安自己的著作亦很多。《高僧傳》稱道安「新注《般若道行》、《密迹安般》諸經」，「凡二十二卷」，但究竟有哪二十二卷，已不得而知。據《祐錄》所載主要著作有：

《光贊折中解》　一卷
《光贊抄解》　一卷
《放光般若析疑准》　一卷
《放光般若析疑略》　二卷
《放光般若起盡解》　一卷
《道行經集異注》　一卷
《實相義》
《性空論》
《大十二門注》　二卷
《小十二門注》　一卷
《了本生死經注》　一卷
《密迹金剛經甄解》　一卷

《持心梵天經甄解》 一卷
《賢劫八百四千度無極經解》 一卷
《人本欲生經撮解》 一卷
《安般守意經解》 一卷
《陰持入經注》 二卷
《大道地經注》 一卷
《十法句義雜解》 一卷
《義指注》 一卷
《九十八結解》和《約通解》 共一卷
《三十八相解》 一卷
《三界諸天錄》 一卷
《經錄》 一卷
《答沙汰難》 二卷
《答法將准》 一卷
《西域志》 一卷

總計「凡二十七卷」。此外，在《祐錄》中還保存了道安的經序十五篇，其目錄如下：

〈安般經序〉
〈陰持入經序〉
〈人本欲生經序〉
〈了本生死經序〉
〈十二門經序〉
〈大十二門經序〉
〈道行經序〉
〈合《放光》、《光贊》隨略解序〉
〈摩訶鉢羅若波羅密經鈔序〉
〈增一阿含序〉
〈道地經序〉
〈十法句義經序〉
〈阿毗曇序〉
〈鞞婆沙序〉

〈比丘大戒序〉以上十五篇序文，還被清嚴可均收入《全上古三代三國六朝文・全晉文》卷一百五十八中。《全晉文》還輯錄了道安的〈答郄超書〉、〈僧伽羅刹所集佛行經序〉、〈疑經錄序〉、〈注經及雜經志錄序〉等②。

二、道安本無宗的佛教思想

般若學中影響最大的一宗，是以道安爲代表的本無宗。「本無」這一概念本是玄學貴無派的中心概念。王弼說：「天下之物，皆以有爲生，有之所始，以無爲本。」（《老子》四十章注）又說：「天地雖大，富有萬物，雷動風行，運化萬變，寂然至無，是其本矣。」（《周易・復卦注》）依王弼看來，世界的本體是「無」，「有」即各種具體的存在物，只是本體「無」的外部表現。「本無末有」的觀點，就是玄學貴無派的基本論點。兩晋時期的般若學，差不多都援用了玄學的「本無」這一概念，用以表示世界的本體，即佛教中所說的實相、法性等概念。元康《肇論疏》中說：「實相，即本無之別名，以本無是深義故，建初言本無、實相等也」。《肇論》也說：「本無、實相、法性、性空、緣會一義耳。」（《肇論・宗本義》）日人安澄的《中論疏記》稱道安作有《本無論》，《祐錄》載道安有《實相義》，元康則說道安作《性空論》。按照《肇論》「本無、實相、性空其義一也」的說法，這三者恐怕是同一著作。可惜這一著作已佚，因此道安是怎樣解釋般若空義的，我們只好依據後人的記載，和他所寫的有關《般若經》的序文等（如：〈道行經序〉、〈合《放光》《光讚》隨略解序〉、〈摩訶鉢羅若波羅密經鈔序〉……），一些零星的史料進行探討。

據道安弟子僧叡說：「亡師安和上，鑿荒塗以開轍，標玄指於性空。」又說：

> 自慧風東扇法言流詠以來，雖曰講肆，格義迂而乖本，六家偏而不即，性空之宗，以今驗之，最得其實。然爐冶之功，微恨不盡，當是無法可尋，非尋之不得也。何以知之？此土先出諸經，於識神性空明言處少，存神之文其處甚多，中百二論文未及此，又無通鑒，誰與正之？先匠（指道安）所以輟章遐慨，思決言於彌勒者，良在此也。（〈毗摩羅詰提經義疏序〉）

這裡說得很清楚：㈠道安的思想屬於性空之宗③；㈡依僧叡看來，在三論（《中論》、《百論》、《十二門論》）來華以前性空之宗是最得大乘空宗之實的；㈢道安對漢魏以來的佛教把神當作實有之說（即神不滅論）產生了懷疑，悟出了識神性空的道理，但當時無經論可證，所以道安只好「思決言於彌勒」，「立誓原生兜率」，其原因大概就在這裡。

性空之宗，當時稱爲一代「命宗」。唐元康《肇論疏》說：

如安法師立義以性空為宗，作性空論；什法師（指羅什）立義以實相為宗，作實相論；是謂「命宗」也。

陳慧達〈肇論序〉亦說：

至如彌天大德（即道安），童壽桑門（即羅什），並創始命宗，圖辯格致，播揚宣述。

在這裡元康與慧達都把道安與羅什的思想，說成是同一個宗，其實他們的思想是有差別的，並不同宗（下文再詳議）。至於何謂「性空」呢？性空即本無也。所以道安的性空宗，又稱爲本無宗。《名僧傳抄．曇濟傳》說：

（曇濟）著七宗論，第一本無宗曰：如來興世，以本無弘（弘原作佛）教，故方等深經，皆備明五陰本無。本無之論，由來尚矣。何者？夫冥造之前，廓然而已。至於元氣陶化，則羣像稟形，形雖資化，權化之本，則出於自然。自然自爾，豈有造之者哉？由此而言，無在元化之先，空為眾形之始。故稱本無，非謂虛豁之中，能生萬有也，夫人之所滯，滯在末有，苟宅心本無，則斯累豁矣，夫崇本可以息末者，蓋此之謂也。

這即是說，「無」是世界的根本、本體，「無」早已存在於萬物之先。在這世界的本體「無」的基礎上，元氣陶化，羣像稟形，「形雖資化」，然而「權化之本，則出於自然」，並沒有造物主的作用。因此，本無宗反對無中生有說，認爲本無「非謂虛豁之中，能生萬有」，不過萬有是末，世界的本體是無，我們不能滯於末有，而應宅心本無。只有宅心本無，才能萬累斯息，所以說崇本可以息末。曇濟所說的本無宗的思想，基本上是與吉藏《中論疏》和慧達《肇論疏》中所講的釋道安的本無思想一致的。吉藏說：

什師未至，長安本有三家義。一者釋道安明本無義，謂無在萬化之前，空為眾形之始，夫人之所滯，滯在末有，若宅（原作詫）心本無，則異想便息。安公本無者，一切諸法，本性空寂，故云本無。此與方等經論，什、肇山門義，無異也。（《中論疏．因緣品》）

這裡說得更清楚。本無是說：「一切諸法，本性空寂，故云本無」。所以本無宗也就是性空宗。

慧達則說：

彌天釋道安法師本無論云，明本無者，稱如來興世，以本無弘教。故方等深經皆云五陰本無，本無之論，由來尚矣。須得彼義，為是本無，明如來興世，只以本無化物，若能苟解本無，即異想（原作思異）息矣。但不能悟諸法本來是無，所以名本無為真，末有為俗耳。（《肇論

疏》）

這即是說，本無云者，並不是說一切諸法本來都是無，只是說本無爲眞，末有爲俗，有無的問題也是末與本的問題，大致與吉藏所說的本性空寂相同。

總之，以道安爲代表的本無宗，討論的是「本末有無」的關係問題，這正是魏晋玄學所討論的根本問題。很明顯，道安的思想基本上是沿襲著玄學貴無派的，是用何、王客觀唯心論的貴無思想來對般若空觀的解釋。何、王所謂「天地雖大，富有萬有，雷動風行，運化萬變，寂然至無，是其本矣」的思想，就是講的無是本、有是末，「有」必需依賴「無」才能存在的意思。這裡講的是有無本末問題，而不是無中生有的問題。所以道安說，本無是指一切諸法本性空寂，而不是講「虛豁中能生萬有」，也不是說諸法本來是無，只是講無爲本體、本性，有爲末爲現象而已。道安最後承認在元化之前尚有一個無的世界的存在，這一思想也是來源於王弼的。

王弼在注釋《老子》第一章時說：「凡有皆始於無，故未形無名之時，則爲萬物之始。」在這裡王弼也是承認在萬物之先已是先有無的世界的。至於道安在講到有的產生出於自然而無造物者時，看來這又是受到玄學家郭象自生思想影響的結果。郭象認爲：「物之生也，莫不塊然而自生」，「無既無矣，則不能生有；有之未生，又不能爲生。然則生之者誰哉？塊然而自生耳。……誰主役物乎？」（《莊子．齊萬物注》）爲此道安也與郭象一樣，竭力反對造物主的存在，認爲「權化之本，則出於自然。自然自爾，豈有造之者哉？」因此道安也反對無中生有說，主張「自然自爾」的「自生」說，這與郭象的思想相似。然而郭象又不主張以無爲本的思想，而道安則主張本性空寂的本無論，所以道安的思想，基本上還是屬於玄學貴無派的。

至於道安的思想爲什麼能兼有何王玄學的貴無派思想和郭象玄學崇有派的思想的呢？這是與道安所處的時代分不開的。道安處於西晉末年至東晉時期，當時魏晋玄學發展到了這樣一個階段，即玄學家們都在妄圖調和何王貴無派與郭象崇有派的思想。在第一編中我們已經講到，與道安差不多同時的玄學家張湛④，他著的《列子注》一書，就是這一時期玄學思想的一個代表。他一方面繼承了何晏王弼的以無爲本的思想，認爲「有之爲有，恃無以生，言生必由無，……此運通之功，必賴於無。」（《列子．天瑞》注）即主張「無爲之本」的思想，另一方面，他又吸取了不少郭象的學說，强調「無不生有」，「有」是「忽然而生」的思想。由此可見，調和貴無和崇有兩派思想，是西晋末年至東晋時期玄學發展的一種趨勢。當然這種調和，是以貴無派思想爲主導的。道安的佛教玄學，就是這一玄學發展趨勢中的產物，所以他的思想中，也就打上了時代思想的烙印。這種發展趨勢的高峯，就是僧肇的佛教玄學，他以佛教中觀的思想方法，總結了玄學的兩派，提出了非有非無，亦有亦無，合有無爲一的不眞空觀，從而完成了玄學認識史上的一個發展的圓圈，即從貴無開始，中間經過崇有，最後回復到合有無爲一的不眞空觀的認識三段論。關於僧肇的思想，我們將在下章中詳述。

至於本無宗所運用的「本無」這一詞，在我國佛教史上則出現較早，早在漢末與三國初所譯的《般若經》，即支讖所譯的《道行般若經》與支謙所譯的《大明度無極經》中，就已經開始用老子的本無這一詞來解釋佛教的眞如（指佛教講的本體世界）思想。當時《般若經》中的「眞如品」已被譯爲「本無品」了。支謙所譯的《大明度無極經·本無品》說：

一切皆本無，亦復無本無，等無異於真法中本無，諸法本無，無過去、當來、現在。如來亦爾，是為真本無。

這裡宣揚的是一切皆空，本無亦無的般若空觀。一切皆空，「本無」亦空的觀點，本是佛教般若學說的最基本的特徵，然而這與道安所說的「本無末有」的本無宗思想顯然是有差別的。爲什麼般若學的一代首領道安，卻不依據《般若經》來解般若空呢？這也完全是由當時時代的思想潮流所決定的。魏晋時期玄學成爲了社會的統治思潮，爲當時的統治階級所推崇，深懂得「不依國主，則法事難立」的道安，自然也是懂得不依當時占統治地位的玄學，佛理也是難以流傳的道理的。這說明佛教的哲學尚只剛剛興起，它只能依附於玄學才能發展起來。因此，道安的般若學只能是以玄解佛，所講的道理基本上屬於玄學的思想，並沒有多少佛教哲學自身的特點，只不過道安講本無論為的是宣揚「崇本可以息末」的出世主義，而不同於何、王的「崇本舉末」的玄學思想！所以我國當時佛教本無宗的般若學，與我國的玄學基本相通，而反而與印度《般若經》思想有了出入，這種情況的產生，只能由當時社會的學術思想本身發展的需要來加以說明。

三、道安的同學與弟子的佛教思想

道安的同學與弟子甚多，足迹遍布於長江黃河兩岸，南北東西各處，其主要的有：

竺法汰（西元三一九年～三八七年），東莞人，道安同學。《世說新語．文學篇》注引〈安法師傳〉說：「竺法汰者，體器弘簡，道情冥到，法師（指道安）友而善焉。」道安在新野分張徒衆時，命法汰詣揚州，弘教東南。法汰乃與弟子曇壹曇貳等四十餘人，沿江東下，中途遇疾而先停荊州。道安聞訊，曾遣弟子慧遠下荊州問疾。其時沙門道恆，常執心無義，大行荊土。法汰視之為邪說，令弟子曇壹難之，道恆不肯受屈。次日，慧遠又就席攻難數番，道恆才被折服。後法汰至京師，住瓦官寺。「初法汰北來未知名，王領軍（即王洽，王導之第三子）供養之，每與周旋行，來往名勝許輒與俱。不得汰，便停車不行。因此名遂重。」（《世說新語．賞譽》）法汰後為簡文帝深相敬重，請講《放光經》。「帝親臨幸，王侯公卿，莫不畢集。」（《高僧傳．法汰傳》）領軍王洽、東亭王珣、太傅謝安等名士，「並欽敬無極」。卒於晉太元十二年（西元三八七年），春秋六十八。晋孝武帝詔稱：「汰法師，道播八方，澤流後裔，奄爾喪逝，痛貫於懷。可賻錢十萬，喪事所須，隨由備辦。」（同上）孫綽贊曰：「淒風拂林，鳴絃（鳴絃，《世說新語·賞譽》注引作「明泉」）映壑，爽爽法汰，校德無作。」（同上）法汰曾「與郄超書，論本無義」，其佛教思想很可能屬道安的本無宗⑤。法汰主要的弟子有曇壹曇貳，兩人並「博練經義，又善《老》《易》，風流趣好，與慧遠齊名。」（同上）又有竺道壹者，於瓦官寺，從法汰受學，「數年之中，思徹淵深，講傾都邑。」時人呼曇壹爲大壹，道壹爲小壹，「名德相繼，爲時論所宗」，亦爲簡文帝所重。後止虎丘山，閒居幽阜。以晋隆安中遇疾而卒，春秋七十有一⑥。孫綽爲之讚曰：「馳辭說言，因緣不虛，惟茲壹公，綽然有餘。譬若春圃，載芬載譽，條被猗蔚，枝幹森疏。」（《高僧傳·竺道壹傳》）

釋法和，生卒年不詳，滎陽人，道安的同學。道安在新野分張徒衆時，命法和入蜀。法和在蜀，「巴漢之士，慕德成羣」（《高僧傳·釋法和傳》）。後聞襄陽爲符堅所破，「自蜀入關，住陽平寺。」在長安曾與道安，詳定新經，參正文義。卒時年八十。

竺法雅，生卒年不詳，河間人（一說中山人），道安同學。《高僧傳·佛圖澄傳》：「樊沔釋道安，中山竺法雅，並跨越關河，聽澄講說，皆妙達精理，研測幽微。」法雅與道安同時師事佛圖澄。法雅「少善外學，長通佛義，衣冠仕子，或附諮稟。」（《高僧傳·竺法雅傳》）然其門徒多未善佛理，法雅「乃與康法朗等，以經中事數，擬配外書，爲生解之例」，創所謂「格義」之學。即是用外書（儒道等著作）來解釋內典佛經，「外典佛經遞互講說，與道安、法汰每披釋湊疑，共盡經要。」（同上）可見，當時法雅與道安一起採用「格義」方法的。所以後來道安弟子慧遠「引莊子義爲連類」，道安並特聽慧遠「不廢俗事」，其前後思想完全是一致的。法雅「後立寺於高邑，僧衆百餘，訓誘無懈。」其弟子有曇習等人。

曇翼，生卒年不詳，俗姓姚，羌人。或說冀州人。年十六出家，事道安爲師。少以律行見稱。學通三藏，「嘗隨道安住檀溪寺」。後因長沙太守滕含之所請，南赴江陵締構長沙寺。並在長沙寺中宣稱有舍利放光、阿育王降像等神迹靈感。可見，曇翼是位宣揚佛教神異之士。年八十二而終。「經曰，像（指寺中阿育王像）圓光奄然靈化，莫知所之，道俗咸謂翼之通感焉。」（《高僧傳．釋曇翼傳》）

法遇，生卒年不詳，道安弟子。篤志好學，「悟解非常」，「義陽太守阮保，聞風欽慕，遙結善友。」（《高僧傳．釋法遇傳》）後襄陽被破，遇乃避地東下，「止江陵長沙寺，講說衆經，受業者四百餘人。」（同上）卒於江陵，年六十。

曇徽（西元三二三年～三九五年），河內人，道安弟子。年十二投道安出家，先攻讀經史，十六歲方許剃髮，專務佛理。後隨道安住襄陽。符丕克破襄陽，徽乃東下荊州，住上明寺，每開講佛經，「則黑白奔波」，聽者甚衆。以晋太元二十年（西元三九五年）卒，著有《立本論》九篇，《六識旨歸》十二首（見《高僧傳．釋曇徽傳》）。但書已佚，不知其內容爲何。

道立，生卒年不詳。少出家，事道安爲師。「善《放光經》」，是位般若學者。「又以莊老三玄，微應佛理，頗亦屬意。」（《高僧傳．道立傳》）後隨道安入關，隱覆舟山，巖居獨立。「每潛思入禪七日不起」，可見其對禪學亦有研習。後爲衆僧講《大品經》，無疾而終。

曇戒，一名慧精，俗姓卓，南陽人。初居貧務學，遊心墳典。「後聞於法道講《放光經》」，遂悟佛理，廢俗從道，事道安爲師。曇戒博通三藏，誦經五十餘萬言，曾與道安、道遇、道願等八人，於彌勒像前，立誓願生兜率，信彌勒淨土。卒年春秋七十，「葬安公墓右」。（《高僧傳．曇戒傳》）

慧遠，爲道安最著名的弟子，東晋時的一代名僧，影響很大。關於他的生平與思想，我們將在下面有專章討論，現從略。

第二節　竺法琛與本無異宗的佛教思想

屬於本無一家的還有本無異宗。據吉藏《中觀論疏》說：本無本有兩者，一者釋道安本無義，一者琛法師明本無。文中引琛法師之言，說：

> 本無者未有色法，先有於無，故從無出有。即無在有先，有在無後，故稱本無。（《中觀論疏》卷二末）

日人安澄《中論疏記》則說：

> 《二諦搜玄記》十三宗中本無異宗，其制論曰：「夫無者，何也？壑然無形，而萬物由之而生者也。有雖可生，而無能生萬物，故佛答梵志，四大從空生也。」《山門玄義》第五卷，二諦章下云，復有竺法琛即云：諸法本無，壑然無形，為第一義諦，所生萬物，名為世諦。故佛答梵志，四大從空而生。（《中論疏記》卷第三末《大藏》六十五卷九十三頁）

由此可見，此宗確與本無宗有異，本無異宗講的是無中生有說，主「無能生有」、「四大從空生」，而本無宗反對「虛廓生萬有」，主本性（本體）空觀，兩者的差異是很明顯的，不難看出，本無異宗並未脫出先秦老子「有生於無」的窠臼，受老子思想的影響很深。這一派的思想，更與《般若經》的思想不合，這顯然也是魏晉時期老莊之學風行下的產物。

至於琛法師究竟是何許人？恐琛即深字，琛法師即竺法深法師。查《高僧傳》中有晉剡東岬山竺道潛者，字法深，或許竺法深即竺法潛也。竺法深，生於西晉武帝太康六年（西元二八五年），卒於東晉孝武帝寧康二年（西元三七四年），約與道安同時而稍前，《僧傳》說他俗姓王，瑯玡人，晉丞相武昌郡公王敦之弟。（查《晉書．王敦傳》：敦有兄含，從弟舒、彬、邃等，而無有法深的記載，然「邃」有深義，不知法深是否就是王邃也。）法深年十八出家，師事中州劉元眞。年二十四講《法華》與《大品》經，「既蘊深解，復能善說，故觀風味道者，常數盈五百。」（《高僧傳．竺道潛傳》）可見他年青時就對《般若大品》有了較深的造詣。晉永嘉初，避亂過江，時元帝、明帝和丞相王茂弘、太尉庾元規等，「並欽其風德，友而敬焉。」（同上）法深常「著履至殿內」，時人咸稱之爲「方外之士」。後隱迹剡山，結侶山門，優游講席三十餘載，「或暢方等，或釋老莊，投身北面者，莫不內外兼洽。」（同上）至哀帝好重佛法，遣使徵請。法深「以詔旨之重，入遊宮闕」，即於御筵開講《大品》。由此可見，法深是位兼通內外的般若學者，其佛教思想很可能受到老莊思想的影響。所以本無異宗的思想，很可能就是這位竺法深的思想，後卒於剡縣的岬山，春秋八十有九。晉孝武帝詔曰：「潛法師理悟虛遠，風鑒清貞，棄宰相之榮，襲染衣之素，山居人外，篤懃匪懈，方賴宣道以濟蒼生，奄然遷化，用痛於懷，可賻錢十萬，星馳驛送。」（《高僧傳．竺道潛傳》）孫綽則以潛比劉伯倫（劉伶，字伯倫）說：

> 潛公道素淵重，有遠大之量；劉靈（應作伶）肆意放蕩，以宇宙為小，雖高棲之業，劉所不及，而曠大之體同焉。（同上）

竺法深的弟子有竺法友、竺法蘊、竺法濟等。竺法友，博通經典，嘗從法深受《阿毗曇》學，年二十四便能講說，法深讚曰：「若能仁（釋迦牟尼）更興大晉者，必取汝爲五百之一也。」（同上）竺法蘊亦悟解入玄，尤善《放光般若》。竺法濟，幼有才藻，嘗作《高逸沙門傳》等。

第三節 支遁、郗超與即色宗的佛教思想

支遁，亦爲當時的一代名僧，以他爲代表的即色宗，與玄學關係密切，在社會上也有著較大的影響，是吉藏《中論疏》中所說的「長安本有三家義」中的一大家。

一、支遁的生平與著作

支遁，字道林，本姓關氏，陳留人，或云河東林慮人。生於晉愍帝建興二年（西元三一四年），卒於晉廢帝太和元年（西元三六六年），春秋五十有三，比道安晚生二年而早死十九年。支遁「幼有神理，聰明秀徹」（《高僧傳．支遁傳》）。初至京師，太原王濛甚重之，曰：「造微

之功，不減輔嗣（王弼）」（同上）。陳郡殷融則比支遁爲清談家衛玠。遁家世事佛，「早悟非常之理」，曾「隱居餘杭山，沈思道行之品。」（同上）可見支遁早就是一位般若學者，年二十五出家，「每至講肆，善標宗會」，能會通佛理，然而「章句或有所遺」，時爲守文之徒所陋。謝安卻稱讚說：「此乃九方甄之相馬也，略其玄黃，而取其駿逸。」（同上）時爲名士所重，王洽、劉恢、殷浩、許詢、郄超、孫綽、桓彥表、王敬仁、何次道、王文度、謝長遐、袁彥伯等，並爲一代名流，皆與遁交游。支遁常在白馬寺與劉繫之討論《莊子．逍遙篇》的思想，並注〈逍遙遊〉，爲羣儒舊學所嘆伏。可見支遁不僅是一位僧人，還是一位著名的玄學清談家。後入吳地，立支山寺。據支遁自己所作的〈八關齋會詩序〉中說：

> 間與何驃騎期，當為合八關齋，以十月二十五日集同意者，在吳縣土山墓下，三日清晨為齋始，道士白衣凡二十四人，清和肅穆，莫不靜暢。至四日朝，眾賢各去。余既樂野室之寂，又有掘藥之懷，遂便獨住。於是乃揮手送歸，有望路之想，靜拱虛房，悟外身之直，登山採藥，集巖水之娛，遂援筆染翰，以慰二、三之情。（《廣弘明集》卷三十）

支遁過起這種名士的優游隱居的生活，當即在吳縣支山寺。永和中，王羲之爲會稽內史（永和九年西元三五三年，羲之宴集於蘭亭。時支遁四十歲左右），素聞遁高名而未之信。當支遁入剡縣，路經會稽之際，於是王羲之往造遁詢問逍遙之義，「遁乃作數千言，標揭新理，才藻驚絕」，羲之「披襟解帶，留連不能已」，乃請遁住靈嘉寺。關於支遁在會稽的一段生活，《晉書．王羲之傳》亦記載說：

> 會稽有佳山水，名士多居之，謝安未仕前亦居焉。孫綽、李充、許詢、支遁等皆以文義冠世，並築室東土，與羲之同好。

《晉書．謝安傳》則說：

> （謝安）寓居會稽，與王羲之及高陽許詢、桑門支遁遊處，出則漁弋山水，入則言詠屬文。

由此可見，支遁在會稽的生活，名爲桑門，而實爲名流，高僧與名士是合二而一的。

後支遁又投迹剡山，「於沃州小嶺，立寺行道，僧衆百餘，常隨稟學。」（《高僧傳．支遁傳》）時論以遁有堪「經濟」之才，而「潔己拔俗，有違兼濟之道。」（同上）支遁爲此作《釋矇論》一文解之。晚移住石城山，立棲光寺，宴坐山門，「遊心神苑，木食澗飲，浪志無生」，乃注安般四禪諸經及著〈即色遊玄論〉、〈聖不辯知論〉、〈道行旨歸〉、〈學道戒〉等。後又出山開講《維摩詰經》，支遁爲法師，許詢爲都講，許設難，遁通義，「遁通一義，衆人咸謂詢無以厝難，詢每設一難，亦謂遁不復能通。如此至竟，兩家不竭。」（同上）。時人皆爲之嘆服。至晉哀帝即位（西元三六二年）時，支遁已四十九歲。哀帝頻遣兩使，徵請支遁入都，住東安寺，講《道行般若》，「白黑欽崇，朝野悅服」（同上）。太原王濛讚之曰：「實紆鉢之王何也。」時郄超問謝安：「林公（支遁）談何如嵇中散（嵇康）？」謝安回答說：「嵇努力裁得玄耳。」又問：「何如殷浩？」答曰：「亹亹論辯，恐殷制支，超拔直上淵源，實有慚德。」（同上）自然這些都是溢美之詞，但也進一步說明了支遁是玄學中人，人們是把他看作爲當時玄學中的一位重要人物的。郄超則稱：

林法師神理所通，玄拔獨悟，數百年來，紹明大法，令真理不絕，一人而已。（同上）

這一評語，自然是誇大了，佛教的隆興自有其當時的政治經濟的原因，佛法「紹明」決不是一兩位高僧所能決定的。當然我們並不否認兩晉時期如道安、支遁等人，在宣揚佛教中也起到了一定的作用。

支遁住東安寺，留京師二年，乃將還剡，上書告辭，「詔即許焉，資給發遣，事事豐富。」（同上）支遁先至餘姚塢山中住，以晉太和元年（西元三六六年）閏四月四日，終於塢中，春秋五十有三。「或云終剡未詳」。後高士戴逵，行經遁墓，乃嘆曰：「德音未遠，而拱木已繁，冀神理綿綿，不與氣運俱盡耳。」（同上）王詢〈法師墓下詩序〉說：「余以寧康二年（西元三七四年），命駕之剡石城山，即法師之丘也。高墳鬱爲荒楚，丘隴化爲宿莽。」云云（《世說新語·傷逝》注引）可見支遁葬於剡之石城山。《世說新語·傷逝》說：

> 支道林喪法虔之後，精神霣喪，風味轉墜，常謂人曰：「昔匠石廢斤於郢人，牙生輟弦於鍾子，推己外求，良不虛也。冥契即逝，發言莫賞，中心蘊結，余其亡矣。」卻後一年，支遂殞。

關於此事，《高僧傳》亦有同樣的說法：

> 遁有同學法虔，精神八理，先遁亡。遁嘆曰：昔匠石廢斤於郢人，牙生輟絃於鍾子，推己求人，良不虛矣。寶契即潛，發言莫賞，中心蘊結，余甚亡矣，乃著切悟章，臨亡成之，落筆而卒。

由此可知，支遁之死，是由於同學法虔去世，而感傷所至。支遁死後，郄超爲之序傳，袁宏爲之銘贊，周曇寶爲之作誄。孫綽《道賢論》則「以遁方向子期。論之：『支遁向秀，雅尙莊老，二子異時，風好玄同矣。』」（《高僧傳·支遁傳》）確實，支遁向秀兩人同好莊老之學，同解逍遙之義，甚至兩人的思想亦有著相通之處。

支遁的著作亦多，僧傳說：「凡遁所著文翰集有十卷，盛行於世。」但大部分著作已佚，現所知的有：

〈即色遊玄論〉（見吉藏《中觀論疏》卷第二末，亦見安澄《中觀論疏記》卷第三末）

〈逍遙論〉（見《世說新語．文學篇》注）

〈妙觀章〉（同上）

《安般經》注（見《高僧傳．支遁傳》）

〈道行旨歸〉（同上）（《廣弘明集》卷三十五王洽〈與林法師書〉：「〈道行旨歸〉通敘色空，甚有清致。」）

〈聖不辯知〉（見《高僧傳．支遁傳》）

〈學道戒〉（同上）

〈釋矇論〉（同上）

〈切悟章〉（同上）

〈上哀帝書〉（同上）

〈逍遙篇〉注（同上）

〈大小品對比要鈔〉（祐錄存其序）

〈即色論〉（《世說新語．文學篇》：「支道林造即色論。」此論疑即是〈即色遊玄論〉）

〈辯三乘論〉（《世說新語．文學篇》：「三乘佛家滯義，支道林分判，使三乘炳然。」）

支書〈與郗嘉賓〉

支道林〈答謝長遐〉

〈本起四禪序〉並注

〈本業略例〉

〈本業經注序〉（以上均見《祐錄》十二）

〈通漁夫〉（《世說新語．文學》：「支道林先通作七百許語（指〈通漁夫〉），敘致粗麗，才藻奇拔，眾咸稱善。」）

《支道林集》（即《支遁集》）

〈物有玄幾論〉（慧達《肇論疏》）

〈晉沙門支道林佛菩薩像讚〉（見《廣弘明集》卷十六，其中包括〈釋迦文佛像讚並序〉和〈阿彌陀佛像讚並序〉等）

〈晉沙門支道林讚佛詩並齋詩咏〉（見《廣弘明集》卷三十九，其中包括〈四月八日讚佛詩四首〉和

〈八關齋詩三首並序〉等）

二、支遁即色宗的佛教思想

支遁的即色宗義，是頗受到向秀郭象的玄學思想影響的。他與向秀、郭象一樣，同是以研討莊子的逍遙義而著稱。《世說新語．文學篇》說：

> 莊子〈逍遙篇〉，舊是難處，諸名賢所可鑽味，而不能拔理於郭、向之外，支道林在白馬寺中，將馮太常共語，因及〈逍遙〉。支卓然林新理於二家之表，立異義於衆賢之外，皆是諸名賢尋味之所不得，後遂用支理。

關於這事《高僧傳》記載則與《世說新語》稍有不同：

> 遁常在白馬寺，與劉繫之等談《莊子．逍遙篇》，云各適性以為逍遙。遁曰：「不然。夫桀跖以殘害為性，若適性為得者，彼亦逍遙矣。」於是退而注〈逍遙篇〉，羣儒舊學莫不嘆伏。

據《世說》所說，在白馬寺中，支遁是與馮太常討論逍遙義，而《僧傳》則記爲支遁與劉繫之研討〈逍遙篇〉，不知誰者爲確，抑或爲前後不同的兩次亦是很可能的事。總之，支遁的逍遙義確實不同於向郭的舊學，而是標新理於二家之外的，是對莊子逍遙義的一種新的解釋。

莊子的〈逍遙遊〉追求一種個人的精神上絕對自由的境界。他認爲，人之所以不自由就在於外部物質條件的限制（「有待」），和內部自己思想的束縛（「有己」）。因此莊子主張物我雙忘（「坐忘」），達到「無待」、「無己」的境地，一個人就能得到精神上的絕對自由，這種所謂「墮肢體，黜聰明，離形去知，同於大通」的「坐忘」思想，完全是當時一些失意的知識分子消極厭世的思想情緒的反映。向、郭二人則主張適性逍遙，他們認爲，事物都有各自的性分，只要滿足自己性分的要求就是逍遙。這就叫做「適性逍遙」。所以郭象在《莊子注》中說：

> 夫小大雖殊，而放於自得之場，則物任其性，事稱其能，各當其分，逍遙一也，豈容勝負於其間哉？（〈逍遙遊〉注）

又說：

> 苟足於其性，雖大鵬無以自貴於小鳥，小鳥無羨於天池，而榮願有餘矣。故大小雖殊，逍遙一也。（同上）

這種以足性適性爲逍遙的理論，其社會的意義在於要求封建社會的各個等級上的人們各自安於自己的名分地位，「言性各有分，故知者守知以待終，而愚者抱愚以至死，豈有能中易其性者也。」（《齊物論》注）向、郭的逍遙義實是維護西晉時期地主階級的森嚴的等級統治的思想武器。然而這樣的理論，在支遁看來還是有缺陷的。所以他說：「夫桀跖以殘害爲性，若適性爲得者，彼亦逍遙矣。」（《高僧傳．支遁傳》）桀相傳是歷史上的暴君，跖相傳是下層人民造反的領袖。支遁認爲，如果以適性爲逍遙，那末桀跖之徒只要滿足他們殘暴之性，亦可得逍遙了。因此，支遁不同意向、郭的說法，「於是退而注〈逍遙篇〉」，標新義於向、郭之外。

支遁的〈逍遙論〉說：

> 夫逍遙者，明至人之心也。莊生建言大道，而寄指鵬鷃。鵬以營生之路曠，故失適於體外；鷃以在近而笑遠，有矜伐於心內。至人乘天正而高興，游無窮於放浪，物物而不物於物，則遙然不我得；玄感不為，不疾而速，則逍然靡不適。此所以為逍遙也。若夫有欲當其所足，足於所足，快然有似天真，猶飢者一飽，渴者一盈，豈忘烝嘗於糗糧，絕觴爵於醪醴哉？苟非至足，豈能以逍遙乎？（《世說新語．文學》注引）

由此可見，支遁所講的逍遙，乃在於一種心理的超脫境界。他認爲大鵬「失適於體外」，小鷃「矜伐於心內」，一爲外物所累，一爲內心所累，都不得逍遙。只有「至人」「物物而不物於物」，能主動地處置物而不為物所累，因此他的心理狀態可以是無我（「不我得」）和無物（「靡不適」，不為外物所礙），可以「乘天正而高興，游無窮於放浪。」所以支遁說：「逍遙者，明至人之心也。」心是什麼呢？心就是神，所以支遁說：

夫至人也，覽通羣妙，凝神玄冥，靈虛響應，感通無方。……神何動哉？以之不動，故應變無窮。（〈大小品對比要鈔序〉）

這種持神之說，當然是不符合般若空宗的講法的。然而支遁在這裡也似乎悟出了識神性空的道理。他講「靈虛」、「守谷神以存虛」，講「無心」，「明佛之始有，盡羣靈之本無」（同上）等等，認為心靈是「虛」的是「本無」的，並認為正是「賴其至無故能為用」（同上）。支遁這樣講神，顯然不同於前人不講「靈虛」的靈魂不滅說，在這裡他是受到了般若性空學說影響的。最後，支遁在〈逍遙論〉中，還用這一心理解脫的逍遙義，批評了向、郭足性逍遙說。他指出足其所欲，似乎是天眞快樂，然而欲是沒有盡頭的，好比飢時一飽，渴時一盈，然而這樣豈能忘掉「蒸嘗於糗糧」，絕觴爵於醪醴美酒嗎？這顯然是不能的。因此追求足性是不可能得到滿足和逍遙的。在這裡支遁要人們遠離物質的欲望，追求所謂精神解脫的逍遙，自然要比追求物欲顯得高雅得多，以此勝過了向、郭一籌，所以當時「名賢」們也就拋棄了向、郭義，「遂用支理」。從這裡我們可以明顯地看到，支遁所討論的問題，完全是向、郭派玄學討論的同一問題，即人怎麼能達到解脫，實現「逍遙」的問題。這種問題其實並不是佛教本來討論的問題，支遁只是用玄學所講的「至人」逍遙來比附「佛」而已。在這裡支遁的思想可以說仍是屬於玄學的範圍的。他儼然是一位晋代的「名士」。

至於至人怎麼能做到「物物而不物於物」，做到「靈虛」、「無心」呢？支遁「追蹤馬鳴，躡影龍樹」，開講《道行般若》，又著〈道行旨歸〉顯係是一位般若學的研究者，他所著的〈即色游玄論〉（或〈即色論〉），大概就是為了以佛教般若空觀的哲學上來解答上述問題的。慧達《肇論疏》說：

> 第二解即色者，支道林法師〈即色論〉云：吾以為即色是空，非色滅空。此斯言至矣。何者？夫色之性，色不自色（不自色三字據湯用彤先生校增），雖色而空，如知不自知，雖知恆寂也，彼明一切諸法，無有自性，所以故空。不無空此不自之色，可以為有，……。

吉藏《中觀論疏》說：

> 次支道林著《即色游玄論》，明即色是空，故言即色游玄論，此猶是不壞假名，而說實相。與安師本性空，故無異也。（《中觀論疏》卷第二末）

《世說新語・文學篇》注引《支道林集》的〈妙觀章〉文則說：

> 夫色之性也，不自有色。色不自有，雖色而空。故曰：色即為空，色復異空。

以上三種講法，思想基本相同。支遁主張即色空義，即認爲色之性「不自有色」，色（指一切現象包括物質的和精神的）都不能自己成爲色，所以「雖色而空」，但並不是說色本身不存在。那麼爲什麼說「色不自色」的呢？據安澄說：「正以因緣之色，從緣而有，非自有故，即名爲空，不待推尋破壞方空，即言夫色之性不自有色，色不自有，雖色而空。」（《中論疏記》卷第三末，《大正藏》六十五卷九十四頁）由於色是因緣所生，而不能自生，所以說它本性爲空，爲此吉藏說他與道安性空宗無異。實際上支遁講的是色即是空，並不講「本末有無」之分，道安主「無」爲本「有」爲末，有之性空，顯然是與支遁思想不一樣的。既然即色是空，所以可以即色以游玄（「玄」即控「空」），可以「無物於物，故能齊於物；無智於智，故能運乎智。是故夷三脫於重玄，齊萬物於空同。」（〈大小品對比要鈔序〉）如此至人就能達到「物物而不物於物」，「遙然不我得，……逍然靡不適，游心於逍遙」了。既然即色游玄，玄即是空，所以至人「無智於智，故能運乎智」，爲此支遁作有〈聖不辯知論〉一文，（但書已佚，具體內容已不得而知）其思想大概就是講的聖人「靈虛」、「無心」、「無智於智」的道理的。

以上就是支遁採用的「色無自性」、「因緣所生」、「即色是空」的一套佛教即色空義的思想，用來論證玄學中所講的至人逍遙的問題，即所謂即色游玄的道理，其玄學的味道仍然是很濃的。這種哲學的實質顯然是唯心主義的，它用掏空物質世界的做法，把「色」當作是沒有物質自性的現象，從而把一切物質世界的現象（「色」）說成是「空」的，以此爲它的佛教出世主義作佐證的。

三、郗超述即色空義

郗超，字景興，一字嘉賓，高平金鄉（今山東金鄉）人。生卒年不可詳考。父郗愔「棲心絕谷，修黃老之術」（見《晉書．郗超傳》），事天師道。而超奉佛，性好施捨。曾任征西大將軍椽，參軍，散騎侍郎，中書侍郎，司徒左長史等職。並好交遊士林，善談論。時「沙門支遁以清談著名於時，風流勝貴莫不崇敬，以爲造微之功，足參諸正始（指何晏王弼）。」（同上）而支遁則「常重超（即郗超），以爲一時之儁，甚相知賞。」（同上）郗超更是稱道支遁爲「神理所通，玄拔獨悟，數百年來，紹明大法，令眞理不絕，一人而已。」（《高僧傳．支遁傳》）郗超支遁互相推崇備至。在思想上，郗超則主支遁的即色空義。據《高僧傳》記載說：

（於法開）每與支道林爭即色空義，盧江何默申明開難，高平郄超宣述林解，並傳於世。

（《高僧傳・於法開傳》）

在這裡，郄超究竟是怎樣「宣述林解」的，由於書簡所缺已不得而知。郄超的著作有：

〈本無難問〉 竺法汰難郄答，往返五首。

郄〈與法濬書〉

郄〈與開法師書〉

郄〈與支法師書〉

〈奉法要〉

〈通神咒〉

〈明感論〉

〈論三行上〉

〈敘通三行〉

郄〈與謝慶緒書〉，往返五首

〈論三行下〉

郄〈與傅叔玉書〉，往反三道

〈全生論〉

〈五陰三達釋〉（以上均見《祐錄》載陸澄《法論目錄》）

〈支遁序傳〉

〈東山僧傳〉（以上見《高僧傳》）⑦

但這些著作已大多佚失，現存的僅有〈奉法要〉一文，收集在《弘明集》中。現根據〈奉法要〉一文來研究郄超的思想。

〈奉法要〉是一篇宣揚佛教基本教義和戒律的通俗論文，其中主要宣揚了因果報應說、神不滅說和空有說等。

〈奉法要〉認爲：「生死因緣癡爲本，一切諸著，皆始於癡」，而癡的根源在於貪欲之心。「凡慮發於心，皆念念受報。雖事未及形，而幽對冥構。」因此「罪福之於逆順，固必應而無差者也。」今生作業，來生受報，雖說今生未見效驗，而來世卻能得到證明。所以說：「至於考之當年，信漫而少徵。理無愆違，而事不恆著，豈得不歸諸宿緣，推之來世邪？是以有心於理者，審影響之難誣，廢事證而冥寄。達天網之宏疏，故期之於靡漏；悟運往之無間，混萬劫於一朝；括三世而玄同，要終歸於必至。豈以顯昧改心，淹遠革慮哉？」這就是說，因果報應有著必然之符，是不可懷疑的。「理本於心，而報彰於事。猶形正影直，聲和響順，此自然玄應，孰有爲之者哉？」因果報應是自然之理，並不需要有什麼造「爲之者」。

郄超的這一番論說顯然是十分錯誤的，形影聲響是自然界的必然之理，然而因果報應是佛教徒們虛構的產物，是自然界上不存在的東西，那末也就不能用自然存在的現象來證明自然界上根本不存在的虛構的東西。

〈奉法要〉還論證了神不滅說，並以此說作爲它宣揚因果報應說的理論依據。爲此〈奉法要〉對佛教的「無我」說作了新的解釋，認爲「無我」就是「非身」，並認爲「非身」就證明了「神不滅」。文中說：「神無常宅，遷化靡停，謂之非身。」「非身」是指無有形體之身，而有神我的存在。形體之身只是神的暫時的住宅，形體之身可滅，而神則不滅可「遷化靡停」。因此，一個人只要使自己的心神，能夠做到「衆念自廢」，「廢則有忘，有忘則緣絕。緣報既絕，然後入於無生。既不受生，故能不死。」所謂無生不死，就是不再受報，超脫生死輪迴，進入了佛教所說的泥洹境地。在這裡，郄超是把神不滅說，當作是佛教因果報應和泥洹（涅槃）成佛說的思想基礎的。這種思想後來又得到了廬山慧遠的進一步的發揮。

〈奉法要〉最後討論了空有問題，郄超說：

夫空者，忘懷之稱，非府宅之謂也。無誠無矣，存無則滯封；有誠有矣，兩忘則玄解。然則有無由乎方寸，而無繫於外物。器象雖陳於事用，感絕則理冥，豈滅有而後無，階損以至盡哉？由此言之，有固非滯，滯有則背宗。返流歸根，任本則自暢。是以開士深行，統以一貫。

這即是說，空並不是有個府宅那樣的空存在，而是「忘懷之稱」，所以「存無則滯封」；有誠然是有的，器象已陳於事用，但忘懷即爲空。所以有無的關係不在外物，而在於方寸之心。爲此郄超引《維摩詰經》說：「一切諸法，從意生形」。即是說，有無存於意念，「念起而有，慮息則無」。主張有無出於心，這顯然是唯心主義的。在這裡郄超似乎是主張一種無心或空心說，認爲有無兩忘即爲空，並不是滅掉了有的存在之後有個空的存在。最後結論是：「悟四色之無朕，順本際而偕廢，審衆觀之自然，故雖行而靡迹。」這是對即色爲空的一種新解，似與支道林的即色空義並不一致。至於郄超的有無兩忘的思想，又似與支道林所講的「靈虛」「無心」思想相接近。

第四節 法溫、道恆、支愍度與心無宗的佛教思想

心無宗，以法溫、道恆、支愍度等為代表。心無宗在般若學中標新立異，當時也頗有影響。般若學各宗一個共同特點是要掏空現實的物質世界。例如：本無宗宣稱萬法本性空寂，把無當作世界的本體；即色宗標榜色無自性，即色是空；識含宗講三界為夢幻；幻化宗講世諦法為幻化；緣會宗講諸法緣會故有，無有實體，有名無實等⑧。然而幻化宗又主張心神為實有，即色宗亦持存神之義，不過講「靈虛」、「不物於物」而已。所以當時的般若學所要空的是物質世界，心神可以不空（這與《般若經》思想當然有差異），其唯心主義的立場是十分鮮明的。心無宗則背叛了這一唯心主義立場，而主張空心不空物，帶有了唯物主義的傾向，從而它獨樹一幟，成為了般若學中的異端反對派。

關於法溫、道恆、支愍度的生平事迹，我們知道得都很少。吉藏《中觀論疏》說：「溫法師用心無義」，但這位溫法師究竟是誰不得而知，查《高僧傳．竺道潛傳》說：「竺法蘊，悟解入玄，尤善《放光般若》，為潛（法深）之神足」。溫法師恐即是這位竺法蘊，為法深之弟子，亦是一位般若學者。關於道恆的事迹，《高僧傳．道祖傳》說：

又有法幽、道恆、道授等百有餘人，或義解深明，或匡拯眾事，或戒行清高，或禪思深入，並振名當世，傳業於今。

這裡的道恆似爲慧遠弟子，但《高僧傳．竺法汰傳》卻記載了一段慧遠與道恆辯論的事。《僧傳》說：

時沙門道恆，頗有才力，常執心無義大行荊土。汰（竺法汰）曰：「此是邪說，應須破之。」乃大集名僧，令弟子曇壹難之，據經引理，析駁紛紜，恆拔其口辯，不肯受屈，日色既暮，明旦更集。慧遠就席，攻難數番，關責鋒起，恆自覺義途差異，神色微動，麈尾扣案，未即有答。遠曰：「不疾而速，杼柚何為。」坐者皆笑，心無之義，於此而息。（《高僧傳．竺法汰傳》）

法汰是道安同學，慧遠是道安的高足弟子，都是一代名僧，他們一會兒大集名僧派弟子攻難，一會兒又親自出馬，迫使道恆受屈，眞可謂興師動眾，不遺餘力，視心無義爲佛門大敵，非把它置於死地不可。由此可見，佛教唯心主義與唯物主義是勢不兩立的。至於與慧遠辯論的道恆是否就是〈道祖傳〉所說的道恆已不得而知。如果〈道祖傳〉說的道恆確是慧遠弟子，則不可能持心無之義與慧遠辯論，或者也可能是道恆在與慧遠論辯失敗之後，放棄心無義，而投向慧遠門下的。究竟是何，我們已不可妄斷了。

創立心無宗的第一人，據《世說新語》所記則是支愍度。《世說新語．假譎篇》說：

> 愍度道人始欲過江，與一倫道人為侶，謀曰：「用舊義往江東，恐不辦得食。」便共立心無義。既而此道人不成渡。愍度果講義積年。後有倫人來，先道人寄語云：「為我致意愍度，無義那可立，治此計權救飢爾，無為遂負如來也。」

支愍度與一倫道人（吳人以中州人爲倫人），爲了過江後能「辦得食」，而共立心無新義的。依倫道人的說法，他也是知道心無義是不符合佛教教義的，不過是爲了權救飢爾。看來愍度與這位倫道人並不是富僧，而是比較貧寒的僧侶下層人物，所以他們也就敢倡違背佛教的異說，用標新立異的辦法吸引人們，辦得吃食的。至於支愍度的生平，亦不可考。據《高僧傳．康僧淵》說：

> 康僧淵，本西域人，生於長安，貌雖梵人，語實中國，容止詳正，志業弘深，誦《放光》《道行》二般若，即大小品也。晉成之世（晉成帝於公元三二六年至三四二年在位），與康法暢、支敏度（即支愍度）等，俱過江。

由此可見，《世說新語》所說支愍度往江東之事，是確實的。《僧傳》又說：「敏度（即愍度）亦聰哲有譽，著傳譯經錄，今行於世。」支愍度還是一位聰明有聲譽的人，曾經著有傳譯經錄，但他的著述已佚，其具體的思想已不得而知。

心無宗的思想留下的史料很少，只有吉藏的《中觀論疏》，慧達的《肇論疏》和安澄的《中論疏記》中，講到法溫的心無義思想，因此我們研究心無宗思想只能依據這些零星的材料來加以研究。《中觀論疏》云：

溫法師用心無義。心無者，無心於萬物，萬物未嘗無，此釋意云，經中說諸法空者，欲令心體虛妄不執，故言無耳，不空外物，即外物之境不空。（吉藏《中觀論疏》卷第二末）

這就是說，所謂心無，就是要使心體不執虛妄之想，使其無心於萬物。因此這種「心無」與即色宗所說的「靈虛」、「無心」不同。前者認爲「無心於萬物，萬物未嘗無」，心空物不空；後者認爲色即是空，可以即色游玄，兩者是根本不同的。一者帶有唯物主義傾向（當然「無心於萬物」也是不對的，心總是反映事物的），一者是否定客觀物質世界的唯心論思想。很明顯，心無宗是大大違背了大乘般若空觀的基本宗旨的。所以這一學派當時就遭到了法汰、慧遠等僧侶們的猛烈攻擊，視爲異端邪說，也是很自然的事。

慧達《肇論疏》和安澄的《中論疏記》關於心無宗的思想，則記載得比較詳細一些。《肇論疏》中說：

竺法溫法師心無論云：夫有，有形者也。無，無象者也。有象不可言無，無形不可言有。而經稱色無者，但內止（止原作正字，據湯用彤先生說改）其心，不空外色。但內停其心，令不想外色，即色想廢矣。

安澄《中論疏記》也說：

心無論云：夫有，有形者也；無，無象者也。然則，有象不可謂無，無形不可謂有。是故有為實有，色為真色。經所謂色為空者，但內止其心，不滯外色。外色不存，余情之內非無如何。豈謂廓然無形，而為無色乎?!（《大正藏》六十五卷九十四頁）

從這兩段話中我們可以看出，心無義確是有唯物論思想的。「有，有形者也；無，無象者也。」有，指有形的東西，無指無有形象的東西。有象不可謂無，無形不可謂有。有形有象的東西都是客觀存在的事物，就不可稱爲「無」，只有無形無象不存在的東西才能稱作爲「無」。那麼外色也就不是空的，而是實有的（「有爲實有，色爲眞色」）。但爲什麼佛經中又稱色無呢?乃在於內停其心，令不想外色，而外色並不是空，所以說是「心無」而「萬物未嘗無」。這就明確地論證了物質世界的客觀實在性，從而與般若空觀的唯心論直接對立了起來，所以他們遭到佛教唯心論的圍攻是必然的。同時正由於它是當時般若學的異端，因此它實際上也是當時玄學貴無論思想的反對派。所以它與本無、即色等宗實行佛教玄學化是有著本質上的不同的。但從某種意義上來說，它倒是與向秀郭象的玄學崇有派很可能有一定的聯繫。向秀主張「無心而隨變」（《列子·黃帝》張湛注引），郭象則提出「無心以順有」（《莊子·大宗師》）的思想。向、郭兩人都承認「萬有」的存在，又都主張「無心」說。以此佛教心無宗提出了空心不空物的思想，從而給唯物主義留下了一定的地盤。

第五節 于法開與識含宗的佛教思想

識含宗的主要代表人物爲于法開，《僧傳》記載說：

于法開，不知何許人，事蘭公（即于法蘭）為弟子，深思孤發，獨見言表，善《放光》及《法華》。（《高僧傳·于法開傳》）

由此可見，于法開善《放光經》而「深思孤發」，亦是一位專研般若學的人。並且還「妙通醫法」，爲人治病。《僧傳》說：

（開）嘗乞食投主人家，值婦人在草危急衆治不驗，舉家遑擾。開曰：「此易治耳」。主人正宰羊，欲為淫祀。開令先取少肉為羹，進竟，因乞針之，須臾羊膜裹兒而出。

又說：

晉升平五年（西元三六一年東晉穆帝在位），孝宗（應是穆帝）有疾，開視脈，知不起，不肯復入。康獻後令曰：「帝小不佳，昨呼於公視脈，但到門不前，種種辭憚，宜收付廷尉。」俄而帝崩，獲免。

可見他的醫術是很高明的。後「還剡石城，續修元華寺，後又移住「白山靈鷲寺」。並「每與支道林爭即色空義。廬江何默申明開難，高平郄超宣述林解，並傳於世。」但于法開究竟是如何駁難支道林即色空義的，由於史料已佚不得而知。據《高僧傳》說，于法開還曾有過令其弟子法威難支道林講小品的事：

開有弟子法威，清悟有樞辯。……開嘗使威出都，經過山陰，支遁正講《小品》。開語威言，道林講，比汝至，當至某品中，示語攻難數十番，云此中舊難通。威既至郡，正值遁講，果如開言，往復多番，遁遂屈。

于法開令法威難支遁講《小品》事，不知是否是事實。不過《世說新語．文學篇》亦有這樣的記載：

于法開始與支公爭名，後精漸歸支意，甚不忿，遂遁迹剡下，遣弟子出都，語使過會稽，於時支公正講小品。開戒弟子，道林講，比汝至，當在某品中。因示語攻難數十番，云舊此中不可復通。弟子如言詣支公，正值講，因謹述開意，往返多時，林公遂屈，厲聲曰：「君何足復受人寄載！」

按《世說新語》的說法，於法開與支遁有兩次辯論：第一次是支遁勝利了，于法開「遂遁迹剡下」；第二次是于法開授意自己的弟子「出都過會稽」難支遁講小品經，這一次是于法開勝利了，「遁（支遁）遂屈」。由此可見，於法開與支遁一樣，亦是一位善辯的人。所以「〈名德沙門題目〉曰：『于法開才辨縱橫，以數術弘教。』」（《世說新語．文學篇》注引）至於〈高逸沙門傳〉曰：「法開初以義學著名，後與支遁有競，故遁居剡縣，更學醫術。」（同上）這大概就是于法開與支遁第一次辯論失利之後的事。

哀帝時（西元三六二年至三六五年在位），累被徵詔，「乃出京講《放光經》，凡舊學抱疑，莫不因之披釋。」（《高僧傳．于法開傳》）又于法開與謝安、王文度等，「悉皆友善」。年六十，卒於山寺。

于法開的佛教思想，保存下來的史料很少。據《中觀論疏》說：

> 于法開立識含義：三界為長夜之宅，心識為大夢之主。今之所見羣有，皆於夢中所見。其於大夢即覺，長夜獲曉，即倒惑識滅，三界都空。是時無所從生，而靡所不生。（吉藏《中觀論疏》卷第一末）

安澄《中觀疏記》所述開義與此略同，並稱于法開著有〈惑識二諦論〉云：

> 《山門玄義》第五云，第四于法開者著〈惑識二諦論〉曰：三界為長夜之宅，心識為大夢之主。若覺三界本空，惑識斯盡，位登十地。今謂以惑所睹為俗，覺時都空為真。（《大正藏》六十五卷《中論疏記》）

從上面的記述來看，于法開主張三界爲夢幻，羣「有」爲夢中所見之物，虛妄不實。若長夜獲曉，大夢既覺，倒惑識滅，則三界都空。所以現實的世界並不是客觀存在的，而是夢識所造的產物（「心識爲大夢之主」）。很明顯，這是一種唯心主義的哲學思想。三界爲心識所造，故所以稱之爲「識含宗」。

第六節　道壹與幻化宗的佛教思想

幻化宗以道壹爲主要代表。吉藏《中觀論疏》說：

壹法師云：世諦之法，皆如幻化。是故經云，從本已來，未始有也。

安澄《中論疏記》則說：

《玄義》云：第一釋道壹著〈神二諦〉云：一切諸法，皆同幻化，同幻化故名為世諦。心神猶真不空，是第一義。若神復空，教何所施？誰修道？隔凡成聖，故知神不空。

這即是說，幻化宗認爲，世諦之法，皆如幻化，是虛妄不實的是空的，但心神不空是眞實的，爲眞諦第一義諦。如果心神爲幻而不實的話，那麼佛敎的敎化就不能實施，修道成聖（成佛）也就談不上了，所以心神必需爲實有。這一講法，實是主張心神爲實有的一種主觀唯心主義思想，也是違背了般若空觀的物我兩空的思想的。其思想特點是把心神不空與隔凡成聖即成佛的思想聯繫）起來。

至於道壹法師究竟是何許人呢？查《高僧傳．竺道壹傳》說：道壹，俗姓陸，吳人，少出家，「貞正有學業，而晦迹隱智，人莫能知」，「瑯玡王珣兄弟深加敬重」。晉太和中（西元三六六年至三七一年爲太和年間），到建業，住瓦官寺，從法汰受學，「數年之中，思徹淵深，講傾都邑」。法汰另有一弟子叫曇壹的，「亦雅有風操」。時人呼曇壹爲大壹，而稱道壹爲小壹，皆爲時論所宗。後道壹爲簡文帝所重（西元三七一年至三七二年簡文帝在位），及帝崩，汰亦死，道壹乃還止虎丘山，「閒居幽阜，晦影窮谷」。後又東適耶溪，與帛道猷相會，「於是縱情塵外，以經書自娛。」郡守瑯玡王薈，於邑西造嘉祥寺，「以壹之風德高遠，請居僧首」。道壹爲寺造金牒千像。道壹「既博通內外，又律行清嚴」，四方僧尼，「咸依附諮稟」。晉隆安中（西元三九七年至四〇一年爲隆安年間），迂疾而卒，時年七十一，葬於虎丘山南。其弟子有道寶等人（見《高僧傳》）。

第七節　于道邃與緣會宗的佛教思想

緣會宗以于道邃爲主要代表。吉藏《中觀論疏》說：

安澄《中論疏記》則說：

> 第七于道邃，明緣故有，名為世諦。緣散即無，稱第一義諦。《玄義》云，第七于道邃者《緣會二諦論》云，緣會故有，是俗。推折無，是真。譬如土木合為舍，舍無前體，有名無實。故佛告羅陀，壞滅色相，無所見。

這即是說，于道邃的緣會宗認爲，萬法皆爲因緣和合故有，猶如土木合爲屋舍，但舍實無體，土木拆散則無舍（「緣散即無」），所以說萬法有名無實。這種以緣會說空的思想，基本上是來源於《般若經》的。緣會宗看到了萬物之間的聯繫，事物的產生必須具有一定的原因與條件，就這點來說，緣會說是有其合理的因素的。但決不能以此而認爲事物（「萬法」）是空而不實的。事物產生的條件與原因是實在的，事物的存在也是客觀實在的，決不能以「緣會」之故而否定事物的客觀實在性。所以緣會宗的思想，從根本上說，則是錯誤的。

于道邃又爲何許人呢？《高僧傳》中有〈于道邃傳〉。據《僧傳》說：于道邃，敦煌人，少失雙親，「叔親養之」。年十六出家，師事于法蘭⑨，「學業高明」，內外兼綜，並善方藥（與于法開相似）。竺法護嘗稱「邃高簡雅素，有古人之風。若不無年，方爲大法梁棟矣。」後與于法蘭俱過江，「性好山澤」，「遊履名山」，「未嘗以塵迹經抱」。最後隨于法蘭遠適西域，不幸於交阯遇疾而卒，時年僅三十一歲。支遁著銘贊曰：「英英上人，識通理淸，朗質玉瑩，德音蘭馨。」（《高僧傳・于道邃傳》）孫綽則以邃比玄學家阮咸。「或曰：『咸有累騎之譏，邃有淸冷之譽，何得爲匹？』孫綽曰：『雖迹有窪隆，高風一也。』」（同上）其〈喻道論〉云：「近洛中有竺法行，談者以方樂令；今江南有于道邃，識者以對勝流；皆當時共所見聞，非同志之私譽也。」（同上）爲時所重，可想而知。

結語

綜上所述，我們可以看到，西晉至東晉中期的般若學，除了識含、幻化、緣會影響較小的三家之外，不論其影響最大的道安本無宗（包括琛法師的本無異宗），還是標新義於向、郭之外的支遁即色宗，其哲學思想基本上是屬於玄學的性質的。就連被一般佛教徒斥爲異端邪說的心無宗，也或多或少地與玄學有著密切的聯繫。它們大都是以玄學解佛學，並沒有能多少脫出玄學的範圍。這說明當時的佛教，尚在玄學的羽翼下發展，尚沒有能形成自己獨立的哲學體系，還只能依附於玄學才能得到發展。這固然是整個時代思潮所影響的結果，但也是外來文化必須融化於本民族文化之中才能獲得生存與發展的表現。當然也應看到，當時佛教的大乘空宗哲學剛剛傳入，人們對它尚缺乏深入的了解，還只能以「格義」的方法，用外典來擬配佛經，也就不能不用玄學來解釋佛教大乘的空宗哲學。這是佛玄結合或稱佛教玄學化的最初階段。這種結合，只能偏重於玄學，而不能偏重於佛學。這種情況只是到了佛玄結合的第二階段，即羅什入關以來，玄學與三論學結合之後，才開始起根本上的變化，即突出了佛教哲學的固有特點，玄學的性質才能減弱。

註釋

①佛圖澄，西域人，本姓帛氏，少出家，以晉懷帝永嘉四年（三一〇年）至洛陽，善誦神咒，爲神異之術。後爲石勒石虎所崇敬，卒於晉穆帝永和四年（三四八年），「春秋一百一十七歲。」（事見《高僧傳．竺佛圖澄傳》）

②道安著作目錄可參閱郭朋著《漢魏兩晉南北朝佛教》第三七八～三八〇頁，以及劉建國著《中國哲學史史料學概要》第三五五～三五七頁。

③僧叡把道安的性空宗說成是六家之外的一宗，其實道安的性空宗應屬於本無家的一宗，並不在六家之外。這是弟子僧叡有意抬高其老師的地位而已。

④張湛約生活於西元三三〇年至四〇〇年之間，與道安（西元三一一年至三八五年）同時稍晚。

⑤《世說新語．文學篇》：「法汰師云，六通三明同歸正異名耳。」劉孝標注說：六通指天眼通、天耳通、身通、它心通、宿命通、漏盡通，三明指現在心之明，過去心之明，未來心之明。天眼、天耳、身通、它心、漏盡五通皆現在心之明，宿命則爲過去心之明，天眼發未來之智，亦爲未來心之明。六通三明，同歸而異名。據此說法，法汰似乎主張以心爲根本，並不屬本無宗。

⑥道壹的佛教思想屬六家七宗中的幻化宗，其具體思想我們將在本章第六節中闡說之。

⑦參見湯用彤先生《漢魏兩晉南北朝佛教史》上册第一八三頁。

⑧關於識含宗、緣會宗、與幻化宗的思想，分別將在本章的第五、六、七三節中討論之。

⑨于法蘭，《高僧傳・于法蘭傳》說：于法蘭，高陽人。十五出家，「諷研經典」，年二十「道振三河，名流四遠」。性好山泉，多處巖壑。後聞江東山水，剡縣最奇，「乃徐步東甌」，「居於石城山足」。後欲赴西域遠尋經典，至交州遇疾而卒。孫綽〈道賢論〉以于法蘭比阮嗣宗。其論云：「蘭公遺身，高尚妙迹，殆至人之流；阮步兵傲獨不羣，亦蘭之儔也。」其弟子有于法開、于道邃等人。

第三章 姚秦時代的三論學

大乘般若空學，在印度發展到西元二～三世紀左右，產生了龍樹的中觀學。龍樹著《中論》、《十二門論》等，其弟子提婆著《百論》，也進一步發展了般若空觀。《中論》青目釋：

> 佛滅度後五百歲，像法中人根轉鈍，深著諸法，求十二因緣、五陰、十二入、十八界等決定相，不知佛意，但看文字，聞大法中說畢竟空，不知何因緣故空，即生見疑。若都畢竟空，云何分別有罪福報應等。如是則無世諦第一義諦，取是空相而起貪著，於畢竟空中，生種種過。龍樹菩薩，為是等故，造此《中論》。（《中論．因緣品》釋）

這是講的龍樹造作《中論》的緣起，認爲當時人們先是把一切法皆當作實有，求諸法之決定相（如小乘一切有部之說即如是），後來人們又不懂得大乘法中所說的畢竟空義，因此於空相上起貪著，不了解世諦與第一義諦的道理，只知有空，不知尚有「有」，爲了克服人們思想上的這些毛病，爲此龍樹宣揚起「非有非無」，不偏不倚，不落兩邊的中道哲學，以調和空有兩者的關係，調和世諦（世俗的見解）與眞諦（佛教的眞理）兩種見解的矛盾。正如《中論・觀四諦品》中說：

眾因緣生法，我說即是空，亦為是假名，亦是中道義。

這就是有名的所謂龍樹三是偈，靑目對此解釋說：

眾因緣生法，我說即是空。何以故？眾緣具足和合而物生，是物屬眾因緣故無自性，無自性故空。空亦復空，但為引導眾生故，以假名說，離有無二邊，故名為中道。是法無性故，不得言有；亦無空故不得言無。

這即是說，從眞諦（或稱第一義諦）看，物無自性，因緣和合而生故非有；但既已和合而生，以假名說（即從俗諦看），又不得言無，應是非無。這就叫做離有無二邊的中道義。這是一種十分精致的哲學，似乎它調和了佛教的見地與世俗見地的矛盾。從而使得這種「非有非無」的思辯哲學也就要比那種只講一切皆空，不講「非有非無」的思想來要巧妙得多，深奧得多，所以龍樹的中觀哲學曾經在印度盛極一時。

自我國漢地般若學的主要代表人物道安，去世後十六年，即後秦弘始三年（西元四〇一年），西域龜茲佛學大師鳩摩羅什至長安。羅什博通三藏，尤重般若三論，對龍樹的中觀學頗有造詣，爲西域一代佛學的首領。羅什至長安後，在後秦國主姚興的大力支持下，譯出《中論》、《百論》、《十二門論》、《大智度論》等，自此中觀三論（或加《大智度論》稱四論）傳入漢地。羅什門下學生衆多，深得三論之學的首推僧肇，他著有《肇論》一書闡發《般若》、《三論》之義，被後人稱爲我國漢地三論學之鼻祖。羅什、僧肇的三論學，把道安時代的般若空學推進到了一個新的發展階段，在我國佛教哲學發展史上，占有著重要的地位。它上承道安時代的般若空學，下開南朝與隋唐時期的三論學，其影響遠及到天台宗，乃至禪宗的思想。

第一節　鳩摩羅什的佛敎思想

我國是一個多民族的國家，光輝燦爛的中華民族的文化，就是由我國各兄弟民族共同創造出來的。我國中世紀昌盛起來的佛敎文化就是一個明顯的歷史見證。佛敎之所以能廣被東土，傳入我國的漢地，中間是經過了中國當時的西域各兄弟民族的介紹而漸入內地的。其時西域龜茲國名僧鳩摩羅什在其中起到了很重要的作用。印度龍樹中觀的三論學就是經由羅什的介紹，而在我國漢地得到廣傳的。

一、鳩摩羅什的生平與譯述

鳩摩羅什，漢云童壽，一名鳩摩羅耆婆，當時西域「制名多以父母為本，什父鳩摩炎，母字耆婆，故兼取為名焉。」（《高僧傳初集．鳩摩羅什傳》，以下凡引此文不再注出處）龜茲國（今新疆維吾爾自治區莎車地區）人，其父鳩摩炎，原為天竺人，「家世國相」，「將嗣相位，乃辭避出家，東度葱嶺」，至龜茲國，「請為國師」。其母耆婆，為龜茲國王妹，「年始二十，才悟明敏，過目必解，一聞則誦」，「諸國聘之，並不肯行」，「及見摩炎，心欲當之，乃逼以妻焉。」羅什生於西元三四四年，卒於四一三年，年七十。據《高僧傳》：「什死年月，諸記不同，或云弘始七年（西元四〇五年）。或云八年（四〇六年），或云十一年（四〇九年）。尋七與十一，字或訛誤，而譯經錄中，猶有十一年者，容恐雷同三家，無以止焉。」如以弘始十一年計，則羅什應卒於四〇九年。然而鳩摩羅什親授弟子僧肇所作〈鳩摩羅什法師誄〉中說：「（羅什）癸丑之年，年七十，四月十五日薨於大寺，嗚呼哀哉！」查後秦姚興弘始年間的癸丑之年為弘始十五年（四一三年）。僧肇師事羅什，為什門高足，所作誄文自然可信。以此羅什卒年應以誄文為準。

什母「深帷苦本」，「樂於出家」，「定求離俗，誓至落髮」。後即受戒，受業禪法。羅什自小在其母影響下，七歲即出家「從師受經」，「日誦千偈」，「凡三萬二千言」。九歲隨母至罽賓（今喀什米爾地區），遇名德小乘法師盤頭達多，什即師事達多，「從受雜藏，中長二含，凡四百萬言」，並折伏外道論師，於是深得罽賓王尊崇，自此名播西域。年十二，羅什隨母還龜茲，「諸國皆聘以重爵，什並不顧。」後又至沙勒國，國王「設大會，請什升座說轉法輪經」。時遇莎車大乘名僧須利耶蘇摩，蘇摩「才技絕倫，專以大乘爲化」，「羅什宗而奉之」。蘇摩爲什說阿耨達經，講「陰界諸入，皆空無相」，「眼等諸法非眞實有」的大乘空觀的道理，羅什於是「研覈大小（乘）往復移時」，「方知理有所歸，遂專務方等」，棄小乘而從大乘。「受誦中、百二論，及十二門論」等。後又在溫宿國論勝外道，什名更盛，「聲滿葱左，譽宣河外」。龜茲王於是躬往溫宿，迎什還國，是後什母遠離本國辭往天竺。羅什則留住龜茲，誓志宏法「東土眞丹」，並立志云：「大士之道，利彼忘軀。若必使大化流轉，能洗悟矇俗，雖復身當爐鑊，苦而無恨。」

羅什「道流西域，名被東國。」時苻堅稱號關中，西域前部王與龜茲王第等前來朝堅，並請兵往定，以求內附。堅聞西域有鳩摩羅什大德，而欲求之，於是於建元十八年（西元三八二年）遣將軍呂光、姜飛等率兵西伐。臨發堅餞光於建章宮，稱：「帝王應天而治，以子愛養蒼生爲本，豈貪其地而伐之，正以懷道之人故也。朕聞西國有鳩摩羅什，深解法相，善閑陰陽，爲後學之宗，朕甚思之，賢哲者國之大寶，若剋龜茲，即馳驛送什。」呂光破龜茲得羅什，然見其年少「未測其智量」，乃以凡人待之，並強妻以龜茲王女。後呂光回軍涼州，聞苻堅已爲姚萇所害，於是光潛號關外。光卒，其子襲位。而「什停涼積年，呂光父子既不弘道，故蘊其深解，無所宣化。」

繼苻堅之後，姚萇、姚興父子稱號關中，崇敬佛法。聞羅什高名，即遣使請什入關，未許。弘治三年（西元四〇一年）姚興發兵伐涼，方得迎什入長安，待之以國師之禮。什住長安西明閣與逍遙園，宏揚佛法。姚興令「沙門僧䂮、僧遷、法欽、道流、道恆、道標、僧叡、僧肇等八百餘人，諮受什旨。」興親執舊經，什手持梵本，以相仇校，譯出大品諸經，其佛教盛況可想而知。正如當時僧肇在給劉遺民書中所說，「秦王道性自然，天機邁俗，城塹三寶，弘道是務。……什法師於大石寺，出新至諸經，法藏淵曠，日有異聞，……貧道一生猥參嘉運遇茲盛化，自恨不睹釋迦祇洹之集，餘復何恨，而慨不得與清勝君子同斯法集耳。」（《肇論》）《高僧傳》則說：「於時四方義士，萬里必集，盛業久大，於今式仰。」羅什譯經甚多，譯出大品、小品、十住、法華、維摩、思益、首楞嚴、小無量壽、新賢劫、禪經、禪法要、十誦律、中、百、十二門論等，凡三百餘卷，爲我國古代佛經的一大翻譯家①。什門弟子甚衆，人才濟濟，最著名的有所謂四聖八俊十哲之稱。四聖：道生、僧肇、道融、僧叡，八俊：道生、僧肇、道融、僧叡、道憑、曇影、慧嚴、慧觀（或云有道恆而無道憑，或云有僧䂮而無道憑）。十哲，則在八俊之外再加道恆、道標兩人。他們各自都在我國佛學史上起到了自己的作用。

二、鳩摩羅什的佛教思想

鳩摩羅什的佛教思想，早期（少年時期）宗奉小乘佛教，後皈依大乘佛教，尤其對於般若三論（指中、百二論與十二門論）有很深的造詣。

羅什七歲出家，即受小乘毗曇學，九歲受學於罽賓國名僧盤頭達多。罽賓當時盛行小乘一切有部之學，主張諸法實有，達多則爲一代小乘名師。羅什十二歲時至沙勒國，誦阿毗達磨發智論，「於六足諸問，無所滯疑」，學習仍屬小乘，並博覽羣書，尋訪外道經書，學四韋陀及五明諸論②，對於陰陽星算亦「莫不畢盡」，豐富了自己的學識。只是到他遇到了莎車國大乘師須利耶蘇摩，受到蘇摩的大乘空觀的教育之後，才棄小從大的。正由於羅什少年時期長期受到小乘一切有部學的薰陶，所以當他聽到蘇摩講「陰界諸入皆空無相」，「眼等諸法非眞實有」時，並不能馬上接受這一大乘空觀，仍然堅執「有眼根」的眞實存在。這種堅持眼根爲實有的思想，實就是帶有唯物主義傾向的小乘一切有部的學說。對此蘇摩以緣起說，即所謂「據因成無實」的說法來論證諸法空相，羅什才「研覈大小，往復移時」，「方知理有所歸，遂專務方等」，轉入大乘，領悟到「吾昔學小乘，如人不識金以鍮石爲妙」的。自此羅什受誦中、百二論及十二門論等，接受大乘龍樹系的中觀哲學。

自後，羅什還國龜茲，宏揚大乘佛法，「推辯諸法皆空無我，分別陰界，假名非實」的空觀學說，並以此啓導自己的老師盤頭達多。《高僧傳》記載了這樣一段當時達多與羅什的很有意思的對話說：

> 什得師（達多）至，欣遂本懷，即為師說《德女問經》，多明因緣空假，昔與師俱所不信，故光說也。師謂什曰：「汝於大乘見何異相，而欲尚之？」什曰：「大乘深淨，明有法皆空；小乘偏局，多滯名相。」師曰：「汝說一切皆空，甚可畏也，安舍有法而愛空乎？如昔狂人，令績師績綿，極令細好，績師加意，細若微塵，狂人猶恨其粗，績師大怒，乃指空曰：此是細縷。狂人曰：何以不見？師曰：此縷極細，我工之良匠，猶且不見，況他人耶？狂人大喜，以付績師，師亦效焉，皆蒙上賞，而實無物。汝之空法亦由此也。」什乃連類而陳之，往復苦至，經一月餘日，方乃信服。師嘆曰：「師不能達，反啟其志，驗於今矣。於是禮什為師，言和尚是我大乘師，我是和尚小乘師矣。」

這一段對話反映了當時大乘中觀學與小乘一切有部學的兩者對立，前者多明因緣空假（即認爲，諸法皆是因緣和合而成，是假非眞故空），後者主張諸法實有，「細如微塵」亦爲實有而非空。這一場論辯很明顯地帶有哲學上唯心主義與唯物主義之爭的性質。經過羅什連類陳之，往復苦至，一月有餘，最後達多的樸素的小乘說爲羅什的精致的大乘中觀學所折服。從此「西域諸國，咸伏什神儁，每至講說，諸王皆長跪座側，令什踐而登焉」，羅什成爲了西域當時一代的大乘名師。

羅什入長安之後，雖說他佛學知識十分淵博，然而其著重宏揚的仍然是般若三論（加《大智度論》亦稱四論）學。羅什在關內首次爲漢地譯出大乘中觀系的《中》、《百》二論與《十二門論》，把中觀學介紹到了漢地。羅什之學特重三論，所以他在長安的著述也多半是宏揚大乘中觀學的。其主要的著作有《實相論》二卷（已佚），《注維摩詰經》（現存僧肇的維摩詰經注中引有此注，但恐不全），《大乘大義章》（羅什與慧遠的書信問答），和《金剛經注》（已佚）等③。由於羅什的著作殘缺不全，我們已經不可能得見其全貌，但從現存的史料來看，他在長安宏揚的大乘中觀學還是很清楚的，其主要思想是：

1. 主非有非無的中觀空學

在三論未傳入漢地之前，一般般若學者，如道安等人，講空有關係，似乎還是把空與有割裂開來講的，有爲現象，空爲本性（本體），因此並不强調空有一如的問題。三論的思想，則與這種講法有所不同。它一面談諸法皆空的「非有」說，一面又講「非無」說，反對所謂斷滅空，認爲諸法因緣和合而生，尙有其「非無」的「假有」的存在。主張有無爲一如，有即無，無即有，眞（眞諦）俗（俗諦）爲不二。因此它聲稱不落兩邊，宣揚非有非無的中道觀。羅什服膺龍樹中觀學，所以亦主「非有非無」的所謂「畢竟空」觀。

首先，羅什從「無常」與「緣起」出發，論證諸法性空說。羅什講「空」爲理宗，認爲大乘佛教最根本的道理，就是要使人們懂得諸法空觀。爲此他說：

> 鄣（即障字）蔽風雨，莫過於舍，滅除眾想，莫妙於空，亦能絕諸問難，降伏魔怨，猶密宇深重，寇患自消，亦云有非真要，時復蹔遊，空為理宗，以為常宅也。（《維摩詰經注》卷六，以下凡引此書，只注卷數，不注書名）

滅除衆想，絕諸問難，降伏魔怨，「莫妙於空」，所以「空」是大乘空宗的根本教義。但爲什麼說諸法是空的呢？羅什說：

> 凡說空，則先說無常，無常則空之初門，初門則謂之無常，畢竟則謂之空……以住時不住，所以之滅。住即不住，乃真無常也。本以住為有，今無住則無有，無有則畢竟空，畢竟空即無常

之妙旨也。故曰：畢竟空是無常義。（卷二）

又說：

俄傾異色，須臾變滅。身亦如是，瞬息之間有少有長，老病死滅，從如沫至如電，盡喻無常也。（同上）

「無常」即是諸法處於須臾變滅之中，如沫如電瞬息變化，沒有永恆不變的東西。而只有不變的東西才能稱「有」（「以住爲有」），然而諸法沒有不變的，所以不能稱「有」，只是「無有」，無有則畢竟空。因此，畢竟空即是無常之妙旨也。諸法無常，萬事萬物都處於變化之中，這是含有合理的辯證法思想因素的，但是把無常說成是「空」，是「無有」，這就否定了事物的客觀實在性，則是佛教唯心主義的說法了。

至於諸法爲什麼成「無常」的呢？羅什認爲，這是由於諸法都是隨緣而生滅的緣故。所以，羅什又從緣起說出發，論證了諸法性空的道理。他說：

法無自性，緣感而起，當其未起，莫知所寄。（卷六）

緣會無實，但假名耳。若得其真相，即於假不迷故。（卷三）

諸法是由因緣和合而成的，因此它們本身沒有實在的本性，而是虛假的東西，所以說：「緣會無實，但假名耳。」其眞相即是空，因此諸法無有自性，而是性空的。

同時，羅什還從諸法是由隨心緣起的說法，來論證物無自性的道理。羅什在《維摩詰經注》卷一中說：

若直明法空，則乖於常習，無所取信，故現物隨心變，則物無定性。物無定性，則其性虛矣。菩薩得其無定，故令物隨心轉，則不思議，乃空之明證，將顯理宗。

直明諸法皆空，這就會與人們的常識相違背，因此不可取信，所以單只是說「法空」是不行的，必須要使人們懂得法無定性，其性虛空的道理。爲此，羅什用心物兩者的關係來證明之。「現物隨心變，則物無定性」，這即是說，萬事萬物都是隨心變現的，心生法生，心滅法滅，心變法變，因此物無定性，其性空也。在這裡，羅什完全顚倒了心物關係，誇大了心的能動作用，其唯心主義是十分明顯的。

其次，羅什從緣起性空說出發，論證了非有非無的畢竟空觀，羅什說：

佛法有二種：一者有，二者空。若常在有，則累於想著；若常觀空，則捨於善本。若空有迭用，則不設二過。（卷六）

如果只講有法，人們就會執著於有，妄生欲念；如果只觀空法，人們就會認爲一切都無所有，直至「捨於善本」；所以執著於空也與執著於有一樣，都是不好的。如果只是講諸法皆空而不遺空，那末「未遺空，則空爲累，累則是病，故明空病亦空也。」（卷五）不遺空則爲空所累，成爲空病。因此，眞正的道理應該是不落有無兩邊，主非有非無的所謂中道觀。爲此，羅什說：「法身義從明法相義者，無有、無等戲論，寂滅相故。」（《大乘大義章》第七）這就是說，講諸法實相的，既不應當講有，也不應當講無，而應當講非有非無。所以羅什在《維摩詰經注》中說：

故有無非中，於實為邊也。言有而不有，言無而不無。（卷二）

若法定有，則不生滅；若法全無，亦不生滅。不生滅則與因緣相違。經所說，非有非無，非有非無，故順因緣法也。（卷十）

本意言空，欲以遣有，非有去而存空。若有去而存空，非空之謂也。二法俱盡，乃空義也。（卷三）

觀空不取，涉有不著，是名巧方便也。（卷五）

這即是說，諸法應當是言有而不有，言無而不無，並不是「有」去之後而存「空」。「有」去之後而存個「空」，則是落入了邪見斷滅空了。從諸法緣起看，諸法是無常是性空而非有，然而諸法既是因緣和合而成，就不是什麼都沒有，因此又不能「以無物爲空」，從而應是非無。所以一切法應當是：「非有非無」。這就是三論中的中道觀與畢竟空觀。羅什所宣揚的這一三論空觀，對於當時的漢地佛教來說，是前所未聞的，確實正如僧肇所說是「異聞」、新唱，一新人們的耳目的。自此在羅什的大力介紹之下，中觀三論學在我國得到了廣泛的流傳，並對爾後我國佛教的三論宗、天台宗乃至密宗、禪宗等，都起到了深遠的影響。

2. 主無我說

自漢至晋，漢地佛教傳統都講有我說，主張靈魂不滅論，這是由於當時的人們尚未能完全了解印度的業報說，認爲因果報應必有其一個前後不滅的承擔者，這就是有自我的靈魂的緣故。這是漢地的佛教徒用我國古代傳統的鬼神說來對業報說的一種理論解釋。爲此他們在碰到佛經中的無我說時，就常常把無我解釋爲無身或非身，如支遁就曾說過「願得無身道，高棲沖默靖」這樣的話。在這裡無身指無形體而不是指無靈魂。只有名僧道安宣揚性空之宗，認爲諸法性空，因此懷疑有實我說。所以其時僧叡說：

此土先出諸經，於識神性空，明言處少，存神之文，其處甚多。《中》、《百》二論又未及此，又無通鑒，誰與正之？先匠（道安）所以輟章遐慨，思決於彌勒者，良在此也。（〈毗摩羅詰提

經義疏序〉）

由於《中》、《百》二論未及此土，所以道安對識神性空的說法，無以正之。只是羅什入關之後，根據中觀哲學中的識神「虛妄無實」（《中論》）的思想，才明確提出了「無我」說，一反前代的傳統的。

羅什的無我說大抵包括以下幾方面的思想：

(1)主有我說是爭亂之禍根，主無我說才能消除爭競。

羅什認爲，如果執實有我法，則必爲我情所執，執著我情，則「爭亂必興」，因此要消除爭亂就必須主無我說，懂得無我的道理。「我無法則無所執……。我既無執，彼亦無競，無執無競，爭何由生。」（卷二）所以，只有主無我說，才能不執不競，爭亂無所從生。

(2)從無常變滅、業感緣起，論證無身說；從無有主宰、無有智慧，論證無我說。

羅什在解釋《維摩詰經》中的「是身如影，從業緣現」時說：「形鄣（即障）日光，光不及照，影由此現。由無明三業隔實智慧，所以有身也。」（卷一）形體之身是由於無明三業所障智慧而造成的外影，所以形體之身是不實的。同時他又在解釋「是身如浮雲」時說：「身亦如是，瞬息之間，有少有長，老病死滅，從如沫至如電，盡喻無常也。」（卷二）無常變滅如沫似電，所以說：「是身如浮雲」。浮雲則不實是空也。形體之身不實而空，那麼神識之我是實是空呢？

爲此羅什進一步論證了神我是空的無我說道理。他在《維摩詰經注》卷二中說：

焚燒林野，威聲振烈，若勇士陳師制勝時也，實而求之，非有故也。身亦如是，舉動云為，雖造萬端，以惑而觀，若有宰也，尋其所由，非有我也。

這是從無有主宰出發來論證無我說的，身之舉動云爲，雖說造作萬端，似有主宰，然而「尋其所由」，看不見，摸不著，主宰又不可得，所以說無有主宰，「非有我也」。

進而羅什還從無有眞知出發，以論證無我之說。他說：「會而成知，非眞知也。求知不得，同瓦礫也。」（卷二）這即是說，人的所謂知識是因緣和會而成的（「會而成知」），既是和會而成的，就不是眞知，所以說：「是身無知」、「同瓦礫也」。羅什以此證明無有識神之我說。

以上就是羅什對無我說的論證，在這裡羅什反對有一個永恆存在的靈魂的實體，這是有其合理的因素的，但是他把人的形體說成是空假的，又把人的精神活動也說成是空而不實的東西，則是錯誤的。人的形體與人的精神活動都是客觀存在著的，精神活動不過是人的形體大腦的功能與作用而已，因此是不能否定它們的客觀存在的。

(3)主我與無我不二說。

羅什在論證諸法空觀時，主非有非無說的畢竟空觀。在這裡他意識到，如果人們一味去追求空觀，執著於空，就會「捨於善本」，背棄佛教的。同樣，他也意識到，如果只講無我空義，也是會造成捨棄佛教對人們的教化作用的。所以他說：「無我則衆生空，空而非無，故誨人不倦也。」（卷九）我空，但並不是什麼都沒有的斷滅空，而是「空而非無」，還是要承認有假我的存在的，不然的話，就用不著佛教去教誨他人了。所以說，應當把我與無我看成是一而不二的東西。爲此，羅什認爲，不能「去我而有無我」，而是「我無我而不二，乃無我耳。」（卷三）

羅什的無我說，是與漢地傳統的佛教所說的有一個不變的靈魂實體（即神不滅）的思想相矛盾的。羅什的說法是忠實於印度的大乘空觀的，但是由於我國漢地傳統思想的根深蒂固，再加小乘講實有說等影響，我國佛教史上的靈魂不滅說並沒有就此止息，而在南北朝時期卻得到了更大的發展，最終導出了一場神滅論與神不滅論的大辯論，這是由我國的當時的國情所決定的結果。

三、鳩摩羅什在我國佛學史上的地位

鳩摩羅什在我國佛教史上是一位很有影響的人物，他對我國佛教文化的發展起到了重大的作用。他不僅「聲滿葱左」、「道流西域」，對我國當時的西域佛教起了重大的影響，而且對於我國漢地佛教的發展起到了極大的推動作用。關於羅什在西域諸國的影響尚待研究，本書從略。這裡只想著重探討一下他對我國漢地佛教的發展所起的作用：

㈠羅什開倡了漢地大乘中觀學的一代新風。羅什在長安首次翻譯了印度大乘中觀學的《中論》、《百論》、《十二門論》(合稱三論)和《大智度論》(合稱四論),向漢地佛教第一次系統地介紹了大乘中觀哲學。自此「三論」在我國佛學史上得到了廣泛的傳播,幾乎影響到了爾後整個我國佛學史的發展,不僅影響到了後來興起的三論學與三論宗的產生與發展,而且對隋唐興起的天台宗乃至禪宗等主要佛教宗派,直至宋明的佛教都發生了深遠的影響。南北朝興起的三論學自不容說,猶如唐釋湛然所說:「自宋(劉宋)朝以來,三論相承,其師非一,並宗羅什。」(《法華經玄文釋籤》卷十九)隋朝創立的三論宗,更是以《中論》、《百論》、《十二門論》,即所謂「三論」的研究而得名,其創始人吉藏則著有《中論疏》、《百論疏》和《十二門論疏》,發揚中觀系三論思想。陳隋之際興盛起來的天台宗,雖說是以《法華經》爲其重要經典,然同樣地吸取了三論和《大智度論》的思想,建立起「一心三觀」、「圓融三諦(空假、中三諦)」學說的。總之,羅什所宏揚的中觀三論的思想,對以後的我國佛學的發展起到了極其重要的影響和作用。

㈡羅什爲我國著名的佛教翻譯家之一,他與玄奘、眞諦、不空號稱爲我國佛經四大翻譯家。羅什翻譯的佛經數量之多與質量之高,都是在我國漢——晉時期佛經翻譯史上前所未有的。他開闢了我國佛經翻譯史上的一個新時期。從數量上說,他翻譯的佛經是空前的,《高僧傳》說他翻譯佛經三百餘卷,《祐錄》卷二著錄三十五部二百九十四卷,《開元釋教錄》則說有七十四部三百八十四卷，數量之多確是前所未有。從質量上說，他翻譯十分認眞嚴謹，務求合於佛經原意，從而訂正和克服了過去翻譯中的許多錯誤。正如僧肇在〈維摩經序〉中所說：「……義學沙門千二百餘人，於長安大寺請羅什法師重譯正本，什以高世之量，冥心眞境，既盡環中，又善方言，時手執胡本，口自宣譯，道俗虔虔，一言三復，陶冶精求，務存聖意。其文約而詣，其旨婉而彰，微遠之言，於茲顯然矣。」這種認眞譯經的態度是値得稱頌的。正由於羅什大量譯出大乘佛經，從而使得大乘佛教在我國得以廣大，所謂「大乘微言，於斯炳煥」，這是與羅什的精益求精的翻譯工作也是有一定的關係的④。

㈢羅什爲漢地培養出了一大批有才學的佛教學者，從而大大地推動了我國佛學的發展。這是羅什在我國佛學史上的又一大貢獻。羅什在長安宏揚佛法，「四方義士，萬里必集」，「從什受法」的徒衆多達三千餘人，其中有不少成了當時或後來的著名的佛教學者。上已所述，有所謂「四聖」、「八俊」、「十哲」之稱，而最著稱的則有：僧肇、道生、僧叡等人。

僧肇，可稱爲是最得羅什中觀三論正傳的著名學者，爲漢地三論學之祖。他著的〈不眞空論〉、〈物不遷論〉、〈般若無知論〉等文就是用中觀三論的非有非無、不落兩邊的思想，來對當時有所謂六家七宗的般若學的總結。同時它們也是對魏晉時期的玄學哲學所討論的有無、動靜、聖人有知無知等基本問題的總結。因此僧肇的佛學不僅是開創下我國佛學史上的新時期，而且也是在整個中國哲學史的發展鎖鏈上的一個重要環節。

道生，號稱爲我國佛學史上的涅槃學之聖。他先師事竺法汰，後入長安受業於羅什。道生之學得於羅什般若性空，而入於涅槃佛性妙有之說。般若三論學講空，涅槃學講有，眞空妙有互爲遞嬗，眞空之後必有妙有。般若掃相顯涅槃眞性之妙有，空向有轉化，這是合乎邏輯發展之必然結果。道生是深得般若之空義，而轉入涅槃妙有之學的。從某種意義來說，這是道生從另一方面來發揚羅什的般若性空的實相說而已。自此道生開導了中華佛學史上的涅槃佛性說之先河，他的理論對爾後整個我國佛學史上的佛性學說起到了極大的影響。

僧叡，先師事道安，後入長安投羅什門下，參與譯經，什所翻譯「叡並參正」，時稱英才。吉藏《中論疏》中稱：「（羅什）門徒三千，入室唯八，叡爲首領。」叡著有《大智度論》、《十二門論》、《中論》等序文，宏揚中觀學，並著《大小品》、《法華》、《維摩》、《思益》、《自在王》、《禪經》等序（以上諸序皆見《出三藏記集》），皆傳於世。

道融，汲郡林慮人。十二歲出家，至年三十投羅什門下，「參正詳譯」。並請什譯出《菩薩戒本》。後羅什譯《中論》始得兩卷，「融便就講，剖析文言，預貫終始。」一時長安有一師子國婆羅門僧欲與羅什的佛教抗衡，羅什令道融與之論難，道融以自己的辯才勇挫婆羅門僧，使得「像運再興」。融後還彭城，講說相續，「聞道至者千有餘人，依隨門徒數盈三百。」春秋七十有

四。著有《法華》、《大品》、《金光明》、《十地》、《維摩》等義疏。（事見《高僧傳．道融傳》）

曇影，先能講《法華經》與《光贊般若經》，後入長安住逍遙園，「助什（羅什）譯經」。羅什贊之曰：「影公亦是此國風流標望之僧也」。研究《成實》尤重《法華》，乃著《法華義疏》四卷，並注《中論》。以晉義熙中卒，年七十。（事見《高僧傳．曇影傳》）

道恆，藍田人，少失二親，事後母以孝聞。學該內外，「遊刃佛理，多所通達」。後羅什入關，「即往修造」，並助羅什譯出衆經。後秦國主姚興曾以道恆與其同學道標「有經國之量」，勑尚書令姚顯，「令敦逼恆標罷道，助振王業」，道恆道標皆力辭謝絕之。後道恆「竄影巖壑，畢命幽藪蔬食味禪。」晉義熙十三年（西元四一七年）卒於山舍，年七十二。著有〈釋駮論〉及〈百行箴〉等。（事見《高僧傳．道恆傳》）

慧叡，冀州人。少出家，遊方而學，曾至南天竺界，後還住廬山，「俄入關，從什公（羅什）諮稟」。後又還適京師（建業），止於烏衣寺。陳郡謝靈運，篤好佛理，諮詢慧叡經中諸字，「並衆音異旨」，於是叡著〈十四音訓敍〉，「條例梵漢，昭然可了，使文字有據焉。」以宗元嘉中卒，春秋八十有五。（事見《高僧傳．慧叡傳》）

慧嚴，俗姓范，豫州人，年十二爲諸生，博曉詩書。十六出家精練佛理。年三十，「學洞羣籍，風聲四遠，化洽殊邦。」後聞羅什在關，「復從受學」。後還京師（建業），住東安寺，爲宋高祖所知重。及文帝即位，「情好尤密」。曾著〈無生滅論〉及〈老子略注〉等。並與何承天討論過天竺之曆法，時《大涅槃經》初至宋土，「競言致善，而品數疏簡，初學難以措懷」，慧嚴乃與慧觀（羅什弟子）、謝靈運等，「依泥洹本加之品目，文有過質，頗亦治改」，從而使得《涅槃經》有所謂北本（北涼曇無讖譯）與南本（慧嚴等修改本）之區別。嚴以宋元嘉二十年（西元四四三年）卒於東安寺，春秋八十有一。（事見《高僧傳．慧嚴傳》）

慧觀，俗姓崔，清河人，年二十出家，遊方受業，先諮稟廬山慧遠，後聞羅什入關，「乃自南徂北」，投羅什門下。「訪覈異同，詳辯新舊，風神秀雅，思入玄微。」時人稱之曰：「通情則生（道生）融（道融）上首，精難則觀肇第一。」曾著〈法華宗要序〉以呈羅什，什曰：「善男子所論甚快，君小卻當南遊江漢之間，善以弘通爲務。」什亡後，乃南適荊州，爲州將司馬休之所敬重。宋武帝南伐休之，至江陵與慧觀相遇，「傾心接待」。慧觀後還京師，止道場寺。慧觀精通十誦，博採諸部，又探究老莊，與「瑯琊王僧達，廬江何尚之，並以清言致款，結賞塵外。」宋元嘉中卒，春秋七十有一。著有《辯宗論》，論頓悟漸悟義，及十喻序讚諸經序等。（事見《高僧傳．慧觀傳》）

僧弼，吳人，少與龍光曇幹同遊長安，從羅什受學。弼「愛日惜力，竭有深思」，羅什「加賞特深，使頒予參譯」。後南居楚郢，十有餘年，訓誘經戒，大化江表。後又下京都，止彭城寺，爲文帝器重。宋元嘉十九年（西元四四二年）卒，春秋七十有八。

第二節　姚興的佛教思想

姚興，字子略，姚萇之子。生於東晉穆帝永和十一年（西元三五五年），卒於東晉安帝義熙十二年（西元四一六年），年六十二。羌族人，爲後秦國主，在位二十二年（西元三九四年至四一五年）。姚興重儒業，爲皇太子時，常「講論經籍，不以兵難廢業」，在位後，「每於聽政之暇，引龕（天水姜龕，爲耆儒）等於東堂，講論道藝，錯綜名理。」（《晉書．姚興傳》）當時長安「諸生自遠而至者，萬數千人，學者咸功，儒風盛矣。」（同上）同時尤特重佛教，「以弘教自務」，使得後秦國內「州郡化之事佛者，十空而九。」（同上）當時長安成爲了全國佛教的中心，佛學呈現出了空前的盛況。佛教之所以能這樣的興盛，除了其時的社會經濟政治的原因（如分裂割據，戰事頻起等）之外，顯然是與國主姚興的大力提倡分不開的。

一、姚興的崇敬佛法

僧肇在〈復答劉遺民書〉中說：

> 秦王（姚興）道性自然，天機邁俗，城塹三寶，弘道自務，由使異典勝僧方遠而至，靈鷲之風，萃於茲土。（《肇論》）

又在《般若無知論》中說：

> 大秦天王者（姚興），道契百王之端，德洽千載之下，遊刃萬機，弘道終日，信季俗蒼生之所天，釋迦遺法之所仗也。（同上）

這自然是僧肇稱頌姚興的溢美之詞，但由此也可看到，正由於在姚興的大力提倡佛教之下，當時長安才成爲異典勝僧薈萃的地方的。據僧肇所說，當時外來的名僧有：攜來西域方等深經二百餘部的法師支法領、大乘禪師佛陀跋陀羅、三藏法師佛陀邪舍、毗婆沙法師曇摩耶舍與曇摩掘多，和著名的鳩摩羅什法師等。禪師佛陀跋陀羅於「瓦官寺教習禪道，門徒數百，夙夜匪懈，邕邕肅肅，致可欣樂。」（《肇論．復答劉遺民書》）三藏法師佛陀耶舍，「於中寺，出律藏，本末精悉，若觀初制。」（同上）毗婆沙法師（曇摩耶舍和曇摩掘多）於石羊寺出舍利弗阿毗曇胡本，「雖未及譯，時問中事，發言新奇。」（同上）尤其是鳩摩羅什於弘始三年（西元四〇一年），自姚興舉兵伐西涼呂隆之際，而迎入長安之後，「於大石寺，出新至諸經，法藏淵曠，日有異聞」，從而使得後秦國佛教進入了全盛時期。關於姚興的弘揚佛教和當時長安的佛教盛況，《晋書》記載說：

> 興（姚興）如逍遙園，引諸沙門於澄玄堂，聽鳩摩羅什演說佛經。羅什通辯夏言，尋覽舊經，多有乖謬，不與胡本相應，興與羅什及沙門僧略、僧遷、道樹、僧叡、道坦、僧肇、曇順等八百餘人，更出大品。羅什持胡本，興執舊經，以相考校，其新文異舊者，皆會於理義，續出諸經並諸論三百餘卷，今之新經皆羅什所譯。興既託意於佛道，公卿已下，莫不欽附。沙門自遠而至者五千餘人。起浮圖於永貴里，立波若台於中宮，沙門坐禪者恆有千數。州郡化之事佛者，十室而九空。（《晉書．姚興傳》）

關於姚興親自參與羅什的譯經事，僧肇也有這樣的記載：

> 時（姚興）乃集義學沙門五百餘人，於逍遙觀，躬執秦文，與什公參定方等，所開拓者豈唯當時之益，乃累劫之津梁矣。（《肇論．般若無知論》）

《晉書》稱姚興與羅什及沙門僧略、僧遷等八百餘人，更出大品；僧肇則說姚興集義學沙門五百餘人，「與什公參定方等」。不論是八百餘人亦好，還是五百餘人亦罷，當時的佛經譯場盛況是可想而知的。再加姚興國主「躬執秦文，與什公參定方等」，從而大大地提高了佛教的地位，致使得後秦國「事佛者十室而九空」，儼然成爲了當時的一個佛教王國，長安則成爲了我國當時的佛教中心，「四方義士，萬里畢集」、「沙門自遠而至者五千餘人」，其盛況確實是空前的。所以僧肇在〈復答劉遺民書〉中稱，「貧道一生猥參嘉運，遇茲盛化，自恨不睹釋迦祇桓之集，餘復何恨。」（《肇論·復答劉遺民書》）後秦國佛教的興盛，實在是與姚興的崇佛分不開的。

二、姚興的佛教思想

姚興不僅大力提倡佛教，而且還親自研尋佛教哲理。他曾先後與鳩摩羅什和安成侯姚嵩討論過佛教教義，著有〈通三世論（諮什法師）〉、〈通不住法住般若〉、〈通聖人放大光明普照十方〉、〈通三世〉、〈通一切諸法空〉、〈與安成侯姚嵩義述佛書〉、〈答安成侯姚嵩〉等文（以上均見《廣弘明集》），闡說了自己的佛教思想。

首先，姚興與羅什討論了佛教的三世果報說。三世果報是佛教的基本教義之一，是需要首先弄清楚的，所以姚興曾向當時的諸法師詢問過這一教義，然而所得到的回答不一，「曾問諸法師，明三世或有或無，莫適所定。此亦是大法中一段處所，而有無不判，情每慨之。」（〈通三世（諮什法師）〉）爲此姚興提出了自己的看法，以諮詢羅什。姚興說：

余以為，三世一統，循環為用，過去雖滅，其理常在。所以在者，非如阿毗曇注言五陰塊然。喻若足之履地，真足雖往，厥迹猶在，常來如火之在木。木中欲言有火耶？視之不可見。欲言無耶？緣合火出。經又云：聖人見三世。若其無也，聖無所見；若言有耶，則犯常嫌。明過去未來，雖無眼對，理恆相因。苟因理不絕，聖見三世，無所疑矣。（〈通三世（諮什法師）〉）

這即是說，三世（過去、現在、未來）有循環爲用，過去雖滅，其理常在。猶如足之履地，足雖往，迹猶存。亦如火之在木，說它有火，視之不見；說它無火，緣合火出。以此證明，過去未來雖無眼見，而恆相因，因此三世之說，無所疑矣。對於姚興的這一番論說，羅什則褒之爲「雅論大通甚佳」，表示贊同姚興的說法。羅什在答書中說：

雅論大通甚佳，去來定無，此作不通，佛說色陰三世和合聰明為色，五陰皆爾。又云從心生心，如從穀生穀。此是故知必有過去，無無因之咎。……若無過去未來，則非通理，經法所不許。又十二因緣是佛法之深者，若定有過去未來，則與此法相違，所以者何？如有穀子，地水時節，芽根得生。若先已定有，則無所待有，若先有則不名從緣而生。又若先有，則是常倒。是故不得定有，不得定無，有無之說，唯時所宜耳。以過去法起行業，不得言無。又云今不與目對，不得言有。雅論之通，甚有佳致。（《答後秦主姚興書》）

如執過去、現在、未來三世爲定無，顯然與佛理相違，但執它爲定有，即認爲三世恆在不變，則又違背了緣起而生的道理，陷入常倒之見。所以三世不得定有亦不得定無，「有無之說，唯時所宜」。這就與姚興所說的「欲言有也，視之不見；欲言無邪，緣何而生」的道理是一致的。所以羅什稱頌姚興的「通三世說」爲「雅論」、「佳致」，是符合大乘佛教講非有非無的中觀學說的。姚興之所以能作「非有非無」的思辯的論證，大概也是受了羅什的中觀學的影響的結果。

其次，姚興闡說了佛教關於人生苦海，生死流轉，而不能自拔的根源，在於著欲的思想。姚興在〈答安成侯姚嵩〉書中說：

> 夫衆生之所以流轉生死者，皆著欲故也。若欲止於心，即不復生死，既不生死，潛神玄漠，與空合其體，是名涅槃耳。

又在〈通不住法住般若〉中說：

> 衆生之所以不階道者（指得佛教涅槃之道），有著故也。

衆生之所以生死輪迴，流轉苦海而不得解脫，得不到涅槃永樂，就在於著欲的原故。所以只有去掉貪著，「潛神玄漠」，「與空合其體」，才能得到涅槃正果。因此姚興認爲，聖人之教，「恆以去著爲事」（同上）。不僅一切外物不可著（「不住法」），就是般若智慧亦不可著。「雖復大聖玄鑒，應照無際，亦不可著，著亦成患。」（同上）這就叫「不住般若」。只有這樣，「欲使行人忘彼我，遺所寄，汎若不繫之舟，無所倚薄，則當於理矣。」（同上）以此姚興要求人們拋棄一切欲望（包括物質與精神兩個方面），一切貪著，物我雙忘「與空合其體」。並認爲，誰能做到這樣，誰就達到了「涅槃」的境界，得到了佛道。這樣的「道」是以空爲體、以無寄無爲爲宗的，因此也就不能用一般的名稱來稱呼它，所以說：「既曰涅槃，復何容有名於其間哉？」（〈答安成侯姚嵩〉）這就是所謂「涅槃無名論」，這一思想爾後爲僧肇所發揮，寫成〈涅槃無名論〉一文。姚興，作爲後秦國主，大力宣揚這種去著思想，顯然是與他爲了鞏固其統治，用佛教教化以强化對人民的思想控制分不開的。

其三，姚興討論了大乘中觀學的空觀思想。姚興在〈通一切諸法空〉一文中說：

大道者，以無為為宗，若其無為，復何所有耶？

大道以無爲爲宗，無爲即空，空即無所有，所以叫「通一切諸法空」。既然一切諸法皆空，所以一切無所可著，「何者？罪不罪施者、受者，及財物都不可得。若都不可得，復何所著？是勸無所著明矣。」（〈答安成侯姚嵩〉）但一切皆空並不是如有些佛家所說的什麼也沒有，甚至連聖人

（佛）也沒有。爲此姚興反駁了這種說法說：

然諸家通第一義，廓然空寂，無有聖人。吾常以為殊太逕廷，不近人情。若無聖人，知無者誰也？（同上）

「空」並不是「廓然空寂，無有聖人」，如無聖人（佛）那末誰還能去認識「無」呢？因此「廓然空寂」的空觀是錯誤的。正確的空觀，姚興認爲應當是這樣的：

卿（指姚嵩）所引《中論》，即吾義宗諸法。若不空則無二諦，若不有亦無二諦，此定明有無不相離。何者？若定言有，則無以拔高士；若定明無，則無以濟常流。是以聖人有無兼抱而不捨者，此之謂也。（同上）

這即是說，不空亦不有，有無不相離，定言有定言無都不對，而應是亦有亦無、非有非無，有無不二。這顯然是羅什所宣揚的《中論》中所講的非有非無的畢竟空觀。由此可見，姚興的佛教思想，是深受到羅什的中觀學的影響的。

第三節 僧肇的佛教思想

羅什之三論學由其弟子僧肇而發揚光大。僧肇的佛教哲學思想，實就是用三論的中觀哲學的思辯方法，來對兩晉佛教般若學思想的總結。同時也是對魏晉時期玄學哲學思想的總結。因此，他的佛教哲學思想，不僅在我國佛學史上，而且在我國哲學發展史上，都是有著劃時代的意義的。

一、僧肇的生平與著作

僧肇生於東晉武帝太元九年，卒於晉安帝義熙十年（西元三八四年~四一四年），京兆人，家貧以傭書爲業，「遂因繕寫，乃歷觀經史，備盡墳籍。」（《高僧傳．僧肇傳》）尤「志好玄微，每以莊老爲心要，嘗讀老子《道德章》。」（同上）但又認爲《老子》一書，「美則美矣，然期棲神冥累之方，猶未盡善。」（同上）後見《繼摩詰經》，「披尋玩味」，「乃言始知所歸」，因此出家爲僧。僧肇「學善方等，兼通三藏」，年歲尚小，而「名振關輔」。肇才思幽玄，又善談說，「時京兆宿儒，及關外英彥，莫不挹其鋒辯。」（同上）後羅什至姑藏（涼州），「肇自遠從之」。查羅什至涼州爲西元三八五年，離開涼州入長安則在西元四〇一年（姚興弘始三年），前後停涼州十七年。僧肇於姑藏師事羅什，當在西元四〇一年之前。即在他十八歲之前⑤。然而《高僧傳．僧肇傳》卻說他在冠年（二十歲）之後，則記載有誤。及羅什入長安，「肇亦隨入」。時後秦國主姚興，宏揚佛教，待羅什以國師之禮，並「命肇與僧叡等，入逍遙園，助詳定經論。」（同上）於是羅什法師於大石寺，譯出「新至諸經」，僧肇則「日有異聞」（《肇論．答劉遺民書》），學識愈益增進。時羅什譯出《般若大品》之後（《大品》於四〇三年開始翻譯，至四〇四年校閱乃訖⑥），僧肇寫出了第一篇佛教論文〈般若無知論〉，「凡二千餘言」。其時僧肇僅在二十來歲左右，羅什讀之，稱讚曰：「吾解不謝子，辭當相挹。」廬山隱士劉遺民見肇此論，嘆曰：「不意方袍，復有平叔」，以肇比之於玄學首領何晏。慧遠則稱讚說：「未嘗有也」（《高僧傳．僧肇傳》）。著作之年，大約應在四〇四至四〇八年之間。據劉遺民致書僧肇說：「去年夏末始見生上人（道生），示〈無知論〉云云。《祐錄》稱道生於義熙五年（西元四〇九年）還都，那末道生回南方先至廬山很可能就是在四〇九年夏末。據此可知，〈般若無知論〉應作於四〇四年之後至四〇九年之前這一個時間裡。而在此期間，僧肇還作有《維摩詰經注》。肇自己說：「什法師以午年出《維摩經》，貧道時預聽次，參承之暇，輒復條記成言，以爲注解，辭雖不文，然義承有本。」（《肇論．答劉遺民書》）姚興弘始八年屬午年，即爲西元四〇六年，羅什譯出

《維摩詰經》，在這之後，僧肇作《維摩經注》，其時完成此注大約在四〇七年左右。而據《高僧傳》稱「因出大品之後」，肇便著〈般若無知論〉，那末《無知論》很可能在作《維摩經注》之前，具體的時間應該在四〇四年之後至四〇六年之前。之後，僧肇大約又在四〇八年之後至四一三年羅什去世之前，又著有〈不眞空論〉、〈物不遷論〉，及諸論序。羅什去世之後，僧肇作有〈鳩摩羅什法師誄〉和〈上秦王表〉等文，並著有〈涅槃無名論〉論文一篇。關於此一論文的寫作，據《高僧傳》說：「及什亡之後，追悼永往，翹思彌厲，乃著〈涅槃無名論〉。其著作年當在羅什去世之後，大約在四一四年，同年僧肇卒於長安，年僅三十一。僧肇所著的〈般若無知論〉、〈物不遷論〉和〈不眞空論〉，實爲我國佛教唯心論思辯哲學之傑作。正如明代憨山釋德清所稱：「洪論第一，肇公其人矣」。（〈肇論序〉）僧肇確是一代年青「有爲」的佛學理論家。其著作的目錄開列於下：

〈般若無知論〉
〈答劉遺民書〉
〈不真空論〉
〈物不遷論〉
〈涅槃無名論〉

〈上秦王表〉（以上均存《肇論》中）

〈丈六即真論〉（見陸澄《目錄》，及隋《法語錄》，他處未言及，已佚）

〈維摩經序〉

〈長阿含經序〉

〈百論序〉（以上均載《祐錄》）

〈維摩經注〉（現存《維摩經注》為羅什、僧肇、道生等人的合注）

〈鳩摩羅什法師誄〉（載《廣弘明集》）

此外，現存的〈寶藏論〉題爲僧肇作，實是僞託僧肇之名，決非肇所作。又現存《肇論》中有〈宗本義〉一文，陳慧達〈肇論序〉中認爲是僧肇所作，然《高僧傳》與《祐錄》等皆未言及，疑爲後人編纂《肇論》一書的作者所造，似爲全書前的一個序論。

至於現存《肇論》中的〈涅槃無名論〉，湯用彤先生疑是僞作⑦。而呂澂等先生認爲不是僞作，懷疑是缺乏根據的，對此文爲僧肇所作持完全肯定的態度。在〈涅槃無名論〉是否爲僧肇所作的問題上，我感到首先應當弄清這樣兩個問題：

一、僧肇是否確係作有〈涅槃無名論〉一文，

二、現存《肇論》中〈涅槃無名論〉是否爲僧肇所作。

對於第一問題，我的回答是肯定的，僧肇確係作有〈涅槃無名論〉一文，懷疑這點是缺乏根據的。至於第二個問題，現存《肇論》中的〈涅槃無名論〉一文，究竟是否是僧肇所作，這是一個比較複雜的需要認眞討論的問題。

從歷史上的佛教著作目錄和僧傳的記載上看，至少在唐以前的整個東晋南北朝時代，對於僧肇作有〈涅槃無名論〉一文，似乎是沒有人懷疑的。陸澄目錄、祐錄、梁《高僧傳》、陳慧達《肇論疏》，均明文載有僧肇著〈涅槃無名論〉一文。直至稍後的天台宗的灌頂（五六一年至六三二年）在《大般涅槃經玄義》中，還明確地說：

> 古來傳譯，什師命世，升堂入室，一肇而已。肇作〈涅槃無名論〉，其詞虛豁洋洋滿耳，世人玩味，卷不釋手，……（《大般涅槃經玄義》上卷）

並且書中還大量地引用了〈涅槃無名論〉一文的文句。至於唐《內典錄》記載僧肇著作則有兩處，一處在卷三的《後秦傳譯佛經錄》中記載有〈般若無知論〉、〈不眞空論〉、〈物不遷論〉、〈涅槃無名論〉四部四卷。另一處在卷十的《歷代道俗述作注解錄》中說：「（僧肇）〈般若無知論〉、〈不眞空論〉、〈物不遷論〉、〈涅槃無名九折十演論〉。《無名子》今有其論，云是肇作，然詞力浮薄，寄名烏有。」以此看來，《內典錄》也是肯定〈涅槃無名論〉爲僧肇所作，只是認爲《無名子》一書才是僞作。在這裡《無名子》是指一本書，並不是指〈涅槃無名論〉一文作者無名字，無名字與《無名子》兩者所指是不一樣的。

綜上所述，歷史上並沒有對僧肇作有〈涅槃無名論〉一文產生過懷疑，因此我們是可以完全肯定地作出僧肇確實作有這一論文的結論的。

至於現存《肇論》中的〈涅槃無名論〉是否是僧肇的原作呢？這就需要對論文本身作具體的分析之後，才能作出回答。湯用彤先生對論文作了具體分析，疑此文是僞作，其所持的理由歸結起來，主要是：㈠此論筆力與〈不眞空論〉等不相似。㈡據《肇論疏》等，均謂此論中引及《涅槃經》。按肇死（西元四一四年）在《大經》譯出（西元四二一年）及《泥洹》六卷本譯出（西元四一七至四一八年）之前。㈢〈涅槃無名論〉十演中反駁之頓悟義顯爲道生說，而據今所知，道生之前無持大頓者。道生立說想在江南，且亦遠在肇死之後。湯先生所提出的這些疑點，確實都是有其一定根據的。從現存論文的筆力來看，確有大不同於僧肇其它諸論的地方。其它諸論道理講得都比較深透，都是集中議題層層展開論說，文章顯得很緊湊，沒有鬆散之感。例如〈般若無知論〉一文也與〈涅槃無名論〉一樣採用了問答體裁，有問有答，但討論的問題很集中，都是圍繞著般若無知還是有知的問題層層展開論辯的。而現存的〈涅槃無名論〉則文章顯得很鬆散，議論不集中，中間討論了一些與涅槃無名有名之辯關係不大的問題。論文九折十演共分了十九節，從「開宗」第一，

「覈體」第二，至「立體」第三共三節，討論的問題是直接圍繞著涅槃無名有名的問題而展開的。此後「徵出」第四，「超境」第五，「搜玄」第六，「妙存」第七共四節，討論的是與涅槃有名與無名之爭有關的涅槃本身有無的問題。然而「難差」第八、「辯差」第九、「責異」第十、「會異」第十一、「詰漸」第十二、「明漸」第十三，一共六節，集中討論的是漸悟與頓悟的問題，已經與涅槃有名無名之爭關係不那麼密切。隨後的「譏動」第十四、和「動寂」第十五兩節，討論的是心智動寂問題，幾與有名無名之爭的主題無關。至於「窮源」第十六、「通古」第十七、「考得」第十八、「玄得」第十九，這最後的四節，前兩節討論的是涅槃有無始終的問題，後兩節講的是衆生能否得涅槃問題，亦與有名無名之爭關係不甚密切。由此可以看出，現存〈涅槃無名論〉一文，文章寫得不集中、不緊湊。這與僧肇的〈物不遷論〉、〈不眞空論〉、〈般若無知論〉相較，確是相差很大，筆力不同。再者，從論文的思想內容來看，現存的〈涅槃無名論〉從「難差」第八至「明漸」第十三，花了六節，費很大的力量討論了頓漸之爭，而從歷史記載上來看，頓漸之爭並不發生在僧肇時代，而是發生在宋初時期，其發難者是道生。道生的慧解爲本，不拘泥於經文，而悟徹於言外，始倡新說，「於是校閱眞俗，研思因果，乃言善不受報、頓悟成佛。又著二諦論、佛性當有論、法身無色論、佛無淨土論、應有緣論等，籠罩舊說，妙有淵旨，而守文之徒多生嫌嫉，與奪之聲紛然。」（《高僧傳．道生傳》）從而挑起了頓漸之爭的。並且僧傳記載道生提出這些新說，是在他「遊長安，從什公受業」，回到南方之後，時在宋文帝世。因此宋初才在佛教界發生頓漸論辯，其時「宋文帝述生頓悟義」，慧觀、僧弼等主漸悟義。據現存的史籍上看，道生在關中師事羅什時，並未倡有頓悟之說。其時關中也未有頓漸之爭。道生回南方不久，僧肇即寫信給劉遺民說：「生（道生）上人頃在此同止數年，至於言語之際，常相稱詠，中途返南，君得與相見，未更近問，惘悒何言。」云云，並未說到道生在關中與僧肇有過什麼爭論，而是「言語之際，常相稱詠」的，看來兩人是意同道合的，他們都接受了里什的般若三論學。只是道生回到江南之後，才傾心於《涅槃經》的研究，新唱出頓悟成佛說的。而現今所存的〈涅槃無名論〉所駁斥的頓悟說，正是道生所倡的大頓悟義，即主張「不體則已，體則窮微」的一次頓悟說。倘若認爲關中早就有了大頓悟說，則道生的大頓悟義就不是新倡，然而從現存的史料來看，並不能證明這一點。由此可知，現存〈涅槃無名論〉很可能已經不是僧肇的原著，〈無名論〉中關於頓悟漸悟的辯論那幾節很可能是後人增加進去的。

同時現存的〈涅槃無名論〉似與梁〈高僧傳〉的記載亦有出入，其不同的地方至少有以下兩點：一、現存的〈涅槃無名論〉把「開宗」一節，當作九折十演之一，而據《高僧傳》記載「開宗」一節的內容不包括在十演九折之中。《高僧傳》中的〈僧肇傳〉中說：「及什亡之後，追悼永往，翹思彌厲，乃著〈涅槃無名論〉。」緊接著僧傳引用了「開宗」一節的全文之後說：「其後十演九折，凡數千言」，以此看來，慧皎所見到〈涅槃無名論〉是不同於現存的論文的。而且引文也不冠以「開宗」兩字的標題，這「開宗」標題很可能也是後人所加的。

二、《高僧傳》中引用了僧肇上表姚興的全文，其基本內容雖說與現存的〈涅槃無名論〉中〈奏秦王表〉大致相當，但也有出入，現存的〈表〉中有些內容《高僧傳》中是沒有的。這很可能也是後人妄增而成的。例如：現存的〈奏秦王表〉中引用了姚興答安成侯姚嵩書中的一段內容，而《高僧傳》中則沒有。《高僧傳》記載的僧肇上姚興表說：「一日迂蒙答安成侯嵩問無爲宗教，頗涉涅槃無名之義。今輒作〈涅槃無名論〉有十演九折，博採衆經，託證成喻，以仰述陛下無名之致。」云云，上下文句很順通。然而現存的〈涅槃無名論〉則說：「一日迂蒙答安成侯姚嵩書問無爲宗極，何者？夫衆生所以久流轉生死者，皆由著欲故也。若欲止於心，即無復於生死。既無生死，潛神玄默，與虛空合其德，是名涅槃矣。既曰涅槃復何容有名於其間哉。」之後尚有一大段頌揚姚興的話，然後才有「輒作〈涅槃無名論〉，論有九折十演」之語。顯然這與《高僧傳》所記有了出入。而其中多出的一般是抄錄姚興答安成侯嵩書中的話，加在這裡，上下文句反而感到不夠順通，很可能也是後人妄增的。

另外從灌頂的《大涅槃經玄義》所引的〈涅槃無名論〉來看，似與現存的〈涅槃無名論〉以及《高僧傳》所引的文句，亦有異。灌頂的引文有如下幾段：

有餘無餘涅槃者，良是出處之異號，應物之假名。若無聖人，知無者誰？若無聖人，誰與道遊。

寂寥虛豁，不可以形名得，微妙無相，不可以有心知，豈有名於其問哉？

果有其所以不有，故不可得而有；有其所以不無，故不可得而無耳，恍忽窈冥，其中有精，本之有境，則五陰永滅；推之無鄉，故幽靈不竭。

然則有無絕於內，稱謂論於外，視聽之外不曁，四空之所皆昧，而欲以有無題牓，標其方域者，不亦邈哉！

辨差中云：「三車出於火宅，俱出生死無為一也。此以三三於無，非無有三。如來結習都盡，聲聞結盡習不盡。盡者，去尺無尺，去寸無寸，脩短在於盡寸，不在無也。智鑒有淺深，德行有厚薄，雖俱至彼岸，而升降不同，彼岸豈異，異自我耳。」（以上皆見《大涅槃經玄義》卷上引〈涅槃無名論〉）

前四段引文都是〈涅槃無名論〉中「開宗」一節與〈上秦王表〉兩者文句的混合物。如：第一段前面的「有餘無餘涅槃者，良品出處之異號，應物之假名」，這幾句是「開宗」中的文句，後面的「若無聖人，知無者誰？若無聖人，誰與道遊」，這幾句則是〈上秦王表〉中的話。其第二、三、四段，亦皆類似。至於第五段引文是「辯美」一節中的話，然與現存的〈涅槃無名論〉文句有很大的出入。現存論文這一段文句是：「三車出火宅，即其事也。以俱出生死故，同稱無爲，所乘不一，故有三名，統其會歸一而已矣。而難云：三乘之道，皆因無爲而有差別。此以人三三於無爲，非無爲有三也。故《放光》云：涅槃有差別耶？答曰：無差別，但如來結習盡，聲聞結習不盡耳。請以近喻，以況遠旨，如人斬木，去尺無尺，去寸無寸，脩短在於尺寸，不在無也。夫以羣生萬端，識根不一，智鑒有淺深，德行有厚薄，所以俱之彼岸，而升降不同，彼岸豈異？異自我耳。」兩段文句思想內容，雖說相近，但文字相差甚鉅。以此看來，灌頂所引的文句恐另有所本，是不同於現存的〈涅槃無名論〉的。

綜上所述，現存的〈涅槃無名論〉疑點頗多，很可能是後來好事者所改篡了的作品，而原來的論文大概當時已經佚失。

二、僧肇的佛教思想

僧肇較深地領會了羅什所宏揚的龍樹中觀哲學的思想實質，他把中觀哲學與魏晉時期的玄學結合起來，把佛、玄兩者的合流推至高峯。如果說以前的佛玄合流，主要是以玄解佛的話，那末自僧肇的中觀三論學開始，則是以佛解玄，即用佛教所固有的思想方法來解答當時玄學所提出的哲學問題。這就使得我國佛教玄學化起了一個根本上的變化，從而不僅促進了我國的佛教，同時也促進了我國哲學的發展。所以僧肇的哲學，不論在我國佛教史上，還是在我國哲學史上，都是有著極其重要的位置。

在這裡，我們就先來研究一下僧肇是怎樣把中觀的佛教哲學，與我國玄學哲學相結合的問題，和怎樣用中觀的思辯方法，總結魏晉玄學哲學的問題。

首先，僧肇的〈不眞空論〉是對玄學所討論的有無本末關係問題的總結。依僧肇看來，玄學不論是何、王的貴無派也好，還是郭象的崇有派也罷，都是割裂了有無關係，沒有把有無兩者結合起來。玄學貴無派主張無爲世界的本體，有爲外部世界的現象，無是絕對的，有是相對的，兩者是有根本區別的，並不是一個東西。玄學崇有派則認爲有就是有，無就是無，有無兩者根本沒有關係，無既無矣，不能生有，有也不得化而爲無，有無兩者是不能統一的。僧肇則認爲這兩者都是「以有爲有，以無爲無」，割裂了有無的關係，貴無派過分强調了「無」，崇有派又過分强調了「有」。他主張中道，不有不無，亦有亦無，「契神於有無之間」，認爲有與無是一而二，二而一的東西，有無一如，不能加以割裂的。

僧肇又是怎樣論說他的有無一如觀的呢？他的論證主要有這樣兩點：

㈠從大乘空宗的緣起說出發，論證諸法非有非無的道理。僧肇說：

《中觀》云，物從因緣故不有，緣起故不無。尋理即其然矣。所以然者，夫有若真有，有自常有，豈待緣而後有哉？譬彼真無，無自常無，豈待緣而後無也？若有不能自有，待緣而後有者，故知有非真有，有非真有，雖有不可謂之有矣。不無者，夫無則湛然不動，可謂之無。萬物若無，則不應起，起則非無，以明緣起故不無也。（〈不真空論〉）

這即是說，諸法是因緣和合而生的，也就隨著因緣離散而滅，因此它們不是「常有」。如物爲眞有的話，就應該是常有，而不能待緣而後有，物既然是待緣而後有的，因此也就不是眞有，「有非眞有，雖有不可謂之有」，而應是「非有」。但是「非有」是否就是絕對的「無」呢？依僧肇看來，絕對的無，就不能從緣起而生，然而物皆是從緣起而生的，因此也就不是無，而是「非無」。非有非無，「此事一稱二，其文有以不同，苟領其所同，則無異而不同。」（〈不眞空論〉）有即無，無即有，非有即非無，有無是一如的。所以僧肇接著說：

然則萬物果有其所以不有，不可得而有；有其所以不無，不可得而無。何則？欲言其有，有非真生，欲言其無，事象既形，象形不即無，非真非實有，然則不真空義顯於茲矣。故《放光》云：「諸法假號不真，譬如幻化人，非無幻化人，幻化人非真人也。」（同上）

萬物是非眞非實有的，所以說是「空」，這就叫做不眞即空的不眞空義。這也就是說，萬物是假，假即是空，並不是在不眞即假的萬物之外，或之後有個「空」，這就叫做「即萬物之自虛」。因此，僧肇講的有無一如，與玄學的創始人何晏、王弼所講的有無統一觀是不一樣的。王弼認爲無爲本、有爲末，有是現象，在現象「有」的背後有個本體的「無」的存在。這種思想依僧肇看來，仍然是割裂了有無一如的關係的。僧肇認爲不眞則空的非有非無的存在，就是宇宙萬物的本體、本質、實相、法性、眞如等等，這顯然是與王弼玄學有所不同的一種思辯佛教的客觀唯心論。

㈡從名實不當（即有差異）出發，論證萬物不眞爲假號的不眞空義，僧肇說：

> 夫以名求物，物無當名之實；以物求名，名無得物之功，物無當名之實非物也，名無得物之功非名也，是以名不當實，實不當名，名實無當，萬物安在？

名與實確是不能完全相當（相合）的，它們是有矛盾的。但名總是反映實的，名實又有相當即統一的一面。在這裡僧肇的錯誤是他誇大了名實之間的差異性，否定了兩者之間的統一性，而得出名實不當的結論，從而否定萬物的眞實存在性的。其實，實並不依賴名而存在，實是客觀的第一性的東西，名（概念，稱謂）是主觀對客觀實在的反映，是第二性的東西，所以名不當實，或實不當名，都不能證明萬物的不實在性。所以僧肇的這一論證是錯誤的。僧肇從這一錯誤的思想出發，還發揮了《中論》中相對主義詭辯論的思想來論證萬法非眞的道理。他說：

《中觀》云，物無彼此，而人以此為此，以彼為彼；彼亦以此為彼，以彼為此；此彼莫定乎一名，而惑者懷必然之志，然則彼此初非有，惑者初非無，既悟彼此之非有，有何物而可有哉？故知萬物非真，假號久矣。（〈不真空論〉）

這種以誇大彼此之間的相對性，而否定萬物之間質的差別的客觀性，把事物的差別，當作是主觀任意決定的東西，其結果必然要導致否定物質的客觀實在性。這一主觀主義的相對主義詭辯論，也正是青目《中論》注釋中所說的「有智者不應分別色，分別爲凡夫，以無明愛染貪著色，然後以邪見，生分別戲論」的思想（見青目《中論．破五陰品注》）。萬物的分別是由主觀的無明愛欲貪著所造成的，彼此的分別是無有一定的。因此結論是：萬物都是不眞實的，是假的，也即是空的。

《中觀》的這種相對主義思想，又與我國先秦的莊子哲學的相對主義，頗有相似之處，僧肇「每以莊老爲心要」，所以他也常援引莊子的齊是非、同物我的相對主義思想，來論證他的不眞空論。例如他在《注維摩詰經》卷五中說：

夫有由心生，心因有起，是非之域，妄想所存，故有無殊論，紛然交競者也。若能空虛其懷，冥心真境，妙存環中，有無一觀者，雖復智周萬物，未始為有。幽鑑無照，未始為無。故能齊天地為一旨，而不乘其實，鏡羣有以玄通，而物我俱一。

這即是說，是非之域是妄想心所生，所以有有無殊論，其實「冥心眞境，妙存環中，有無一現」的。正如莊子所說的「天地一旨」、「萬物一齊」，無所謂是非無所謂物我，也就無所謂有無之別。因此有即爲無，無即爲有，有無一如，這就叫「即有而自空」，並不是「假屛除然後爲空」的不眞空論。

總之，〈不眞空論〉討論的是魏晉玄學中心問題——有無問題。它的非有非無，亦有亦無，有無一如的思想，是對魏晉玄學有無之爭的最後總結：

何晏王弼玄學貴無，（正題）

郭象玄學崇有，（反題）

僧肇的佛教玄學合有無爲一。（合題）

由貴無↓崇有↓非有非無、有無一如，從這一發展過程看，僧肇的佛教玄學正是貴無崇有兩派的合命題，它似乎是既克服了貴無派偏尚於無的思想，又克服了崇有派的偏重於有的思想，它的「有無一如」的觀點似乎是最公正的中道哲學。他的這一套富有思辯性的佛教玄學，確實遠遠地超過了我國玄學思辯的固有的水平，因此玄學發展到僧肇的階段，不能不說是達到了登峯造極的地步。從認識史上來說，由貴無到崇有再進至「非有非無」、「合有無爲一」的過程，也正好是完成了一個理論思維的螺旋形發展過程。僧肇的哲學處於這一發展過程的終點，它總結了以前兩個發展過程的思想：一方面它直接否定了崇有論的思想，提出了不眞空論的學說；另一方面它的這一不眞空論又似乎是向貴無論思想的回復。貴無論主以無爲本、以有爲末，僧肇則主假有而空（不眞則空），但王弼仍然分有無爲兩截，而僧肇倡有無一如說，所以僧肇思想似乎是向王弼思想的回復，然而又並不是重複，而在思辯上前進了一大步。所以僧肇的哲學可以稱作是魏晉玄學的最後或最高的總結。

其次，僧肇的〈物不遷論〉是對魏晉玄學所討論的動靜問題的總結。動與靜的關係問題，是玄學所討論的另一個重要問題。動靜問題實就是討論的物質的運動問題。王弼玄學貴無論認爲世界的本體「無」是靜止的，外部的現象「有」才是運動的，而動是相對的（「動息則靜」），靜是絕對的（「靜非對動者也」）。玄學崇有派郭象，則受了莊子的影響，認爲一切都是變化無常的，一切都是變化日新、無有停息之時，都是處於嘆息之間生滅變化之中的，因此沒有什麼絕對靜止的東西的存在，以此來反對貴無派所鼓吹的有絕對靜止的本體的思想。（如郭象說：「變者不停，是不可常。」（《莊子注．寓言》）「更生者，日新之謂也，付之日新，則性命盡矣。」

（《莊子注．達生》）「夫時不再來，今不一停。故人之生也，一息一得耳。向息非今息，故納養而命續；前火非後火，故爲薪而火傳。」（《莊子注．養生主》）等等。）總之，認爲萬物皆處於瞬息變化之中，沒有什麼靜止不變的東西。然而玄學兩派的動靜學說，依僧肇看來，都是割裂了動靜關係，分動靜爲二的，都是認爲動即是動，靜即是靜，動靜不能同一的。對此，僧肇也採用了中觀的思辯方法，認爲動靜兩者的關係是：非動非靜、亦動亦靜，動靜不二。他說：

尋夫不動之作豈釋動以求靜，必求靜於諸動，故雖動而常靜。不釋動以求靜，故雖靜而不離動。然則動靜未始異。（〈物不遷論〉）

這即是說，不能離開動來求靜，必須從動中求靜。動中求靜則雖靜而不離動，雖靜而不離動則可得出「動靜未始異」，即動靜不二的結論。那末怎麼能說動靜不異呢？他又說：

求向物於向，於向未嘗無；責向物於今，於今未嘗有；於今未嘗有，以明物不來，於尚未嘗無，故知物不去。復而求今，今亦不往。是謂昔物自在昔，不從今以至昔；今物自在今，不從昔以至今。故仲尼曰：「回也見新交臂非故」。如此則物不相往來明矣。既無往返之微朕，有何物而可動乎！然則旋風偃岳而常靜，江河競注而不法，野馬飄鼓而不動，日月歷天而不周，復何怪哉！（同上）

其結論是：

> 言常而不住，稱去而不遷。不遷故雖往而常靜，不住故雖靜而常往。雖靜而常往，故往而弗遷；雖往而常靜，故靜而弗留矣。（同上）

這兩段文句意思是說，運動在時間上只有間斷性，並沒有連續性，在向物與今物之間並不存在有延續的關係，這就叫做「古今不動，故各性住於一世。」（同上）「昔物自在昔，今物自在今。」以此可見，物是不往來變化的，物是不遷的。然而僧肇狡猾的地方在於：他似乎並不否認有運動的存在，只是認爲分析運動的實質，則是絕對的靜止，運動是假象，實際是靜止。所以說：動即是靜，靜即是動，動靜不二（「動靜未始異」）。在這裡僧肇的錯誤在於：他在時間上，把過去與現在，現在與將來的發展中的聯繫加以了形而上學的割裂，他只承認時間上的間斷性，而否定了運動在時間上的連續性。殊不知物質的運動則正是在時間上的間斷性與連續性的統一。從而僧肇從分析運動本身出發，結果得出了動即是靜、動靜不二、物不遷的形而上學的結論，進而否定了物質運動的實在性。

僧肇即動即靜、動靜不二，物不遷的理論，從玄學認識史的發展來看，它也與不眞空義一樣，是玄學發展上的最後或最高的一個階段。它一方面是對郭象的萬物日新，變者不停說的直接否定，提出了物不遷的對立命題，同時在否定中又包含有肯定，他並不完全否認變化日新說，承認有「見新交臂非故」，承認有「旋風偃岳」、「江河競注」、「野馬飄鼓」和「日月歷天」的運動，但他只承認這些運動是假象，把它們分析起來最後的實質都是「不流」、「不動」而「常靜」的，所以說動即是靜，並非是動外有靜。另一方面又似乎是對王弼動靜觀的回復，重複王弼的主靜說。但王弼的動靜觀是以靜爲本，以動爲末的思想，是分裂動靜爲二的，而僧肇的物不遷論雖說也是主靜說，但它卻是合動靜爲一（動靜未始異[1]）的。所以從某種意義上說，並不是簡單重複，而是螺旋式的發展，是人類思維發展過程中的否定規律的具體表現。

〈物不遷論〉的思想及其論證的方法，則直接來源於《中論》中的〈破去來品〉和〈觀時品〉中的思想。青目在〈觀時品〉注釋中說：

> 若因過去時，有未來現在時者，則過去時中，應有未來現在時。何以故？隨所因處有法成，是處應有是法。如因燈有明成，隨有燈處，應有明。如是因過去時，成未來現在時者，則過去時中，應有未來現在時。若過去時中，有未來現在時者，則三時盡名過去時。何以故？未來現在時，在過去時中故。

這是說，你要承認過去、現在、未來三時，有因果連續的關係，因過去時而有現在、未來時的話，那末你就得承認過去時中已經包含了現在、未來時，不然的話，現在、未來時怎麼能因過去時而有呢?如過去時中已經包含了現在、未來時的話，這樣現在、未來時也就成爲了過去時，既然沒有現在、未來時當然也談不上過去時，所以《中論》的結論是:「三世皆應無」。在這裡《中論》把時間先後的因果聯繫，說成是內包關係，這就否定了時間上的發展，這顯然是形而上學的詭辯思想。僧肇則採用了這一形而上學的思想來討論其物不遷論說:

> 人則求古於今，謂其不住;吾則求今於古，知其不去。今若至古，古應有今;古若至今，今應有古。今而無古，以知不來;古而無今，以知不去。若古不至今，今亦不至古，事各性住於一世，有何物而可去來。(〈物不遷論〉)

意即如果說今是由古發展而來的，那末古中應當有今，然而古中無今，所以古即是古，與今沒有關係;同樣如果說古能發展到今，那末今中應當包括古，然而今中無古，所以今與古沒有關係。結論是，今是今，古是古，「事各性住於一世;有何物而可去來。」他的這種形而上學的論證，割裂了古今之間的連續性，把古今之間發展的連續性歪曲爲互爲包含性，這完全是與《中論》的詭辯思想相一致的，不過《中論》的結論與《肇論》有所不同，前者否定了三時的實在性，後者只是要證明三時各住於一世，證明「物不遷」的結論。這是由於《肇論》所要回答的問題是玄學中所提出的動靜問題。玄學貴無派講的是本體是靜，現象是動，《肇論》論證的是即動即靜，動靜不二，運動爲假，靜止爲眞。兩者都是要證明靜止是絕對的，因此《物不遷論》並沒有脫出玄學貴無派的藩籬。然而《中論》對於動與靜，住與不住是一概加以否定的，認爲這些都是不存在的東西（「時住不可得，時去亦叵得，時若不可得，云何說時相。因物故有時，離物何有時；物尙無所有，何況當有時。」（〈觀時品〉）這顯然是與僧肇所說「事各性住於一世」是不一樣的。「物不遷」的理論，其實也是與佛教的基本教義「諸法無常」說相矛盾的。僧肇在早一些的著作《注維摩詰經》中，也還有著諸法無常的思想，他說：「現法流速不住」，又說：「證無住義也，新新生滅，交臂已謝，豈待白首然後爲變乎？」（《注維摩詰經》卷四）同書僧肇在解釋大乘無常義時說：「大乘以不生不滅爲無常義。」按此說法，諸法應該是無住的，或不生不滅的，而不應是有住的「物不遷」的。之所以僧肇在〈物不遷論〉中提出事各住於一世的思想，其除了他受到玄學貴無派的動靜觀的影響之外，也是直接與他用「常住」說論證佛教的功德與因果報應說有關的。如他說：

是以如來功流萬世而常在，道通百劫而彌固，……果以功業不可朽故也。功業不可朽，故雖在昔而不化，不化故不遷，不遷故則湛然明矣。故經云三災彌綸而行業湛然，信其言也。（〈物不遷論〉）

正由於「事各性住於一世」，「物不遷」，所以如來的教化功德不朽而永存。僧肇又說：

> 果不俱因，因因而果。因因而果，因不昔滅；果不俱因，因不來今。不滅不來，則不遷之致明矣。（同上）

作因在昔，因不來也不會滅，永遠在昔。正由於它不會消滅，這樣它就必然會產生而後的果報。僧肇的這種萬事萬物不遷的理論，顯然是與印度的佛教講得不一樣，它已經是中國僧人對佛教理論的一種新解釋了。

其三，〈般若無知論〉與〈涅槃無名論〉所討論的問題，亦與當時玄學所討論的聖人有名無名、有知無知的問題有著密切的聯繫。玄學貴無派認爲，世界本體既然是無，因此道（即無）也就不能作一般認識的對象，是不能用一般的言語來稱謂的。正由於它是「無」，所以體道的聖人也應該是無知與無名的。所以王弼說：「從事於道者，以無爲爲君，不言爲教，綿綿若存，而物得其眞，與道同體，故曰同於道。」（《老子注》二十三章）又說：「子（孔丘）欲無言，蓋欲明本，……是以修本廢言，則天而行化，以諄而觀，則天地之心見於不言。」（皇侃《論語義疏》引《論語釋疑》）因此體道的聖人是無言無名無知的。何晏則寫了〈無名論〉一文說：

夫聖人，名無名，譽無譽，謂無名為道，無譽為大。則夫無名者可以言有名矣，無譽者可以言有譽矣。

正由於聖人無名，所以他可以無不名；也正由於他無知，故可以無不知。向、郭一派的玄學亦鼓吹聖人只能「與物冥會」，並不能用耳目心知認識物的，所以聖人亦是無知的。他們說：「不知也，則知出於不知矣。……知出於不知，則以不知爲宗。是故眞人遺知而知，不爲而爲，自然而生，坐忘而得，故知稱絕而爲名去也。」（《莊子·大宗師》注）而僧肇的〈般若無知論〉與〈涅槃無名論〉與玄學一樣，也是論證聖人（即佛）的無名無知的道理的。

那末爲什麼說般若（佛教所說的最高智慧）是無知又是無不知的呢？僧肇是這樣論證的：

(一)僧肇認爲般若之知是最大的智慧，最大的智慧就只能是無知，才能無所不知。「何者？夫有所知，則有所不知，以聖心無知，故無所不知，不知之知乃曰一切知。」（〈般若無知論〉）這即是說，知總是對不知而言的，有所知則有所不知，然而聖人（即佛）是無所不知的。因此他就不可能有所知，只能是無知，正由於無知，乃才能一切知。

(二)僧肇認爲知與所知是相對待而言的，知是主觀方面的東西，屬「能知」；所知是知所認識的對象，屬於「所緣」的範疇。一般人的所謂知，即是「以智知所知取相，故名知」，也就是說，取緣之相而有知的。然而「眞諦自無相，眞智何由知！」般若（即眞智）所認識的對象是眞諦，眞諦即是諸法性空，無有形相，那末眞智（般若）也就無所有知，因此說般若無知。同時僧肇認爲，知與所知既然是相對而生的，那末它們都是「緣法」而有，並不是眞有。而「眞智觀眞諦未嘗取所知，智不取所知，此智何由知？」眞智（般若）並不把眞諦當作所知的「緣」來看待，即不把它當作認識的對象來對待，所以般若沒有一般人所說的知，「然智非無知，但眞諦非所知，故眞智亦非知。」這即是說，般若是超越於人類正常的認識途徑所得到的對眞諦的認識，所以它沒有一般人所說的知，因此說它是無知的。顯然這種認識是不存在的，只能是子虛烏有的東西。然而僧肇卻認爲這種般若之知確實是存在的，只是不能簡單地說它是「有」還是「無」，而應是「非有非無」的東西。「夫聖心者，微妙無相，不可爲有；用之彌勤，不可爲無。不可爲無，故聖智存焉；不可爲有，故名教絕焉。」（〈般若無知論〉）說它是有，然而「微妙無相，不可爲有」；說它是無，則「用之彌勤，不可爲無」；因此它是不能用有無來確定的，它是非有非無的東西。然而般若之知「雖不取於有無，然亦不捨於有無」，所以僧肇說：

> 欲言其有，無狀無名；欲言其無，聖以之靈。聖以之靈，故虛不失照；無狀無名，故照不失虛。（〈般若無知論〉）

虛而不失照，照而不失虛，因此般若之知是知而無知，無知而知。其結論是：

> 非有，故知而無知；非無，故無知而知。是以知即無知，無知即知。（同上）

這裡的論證顯然用的也是非有非無的中觀手法。其所討論的問題的實質，則與玄學一樣，都認爲聖人之知是無知又是無不知的。不過僧肇援用了大乘佛教的中觀學討論了這個問題，其思辯性要比玄學高超得多。

至於〈涅槃無名論〉一文，按照僧肇的〈奏秦王表〉中所說，他是爲了推演秦主姚興在答安成侯姚嵩書中所提出的涅槃無名之義的。所以僧肇在〈表〉中說，他是「博採衆經，託證成喻，以仰述陛下無名之致」的。〈涅槃無名論〉講的是涅槃的有無名號，能否以言說表達的問題。〈無名論〉認爲佛教所說的最高的涅槃境界是「寂寥虛曠」、「微妙無相」的，因此它是不可以「形名得」，不可以「有心知」的，它是超越於有無與名相之外的。〈無名論〉中說：

> 論曰涅槃非有亦復非無，言語道斷，心行處滅。尋夫經論之作，豈虛構哉？果有其所以不有，故不可得而有；有其所以不無，故不可得而無耳。何者？本之有境，則五陰永滅；推之無鄉，而幽靈不竭。幽靈不竭，則抱一湛然，五陰永滅，則萬累都捐。萬累都捐，故與道通洞，抱一湛然故神而無功。神而無功，故至功常存；與道通洞，故沖而不改。沖而不改，故不可為有，至功常存故不可為無。然則有無絕於內，稱謂淪於外。（《涅槃無名論．開宗第一》）

涅槃是非有非無的，超越於言說的，所以說涅槃是無名的。〈涅槃無名論〉在這裡也是用的中觀的思維方法來論涅槃的有名與無名問題的。這也是與整個僧肇思想相符合的。就這一段話而言，在這裡後人並沒有加以竄改，看來是保存了僧肇原義的。

總之，僧肇的佛教哲學完全是用佛教中觀哲學的思辯方法來對魏晉玄學的總結。他用佛教中觀哲學所固有的思想特點，即宣提非有非無、亦有亦無、不落有無二邊的思想，統一了玄學的貴無與崇有兩派，從而把玄學唯心論發展到了頂峯。所以僧肇的佛教玄學確實是對魏晉玄學的總結。

同時我們也還應看到僧肇的佛教哲學，也是在直接批判當時流行的佛教般若空學的基礎上發展起來的，所以他也是對兩晉時期佛教般若學的總結。不過兩晉時期的般若學大都是受到玄學影響的，許多學派的思想基本上屬於玄學的範圍，所以他對般若學的批判總結，實際上從某種意義來說，也還是對玄學的批判與總結而已。

那末僧肇又是怎樣用中觀哲學的思想方法，對當時的般若空學進行批判總結的呢？

僧肇在〈不眞空論〉中破斥了當時影響較大的般若學三家，即心無、即色與本無三家。論中說：

至於虛宗，每有不同，夫以不同而適同，有何物而可同哉？故衆論競作，而性莫同焉。

當時般若空學確是衆論競作，學派紛紜，莫衷一是。依照僧肇看來，這些學派都是各執一偏，不符合中道的。心無宗主張空心不空物，帶有唯物主義的傾向，是當時佛教唯心論中的異端邪說。因此，他首先批評心無義說：「心無者，無心於萬物，萬物未嘗無。此得在於神靜，失在於物虛。」（《不眞空論》）認爲他們講空心是對的，不空萬物是錯誤的。依僧肇看來，應當是心物兩空才是正確的。隨即僧肇批評即色義說：

即色者明色不自色，故雖色而非色也。夫言色者，但當色即色，豈待色色而後為色哉？此直語色不自色，未領色之非色也。（同上）

意思是說，即色家認爲，色是因緣和合而生的，不能自己成爲色，所以說它是雖色而非色。僧肇對此批評說，即色家只是知道色不能自己成爲色，必待因緣和合而成，所以說它「非色」，而不知道一切色本身即是空的。依僧肇看來，色本身應該理解爲幻化假相。所以淨源在注釋《肇論》這一段文字時說：「色不自有色，雖色而空，意明果色空，因色不空。……但當因色果色二皆即空，豈待因色成果色，唯取後果色爲空哉？」（《肇論中吳集解》）淨源的這一解釋很可能是符合僧肇批評即色義的原意的。即色義只是把果色說成是空，而沒有注意到因色亦復是空，因此僧肇批評它「未領色之非色」，指責即色義沒有把色本身（不論果色還是因色）皆看作爲空的。這裡批評的即色義，一般認爲主要是指支道林的學說。然而《中觀論疏》卻說：即色有二家：一者關內即色義，一者支道林即色義，並認爲僧肇所呵的爲關內義，其根據是何不得而知。實僧肇所破的即色義與支遁的思想並無異義。最後僧肇在批評具有何、王貴無派玄學性質的本無義時說：

本無者，情尚於無多，觸言以賓無。故非有，有即無；非無，無即無。尋夫立義之本旨者，以非有非真有，非無非真無耳，何必非有無此有，非無無彼無。此直好無之談，豈謂順通事實，即物之情哉？（《肇論．不真空論》）

這是說，本無家過多地偏重於無，認爲非有就是沒有「有」（有即無），非無就是沒有無（無即無），而不懂得非有非眞有，非無非眞無的道理。也就是說，僧肇批評本無家不懂得非有非無的中道哲學，把有無割裂了起來，不能契神於有無之間。吉藏認爲僧肇在這裡所呵的是琛法師（即竺法琛）的本無思想，而不是道安的本無義，並認爲道安的本無義思想與什、肇山門義無異。元康《肇論疏》則認爲這裡破斥的是竺法汰本無義。而慧達認爲破斥的是彌天釋道安法師本無論。上文已述，竺法琛持本無異宗，認爲「未有色法，先有於無，故從無出有」，因此依僧肇看來他是把有無兩者割裂的，理當在所呵之列。然而道安的思想是否就是與僧肇無異呢？其實也不然。道安認爲世界的根本是無(「無在萬化之前，空爲衆形」)，無是事物的本體或本性(「一切諸法本性空寂」)，萬有只是末，是無的表現(「本無爲眞，俗有爲末」)，無與有的關係是本末關係。而僧肇認爲有無不二，即體即用，非有亦非無。因此依僧肇看來，道安也是割裂有無關係的，所以慧達認爲這裡破的是道安本無論，也並不是沒有道理的。在這裡僧肇所批評的本無家很可能是即包括琛法師的本無異宗，也包括道安的本無宗思想的。那種把道安說成與什、肇思想無異的觀點，大概是後人袒護道安的結果，這是因爲道安在我國佛教史上確是享有盛名的一個人。

由此可見，僧肇的佛教哲學，也是在批判總結兩晉之際的般若空學的基礎上產生的，是對當時般若學的一次總結。

確實，僧肇的佛教哲學，已經不同於道安時代的般若學，它具有了佛教中觀學哲學的固有特點。他的思想基本上來源於印度龍樹的中觀學，這就與道安時代的般若學有了很大的不同，道安的般若學是在佛教的形式下，宣揚的玄學哲學，僧肇的三論學則是在玄學的彩色(玄學的語言)下，宣揚的佛教中觀哲學。前者以玄學哲學爲主，後者以佛教固有的哲學爲主。這充分說明東晉中期之後，自三論學傳入中國以後，中國的佛教哲學已經有了一個較大的發展和變化，開始逐步地擺脫玄學的束縛，爲創造自己的獨立的佛教哲學而努力。待到晋宋之際涅槃學的興起，則更是我國僧徒融會了印度的佛教，用玄學「得意在忘言」的認識方法，領會了佛教精神，創造性地闡發佛教宗教哲理的開始，而僧肇的佛教哲學就是這一轉變的契機。所以僧肇的三論學與道生的涅槃學在中華佛教史上都是占有著重要的地位的。

僧肇的佛教思想，除上述之外，在他的《維摩詰經注》中，還闡明了以下的一些思想：

1.無我說

大乘空宗主張法我兩空，反對把「我」執著爲實有。當時鳩摩羅什就已經把這一無我學說，介紹到了漢地，他從無常變滅，業感緣起出發，論證了無身說；又從無有主宰，無有智慧出發，論證了無我（無神我）說。其弟子僧肇則在羅什的思想的基礎上，進一步發揮了這一無我學說。僧肇說：

> 諸法皆從緣生耳，無別有真主宰之者，故無我也。（〈佛國品〉）
>
> 法以因緣生，緣生則無自性，無自性則無主，無主則無我人壽命，唯空無相無作無起，此深經之所順也。（〈法供養品〉）

諸法皆從因緣和合所生，緣生則無有自性，無自性即爲空無相，因此無有主宰之我，就一個人來說，身與我亦皆爲烏有：

四大和合，假名為身耳。四大既無主身，我何由生？（〈文殊師利問疾品〉）

因有妄想，故見我及眾生，若悟妄想之顛倒，則無我無眾生。（同上）

四大和合而生身，而身無自性故爲假名。四大亦無主（主宰），我（主宰之我）亦無由生。所以有我者，乃在於人們的妄想所生。因此，身爲「衆緣所成，緣合則起，緣散則離，何有眞宰常主之者？」（〈方便品〉）接著僧肇還提出了所謂「我」，即爲「縱任有自由謂之我」的思想，然而僧肇認爲，這樣的「我」是不可能存在的。他論證說：

縱任有自由謂之我，而外火起滅由薪，火不自在。火不自在，火無我也。外火既無我，內火（智慧之火）類亦然。（同上）

外火起滅由薪不得自在，因此火無我。至於內火即智慧之火，亦與外火一樣，不得自在，即一個人的智慧的產生是要有各種條件的，所以說內火亦不能自在，不自在即爲無我。因此說人們的智慧也是空的。僧肇說：

智之生也，起於分別，內諸法無相，故智無分別。智無分別，即智空也。（〈文殊師利問疾品〉）

又說：

> 身雖能觸而無知，內雖能知而無觸，自性而求，二俱無知，既曰無知，何異瓦礫。（〈方便品〉）

總之，我是空的，無有人我。「上空智空，下空法空」，物我俱空，這才是大乘空義。但僧肇認爲大乘空義又與小乘空義不同：「小乘觀法緣起，內無眞主，爲空義。雖能觀空，而於空未能都泯，故不究竟。大乘在有不有，在空不空，理無不極，所以究竟空義也。」（〈弟子品〉）小乘講空執著於空，大乘講「在有不有」「在空不空」的「非有非無」說，所以小乘不了解大乘的究竟空義。爲此小乘空義在無我問題上偏於一邊，而不懂得大乘在無我與有我問題上的中道不二的思想。因此僧肇說：「小乘以封我爲累，故尊於無我，無我既尊，則與我爲二，大乘是非齊智，二者不殊，無我義也。」（同上）在這裡僧肇的論說，也充分地表現了中觀哲學的思想特點。

既然無有人我，「唯空無相無作無起」，「夫以有我，故能造善惡受禍福。法既無我，故無造無受也」（〈佛國品〉），那末哪還有因果報應之說呢？而傳統的我國佛教，以及廬山的慧遠法師，就是爲了論證業報學說而堅持人我（神不滅）論的。對此僧肇說：

若無造無受者，則不應有為善獲福，為惡致殃也。然眾生心識相傳，美惡由起，報應之道，運環相襲。其猶聲和響順，形直影端。此自然之理，無差毫分，復何假常我而主之哉？（〈佛國品〉）

這即是說，無造無受本不應有因果報應，但眾生心識相傳，以心造業，美惡由之而起，因此報應之道循環相襲不已。這就如同聲響，形影一樣的自然相應之理，並不需要有人我主宰於其間。然而眾生的心識又是怎麼產生的呢？「心者何也？染有以生。」（同上）心爲外境所染而生，「夫有心則有封，有封則不普。」（同上）有了心識就有了封域之累，就會造業而循環於業報之中得不到解脫。至於至人（即佛）則不會染有以起心，所以說：

至人冥真體寂，空虛其懷，雖復萬法並照，而心未嘗有。苦樂是逕，而不為受，物我永寂，豈心受之可得？（同上）

以聖心無心，故平等虛空也。（同上）

聖人無心，空虛其懷，因此苦樂不受，也就超越了生死輪迴的報應之道。由此可見，僧肇認爲，因果報應的存在而是由衆生的心識所生，並不需要承認有人我（即神不滅）的存在。

2.心起萬法說

依僧肇看來，衆生心識不僅會造成善惡的業報，而且能起滅萬法。僧肇說：

佛言：衆生垢淨，皆由心起。（〈弟子品〉）

不僅垢淨由心起，而且萬法亦然：

萬法云云，皆由心起，豈獨垢淨之然哉？（同上）

萬事萬形，皆由心成。心有高下，故丘陵是生也。（〈佛國品〉）

這明顯是宣揚主觀唯心論的思想。然而僧肇又沒有簡單地停留在這一結論上，而是又用思辯的方式論證了心與有（外境）的關係。他說：

夫有由心生，心因有起，是非之域，妄想所存，故有無殊論，紛然交競者也。（〈文殊師利問疾品〉）

有與心是互爲緣起的，萬物由心生，而心亦由萬物而起。「心者何也？惑相所生，行者何也？造用之名。夫有形必有影，有相必有心，無形故無影，無相故無心。然則心隨事轉，行因用起，見法生滅，故心有生滅，悟法無生，則心無生滅。迦旃延聞無常義，謂法有生滅之相，法有生滅之相，故影響其心同生滅也。」（〈弟子品〉）這即是說，心為惑相所生，為有形有相所起，所以說心隨事轉，法有生有滅故心亦有生滅。前面講心生萬法，主觀的心識產生客觀的事物，這裡又講客觀的事物引起主觀的心識，主客觀互為原因，似乎誰都可以決定誰，並沒有什麼第一性的問題。在這裡僧肇之所以要這樣講，目的是為了說明主觀的心與客觀的法（萬有）都是虛假的東西，都是可生滅的不是永恆絕對的東西。心為惑相所生，惑相所生之心又能產生萬法，因此心與萬法皆為虛妄不實。只有法性、實相才是眞實的，「夫實相幽深，妙絕常境，非有心之所知，非辯者之能言。如何以生滅心行而欲說乎？」（〈弟子品〉）實相超越了客觀的萬法與主觀的心識，是不能為生滅之心所可認識的絕對。這種所謂的「實相」顯然是一種虛構的宇宙的精神實體。所以僧肇的根本思想歸根到底是一種客觀唯心論。

3. 漸悟說

漸悟與頓悟討論的是成佛得涅槃正果的途徑問題。佛教一般都認為，成佛是需要靠長年累月的漸修過程才能領悟得佛教道理而獲得涅槃正果的，僧肇與傳統佛教一樣亦持此說。他說：

> 羣生封累深厚，不可頓捨，故階級漸遣，以至無遣也。（〈文殊法師利問疾品〉）

為什麼要靠漸修，僧肇的理由是衆生的患累太深了，不能一下子頓捨，需要把累患逐漸地拋棄掉，猶如老子所說的「損之又損，以至於無損」一樣，所以說需要「階級漸遣以至無遣也」⑧。這些患累主要指執著於法有，我有而引起的貪欲等等，因此只有逐步地了解到我空法空以至畢竟空，「空於空者」，才能達到「無患之極」，而得入涅槃。一般佛教把修行的「階級」分爲十級，叫做十住，或十地。僧肇他們把第七級（七住）看作是一個重要的修行階段，認爲：「七住已上，心智寂滅。以心無爲，故無德不爲。」（〈佛國品〉）又說：「七住得無生忍已後，所行萬行，皆無相無緣，與無生同體，無生同體，無分別也。眞慈無緣，無復心相，心相旣無，則泊然永寂。」（〈觀衆生品〉）這即是說，達到七住，心智寂滅，不再起心，已與無生同體，也就不會再進入生死輪迴，而達到了所謂「泊然永寂」的境地。這種七住而得無生之說，據南齊荊州隱士劉虬在〈無量義經序〉中說：

> 尋得旨之匠，起自支、安。支公之論無生，以七住為道慧陰足，十住則羣方與能，在迹斯異，語照則一。（《出三藏記集》卷九）

七住得無生，具足道慧的說法，似首倡於支遁與道安。又《世說新語・文學篇》注說：

> 〈支法師傳〉曰：法師研十地，則知頓悟於七住。

漸修至七住而得頓悟道慧，所以這種修悟說亦稱之爲小頓悟說。如慧達《肇論疏》中說：

> 第二小頓悟者，支道琳師云，七地始見無生。彌天釋道安師云，大乘初無漏慧，稱摩訶般若，即是七地。遠師云，二乘未得無有（湯用彤先生說「有」當是「生」字），始於七地，方能得也。埵法師云，三界諸結，七地初得無生，一時頓斷，為菩薩見諦也。肇法師亦同小頓悟義。

由此可見，支、安、遠、埵、肇等人，皆是持小頓悟說，亦即漸悟說。現存的《肇論．涅槃無名論》中有「譏動」一段就是針對這種小頓悟說而發的難，其辭云：

> 有名曰：經稱法身已上入無為境，心不可以智知，形不可以象測⑨。體絕陰入，心智寂滅，而復云進修三位，積德彌廣。夫進修本於好尚，積德生於涉求。好尚則取捨情現，涉求則損益交陳。既以取捨為心，損益為體，而曰體絕陰入，心智寂滅，此文乖致殊而會之一人，無異指南為北，以曉迷夫。

「有名」的責難是：七住已得法身入無爲境，哪爲什麼還要再進修三位呢？進修三位就需要有「好尚之情」與「涉求損益之心」，乃就不能做到「心智寂滅」，所以小頓悟說是自相矛盾的。

對此「無名」回答說：

> 無名曰：經稱聖人無為而無所不為。無為，故雖動而常寂；無所不為，故雖寂而常動。雖寂而常動，故物莫能一；雖動而常寂，故物莫能二。物莫能二，故逾動逾寂；物莫能一，故逾寂逾動。所以為即無為，無為即為，動寂雖殊，而莫之可異也。……聖旨虛玄，殊文同辯，豈可以有為便有為，無為便無為哉！菩薩住盡不盡平等法門，不盡有為，不住無為，即其事也。而以南北為喻，殊非領會之唱。（《涅槃無名論．動寂》）

這即是說，已得七住入無爲之境，但無爲並不是什麼都不爲，聖人無爲而無所不爲，寂而常動，動而常寂，動寂不殊，爲即是無爲，無爲即是爲，所以已入無爲之境，並不妨礙再進修三位，這裡並無矛盾。這種思想似與僧肇《肇論》中的有無一如、動靜不二的中觀思想相一致，很可能是僧肇原有的思想。

4.佛無國土說

羅什的另一弟子道生有佛無淨土說，而僧肇亦有此說，他們兩人都在注《維摩詰經》中講到了這些思想。這些思想很可能也是他們在長安「嘗相稱詠」的內容之一。爲什麼說佛無國土（或說佛無淨土）呢？依僧肇看來，佛之法身是空虛清淨的，是無形無相的，因此，他就不應當有固定的國土，只是爲了教化衆生的方便才顯現形相，隨方教化而有國土之說。所以僧肇說：

法身無定，何國之有，美惡斯外，何淨可取？取淨國者，皆為彼耳，故隨其所應而取焉。

（《注維摩詰經．佛國品》）

法身無有國土，淨國者爲衆生敎化所設。爲此僧肇又說：

夫聖人空洞無象，應物故形，形無常體，況國土之有恆乎？夫以羣生萬端，業行不同，殊化異被，致令報應不一。是以淨者應之以寶玉，穢者應之以沙礫，美惡自彼，於我無定。無定之土，乃曰真土。然則土之淨穢，繫於眾生，故曰：眾生之類，是菩薩佛土也。或謂土之淨穢，繫於眾生者，則是眾生報應之土，非如來土，此蓋未喻報應之殊方耳。嘗試論之，夫如來所修淨土，以無方為體，故令雜行眾生，同視異見。異見故淨穢所以生，無方故真土所以形。若夫取其淨穢，眾生之報也；本其無方，佛土之真也；豈曰殊域異處，凡聖二土，然後辯其淨穢哉？（同上）

如來之土，以無方爲體，正由於它無方故能無不方，無形故能無不形，所以能隨其衆生而爲土，至於淨土穢土之分，只是衆生的「同視而異見」。所以有方體的佛土，並不是眞土，乃是「衆生之影響耳」。

佛土者，即眾生之影響耳。夫形修則影長，形短則影促，豈日月使之然乎？形自然耳。故隨所化眾生之多少，而取佛土之廣狹也。是以佛土或以四天下，或以三千，或以恆沙，為一國者也。（同上）

淨土蓋是心之影響耳。夫欲響順，必和其聲，欲影端，必正其形，此報應之定類也。（同上）

佛土、淨土，「蓋是心之影響」，而眞土無方，所以說佛無國土。這一思想與道生的「諸國佛土，亦復皆空」、「寄土言無，故言淨土。無土之淨，豈非法身之所託哉」（《法華經疏・壽量品》）的思想大致相似，同爲大乘性空理論所推演出來的必然結論。

註釋

①羅什佛經之翻譯，可參見湯用彤先生著《漢魏兩晋南北朝佛敎史》第十章「什公之譯經」一節。

②五明諸論，《翻譯名義集》：「言五明者，一曰聲明，釋詁訓字，詮目流別，二工巧明，技術機關，陰陽歷數；三醫方明，禁咒閒邪，藥石針艾；四因明，考定正邪，研覈眞僞；五曰內明，究暢五乘因果妙理。」

③羅什著作詳見湯用彤先生《漢魏兩晋南北朝佛敎史》第十章「什公之著作」一節。

④關於羅什譯經的評價問題可參見呂澂著：《中國佛敎源流略講》一書。

⑤羅什於弘始三年（四〇一年）十二月二十日至長安，其年僧肇爲十八歲，肇卒於四一四年，終年三十一，則僧肇入姑藏師事羅什當在十八歲之前。

⑥據僧叡的〈大品經序〉說：「以弘始五年，歲在癸卯四月二十三日於京城之北逍遙園中，出此經。……以其年十二月十五日出盡。校正檢括明年四月二十三日乃訖。」弘始五年爲西元四〇三年，明年則爲四〇四年。

⑦見湯用彤《漢魏兩晋南北朝佛敎史》四七九頁。

⑧這一說法基本上與現存〈涅槃無名論〉中「明漸」一節思想相同。「明漸」說：「無名曰：無爲無二，則已然矣。結是重惑，而可謂頓盡，亦所未喩。……書不云乎，學者日益，爲道者日損。爲道者，爲於無爲者也。爲於無爲而日日損，此豈頓得之謂。要損之又損，以至於無損耳。」

⑨僧肇曾在《注維摩詰經．佛國品》中說：「既得法身，入無爲境。心不可以智求，形不可以象取，故曰無量。六住已下，各有量。」「識動」正是針對這一觀點而發。

第四章　廬山慧遠的佛教思想

慧遠是東晉的一大名僧，是當時南方佛教界的一位領袖人物。他的佛學思想，集道安的般若學，僧伽提婆的一切有部毗曇學，羅什的三論學於一身，然以一切有部的小乘思想爲主。是位博學的佛教學者。他的佛教思想對東晉以及而後我國南方的佛學起了很大的影響。

第一節　慧遠的生平與著作

慧遠，俗姓賈氏，雁門樓煩（今山西代縣）人。生於東晉成帝咸和九年（西元三三四年）卒於東晉安帝義熙十三年（西元四一七年）秋八月六日，「春秋八十四」（見謝靈運：〈廬山慧遠法師誄〉）。然《高僧傳》所載的慧遠卒年爲義熙十二年，「春秋八十有三」，與誄文相差一年，而誄文爲劉宋朝謝靈運所作，今當從誄文。遠「弱而好書」，「年十三隨舅令狐氏，遊學許洛」，「少爲諸生，博綜六經，尤善莊老」（《高僧傳．慧遠傳》，以下凡引此書，不再注出處）。年二十一，「欲渡江東」，因石虎死，「中原寇亂」，南路阻塞，而未能得行。時名僧道安立寺於太行恒山，慧遠「遂往歸之」。後聽道安講解《般若經》，「豁然有悟」，「乃嘆曰：儒道九流，皆糠粃耳」，從而「投簪落髮」，「委命受業」。年二十四，「便就講說」，「有客難實相義」，「遠乃引莊子義爲連類」，於是「惑者曉然」。是後道安「特聽慧遠不廢俗書」，允許慧遠用俗書（指道家、儒家等書）來解釋佛經。後來隨道安南遊襄沔。時晋哀帝興寧三年，前秦建元九年（西元三七三年）①，符堅遣尙書令符丕「率司馬慕容暐、荀萇等步騎七萬寇襄陽」（《晋書》卷一百十三〈符堅傳〉）。襄陽戰火烽起，道安爲東晋朱序所拘，不能得去，乃分張徒衆（參見本編第二章第一節）。自此慧遠與道安分別，逕自南渡江東。時當在建元九年（西元三七三年）之後。其時慧遠已四十歲左右。慧遠與其弟子數十人南渡，先至荊州，住上明寺，後至潯陽，「見廬峯清靜，足以息心，始住龍泉精舍」。刺史桓伊更爲慧遠立房殿，號爲東林寺。晋孝武帝太元十六年（西元三九一年），慧遠年五十八，三藏法師僧伽提婆②至廬山，受慧遠的請求，譯出《阿毗曇心》與《三法度經》。關於此事，《高僧傳．僧伽提婆傳》記載說：

頃之，姚興王秦，法事甚盛，於是法和入關，而提婆渡江，先是廬山慧遠法師翹懃妙典，廣集經藏，虛心側席，延望遠賓，聞其至止，即請入廬岳，以晉太元之中，請出《阿毗曇心》及《三法度》等。提婆乃於般若台，手執梵文，口宣晉語，法華存實，務盡義本，今之所傳，蓋其文也。

《祐錄》經序中也說：

罽賓沙門僧伽提婆，少翫茲文味之彌久，兼宗匠本正關入神，要其人情悟所參亦已涉其津矣。會遇來遊，因請令譯。提婆乃手執胡本，口宣晉語，臨文誡俱，一章三復。遠（指慧遠）亦寶而重之，敬慎無違。然方言殊韻難以曲盡，儻或失當，俟之來賢，幸諸明哲正其大謬。晉太元十六年出。（慧遠〈阿毗曇心序〉）

自此，慧遠在廬山研習小乘毗曇之學，並制《阿毗曇心》與《三法度經》的序文兩篇。晉安帝隆安三年（西元三九九年）慧遠年六十六，桓玄征殷仲堪，軍經廬山，要遠出虎溪。遠稱疾不堪。玄自入山，致敬慧遠。玄後以「震主之威」，「勸令登仕」，「遠答辭堅正」拒絕之。東晉安帝元興元年（西元四〇二年），慧遠年六十九，與劉遺民、雷次宗、周續之、畢穎之、宗炳、張萊民、張季碩等百有二十三人，「集於廬山之陰，般若云台精舍，阿彌陀像前」，「建齋立誓，共期西方」，劉遺民並爲此著文一篇。這就是後人相傳的所謂慧遠等十八高賢，結蓮社之說。東晉安帝隆安五年（西元四〇一年），羅什入關，慧遠「即遣書通好」，其後羅什與慧遠互通書信問答，研討大乘中觀佛學。羅什於後秦姚興弘始七年十二月二十七日（西元四〇五年），譯出《大智度論》，姚興即送論並遣書慧遠，請遠作序文。爲此慧遠作〈大智度論抄序〉一篇，稱頌龍樹學說。晉安帝元興三年（西元四〇四年），慧遠與桓玄互通書信，討論沙門應不應敬王與沙汰事，並著〈沙門不敬王者論〉一文，闡明沙門不應敬王的道理。沙門應不應敬王事，早在成帝時就有爭論，「昔成帝幼沖，庾冰輔政，以爲沙門應敬王者。尚書令何充、僕射褚翌、諸葛恢等，奏不應敬禮。……同異紛然，竟莫能定。」而後桓玄則「欲令盡敬」，並致書慧遠要求其說明不敬之意。慧遠則復書並著論以答桓玄，說明沙門雖不敬王，似乎有違於世俗之禮，然「令一夫全德，則道洽六親，澤流天下，雖不處王侯之位，固已協契皇極，在有生民矣。是故內乖天屬之重，而不違其孝；外闕奉主之恭，而不失其敬也。」（〈沙門不敬王者論〉）這即是說，沙門出家不敬帝王，但其所起的作用，却是「道洽六親」，「協契皇極」的，所以沙門並不違背儒家的忠道孝道。晋安帝義熙元年（西元四〇五年），慧遠年七十二，晋安帝自江陵旋於京師，輔國何無忌，勸慧遠候迎，遠稱疾不行，安帝則遣使並致書慧遠以表慰問。安帝義熙七、八年間（西元四一一年或四一二年）禪師佛馱跋陀羅（即覺賢）在長安被擯，而與弟子慧觀等四十餘人，南徙廬岳③。「慧遠久服風名，聞至欣喜，傾蓋若舊。遠以賢之被擯，過由門人，……乃遣弟子曇邕，致書姚主，及關中衆僧，解其擯事。遠乃請出禪數諸經。賢志在遊化，居無求安，停山歲許，復西遊江陵。」（《高僧傳．佛馱跋陀羅傳》）其時覺賢在廬山譯出禪經，慧遠則作〈廬山出修行方便禪經統序〉一文。序文中說，覺賢所出禪經，乃是罽賓禪師佛大先，即佛陀斯那的禪法。自此江東禪法流行。慧遠還曾聽說天竺有佛影，說是爲「佛昔化毒龍所留之影」，於是乃「營築龕室，妙祘畫工，淡彩圖寫」，並爲佛影像作銘文一篇。其時當在義熙八年（西元四一二年）④。又傳昔陶侃「經鎮廣州」時，於海中得阿育王像，「以送武昌寒溪寺」，慧遠得悉則「祈心奉請」，創立寺院，遷像於寺。晉安帝義熙十三年（西元四一七年），慧遠卒於廬山東林寺，年八十四，「卜居廬阜三十餘年矣」。死後「謝靈運⑤爲造碑文」，「南陽宗炳爲之立碑於寺門」。

慧遠弟子甚衆，主要的有：

慧持，慧遠之弟，「年十四，學讀書」，「善文史」。年十八出家，與兄慧遠共事道安法師，「遍學衆經，遊刄三藏」。「及安在襄陽分張徒衆，慧遠、慧持俱行東下」，「初憩荊州上明寺，後適廬山」。而「廬山徒屬，莫匪英秀，往返三千，皆以持爲稱首。」時豫章太守范寧，請慧持講法華毗曇，「於是四方雲聚，千裡遙集」。晉衛軍瑯琊王珣曾與范寧書云：「遠公持公孰愈？」范寧答書稱：「誠爲賢兄賢弟也。」慧持並與長安羅什，「遙相欽敬，致書通好，結爲善發。」後慧持聞成都地沃民豐，志往傳化，「乃以隆安三年，辭遠入蜀」。「遂至龍淵精舍，大弘佛法，講說齋懺，老而愈篤。」「以晉義熙八年，卒於寺中，春秋八十有六。」（事見《高僧傳·慧持傳》）

僧濟，未詳何許人。晉太元中入廬山，從慧遠受學，年過三十，「便出邑開講，歷當元匠。」慧遠每嘆曰：「共吾弘佛法者，爾其人乎！」後僧濟「忽感篤疾」，因夢而見無量壽佛。卒時僅四十有五歲。（事見《高僧傳·僧濟傳》）

法安，一名慈欽，未詳何許人，慧遠的弟子。安「善持戒行，講說衆經，兼習禪業」，能「開化愚矇，撥邪歸正。」後得銅鐘助慧遠鑄佛像，最後不知所終。（事見《高僧傳·法安傳》）

曇邕，俗姓楊，關中人。少仕前秦爲衛將軍。太元八年，從符堅南征，爲晉軍所敗，還至長安，「從安公出家」，道安去世後，南投廬山，師事慧遠。曇邕「內外經書，多所綜涉，志尚弘法，不憚疲苦。」後爲慧遠入長安，「致書羅什，凡爲使命十有餘年。」京師道場寺僧鑒「挹其德解，請還楊州」，邕以慧遠年高，「遂不果行」。後慧遠命曇邕出山，「於山之西南營立茅宇」。遠去世之後，邕往荊州，卒於竹林寺。（參見《高僧傳·曇邕傳》）

道祖，少出家爲支法濟弟子，「後與同志僧遷、道流等，共入廬山，」師事慧遠，「並在山中受戒」。遷、流等人早亡，「並年二十八而卒」。慧遠嘆曰：「此子並才義英茂，清悟日新，懷此長往，一何痛哉！」後道祖還京師瓦官寺講經，桓玄每詣觀聽，乃謂人曰：「道祖後發，愈於遠公，但儒博不逮耳。」及桓玄輔政，欲使沙門致敬王者，道祖乃辭還吳之台寺。「有頃，玄篡位，勑郡送祖出京，祖稱疾不行」，於是祖絕迹人事，講道終日。以晉元熙元年卒，春秋七十有三。（事見《高僧傳．道祖傳》）

除上述弟子之外，慧遠尚有弟子慧要（「解經律，而尤長巧思」）、曇順、曇洗（「並義學至譽」，曇洗曾注《維摩》及著〈窮通論〉）、法幽、道恆、道授等百有餘人（「或義解深明，或匡拯衆事，或戒行清高，或禪思深入，並振名當世」）。

慧遠的著述亦富，《高僧傳》說他「所著論、序、銘、詩、書集爲十卷，五十餘篇」。《隋志．經籍志》載《慧遠集》十二卷，《舊唐志》載十五卷，《宋史》載慧遠《廬山集》十卷。但集已佚。所存著作，如上文中已經講到的〈阿毗曇心論序〉、〈三法度經序〉、〈大智度論鈔序〉、〈沙門不敬王者論〉、〈佛影銘〉、〈廬山出修行方便禪經統序〉之外，尚有〈三報論〉、〈明報應論〉、〈沙門袒服論〉、〈念佛三昧詩集序〉、〈晉襄陽丈六金像贊頌〉，以及慧遠與羅什、桓玄、何鎮南、戴安公等書信多種。此外現已佚失的著作有〈妙法蓮華經序〉、〈般若經問論序〉、〈無三乘統略〉、〈法性論〉、〈釋神名〉、〈辯心意識〉、〈驗寄名〉、〈問神論〉（以上皆見《祐錄》）等。

第二節　慧遠的佛教思想

慧遠早年從道安學般若學，講說般若實相義，並「引莊子義爲連類」，以玄解佛，具有玄學風尚。自慧遠離別道安從襄陽至荊州後，還曾駁斥過道桓之心無義說。這一時期，慧遠顯係爲一位般若學者，屬於道安的本無宗，慧遠入居廬山後，晋太元十六年（西元三九一年）小乘毗曇師僧伽提婆至廬岳，受慧遠的請求，譯出《阿毗曇心》與《三法度論》之後，慧遠從事小乘毗曇之學，並深受小乘學說的影響。慧遠在〈阿毗心序〉中說：

罽賓沙門僧伽提婆，少翫玆文，味之彌久，兼宗匠本，正闢入神。……會遇來遊，因請今譯。提婆乃手執胡本，口宣晋言，臨文誠懼，一章三復。遠亦寶而重之，敬慎無違。

由此可見，慧遠是十分重視《阿毗曇心論》的。《阿毗曇心論》是小乘說一切有部的一部代表著作。《三法度論》則應是小乘犢子系賢胄部的著作。犢子系的思想與有部思想本來相差不多，所以慧遠皆吸收了他們的思想。因此《名僧傳鈔》卷十說：「慧遠廬山習有宗事」，就是指的這一時期。晋安帝隆安五年，姚秦弘始三年（西元四〇一年），鳩摩羅什法師入長安，慧遠即「遺書通好」，並諮詢羅什大乘佛義。慧遠致書羅什說：「今輒略問數十條事，冀有餘暇，一一爲釋，此雖非經中之大難，要欲取於君耳」。羅什接書後，則一一作答。現存的〈大乘大義章〉，即是羅什的書信回答。羅什於姚秦弘始七年（西元四〇五年）譯出《大智度論》，姚興即送書慧遠請求作序，慧遠則作〈大智度論鈔序〉一文。又大約在義熙五年（西元四〇九年），道生從長安返回京師，途經廬山，出示僧肇的第一篇佛學論文〈般若無知論〉。慧遠看到此論後，大爲稱頌：「未嘗有也」。慧遠又在《大品般若經》未譯出之前，寫出〈法性論〉一文（已佚）⑥，傳至長安，羅什贊曰：「邊國人未有經，便闇與理合，豈不妙哉！」（《高僧傳．慧遠傳》）以此「關中勝說」與廬山佛學兩者得到了交流。在這一時期中，慧遠思想上除受到了以前的般若本無宗與小乘毗曇學的思想影響之外，又開始接受了大乘龍樹中觀學的思想影響。但從慧遠的總的思想來看，他的佛教思想還是受小乘有部思想影響較深較多。所以他的佛學，即不同於關中的龍樹學，也不同於道安的本無宗，而是揉合了三者思想，建立了自己獨特的思想體系。除此之外，慧遠對於彌勒淨土、念佛三昧，尤其對於佛馱跋陀羅所傳的罽賓佛大先的禪學，都有所研習，在我國佛教史上也都有著一定的地位和影響。慧遠學識是很淵博的，他「內通佛理，外善羣書」，除了「內學」之外，還對「外學」亦加重視。他既重老莊，又擅儒學，並與雷次宗，宗炳等研討過《喪服經》。陸德明《毛詩音義》：「周續之與雷次宗同受慧遠法師詩義。」可見慧遠對《詩經》亦有研究。又與殷仲堪「論易體要」(《高僧傳·慧遠傳》),對《周易》亦加重視。總之,慧遠是位兼通內外學的一位佛教學者。

慧遠佛教的中心思想,是泥洹常住說,即法性不變論。《高僧傳·慧遠傳》說:

先是中土,未有泥洹常住之說,但言壽命長遠而已。遠乃嘆曰:「佛是至極則無變,無變之理,豈有窮耶?」因著〈法性論〉曰:「至極以不變為性,得性以體極為宗。」

這即是說,佛是至極,至極則以不變爲性,而體極在於冥合不變之法性,得其不變之法性即入泥洹(涅槃)。因此說:法性不變,泥洹常住。這一思想在這裡究竟是怎樣論說的,由於〈法性論〉已佚,我們不得而知。但在他而後的〈沙門不敬王者論〉(此論作於四〇四年)中,得到了較爲詳細的論說。在此論中他闡說了「求宗(指求得泥洹不變)不順化(不隨生死大化)」的問題,認爲「求宗」「體極」在於得到不變的法性入泥洹常住,因此它與「順化」不同。他論證說:

是故經稱,泥洹不變,以化盡為宅;三界流動,以罪苦為場。化盡則因緣永息,流動則受苦無窮。何以明其然?夫生以形為桎梏,而生由化有。化以情感,則神滯其本,而智昏其照,介然有封,則所存唯已,所涉唯動。於是靈轡失御,生塗日開,方隨貪愛於長流,豈一受而已哉,是故返本求宗者,不以生累其神;超落塵封者,不以情累其生。不以情累其生,則生可滅;不以生

累其神，則神可冥。冥神絕境，故謂之泥洹。泥洹之名，豈虛構也哉？（〈沙門不敬王者論〉）

什麼叫泥洹（即涅槃）呢？泥洹即是指超脫了生死輪迴，得至了永寂不變的境界。生死輪迴則流動於三界而受苦無窮，泥洹則生死大化已盡而因緣永息。那麼怎樣才能得到永寂不變的泥洹呢？「生以形爲桎梏」，而形以情化「感物而動」。感物而動，於是「靈轡失御，生塗日開，從而處於生死輪迴之中。因此，只有返本求宗者，才能不以生累其神；只有超落塵封（指出世而言）者，才不會以情累其生。「不以生累其神，則神可冥」，「不以情累其生，則生可滅」。這樣就可達到「冥神絕境」無生永寂的泥洹境地。所以慧遠所說的泥洹常住、法性不變，即是指超脫了生死輪迴的靈魂不滅。

慧遠的這種神不滅說，顯然是與羅什所宣揚的大乘空宗的「無我說」不同。同時亦與其老師道安的本無性空說不一致。道安把性空本無當作爲實有的存在，慧遠把法性說成是神當作爲實有的存在，就其都視作「實有」而言，兩者是相通的。但本無性空的理論，可以得出識神性空的思想而慧遠把神本身當作爲不變的法性視作爲實有，就這點來講，兩者又是不同的。慧遠把法性當作實有的觀點，其思想除了受到道安的本無宗思想影響之外，看來主要是接受了《阿毗曇心論》的影響。慧遠對《阿毗曇心論》「寶而重之，敬慎無違」，對它是十分敬重的。他稱頌《阿毗曇心論》爲「三藏之要頌，詠歌之微言，管統衆經，領其宗旨，故作者以心爲名焉。」（阿毗心序）並對書中的思想作了概括性的總結，他說：

發中之道，要有三焉：一謂顯法相以明本，二謂定己性於自然，三謂心法之生必俱遊而同感。俱遊必同於感，則照數會之相因；己性定於自然，則達至當之有極；法相顯於真境，則知迷情之可反。心本明於三觀，則睹玄路之可遊，然後練神達思水境六府，洗心淨慧擬迹聖門，尋相因之數，即有以悟無，推至當之極，動而入微矣。（〈阿毗曇心序〉）

「顯法相以明本」，意謂了解一切法皆是可用五蘊、十二處、十八界來解釋的，就可以「明本」，顯於眞境，得到智慧。「定己性於自然」，意謂一切法皆有自性，各自住於自性（「達至當之有極」），因此自性是實有的。「心法之生，必俱遊而同感」，意謂心法的產生，在於心與心所法（「心數」）相互感應而起。這就是《阿毗心論》所講的一套理論，而其中「定己性於自然」之說，承認諸法有自性，這就是認法性爲實有說，這是與大乘所講的無自性說相反對的。看來，慧遠的法性實有說，是與《阿毗曇心論》中所說的「定己性於自然」說，頗爲一致。這顯然是一種小乘有部的理論。

至於慧遠把不變的法性看作爲靈魂不變的思想，則很可能是他接受了小乘犢子系著作《三法度論》中有我說的結果。慧遠請僧伽提婆譯出《三法度論》，並親自爲其作序文說：「三法度經者，蓋出四阿含。四阿含則三藏之契經，十二部之淵府也。以三法爲統，以覺法爲道，開而當名，變而弘廣。法雖三焉而類無不盡，覺雖一焉而智無不同。觀諸法而會其要，辯衆流而同其源，斯乃始涉之鴻漸舊學之華苑也。」（《出三藏記集》卷十）可見，慧遠對《三法度經》也是推崇備至的。《三法度經》認爲，從受、過、滅三種施設看，必須承認有「人我」的存在。從受施設看，既然人們能有所「受」（「取」），就應有知覺的存在，有知覺則不同於木石，就得承認有知覺的主體「人我」的存在；從過（過去）施設看，要把過去、現在，乃至未來連續起來，也必須承認有一個連續不滅的主體「人我」的存在；從滅施設看，最後要達到涅槃寂靜，也得承認有一個「人我」來實現。很明顯，《三法度經》的人我說，是用來作爲解釋三世輪迴與超脫生死的涅槃學說的理論根據的⑦。而慧遠的神不滅論，正是與《三法度論》的人我說相合，也是用來解釋三世報應與泥洹（涅槃）不滅的。慧遠所講的「神」也就是《三法度論》所講的「人我」。由此可見，慧遠的思想是深受到小乘犢子系學說的影響的。當然除此之外，慧遠的神不變說也是東漢以來我國佛教傳統的精靈不滅說的產物。漢代佛教初入中土，時人好用我國古代的鬼神觀念來理解佛教因果報應與生死輪迴，他們「以爲人死精神不滅，隨復受形，生時所行善惡，皆有報應。故所貴行善修道，以煉精神而不已，以至無爲而得爲佛也。」（袁宏《後漢記》卷十）這種思想一直爲人們所接受，直至東晉時代三論傳入，羅什介紹了大乘空宗的「無我」說才受到挑戰。但慧遠遠離關河，雖說與羅什往還書信討論過大乘空學，然而並沒有接受羅什的「無我」說，而是深受僧伽提婆在廬山所宏揚的小乘學說的影響，從而使得北方關河學與南方廬山學，走上了兩個不同的道路。而慧遠所著的〈沙門不敬王者論〉和與戴逵（？～西元三九五年）⑧辯論因果報應而作的〈三報論〉等，就是其小乘學說的代表作。

〈沙門不敬王者論〉不僅講到了「求宗不順化」以及「冥神絕境謂之泥洹」的問題。而且還論證了形神關係，提出了「形盡神不滅」的思想。而其〈三報論〉和〈明報應論〉的理論根據就是神不滅論。

〈三報論〉一文，是針對戴逵否定有佛教的因果報應說而發。當時戴逵認爲，如果有因果報應，那麼聖人積善「宜歷代皆不移」；惡人「行無一善，惡惡相承，亦當百世俱闇」；「是善有常門，惡有定族，後世修行，復何益哉？」（《廣弘明集．釋疑論》）這即是說，按照佛教的因果報應的說法，積善之家歷代應有善報，積惡之家世世應受惡報，然而「夷叔至仁，餓死首陽；盜跖肆虐，富樂自終」，並未有因果報應，這就與佛教宣揚的修行福田發生了矛盾。由此可見，佛教因果報應說是不能成立的。對此慧遠寫了〈三報論〉一文來論證因果報應說。論中說：

> 經說業有三報：一曰現報，二曰生報，三曰後報。現報者，善惡始於此身，即此身受。生報

者，來生便受。後報者，或經二生三生，百生千生，然後乃受。

因果即然有三報，今生所作之業，可能今生受報，也可能來生受報，乃至百生、千生受報。因此積善之家並不能歷代都受善報，積惡之家也不可能世世都受惡報，但「善有善報，惡有惡報」，最後終究要受此一報的。所以接著慧遠又說：

相參懷佛教者，以有得之世，或有積善而殃集；或有凶邪而致慶，此皆現業未就，而前行始應，故曰禎祥遇禍，妖孽見福，疑似之嫌於是乎在。何以謂之然？或有欲匡主救時，道濟生民，擬步高跡，志在立功，而大業中傾，天殃頓集；或有棲遲衡門，無悶於世，以安步為輿，優遊卒歲，而時來無妄，運非所遇，世道交淪於其閒習；或有名冠四科，道在入室，全愛體仁，慕上善以進德。若斯人也，含沖和而納疾，履信順而夭年，此皆立功立德之外變，疑嫌之所以生也。大義既明，宜尋其對，對各有本，待感而發，逆順雖殊，其揆一耳。何者？倚伏之契，定於在昔，冥符告命，潛相迴換。故令禍福之氣，交謝於六府；善惡之報，外互兩行。

這即是說，由於有三報的不同，致使得善惡之報舛互迴換，似乎與因果報應說發生了矛盾，其實這是由三種報應的情況不同所致，「倚伏之契，定於在昔，冥符告命，潛相迴換」，但都是以前所種的因所產生的果，並沒有違背佛教的因果報應說。慧遠的這一論說與一般講「善有善報，惡有惡報」的說法要精致得多，似乎能解決戴逵所提出的責難。善人爲什麼得不到善報，而惡人爲什麼反而能得到善報呢？這是由於「三報」所造成的舛互迴換，這似乎也是因果報應所造成的現象。因此慧遠的這一說法也就有了較大的說服力，連當時的戴逵見了〈三報論〉後，也只得承認「俗見之懷，誠爲未盡然。三報曠遠，難以辭究，弟子尋當索歸，必覲展冀，親承音旨，益釋其滯」了。（見《廣弘明集》卷二十〈釋疑論〉）

慧遠三報論的理論根據，就是他的形盡神不滅說，也就是《三法度經》中所主張的「人我」說。慧遠在〈沙門不敬王者論〉中說：

神也者，圓應無生，妙盡無名，感物而動，假數而行。感物而非物，故物化而不滅；假數而非數，故數盡而不窮。有情則可以物感，有識則可以數求。數有精粗，故其性各異；智有明暗，故其照不同。推此而論，則知化以情感，神以化傳，情為化之母，神為情之根，情有會物之道，神有冥移之功，但悟徹者返本，惑理者逐物耳。

神爲無生不滅，它感物而動，假氣數而行。物化而氣數窮，而它卻不化不窮。衆生有情才能感物，有識才可求得氣數（指氣的變化）。正由於情識之感才能物化數變，而神爲情識之根則隨物化而轉，處於生死輪迴、三世因果報應之中，所以說：「情有會物之道，神有冥移之功」。猶如薪火之喻：「火之傳於薪，猶神之傳於形；火之傳異薪，猶神之傳異形。前薪非後薪，則知指窮之術妙；前形非後形，則悟情數之感深。惑者見形朽於一生，便以爲神情俱喪，猶睹火窮於一木，謂終期都盡耳。」（〈沙門不敬王者論〉）意即是說，人的形體處於生死輪迴變化之中，形體可變，前形非後形，然形體雖有變，而其神則不變，永遠是同一個神。這個神就是人處於生死輪迴中的連接三世報應的主體擔任者。這種神不變的思想，它也就是《三法度論》中所說的從過施設看，必須要有一個連續三世的主體即「人我」的思想。在這裡，慧遠對神不變的論說，有意思的是他用了「薪火之喻」，而「薪火」的比喻本來是唯物主義無神論者，用以反對靈魂不變說的。早在漢代，桓譚就以燭火喻形神，反對當時的精神不死人可長生的思想。桓譚說：

> 言精神居形體，猶火之燃燭矣，如善扶持，隨火而側之，可毋滅而竟燭。燭無，火亦不能獨行於虛空，又不能後燃其灺。如猶人之耆老，齒墮髮白，肌肉枯腊，而精神弗為之能潤澤，內外周徧，則氣索而死，如火燭之俱盡矣。（《新論．形神》）

形神關係猶如燭火關係，無燭則無火，以此證明形滅則神不滅。三國時吳人楊泉則用薪火喻形神，他說：

人含氣而生，精盡而死。死，猶澌也滅也，譬如火焉，薪盡而火滅，則無光矣。故滅火之餘，無遺炎矣，人死之後，無遺魂矣。（〈物理論〉）

這是說，薪盡火滅而無光，人死精盡而無魂，認爲沒有脫離開肉體而獨立不滅的靈魂。直至劉宋時代唯物主義無神論者何承天尚用薪火之喻來說明形斃神滅的道理，以反對佛教的神不滅說。然而佛教有神論者慧遠，卻也用薪火之喻來證明形滅神存的思想。那麼「薪火之喻」應究竟如何看待呢？兩者一爲無神論一爲有神論，卻共同引用了「薪火之喻」來論證自己的結論，這說明以薪火喻形神這一比喻本身是不夠確切的，可以各取所需的。精神與形體的關係並不完全像薪火的關係。精神是形體的功能、作用。形體消滅，自然就失去了精神這一作用，它是並不能如火之傳薪一樣的。無薪則無薪之火，薪盡則火滅，這是與形朽則神滅一樣，所以以往的唯物主義無神論者好用這一比喻來說明形神關係。但火又能從這一薪點燃到另一薪，此薪之火滅，而它薪之火可又起，這是不同於形神關係的，甲的神絕不能傳到乙的形體上去，在這裡形神關係是不能用薪火關係作比喻的。慧遠則正是抓住了這一不夠確切的比喻，以此證明「火之傳異薪，猶神之傳異形」，火傳而不息，因此神輪迴而不滅的。古代唯物主義無神論者這一比喻的缺陷，只是到了范縝提出「形質神用」的命題，用「刃利」之喻，才得以克服。

慧遠思想中除了受到了漢代以來傳統佛教的精靈不滅與小乘佛教法有自性與「人我」說的影

響之外，還受到了羅什所介紹的大乘空宗三論學思想的影響。慧遠一面與羅什書信往還討論大乘學，詢問羅什「數十條事」，一面又爲羅什所譯《大智度論》作序文。慧遠對《大智度論》是有研究的。他認爲原來的《大智度論》由於「聖人依方設訓，文質殊體」，「若以文應質，則疑者衆；以質應文，則悅者寡。是以化行天竺，辭樸而義微，言近而旨遠。義微，則隱昧無象；旨遠，則幽緒莫尋。故令翫常訓者，牽於近習；束名教者，惑於未聞。若開易進之路，則階藉有由；曉漸悟之方，則始涉有律。遠於是簡繁理穢以詳其中，令質文有體，義無所越，輒依經立本，系以聞論，正其位分，使類各有所屬，謹與同止諸僧，共別撰以爲集要，凡二十卷。」（〈大智度論鈔序〉）由此可見，慧遠並不贊成原來的《大智度論》的繁雜而「文質殊體」，爲此他與「同止諸僧」，「簡繁理穢」，「別撰以爲集要」，編成《大智度論鈔》一書而後作序的。從序文中可見，慧遠當時也是受到龍樹的中觀哲學影響的。慧遠說：

請略而言：生塗兆於無始之境，變化構於倚伏之場。咸生於未有而有，滅於既有而無。推而盡之，則知有無迴謝於一法，相待而非原；生滅兩行於一化，映空而無主。於是乃即之以成觀，反鑒以求宗。鑒明則塵累不止，而儀象可睹；觀深則悟徹入微，而名實俱虧。將尋其要，必先於此，而後非有非無之談，方可得而言。嘗試論之：有而在有者，有於有者也；無而在無者，無於無者也。有有則非有，無無則非無。何以知其然？無性之性，謂之法性。法性無性，因緣以之生。生緣無自相，雖有而常無，常無非絕有，猶火傳而不息。夫然則法無異趣，始未淪虛，畢竟同爭（爭疑為淨），有無交歸矣。故遊其樊者，心不待慮，智無所緣，不滅相而寂，不修定而閒，不神遇以期通焉。識空空之為玄，斯其至也，斯其極也，過此以往，莫之或知。（〈大智度論鈔序〉）

在這裡討論的是有與無的關係，生塗咸「生於未有而有，滅於即有而無」，有無一法，「相待而非原」，慧遠認爲懂得了這個道理之後，就可以來講「非有非無」之談了。法性無性謂之無，因緣所生法謂之有。然而「生緣無自相，雖有而常無」。因此「有有則非有」，「無無則非無」，有無交歸，畢竟空淨。爲此只要懂得了這個道理，就可以做到「心不待慮，智無所緣，不滅相而寂，不修定而閒，不神遇以期通焉。」這顯然是羅什所宏揚的三論學所講的畢竟空義。可見慧遠對於《大智度論》有過一番深入的研究的。慧達在《肇論疏》中說：

盧山遠法師本無義云：因緣之所有者本無之所無，本無之所無者，謂之本無。本無與法性，同實而異名也。

慧遠講的本無即是講的法性。本無之所無者，也就是指法性之無性，因此說本無與法性是異名同實的。然而慧遠的法性無性的理論，並沒有使他得出識神性空的思想，更沒有推到「無人我」說，而是仍然堅持著小乘有部的理論，所以並沒有見到他放棄神不滅論的思想。法性無性的理論本是與法有自性的小乘學說相反對的，按照這個說法就可能導至破除「人我」的思想。但慧遠由於深受了傳統的神不滅論的影響，他把法性本身即視作爲不滅的神我，而且認爲這一不滅的神可以隨復受形，永遠不滅的傳遞下去，所以他說法性是「常無非絕有，猶火傳而不息。」這也就是〈沙門不敬王者論〉中所說的「形盡神不滅」說。而這樣的法性神我超脫了生死輪迴，也就成爲了佛的法身。慧遠在〈萬佛影銘序〉中對法身解釋說：

> 法身之運物也，不物物而兆其端，不圖終而會其成，理玄於萬化之表，數絕乎無形無名也。若乃語其筌寄，則道無不在。是故如來或晦先迹以崇基，或顯生塗而定體，或獨發於莫尋之境，或相待於即有之場。獨發類乎形，相待類乎影。推夫冥寄為有待耶？為無待耶？自我而觀，則有間於無間矣。求之法身，原無二統。形影之分，孰際之哉？而今之聞道者，咸摹聖體於曠代之外，不悟靈應之在茲，徒知圓化之非形，而動止方其迹，豈不誣哉！

法身是無形無名的永恆的絕對，是超越於萬化之外的，這就是〈法性論〉所說的「至極以不變爲性」。但法身又是無所不在的普遍存在物，它可「晦先迹以崇基」，或可「顯生塗而定體」，亦可「獨發於莫尋之境」，亦可「相待於即有之場」。總之，它可普徹於一切時間空間之中，它可有待亦可無待，有待無待對它來說本無二統。因此佛（聖體、法身），既可在曠代之外，亦可在衆生身中（「靈應之在茲」）。而這個法身，即是永恆的法性，也就是不滅的神。所以只要冥神絕境，即可達到泥洹常住。

除此之外，慧遠對禪學的研究也很重視。禪學的初傳可追溯到漢代的安世高。世高「博曉經藏，尤精阿毗曇學，諷持禪經，備盡其妙。」（《高僧傳．安清傳》）以漢桓帝之初年「始到中夏」，譯出《安般守意》、《大小十二門》等小乘禪經，其中尤以《安般守意經》影響最大，所以道安說：安世高「其所出經，禪數最悉」。（〈安般注序〉）又說：「安世高善開禪數。」（〈十二門經序〉）但總的來說，漢魏禪學並未得到大的發展，爲此道安感嘆說：

> 安宿不敏，生值佛後，又處異國，楷範多闕，仰希古烈，滯而未究，寤寐憂悸，有若疾首。每惜茲邦禪業替廢，敢作注於句末，雖未足光融聖典，且發蒙者儻易覽焉。（〈十二門經序〉）

道安「惜茲邦禪業替廢」，故作〈十二門經序〉，希望「發蒙者儻易覽焉」。可見，道安時代禪業未興。道安去世之後，姚興在關中大興佛法，請大乘禪師佛馱跋陀羅（「此云覺賢」）於長安瓦官寺，教習禪道，門徒數百，夙夜匪懈，邕邕肅肅，致可欣樂（僧肇〈答劉遺民書〉）。《高僧傳》則稱：「賢在長安，大弘禪業，四方樂靜者，並聞風而至。」（《高僧傳．佛馱跋陀羅傳》）佛馱跋陀羅，北天竺人，「少以禪律馳名」（同上），「受業於大禪師佛大先」，後經海路來至我國長安，曾與鳩摩羅什一起討論過佛學，在長安宏傳禪法，風行一時。但後來因與衆僧有隙，被擯出走。先至廬山，慧遠「乃請出禪數諸經」。其時慧遠隨覺賢研習禪學，並作〈廬山出修行方便禪經統序〉一文。其文中說：

每慨大教東流，禪數尤寡，三業無統，斯道殆廢。頃鳩摩耆婆（即鳩摩羅什），宣馬鳴所述，乃有此業。雖其道未融，蓋是為山於一簣，欣時來之有遇，感寄趣於若人。

慧遠亦感慨東土禪業未宏，並認爲羅什所宣的禪學（羅什曾集究摩羅羅陀、馬鳴、婆須密、僧伽羅義、漚波崛、僧伽斯那，勒比丘等七家禪法，譯爲《禪要》），「其道未融」，只是「爲山於一簣」，起了個頭。爲此也就把希望寄託在覺賢身上了。他認爲覺賢所譯的《禪經》的要點是：

其為要也，圖大成於未象，開微言而崇體。悟惑色之悖德，杜六門以寢患；達忿競之傷性，齊彼我以宅心；於是異族同氣，幻形告疎；入深緣起，見生死際，爾乃辟九關於龍津，超三忍以登位，垢習凝於無生，形累畢於神化，故曰：無所從生，靡所不生；於諸所生，而無不生。（同

上)

這即是說，禪法需要從末象（外部形迹）上做起，然後達到根本上的完成。要覺悟到惑於女色是違背道德的，就應堵塞六根以息患累：要了解到忿怒競爭是傷害本性的，就應當打消彼我的區分而停息忿競之心；這樣就能了解到人身本是一氣而化，是幻形而已；只要深知十二緣起的道理，即可知道生死的本質。做到了這些之後，就可以深入下去，達到超越三種法忍（「耐怨害忍」「安受苦忍」「無生法忍」），得到羅漢正果。這樣就可消除「垢習」，結束形體的累害，而達到徹底的解脫。這就叫做無所從生（無生）而無所不生，於諸所生之中而無不生。

慧遠認爲覺賢所傳的禪法，是出自達摩多羅與佛大先的。達摩多羅的禪法，「其爲觀也，明起不以生，滅不以盡，雖往復無際，而未始出於如。故曰：色不離如，如不離色。色即是如，如即是色。」（同上）依慧遠看來，達摩多羅的禪觀是色如不二，外部現象與眞如本體兩者不能分離的。而佛大先的禪學，「以爲澄源引流，固宜有漸。是以始自二道，開甘露門。釋四義以返迷，啓歸途以領會。分別陰界，導以正觀，暢散緣起，使優劣自辯，然後令原始返終。妙尋其極，其極非盡，亦非所盡，乃日無盡，入於如來無盡法門。」（同上）這是說，要使人們悟解達到解脫，必需循序漸進，返迷而歸，開始時先講方便、勝進二道，開不淨觀、念息二甘露門，通達退、住、升進、決定四義，然後在歸途中得到領會，還得分別陰界，「導以正觀」，分析十二緣起，自辯優劣，然後原始反終，達到如來無盡法門⑨。

從上可見，慧遠對覺賢所傳之禪法，是下了一番研究功夫的。他認爲：「三業之興，以禪智爲宗」，所以他對禪學十分重視。並認爲，禪（定）與智（智慧）要互濟，不可偏廢。他說：

> 禪非智無以窮其寂，智非禪無以深其照。則禪智之要，照寂之謂，其相濟也。照不離寂，寂不離照，感則俱游，應必同趣，功玄於在用，交養於萬法。其妙物也，運羣動以至壹而不有，廓大象於未形而不無。無思無為而無不為。是故洗心靜亂者，以之研慮，悟徹入微者，以之窮神也。（《廬山出修行方便禪經統序》）

禪智互濟，非智禪無以窮其寂，非禪智無以深其照，照不離寂，寂不離照，禪智並重，不可廢一，無思無爲是寂，無不爲是照用，無爲而無不爲兩者不可分。可見慧遠的禪學，是主張定慧並重的，這對爾後我國南方的禪學，定慧雙開的思想，可能起到了一定的作用。

佛教是外來的宗教，它所宣揚的出世主義思想，往往與我國傳統的儒家倫理思想相違背。尤其是儒家主張忠道與孝道，而佛家則宣揚落髮出家，這就發生了矛盾。所以佛教傳入我國之後，常常受到儒家的非難與排擯。慧遠時代出現的沙門應不應致敬王者和應不應袒服問題的爭論，就是屬於這樣一類的儒家與佛家之爭。這種爭論早就發生於佛教初傳的漢代。漢末《牟子理惑論》一書中就有這樣的記載：

問曰：《孝經》言「身體髮膚，受之父母，不敢毀傷」。曾子臨沒，「啟予手，啟予足。」今沙門剃頭，何其違聖人之語，不合孝子之道也。吾子常好論是非，平曲直，而反善之乎？……

問曰：夫福莫踰於繼嗣，不孝莫過於無後。沙門棄妻子，捐財貨，或終身不娶，何其違福孝之行也？……

問曰：黃帝垂衣裳，制服飾，箕子陳《洪範》，貌為五事首。孔子作《孝經》，服為三德始。又曰正其衣冠，尊其瞻視。原憲雖貧，不離華冠。子路遇難，不忘結纓。今沙門剃頭髮，披赤布，見人無跪起之禮，威儀無盤旋之容止，何其違貌服之制，乖搢紳之飾也。……

以上的連續諸問，皆是從儒家的立場出發，對佛教的責難。認爲沙門剃頭落髮，捐棄妻子斷後嗣是違背儒家孝道的；沙門披赤布，「見人無跪起之禮，威儀無盤旋之容止」，是違背儒家「貌服之制」，「搢紳之飾」的。佛家對此回答說：

昔齊人乘船渡江，其父墮水，其子攘臂捽頭顛倒，使水從口出，而父命得甦。夫捽頭顛倒，不孝莫大，然以全父之身；若拱手修孝子之常，父命絕於水矣。孔子曰：「可與適道，未可與權。」所謂時宜施者也。且《孝經》曰：先王有至德要道，而泰伯短髮文身，自從吳越之俗，違於身體髮膚之義。然孔子稱之「其可謂至德矣」，仲尼不以短髮毀之也。由是而觀，苟有大德，不拘於小。沙門捐家財，棄妻子，不聽音，不視色，可謂讓之至也，何違聖語不合孝乎？豫讓吞炭漆身，聶政劊面自刑，伯姬蹈火，高行截容，君子以為勇而有義，不聞譏其自毀沒也。沙門剃除鬚髮，而比之於四人，不已遠乎！（同上）

這即是說，佛家捐棄妻子，剃除鬚髮的行爲，似乎是違背了儒家常道的，但孔子說過：「可與適道，未可與權」，不可死守常規，而應隨時而權變。《孝經》中說過，先王有至德要道，而泰伯卻短髮文身，從吳越之俗，違於身體髮膚之義，然而孔子卻稱其爲「至德」，並不以短髮毀之。由此可見，只要有大德，就可不拘泥於小節。所以沙門捐家財、棄妻子、剃頭落髮，並不違背孝道，而是禮讓的表現。猶如齊人渡江，父落水，子攘臂捽頭顛倒其父，使水從口出，似乎違背了孝道，然而可全其父之身，實在是與最大的孝一樣。

從上可見，儒佛之爭主要是儒家排斥外來的佛教，指責佛教違背了儒家的倫理思想，而佛教則一再表示自己的主張，雖說表面上違背了儒家的倫理觀念，而實質上是符合儒家思想的。之所以造成這種紛爭的情況，主要是儒家倫理觀念是我國封建社會中的傳統的正統思想，它是符合於封建制度的根本要求的。所以外來的佛教要在我國得到統治階級的支持而傳布，則必需使自己的思想與儒家的思想協調起來，所以佛教也就不可能起來反對儒家正統思想，而只能把自己的思想說成是符合儒家思想的（雖說形式上有抵觸），或者索性把儒家的倫理觀念攝取到佛家思想之中。這就決定了我國佛教必然走上了一條佛儒合流的道路，這也是我國佛教的一大特點。

儒佛之爭在兩晉時期有了進一步的發展，稍早於慧遠的著名文學家孫綽（約生活於西元三二〇年至三八〇年），他是名僧支遁的朋友，曾著有〈喻道論〉一篇，旨在調合儒佛，妄圖取消儒釋之間的矛盾。其文中說：

或難曰：周、孔適時而教，佛欲頓去之，將何以懲暴止姦，統理羣生者哉？答曰：不然。周、孔即佛，佛即周、孔，蓋外內名耳。故在皇為皇，在王為王。佛者梵語，晉訓覺也。覺之為義，悟物之謂。猶孟軻以聖人為先覺，其旨一也。應世軌物，蓋亦隨時。周、孔救時弊，佛教明其本耳。其為首尾，其致不殊，……（《弘明集》卷三〈喻道論〉）

周、孔即佛，佛即周、孔，周、孔救時弊，佛教明其本，本末一致，其致不殊。因此佛教與儒家並無矛盾。然而世人們總以佛家剃頭落髮捐棄妻子的所謂「不孝」的罪名責備之，那麼孫綽又是怎樣來回答儒家的這些指責的呢？他說：

此誠窮俗之所甚惑，倒見之為大謬，諮嗟而不能默己者也。夫父子一體，惟命同之。故母囓其指，兒必懸駭者，同氣之感也，其同無間矣。故唯得其歡心，孝之盡也。父隆則子貴，子貴則父尊。故孝之為貴，貴能立身行道，永光厥親。若匍匐懷袖，日御三牲，而不能令萬物尊己，舉世我賴，以之養親，其榮近矣。（同上）

什麼叫孝？依孫綽看來，孝並不在於「匍匐懷袖，日御三牲」地侍候雙親，而在於子貴使父尊，能使自己「立身行道」，而「永光厥親」。因此眞正的大孝並不是前者而是後者。而釋迦牟尼（佛）才是眞正的大孝。

昔佛為太子，棄國學道，欲全形以遁，恐不免維縶，故釋其鬚髮，變其章服，既外示不及，內修簡易。於是捨華殿而即曠林，解龍袞以衣鹿裘，遂垂條為宇，藉草為茵，去櫛梳之勞，息湯沐之煩，頓馳騖之轡，塞欲動之門。目遏玄黃，耳絕淫聲，口忘甘苦，意放休戚，心去於累。胸中抱一，載乎營魄，內思安般，……禪定拱嘿，山停淵淡，神若寒灰，形猶枯木，端坐六年，道成號佛。……於是遊步三界之表。恣化無窮之境，迴天儛地，飛山結流，存亡倏息，神變綿邈，意之所指，無往不通，大範羣邪，遷之正路，衆魔小道，靡不遵服。……還照本國，廣敷法音，父王感悟，亦升道場。以此榮觀，何孝如之！（同上）

佛能使其父王得到莫大的榮觀，這樣的大孝是儒家所講的一般的孝道所達不到的（「何孝如之」）。因此佛教並不是不講孝道的，並認爲「佛有十二部經，其四部專以勸孝爲事，慇懃之旨可謂至矣。」（同上）只是那些「俗人不詳其源流，未涉其場肆，使瞽言妄說，輒生攻難」而已。

以上的爭論主要是圍繞著孝道而展開的，至於沙門應不應致敬王者，即實行不實行忠道問題的爭論，則最初發生在東晉成帝時（成帝於三二六年至三四二年在位）。「昔成帝幼沖，庾冰輔政，以為沙門應敬王者，尚書令何充、僕射褚翌、諸葛恢等，奏不應敬禮，密議悉同充等。門下承冰旨為駁，同異紛然，竟莫能定。」（《高僧傳．慧遠傳》）關於這一爭論在尚書令何充的奏文的序文中，也有同樣的記載：

晉咸康六年（西元三四○年），成帝幼沖，庾冰輔政，謂沙門應盡敬王者，尚書令何充等議不應敬，下禮官詳議，博士議與充同。門下承冰旨為駁，尚書令何充，及僕射褚翌、諸葛恢，尚書馮懷、謝廣等，奏沙門不應盡敬。（《弘明集》卷十二〈奏沙門不應盡敬表〉序）

何充等奏沙門不應盡敬的理由是「（佛教）五戒之禁，實助王化，賤昭昭之名行，貴冥冥之潛操，行德在於忘身，抱一心之清妙，且興自漢世，迄於今日，雖法有隆衰，而弊無妖妄，神道經久，未有其比也。夫詛有損也，祝必有益，臣之愚誠，實願塵露之微，增潤嵩岱，區區之況，上俾皇極，今一令其拜，遂壞其法，令修善之俗，廢於聖世，習俗生常，必致愁懼，隱隱臣心，竊所未安。」（《弘明集》卷十二〈沙門不應盡敬表〉）總之，認爲佛教是有助於王化的，不應致敬王者是佛教的修善之法，因此不得破壞。對此庾冰反對之。庾冰從維護儒家的禮教出發，認爲「名教有由來，百代所不廢」，因此不能「棄禮於一朝，廢教於當世」。又說：「（先王）因父子之敬，建君臣之序，制法度，崇禮秩，豈徒然哉？良有以矣。既其有以，將何以易之。」（《弘明集》卷十二〈代晋成帝沙門不應盡敬詔〉）其結論是：沙門不應「假服飾以陵度，抗殊俗之傲禮，直形骸於萬乘。」（同上）又說：「禮重矣，敬大矣，爲治之綱，盡於此矣。萬乘之君，非好尊也，區域之民，非好卑也，而尊卑不陳，王教不得不一，二之則亂，斯曩聖所以憲章，體國所宜不惑也。」（《弘明集》卷十二〈重代晋成帝沙門不應盡敬詔〉）這場爭論由於何充等人的力爭，「於時庾冰議寢，竟不施敬」，佛教在這場辯論中初步獲得了勝利。

後桓玄爲太尉，出居姑孰，「大政皆諮焉」。時桓玄掌握了朝政大權，而「欲令沙門盡敬王者」。桓玄說：

> 舊諸沙門皆不敬王者，何庾雖已論之，而並率所見，未足以理屈也。庾意在尊主，而理據未盡；何出於偏信，遂淪名體。夫佛之為化，雖誕以茫浩，推於視聽之外，然以敬為本，此處不異。蓋所期者殊，非敬恭宜廢也。老子同王侯於三大，原其所重，皆在於資生通運，豈獨以聖人

在位，而比稱二儀哉？將以天地之大德日生，通生理物，在乎王者，敬尊其神器，而禮實惟隆，豈是虛相崇重，義存君御而已哉？沙門之所以生生資存，亦日用於理命，豈有受其德而遺其禮，沾其惠而廢其敬哉？（《弘明集》）卷十二〈與八座論沙門敬事書〉）

意即以前的何充庾冰之爭，都有所偏，皆沒有從道理上說淸問題。王者之所以能比稱二儀（天、地），就在於他能「通生理物」，所以「敬尊其神器，而禮實惟隆」。而沙門之所以生生資存者，亦在於王者，因此決不能「受其德惠而廢其禮敬」。爲此桓謙等人針對桓玄的來書回答說：

何庾雖論意未究盡，此是大事，宜使允中，實如雅論誨。然佛法與老孔殊趣，禮教正乖。人以髮膚為重，而髡削不疑，出家棄親，不以色養為孝，土木形骸，絕欲止競，不期一生，要福萬劫。世之所貴，已皆落之；禮教所重，意悉絕之。資父事君，天屬之至，猶離其親愛，豈得致禮萬乘？（《弘明集》卷十二〈答桓玄論沙門敬事書〉）

意思是說，佛法與老孔不同，所以敎化也不一樣，世人以髮膚爲重，而佛敎「髡削不疑」；世人以色養爲孝，而佛敎講棄親出家。所以「禮敎所重」，佛敎「意悉絕之」，旣然絕棄親愛，那得致禮萬乘呢？因此沙門不應敬王。

當時參與這一辯論的，尚有吏部尚書中書令王謐。王謐曾與桓玄有過多次辯論。王謐認爲：

「佛法之興，出自天竺」，「殊方異俗，雖所安每乖，至於君御之理，莫不必同，今沙門雖意深於敬，不以形屈爲禮，迹充率土，而趣超方內者矣。是以外國之君，莫不降禮，……。」（《弘明集》卷十二〈答桓太尉〉）這是說，佛教「不以形屈爲禮」，乃是「殊方異俗」所致，而佛教的教化則是有助於王化的（「獨絕之化，有日用於陶漸」，「清約之風無害於隆平」）。

當時廬山慧遠是南方佛教的領袖人物，名望甚高，因此桓玄又致書廬山，要求慧遠出來答辯。書中說：

> 沙門不敬王者，既是情所不了，於理又是所未喻，一代大事，不可令其體不允。近與八座書，今示君，君可述所以不敬意也。此便當行之於事，一、二令詳遣，想君必有以釋其所疑耳。
>
> （《弘明集》卷十二〈與遠法師書〉）

爲此慧遠寫書作答，並作有論文〈沙門不敬王者論〉一文。其時則在「晋元興中」（西元四〇二年至四〇四年爲元興年間）。慧遠在〈答桓太尉書〉與〈沙門不敬王者論〉中，比較全面系統地闡說了沙門不應致敬王者的道理。他認爲佛教的教化有在家與出家之別：「佛經所明，凡有二科：一者處俗弘教，二者出家修道。」（〈答桓太尉書〉）在家則要處俗弘教，因此就不同於出家修道。慧遠說：

處俗，則奉上之禮，尊親之敬，忠孝之義，表於經文；在三之訓，彰於聖典；斯與王制同命，有若符契。（〈答桓太尉書〉）

又說：

在家奉法，則是順化之民，情未變俗，迹同方內，故有天屬之愛，奉主之禮。禮敬有本，遂因之而成教。本其所因，則功由在昔。是故因親以教愛，使民知其有自然之恩；因嚴以教敬，使民知有自然之重。……夫厚身存生，以有封為滯，累根深固，存我未忘。方將以情欲為苑囿，聲色為遊觀，沉湎世樂，不能自勉而特出，是故教之所檢，以此為崖，而不明其外耳。其外未明，則大同於順化，故不可受其德而遺其禮，沾其惠而廢其敬。是故悅釋迦之風者，輒先奉親而敬君；變俗投簪者，必待命而順動。若君親有疑，則退求其志，以俟同悟，斯乃佛教之所以重資生，助王化於治道者也。（〈沙門不敬王者論〉）

在家處俗，則應有「奉上之禮」、「尊親之敬」，講忠孝之道，作「順化之民」。這是佛教與儒家思想完全一致，「有若符契」。所以信奉釋迦之教的「輒先奉親而敬君」。就在家的人來說，是不可以「受其德而遺其禮，沾其惠而廢其敬」的。但是出家的人則是與在家的人不一樣的。出家的人是脫離了塵世的人，自然與處俗之人不能一樣。所以慧遠說：

> 出家則是方外之賓，迹絕於物，其為教也，達患累緣於有身，不存身以息患；知生生由於稟化，不順化以求宗。求宗不由於順化，則不重運通之資；息患不由於存身，則不貴厚生之益。此理之與形乖，道之與俗反者也。若斯人者，自誓始於落簪，立志形乎變服，是故凡在出家，皆遯世以求其志，變俗以達其道。變俗則服章不得與世典同禮，遯世則宜高尚其迹。夫然者，故能拯溺俗於沉流，拔幽根於重劫。遠通三乘之津，廣開天人之路。如令一夫全德，則道洽六親，澤流天下，雖不處王侯之位，亦已協契皇極，在宥生民矣。是故內乖天屬之重，而不違其孝；外闕奉主之恭，而不失其敬。（同上）

出家是方外之人，「迹絕於物」，因此他「不存身以息累」，「不順化以求宗」。既然「不存身」「不順化」，那末他們的行為也就與世俗不同，所以說：「自誓始於落簪，立志形乎變服。是故凡在出家，皆遯世以求其志，變俗以達其道」，其道則與俗反者也。「道與俗反」，落髮出家似違孝道，不敬禮王者似違忠道，然而佛教正由於出家變俗，才能起到「拯溺俗於沉流，拔幽根於重劫，運通三乘之津，廣開天人之路」的作用。而沙門如能「一人全德（得涅槃正果）」，則「道洽六親，澤流天下，雖不處王侯之位，亦已協契皇極，在有生民矣。」即不僅可以光宗耀祖，「道洽六親」，實現孝道，而且協契皇極，在有生民，實現了忠道。所以慧遠的結論是：「內乖天屬之重，而不違其孝；外闕奉主之恭，而不失其敬。」沙門出家落髮似乎違背了孝道，而實際上是更好地實現了孝道；沙門不致敬王者似乎是違背了忠道，而實際上是更好地實現了忠道，致敬了王者。因此佛家與儒家實際上並不矛盾。

慧遠的這一番議論，從佛教的角度來看，講的是有道理的。信奉佛教的人在家者應該致禮王者，孝敬父母，實行忠孝之道，而出家者則屬方外之人，超脫了塵世，則「不得與世典同禮」。這樣講即可滿足儒家的要求，又可維護佛教的尊嚴，同時又闡說了佛教教化對於「協契皇極」的作用。在此沙門不應致禮王者的道理，講得比起前人來要透徹得多。爲此桓玄也就只得認可沙門不敬王者，並下詔曰：

門下：佛法宏誕，所不能了，推其篤至之情，故寧與其敬耳。今事即在己，苟所不了，且當寧從其略，諸人勿復使禮也，便皆使聞知。（《弘明集》卷十二〈許沙門不致禮詔〉）

自此「沙門得全方外之遠矣。」（《高僧傳．慧遠傳》）

同時桓玄又主張沙汰僧衆，其教僚屬說：「佛所貴無爲，慇懃在於絕欲，而比者陵遲，遂失斯道。京師競其奢淫，榮觀紛於朝市，天府以之傾匱，名器爲之穢黷，避役鍾於百里，逋逃盈於寺廟，乃至一縣數千，猥成屯落，邑聚遊食之羣，境積不羈之衆，其所以傷治害政，塵滓佛教，固已彼此俱弊，實汚風軌矣。」（《弘明集》卷十二〈與僚屬沙汰僧衆教〉）可見當時的佛教甚濫，已產生了「傷治害政」的危險，因此桓玄提出要沙汰僧衆。然而桓玄又說：「沙門有能伸述經誥，暢說義理者；或禁行修整，奉戒無虧，恆爲阿練若者；或山居養志，不營流俗者，皆足以宣寄大化，亦所以示物以道，弘訓作範，幸兼內外。其有違於此者，皆悉罷道。所在領其戶籍，嚴爲之制，速申下之，並列上也。唯廬山道德所居，不在搜簡之例。」（同上）這即是說，只要沙門奉行戒律，宣教佛說，有助於教化的，都可不在沙汰之例。至於廬山（慧遠）爲「道德所居」，更應得到尊重。由此可見，桓玄並不是要反對佛教，他還是要利用佛教教化的，而廬山爲「道德所居」，自然要受到他的保護了。

註釋

①《高僧傳·慧遠傳》：「僞秦建元九年，秦將苻丕寇並襄陽。」

②僧伽提婆，本姓瞿曇氏，罽賓人。學通三藏，尤善《阿毗曇心》與《三法度論》。「符氏建元中來長安」，姚興王秦時渡江入廬山。

③僧肇致劉遺民書說：「請大乘禪師一人，……禪師於瓦官寺教習禪道，門徒數百，夙夜匪懈，邕邕肅肅，致可欣榮」。此禪師即指佛馱跋陀羅。僧肇此書大約寫在姚興弘始十三年（西元四一一年）。

④慧遠所作〈佛影銘〉後序中說：「晋義熙八年，……共立此台，擬像本山，因即以寄誠」。可見銘文作於義熙八年。此時佛陀跋羅禪師已在廬山。

⑤《高僧傳·慧遠傳》：「陳郡謝靈運，負才傲俗，少所推崇，及一相見（指見慧遠），肅然心服。」可見謝服慧遠之才學，故爲之造碑文。

⑥大品經譯於弘始五年（西元四〇四年）。僧叡〈大品經序〉：「以弘始五年歲在癸卯，四月二十三日，於京城之北，逍遙園中出此經。……以其年十二月十五日出盡，校正檢括明年四月二十三日乃訖。」（《出三藏記集》）可見〈法性論〉應在四〇三年以前寫成。

⑦關於《三法度經》的思想，可參閱呂澂先生《中國佛學源流略講》第七三～七四頁。

⑧戴逵是東晉的一位無神論者，他曾著有〈釋疑論〉一文，否定佛教的因果報應說，並與居士周道祖和慧遠展開過論辯。

⑨關於慧遠所介紹的禪學思想，可參見呂澂著《中國佛學源流略講》第七七～七九頁。

第五章　晉宋之際竺道生的涅槃學

《般若》三論講空，《涅槃》講有，眞空妙有互爲遞嬗，眞空之後必有妙有。這是理論思維發展的必然結果。確實，般若性空掃除了一切名相，「物極必反」，空就要向有轉化，掃相之後必顯妙有空性，而涅槃學就是講佛性妙有的。在印度約在西元三世紀之後，可能在印度笈多王朝初期，就出現了《大般涅槃經》，從事涅槃學的研究。此經主要宣揚的是佛性學說，認爲佛性是人本來就有的，但爲煩惱所障不能顯現而已，只有通過修習才能得以顯現成爲佛身。而我國晉宋之際所出現的以道生爲代表的涅槃佛性學說，就是印度這一佛教思想在中國的發揮。它是由我國兩晉時期的般若三論的性空學說，向涅槃佛性妙有學說轉化的必然產物。道生則成爲了我國涅槃佛性學的鼻祖，後人譽他爲我國「涅槃之聖」。

第一節 道生的生平與著作

竺道生（?~四三四年），本姓魏，原鉅鹿人，寓居彭城，家世仕族，父爲廣戚縣令。道生「幼而穎悟聰哲若神」，「後值沙門竺法汰（道安同學），遂改俗歸依，伏膺受業。」（《高僧傳·竺道生傳》，以下凡引此書不再注出處）道生「既踐法門，儁思奇拔，研味句義，即自開解」，「年在志學（十五歲），便登講座，吐納問辯，辭淸珠玉，雖宿望學僧，當世名士，皆慮挫詞窮，莫敢訓抗。」可見道生在少年時代就鋒芒畢露，善言能辯，十分聰慧，眞可稱之爲當時佛教界的一位少年英才。正如慧琳所作的道生誄文中所說：「於時望道才僧，著名之士，莫不窮辭挫慮，服其精致。魯連之屈田巴，項託之抗孔叟，殆不過矣。」（《廣弘明集》卷二十三〈龍光寺竺道生法師誄〉）年至二十，受具足戒「初入廬山，幽棲七年，常以入道之要，慧解爲本，故鑽仰羣經，斟酌雜論，萬里隨法，不憚疲苦。」後與慧叡、慧嚴，同遊長安，從羅什受業。〈誄文〉中則說：

> 中年遊學，廣搜異聞，自揚徂秦，登廬躡霍，羅什大乘之趣，提婆小道之要，咸暢斯旨，究

> 舉其奥，所聞日優，所見踰賾，……

這裡所說的羅什大乘之趣，顯係在道生去長安之後所受，而提婆小道之要又是在何時何地所得的呢？查小乘名師僧伽提婆於「符氏建元中來入長安」（《高僧傳・僧伽提婆傳》），頃之，姚興（興應作萇）王秦（三八四～三九三年），而提婆渡江南下。先至廬山，慧遠法師請出《阿毗曇心》（此經爲晋太元十六年即西元三九一年譯出）。其後提婆於隆安元年（三九七年）「來遊京師（建業）」（同上）。據此推知，道生很可能是在廬山與慧遠一起同受提婆的小乘一切有部之學的。其時應在三九七年之前。而後道生又入長安受羅什三論之學的。鳩摩羅什於弘始三年（四○一年）到長安，生遊長安自當在四○一年之後。據僧肇在答劉遺民書中說：「生上人頃在此問止數年，至於言語之際，常相稱詠，中途還南，君得以相見，未及近問，惘悒何言。」（《肇論・答劉遺民書》）可見，道生在長安受學「積有數年」，但並未學完，就「中途還南」的。而《祐錄》則稱：道生於義熙十年還都，既在四○九年回京師建業的。

道生自長安回京師之後，住青園寺中。此寺爲晋恭思皇后褚氏所立，本爲「種青處，因以爲名。」「生既當時法匠，請以居焉。」劉宋時「太祖文皇深加嘆重」，「後太祖設會，帝親同衆御於地筵，下食良久，衆咸疑日晚。帝曰：『始可中耳』。生曰：『白日麗天，天言始中，何得非中。』遂取鉢便食。於是一衆從之，莫不嘆其樞機得衷。」由此可見，道生不僅是一位學僧，而且也是一位很能結交帝王的和尚。其時王弘、范泰、顏延之等名士,「並挹敬風猷,從之問道。」道生自回京師之後,至被擯出建業,這一期間是他學術活動的極盛時期。他一反時人讀經「多守滯文,鮮見圓義」的弊習,用玄學的「得意忘言」、「忘筌取魚」的思想方法,以慧解爲本,悟徹言外,敢唱新說,提出了一系列的新觀點新思想,「乃言善不受報,頓悟成佛,又著〈二諦論〉、〈佛性當有論〉、〈法身無色論〉、〈佛無淨土論〉、〈應有緣論〉等,籠罩舊說,妙有淵旨。」從而激起了「守文之徒」的舊派人物的懷疑與反對。道生尤對涅槃佛性學說頗有研尋,在《涅槃大本》未傳之前,「孤明先發」,唱一闡提皆得成佛說,從而爲舊學之徒目爲異端邪說,遭到大衆的擯斥。其事《高僧傳》記載說:

> 又六卷《泥洹》,先至京師,生剖析經理,洞入幽微,乃說一闡提人皆得成佛。於是大本未傳,孤明先發,獨見忤衆。於是舊學以為邪說,譏憤滋甚,遂顯大衆,擯而遣之。生於大衆中正容誓曰:「若我新說,反於經義者,請於現身,即表癘疾。若與實相不相違背者,願捨壽之時,據師子座。」言竟,拂衣而遊。

這裡所說的六卷《泥洹》,即是指法顯①求法而得的《大般泥洹經》,其出經後記中說:「義熙十三年十月一日,於謝司空石所立道場寺,出此《方等大般泥洹經》,至十四年正月二日,校定盡詑。」（《出三藏記集經序》卷八〈六卷泥洹記〉）義熙十四年即四一八年。經中講「一切衆生，悉成平等如來法身」（同上）的思想和「一切衆生皆有佛性」的佛性學說。道生據此，「剖析經理，洞入幽微」，於《涅槃》大本②未傳之前，「孤明先發」，乃唱「闡提人皆得成佛說，從而爲舊學之徒目爲邪說，而被擯逐。

道生被擯，自此出離京師，「初投吳之虎丘山」，「旬日之中，學徒數百。」「俄而投迹廬山，銷影巖岫。」後《涅槃》大本至於京師，「果稱闡提悉有佛性，與前所說，合若符契。」於是道生的闡提成佛的新說，得到了印證。《涅槃》大本爲北涼玄始十年（西元四二〇年）譯出（見《出三藏集經序》卷八〈大涅槃經序〉），又據〈三論遊玄義〉說，大本傳至揚州爲宋元嘉七年（西元四三〇年），則道生見到大本當在西元四三〇年之後。《高僧傳》說：

> 生即茯新經，尋即講說，以宋元嘉十一年（西元四三四年）冬十一月庚子，於廬山精舍，升於法座，神色開朗，德音俊發，論議數番，窮理盡妙，觀聽之衆，莫不悟悅。法席將畢，忽見麈尾紛然而墜，端坐正容，隱几而卒。

這就實現了他在被控之時所說的「若與實相不相違背者，願捨壽之時，據師子座」的誓言。道生的新唱與守文之徒的舊學之間的辯論，最終以道生的勝利而告終。初，道生與僧叡、慧嚴、慧觀同學齊名，時人評曰：「生、叡發天眞，嚴、觀窪流得，慧義憉悖進，寇淵於默塞。」

道生死後，「宋太祖嘗述生頓悟義」。沙門僧弼等皆設巨難，帝曰：「若使逝者可興，豈爲諸君所屈？」後龍光寺又有沙門寶林，述道生諸義，時人號曰遊玄生，著〈涅槃記〉及注〈異宗論〉等。「林弟子法寶，學兼內外，著〈金剛後心論〉等，亦祖述生義。」

道生的著作主要有：

《注維摩詰經》，《僧傳》稱：「初關中僧肇初注《維摩》，世咸玩味。生乃更發深旨，顯暢新典。」以此看來，道生注《維摩詰經》當在關中僧肇注經之後。僧肇說：「生上人頃在此同止數年，至於言語之際，嘗相稱詠」，想必互相稱詠之中定包括有兩者的《維摩經》注。而道生在西元四〇九年離開長安，那麼其注《維摩詰經》自當在四〇九年之前。此注現部分保存在僧肇的《注維摩詰經》中。

《小品經義疏》，見《祐錄》十五年，已佚。這大概也是在關中所作。

〈善不受報義〉、〈頓悟成佛義〉（此兩義皆見《祐錄》與《高僧傳》）、〈二諦論〉、〈佛性當有論〉、〈法身無色論〉、〈佛無淨土論〉、〈應有緣論〉（以上五論《祐錄》未著錄，皆見《高僧傳》），此兩義與五論是道生從長安回建業之後所作。據《僧傳》記載，當時六卷《泥洹經》尚未至京師（六卷《泥洹》於四一八年在京師道場寺譯出）。由此可見，這些著作大約是道生在回京師之後至四一八年之間撰寫而成的。

《泥洹經義疏》（見《祐錄》十五，此應爲六卷《泥洹經義疏》，《僧傳》未論及），這部義疏應是道生剖析經理，「洞入幽微，乃說一闡提人皆得成佛，於是大本未傳，孤明先發」之時所作，大約應在西元四一八年（六卷《泥洹》譯出）之後至四三〇年（《涅槃》大本傳揚州）之前完成。

《涅槃經義疏》（《祐錄》、《僧傳》皆未見記載，但現存的《涅槃經集解》中，錄有道生之言，似道生亦有此作），這部著作當在四三〇年之後大本傳入京師而作。

除此之外，道生的著作尚有：《妙法蓮華經疏》（見《祐錄》十五，現收入日本《續藏經》中），《涅槃三十六問》、《釋八住初心》、《欲取泥洹義》、《辯佛性義》（以上三項皆見《祐錄》所載之陸澄《法論目錄》第二帙《覺性集》），《竺道生答王（休元）問》一首（現存《廣弘明集》中）等③。

第二節 道生的佛教思想

道生的佛教思想，除早年（二十多歲在廬山）曾受到過提婆一切有部的小乘思想影響外，他的佛學的成熟時期的主要思想，大致可分爲前後兩個階段：前期爲般若三論學時期，後期爲涅槃學時期。前期自道生入長安受業於羅什開始，至回京師剖析六卷《泥洹經》之前（約在西元四〇一年之後至四一八年）；後期自六卷《泥洹經》至京師，道生研討經理，倡一闡提人皆得成佛開始，直至他卒於廬山爲止（約西元四一八年之後至四三四年）。而貫串於道生前後期佛教的中心思想，乃是他的佛性學說。他的佛性說來自般若三論性空的理論，而後由涅槃學得以廣大，從而使得他成爲了我國佛學史上的涅槃佛性說之鼻祖。

般若講眞空，涅槃講妙有，眞空妙有互爲遞嬗，眞空之後必有妙有。確實，這是佛學發展的必然結果。般若涅槃，經雖非一，理無二致。般若掃相表涅槃之眞際，明般若之實相即可與言涅槃之佛性。而道生對於般若三論學確是深有領悟的，正由於他領會了般若三論之性空義，所以他才能轉入涅槃佛性之妙有之學的。道生在兩晉佛學史上的地位，猶如向秀、郭象在魏晉玄學發展史的地位相似，向、郭使玄學從貴無學走上了崇有學，道生則使中華佛學在當時起了這樣一個大的變化：以前說空，現今則談有；過去般若三論的性空學盛極一時，現今則涅槃之妙有學籠罩佛壇。尤其是道生深於慧解，不滯守經文，依義不依言，深得玄學「得意忘言」的認識方法，認爲讀經不能拘泥於文字，而應當悟徹言外，才能得到佛教的眞諦。所以他說：「夫象以盡意，得意則象忘；言以詮理，入理則言息。自佛教東流，譯人重阻，多守滯文，鮮見圓義。若忘筌取魚，始可與言道矣。」（《高僧傳．道生傳》）因此他用「得意則忘言」、「得魚則忘筌」的玄學認識方法來理解佛經，悟徹佛經中的言外之理，從而一反舊說，敢唱新說，尤其是在《涅槃》大本未傳之前，首倡闡提悉有佛性，皆得成佛之說，爲舊學視爲邪說，後《涅槃》大本至於京師，果稱闡提悉有佛性，與道生所說合若符契。自此道生之學爲時人所重，從而涅槃學也就大暢於晉宋之際。

下面我們就來具體地分析一下道生的佛教思想：

1.佛性說

道生最有影響的和最基本的佛教思想是佛性說，所以我們首先來研究他的佛性思想。般若講實相法性空，而就其宇宙萬物的本體說爲實相爲法性，就佛而言爲法身，就衆生言法性也就是佛性。所以道生早在關中受學於羅什時，就已經認識到了這些道理，明確地提出了法性即佛性的理論。當時他在《注維摩詰經》中說：

> 法性者法之本分也。夫緣有者，是假有也。假有者，則非性有也。有即非性，此乃是其本矣。然則法與法性理一而名異，故言同也。性宜同故以同言之也。諸法皆異，而法入之則一統衆矣。統衆以一，所以同法性者也。（《注維摩詰經》卷二）
>
> 法者無非法義也。無非法義者，即無相實也。（同上）
>
> 法有兩種：衆生空，法空。衆生空法空理誠不殊，然於惑者取悟事有難易，故分之也。（同上）

這即是說，萬法假有，其性即空；萬法雖異，而性（性空）則一。所以物我皆空（衆生空與法空）。諸法只爲「妄想而有，緣會而成」，「於緣爲有，是外有也；自性則無，爲內虛也。」（《注維摩詰經》卷七）所以諸法假有而性實空，但空亦不可當作有空之相而執著於空。「夫言空者，空相亦空。若空相不空，空爲有矣。」（《注維摩詰經》卷五）若把空當作有空之相，則把空又當作有了，這就有執著了，執著爲有則「乖理遠矣」。不僅諸法（外物）爲空，而且「我」即衆生亦爲空。道生在《注維摩詰經》中接著說：

以離垢驗之，知無衆生也。衆生會而生者，以名宰一之主也。（《注維摩詰經》卷二）

身本殊表，故言離相也。心動無方，故言幻也。身心即無，何所合哉？（同上卷五）

夫計我者，或即以身為我，或謂身中有我也。今推身為理，唯以四大合成，無復別法。四大無主，身亦無我。（同上）

衆生「會而生」，四大和合而成，其實是假有，別無有我，妄情自執爲宰一之主，所以離垢（妄情）則無相而實空。身無心亦幻，「無復別法」。但是，雖說無身中主宰之我，然而衆生性空，性空即法性，法性就衆生而言就是佛性。在此道生明確地提出了有佛性我的新理論。他說：

> 無我本無生死中我，非不有佛性我也。（同上卷三）

「無我」是指無生死輪迴中靈魂不滅的主宰之我，而並不是指沒有佛性之我。換言之，也就是說，衆生皆是有佛性的。這是道生受學於羅什的般若三論性空之說，必然推出的結論。然而當時六卷《泥洹》尚未傳入漢地，並無經典作爲依據，這一新學說完全是道生「以慧解爲本」的結果。其時在佛性問題上，就連他的老師鳩摩羅什大德，由於缺乏經典的根據而只好存疑，不敢首唱新說。正如羅什弟子慧叡在《喻疑論》中所說：

> 什公（羅什）時雖未有《大般泥洹》文，已有《法身經》，明佛法身，即是泥洹，與今所出若合符契。此公若得聞此，佛有真我，一切衆生皆有佛性，僅當白日朗其胸衿，甘露潤其四體，無所疑也。

不過羅什對此也並沒有明確作肯定或否定的回答，一切衆生皆有佛性，「皆當作佛，我未見之，亦不抑言無也。」（同上）並且在他的《注維摩詰經》中講到「衆生無明石中，有智慧金」的問題，但畢竟沒有明確提出衆生皆有佛性的思想。而羅什的弟子道生卻要比其老師高出了一籌，他能不滯守經文，依義不依言，以慧解爲「入道之要」，從而能「悟徹言外」，大膽地提出衆生皆有佛性的學說。這就要比羅什的思想大大地前進了一步，促使了中華佛學從般若性空之學向佛性妙有之說的轉化。在這裡是充分地表現出了道生的智慧與膽略的。

以上的佛性學說是道生從事般若三論學時期的思想。自他回南方之後，確切地說應是四一八年六卷《泥洹經》在京師譯出之後，道生轉入了涅槃學，進一步地系統地發揮了他的涅槃佛性學說。其思想主要表現在現存的《沙法蓮華經疏》和《大般涅槃經集解》中所引的《涅槃經義疏》中。

道生在《法華經義疏》中解釋「開佛知見」時說：

良由眾生本有佛知見分，但為垢障不現爾。佛為開除則得成之。（〈方便品〉）

一切眾生，莫不是佛，亦皆泥洹。（〈見寶塔品〉）

聞一切眾生，皆當作佛。（〈譬喻品〉）

《法華經》中所講的「開佛知見」，依道生看來，就是衆生皆有佛性的表現，所以他說：「衆生本有佛知見分」。即然衆生皆有佛性，因此必然的結論是：「一切衆生，皆當作佛。」一些人之所以沒有成佛，乃是由於垢障而不現爾，只要除掉垢障則能成之。道生更在《涅槃經義疏》中，對佛性的思想，作了更爲詳盡的論說：

法者，無復非法之義也。性者真極無變之義也。即真而無變，豈有變邪？今言滅是法性，蓋無所滅耳。（《大般涅槃經集解．長壽品》）

> 種相者，自然之性也。佛性必生於諸佛。向云，我即佛藏，今云，佛性即我。互其辭耳。（同上〈如來性品〉）
>
> 雖復受身萬端，而佛性常存。（同上）
>
> 體法為佛，法即佛矣。（同上書〈師子吼品〉）
>
> 夫體法者，冥合自然一切諸佛，莫不皆然，所以法為佛性也。（同上）

這即是說，法性即佛性，法性是眞極無變的，所以一個人雖受身萬端，而佛性常存。因此說：「我即佛藏，佛性即我」，佛性中我是永恆的。一旦覺悟到這個道理，就能成佛（「體法爲佛」，「夫體法者，冥合自然一切諸佛，莫不皆然，所以法爲佛性也」）。

從以上的說法看來，道生是主張衆生本來就有佛性的，所以道生在〈如來性品〉中說：「本有佛性，即是慈念衆生也。」這也與他在《法華經疏》中所說的「本有佛知見分」的思想是相一致的。然而據《高僧傳》所載，道生作有〈佛性當有論〉一文，據此有些人認爲，道生是主張佛性「當有」說的，即認爲佛性是人們「淨悟」之後的產物，因此並不是「本有」而是「始有」的。如唐均正《四論玄義》卷七說：「道生法師執之，當有爲佛性體。法師意一切衆生，即云無有佛性，而當必淨悟，悟時離四句百非，非三世攝。而約未悟衆生望四句百非，爲當果也。」這即認爲，道生主佛性爲當來之果說，衆生本無佛性，只有淨悟之後，才能獲得當來之果的佛性。這種說法就與道生所講的佛性「本有」說相抵牾了。道生的《佛性當有論》早已佚失，其論的具體內容已不得而知，但道生的「當有論」恐不能如均正那樣理解。道生的「當有論」很可能指一切衆生本當有佛性，但有些人不能覺悟這個道理，爲垢所障，而使本有的佛性不能顯現爾。所以道生說：「良由衆生本有佛知見分，但爲垢障不現爾。」

2. 一闡提人皆得成佛說

道生佛性說中特別遭到守文之徒攻擊的是所謂「一闡提人皆得成佛」說。《僧傳》說：當時《涅槃》大本未傳，「而六卷《泥洹》先至京師」，道生「剖析經理，洞入幽微，乃說一闡提人皆得成佛，……於是舊學以爲邪說，譏憤滋甚。」（《高僧傳·道生傳》）道生之所以遭到舊學的攻擊，這是由於六卷《泥洹經》中就明文規定一闡提人是不能成佛的，所以守文之徒自然就要攻擊道生離經叛道了。如《泥洹經》中說：

> 佛告迦葉，除一闡提，諸衆生其有聞此《大般泥洹方等契經》，為菩薩因者，當知是等己曾供養無量諸佛故。得聞此經，其餘諸罪無能為也。所以者何？此摩訶衍大方便力，闡發一切如來性故。……復次善男子，如虛空中興大雲雨，雨於大地、枯木、山石及諸高原，其水不住，流澍下田，陂池蓄滿。衆生受用此摩訶衍大乘法雨。一闡提如雨木石高原之地，不受菩提因緣津澤。

（《六卷大般泥洹經》）

又說：

譬如明珠著濁水中，水即澄清，投之淤泥不能令清。……投一闡提淤泥之中，百千萬歲不能令清起菩提因。所以者何？無善根故。（同上）

這就是說，一闡提人十惡不赦，無有是處，沒有善根，不能成佛。然而《經》中卻又說：

一切眾生皆有真實如來之性，悉同一色。（同上）

按此說法，經中就出現了這樣一個問題，即《經》中一邊說一闡提人無有善根，不能成佛；一邊又說一切衆生悉有佛性；而一闡提人即是衆生之一，又爲什麼沒有佛性不能成佛呢？這是《六卷泥洹經》中的一個矛盾。對於這一矛盾缺乏思想的守文之徒是不會加以思索的，而「穎悟聰哲」的道生卻能正視這一矛盾，並採用了玄學的「得意忘言」、「得魚忘筌」的讀經方法，解經依義不依言，依了義不依不了，不墨守經文，認識到新譯之經義未盡，因此他不顧當時守文之徒的反對，「徹悟言外」，大膽地提出了一闡提人悉有佛性，皆得成佛的思想，從而轟動了一時的佛教論壇。他的這一思想的意義是：一、在理論上，他不墨守陳說，敢於獨創，從而克服了六卷《泥洹經》的矛盾，使《涅槃經》的思想始終一貫起來。二、在現實的社會作用上，他的思想擴大了佛教的影響和作用範圍，使得就是十惡不赦的人也有了成佛的希望，那末還有誰不能蒙受佛教的恩惠呢？所以待到大本傳來，果稱一闡提悉有佛性時，這種理論也就很快地在社會上風行了起來。

從上所說，我們可以看到一闡提成佛說，是道生研尋了《泥洹經》之後的產物，是屬於道生涅槃學時期的思想，大致處在四一八年之後與四三〇年大本傳至京師之前的這樣一個時期裡。

3. 頓悟成佛說

道生另一個創新的思想是頓悟成佛說。成佛是頓悟還是漸悟呢？晋宋之際當時曾經發生了一場頓漸之爭。道生倡頓義，謝靈運、宋太祖「述生頓悟義」，而羅什另一弟子慧觀則主漸悟說，並著「〈辯宗論〉，論頓悟慚悟義。」（《高僧傳．慧觀傳》）。在道生以前似乎是沒有人講過頓悟成佛說的（僧肇的〈涅槃無名論〉中所講到的頓漸之爭，似乎是記述的道生之後的東西，因此不能證明道生之前即有頓悟說）。姚秦時代的鳩摩羅什、僧肇等人都是主漸悟說的。羅什在《注維摩詰經》中說：

積善累功，自致成佛。（卷一）

又在解釋「隨所調伏衆生，而取佛土」時說：

隨其離惡多少，行善淺深，以成其國。（同上）

這些都是講的成佛要靠漸修的。羅什的高足弟子僧肇亦主師說，他說：

羣生封累，深厚不可頓捨，故階級漸遣，以至無遣也。（《注維摩詰經》卷五）

然而道生卻違背了師說，標新義於老師和同學之外，首倡頓悟成佛說，因而受到了羅什另一位弟子慧觀的指責。然這也是他慧解佛理的結果。道生認爲，宇宙的眞理就是實相；法性，就衆生言即是佛性。由於眞理是一個完滿無缺的東西，不可分割，因此悟理亦不得有階級。所以道生說：

第一空義明理無二極，以理既無二，豈容有三。是故說一乘耳。（同上）

理唯一極。（《法華經疏》卷上）

既然理唯一極，不可分割，自然悟理亦不得分階段，而必需一次悟了。所以慧達《肇論疏》中談及道生頓悟義時說：

第一竺道生法師大頓悟云：「夫稱頓者，明理不可分，悟語極照。以不二之悟，符不分之理，理智恚釋謂之頓悟。」

這是說，以不二之悟，符不分之理，須是頓悟，而不能漸悟。漸悟則把理分割成支離破碎了。因此道生說：

大乘者，謂平等大慧，始終一善，終乎極慧是也。（《法華經疏》卷下）

又說：

然眾生悉有大悟之分。（同上）

所謂頓悟就是「極慧」「大悟」之時。道生的這種成佛於大悟之時的頓悟思想，按《高僧傳》的說法，是始倡於他從長安回京師之後；從歷史文獻來看，則比較多的記載在《法華經疏》中。道生在《法華經疏》開首的序文中說：

余少預講末，而偶好玄□，俱文義富博，事理兼邃，既識非芥石，難可永紀，聊於講日，疏錄所聞，述記先言。其猶皷生，又以元嘉九年（西元四三二年）春之三月，於廬山東林精舍，又治定之，加採訪眾本，具成一條。……

這裡的所謂「余少預講末」，很可能是指他在長安聽羅什開講此經的時候。按僧叡的〈法華經後序〉中說：當時「遇鳩摩羅法師，爲之傳寫指其大歸（即指《法華經》），……於時聽受領悟之僧八百餘人，皆是諸方英秀一時之傑也。是歲弘始八年（西元四〇六年），歲次鶉火。」大概道生即在這八百餘英秀之列，聽了羅什的講經，後來才「疏錄所聞，述記先言」整理自己的聽課筆記的，最後又於四三二年（元嘉九年）在廬山東林精舍，採訪衆本而治定之，完成書稿的。由此可見，《法華經疏》中既包含了道生早年所接受的羅什的思想，也包含了他自己後來所倡導的思想。至於頓悟成佛說未見他在關中有此說，他與同學僧肇「嘗相稱詠」，並未發生頓漸之爭，因此這一新說確是在他回京之後所發。然而道生在長安時是否已經有了這一思想的萌芽呢？恐怕是有的。他在當時的《維摩詰經》中說：

一念不知者，始乎大悟時也。……以直心為行初義，極一念知一切法，不亦是得佛之處乎！（《注維摩詰經》卷四）

大悟時既是得佛之處，極一念而知一切法，這就是他後來提出的頓悟成佛說的思想萌芽，或最初的提法。不過這一思想又是其老師羅什的思想進一步發揮而已。羅什雖主漸修說，但是他在解釋《注維摩詰經》中「一念知一切法」時說：「二乘法以三十四心成道，大乘中唯以一念則豁然大悟，具一切智也。」（《注維摩詰經》卷四）這即是說，成佛於一念，豁然大悟則具一切智。隨即道生接著作注說：「一念無不知者，始乎大悟時也。……極一念知一切法，不亦是得佛之處乎！」一念大悟即得成佛，這實際上就是說頓悟可以成佛，但在這裡羅什與道生沒有明確說出這一結論，而只是在道生回京師之後，才大膽地提出頓悟成佛義的。

道生主張頓悟成佛說，但也仍然主張漸修是不可完全廢棄的。他說：

聖人設教，言必有漸。（《法華經疏》卷下）

何以漸漸變耶？所以爾者，欲表理不可頓階，必要研粗以至精，損之又損之，以至於無損矣。（同上）

這即是說，理是不可一步就悟得的，所以悟理之前必籍漸修，要做一切準備工作。因此他說：「故十地四果（指漸修的階段），蓋是聖人提理令近，使夫（湯用彤先生說「夫」疑是「行」字）者自强不息。」（慧達《肇論疏》）漸修的種種階段是使自心逐步地接近理（「提理令近」），到了一定的時候即可頓悟理，所以頓悟並不廢漸修。

道生的佛性說與頓悟成佛說，都在我國佛教思想史上起到了重要的作用。尤其對於唐代禪宗的思想以巨大的影響，可以說是開創了後來一代禪宗的思想風氣的。所以道生的佛教思想，應在我國佛教思想發展史上占有一個重要的地位。

4.法身無色說

道生的〈法身無色論〉已佚，從現存的道生《維摩詰經注》與《沙法蓮華經疏》中，我們可以看到他在這方面的一些論說。如他在《維摩詰經注》中說：

> 向云不見佛者，或是已不能見非無佛也。故復推無佛可見以盡之焉。人佛者，五陰合成耳。若有便應色即是佛，若色不即是佛，便應色外有佛也。色外有佛又有三種：佛在色中、色在佛中、色屬佛也。若色即是佛，不應待四也；若色外有佛，不應待色也；若色中有佛，佛無常矣；若佛中有色，佛有分矣；若色屬佛，色不可變矣。……既無所見，乃為見實也。以實見為佛，見實所以見佛也。（〈菩薩行品〉）

又說：

> 向雖推無人相佛，正可表無實人佛耳。未足以明所以佛者，竟無人佛也。若有人佛者，便應從四大起而有也。夫從四大起而有者，是生死人也，佛不然矣，於應為有，佛常無也。（同上）

這即是說，實相法性在衆生即是佛性，在佛則爲法身，而實相法性本空，因此法身本身沒有色相。色相佛者則是假相而已。所以說：「人佛者，五陰合成耳」，並非實佛，眞佛則無見無有形相。如果把人相佛當作是實佛的話，那麼必然會出現道生所提出的問題，即所謂有色即是佛，或色外有佛的問題。如果把色當作佛，然而色是四大合成而有，「是生死之人也」，並不是佛。所以道生說：「夫色身佛者，皆應現而有，無定實形。形苟不實，豈壽哉？」（《妙華蓮華經．壽量品》）佛應是永恆不變的，因此色身佛並不是實佛。如果是色外有佛呢？道生認爲在這裡有三種情況：一、佛在色中，二、色在佛中，三、色屬佛。「若色中有佛，佛無常矣；若佛中有色，佛有分矣；若色屬佛，色不可變矣。」這就是說，佛無常、佛可分、色不變，這三種情況都是不能成立的。因此色外亦不得有佛。而人相佛只不過是實佛的顯現爾，佛法身是絕對的精神本體，是超越於形相的，人相佛只是它的假相而已。爲此道生說：

> 夫佛身者，丈六體也。丈六體者，從法身出也。以從出名之，故曰即法身也。法者，無非法義也。無非法義者，即無相實也。身者，此義之體。法身真實，丈六應假，將何以明之哉？悟夫法者，封惑永盡，髣髴亦除，妙絕三界之表，理冥無形之境。形即已無，故能無不形；三界既絕，故能無不界。無不形者，唯感是應。佛，無為也，至於形之巨細、壽之修短，皆是接眾生之影迹，非佛實也。（《注維摩詰經．佛國品》）

法身無相是眞，丈六形相是假。正由於法身無形，故能無不形；三界既絕，故能無不界而無處不在。而無不形之人相佛，乃是接衆生之影迹，而非實佛。這就是道生法身無色說的根本思想。其實質是把法性或法身當作是宇宙萬物的根本本體的一種客觀唯心主義思想。

5.佛無淨土說

道生的〈佛無淨土論〉已佚，現保存下來的有關史料很少，只是道生在《法華經疏》與《注維摩詰經》中，談及到一些淨土的問題。例如他說：

> 夫國土者，是衆生封疆之域。其中無穢，謂之為淨。無穢為無，封疆為有。有生於惑，無生於解。（《注維摩詰經．佛國品》）

國土者，衆生封疆之域，爲惑所生，如能覺悟到諸法性空的道理，則惑網斯消，無有穢累，就能成爲清淨的佛土。然而清淨無穢的佛土亦復是空（「諸佛國土，亦復皆空」），而不是有，有則爲封疆，爲惑所生。所以道生說：「諸佛國土，雖若湛安，然亦空矣。」（《注維摩詰經》卷五）也就是說，清淨國土，實即無土爲空。爲此道生說：

> 無穢之淨，乃是無土之義。寄土言無，故言淨土。無土之淨，豈非法身之所託哉？（《法華經疏．壽量品》）

法身性空，清淨無穢，即無穢累亦無封疆之土可言。所以說：「無穢之淨，乃是無土之義。」由此可見，佛無淨土的理論是與道生法身性空說這一根本理論聯繫在一起的，也是與他的法身無色說相一致的。

佛無淨土，然而為了方便教化，佛教又要講淨土之義：

是以眾生見燒，而淨土不毀，且今（今應作令）人情欣美尚好，若聞淨土不毀，則生企慕意深，借事通玄，所益多矣。（同上）

說淨土為了教化眾生，其實淨土是假，而無淨土是實，但是這種假象，也還是不可廢棄的。為此道生又說：

然事象方成，累之所得。聖既會理，則纖爾累亡。累亡故豈容有國土者乎？雖曰無土，而無不土。無身無名，而身名愈有。故知國土名號，授記之義者，應物而然，引之不足耳。（《注維摩詰經．授記品》）

淨土即是無土，說它有土乃是應物施教，「引之不足耳」。這就是道生的佛無淨土之義。

6. 應有緣說

現存的道生著作中，我們沒有找到這方面的論說，只是在慧達《肇論疏》中講到：

> 生法師云，感應有緣，或同（似應作因）生苦處，共於悲愍；或因愛欲，共於結縛；或因善法，還於開道；故有心而應也。

唐均正的《大乘四論玄義》亦有此說：

> 生法師云，照緣而應，應（湯用彤說原文奪一應字，今據補）必在智。此言應必在智，此即是作心而應也。

這即是說，佛是有心（作心）來感應衆生的，佛或是因生苦處與衆生共悲愍，或因愛欲與衆生共結縛，或因善法與衆生同開道，佛應衆生要通過這些「緣」而相應，因此衆生感佛（得佛）亦是要有「緣」（即條件）的。苦處、愛欲、善法等等，這些就都是「緣」。衆生就是依據這些「緣」（條件）而感佛的。佛作此心是爲了方便教化而已，而佛法身本身則是無心而性空的。由此可見，道生倡頓悟成佛說，實在是並不廢棄佛教的教化與衆生的漸修的。

7. 善不受報說

善不受報說，這是道生回京師之後，較早提出的思想。《僧傳》說：「（道生）於是檢閱眞俗，研思因果，乃言善不受報、頓悟成佛。」似乎善不受報與頓悟成佛說，是與他研思因果有關。當時舊學之徒認爲，成佛需要長期的積累功德才能得到的，所以其師羅什說：「積善累功，自致成佛。」（《注維摩詰經》卷一）道生則認爲眞理不可分割，只有靠「大悟」之時的一次頓盡，才能成佛，這與平時的積善累功無直接關係。積善累功的漸修，只能使自己接近眞理，而不能得到眞理而成佛，所以成佛在於頓悟，而不在於積善。這大概就是道生善不受報的思想。意即積善並不能得到佛果的意思。

或如湯用彤先生所說，善不受報是道生否定因果報應說的思想。先生援用《名僧傳抄．說處》下兩條：

> 因善伏惡，得名人天業，其實非善是受報也，事。
>
> 畜生等有富樂，人中果報有貧苦，事。

據上二條，先生認爲：「道生似謂從善伏惡者，業名人天。棄善長惡者，業名惡趣。即凡人中亦無善惡受報之事。而且惡趣中之畜生有富樂，善趣中之人亦有貧苦。則在事實上，果報亦無徵驗。」（《漢魏兩晉南北朝佛教史》第四六二頁）即是說，道生認爲因果報應並無明驗。這就與慧遠的〈明報應論〉大相異趣。這在當時來說，確實是一種大膽的新說。但到底「善不受報說」具體的內容是指什麼，由於文獻缺乏，我們就不能再更多的介紹了。

8.二諦說

《僧傳》說道生「校閱眞俗」，似他還研討過眞諦與俗諦的問題，但由於〈二諦論〉已佚，現存的史料又很缺乏，現只能根據《大般涅槃經集解》所引的道生注中，與此有關的幾段文字作些分析。道生注中說：

> 凡夫所謂我者，本出於佛，今明外道所說，亦皆如是。然則文字語言，當理者是佛，乖則凡夫。於佛皆成真實，於凡皆成俗諦也。（〈文字品〉）

佛之言語爲眞諦，凡夫則爲俗諦，區別在於文字語言當理與否。這裡所說的「理」自然是指大乘佛教所說的實相法性義，所以說佛性皆是眞實，「便是四諦眞實」（〈聖行品〉）。然眞俗二諦不能絕然分開，佛性皆有，只是凡夫不悟爾，但惑者（凡夫）並非沒有佛性眞理。所以道生說：

> 惑者皆以所惑為實，名世諦也。雖云世諦，實不遂異，故是第一義耳。（〈聖行品〉）
>
> 若世諦即第一義者，唯有第一義，無世諦也。（同上）

這即是說，世諦與第一義諦（眞諦），是一而二、二而一的東西。其區別只在於悟與不悟爾。這就打消了佛國與塵世、出世與入世的界線。實即是說，悟，凡夫即爲佛；不悟，佛即爲凡夫，這種兩諦說對爾後我國禪宗思想的興起，給予了很深遠的影響。

※ ※ ※ ※ ※

道生在我國佛教史上，確實是一位開風氣的人物，不論他的衆生皆有佛性、一闡提人皆得成佛說也好，還是他的頓悟成佛說亦罷，都給了後來我國佛教的發展以巨大的影響。佛教的佛性說與我國傳統儒家的人性說是有其相似之處的，它們同屬於抽象的人性論範疇。道生提倡涅槃佛性說，這就爲後來佛儒的結合找到了哲學思想的基礎，從而使得我國佛教的佛性理論得到了充分地發展。然而在當時（晋宋際）守文之徒看來，卻都是一些違背經義的邪說。然而道生深得玄學「得意在忘言」的認識方法，以慧解爲本，悟徹於言外，敢於不拘泥於經文，突破了原來佛教的傳統，發展了佛教思想。道生的學說是我國的佛教徒逐步擺脫印度佛教舊教義的束縛和魏晉玄學的影響，試圖建立起我國自己的獨立的佛教哲學體系的一次嘗試。他的哲學已經討論的不是玄學哲學的問題，而是佛教本身的宗教哲學思想。玄學的「得意忘言」的思想，則是他建立自己獨創的佛教哲學的思想方法而已。所以自道生的涅槃學興起之後，玄學也就逐步地開始失去對佛教的影響作用，直至隋唐時期創立了各種中國特色的佛教宗派，佛教哲學也就朝著自己的獨立的發展道路前進了。

註釋

①法顯（約西元三五四～四二〇年），姓龔，平陽武陽人。曾歷盡天險西去天竺，求得《摩訶僧祇律》、《薩婆多律》、《方□泥洹經》等。回國後與佛馱跋陀羅（覺賢）合作譯出六卷《泥洹經》等。

②《涅槃》大本，指北涼曇無讖譯的《大涅槃經》，於北涼玄始十年（西元四二一年）譯出。

③道生的著作可參閱湯用彤先生《漢魏兩晉南北朝佛教史》第十六章的「竺道生之著作」一節。

第三編　三國兩晉道教思想

總論

道教與外來的佛教不一樣，是我國土地上自生的宗教。它是從戰國以來的神仙家思想演化而來的。神仙家也叫做方士，因為他們都講長生不死之方術。戰國時燕國和齊國中方士頗多。據《史記》記載，齊威王、齊宣王、燕昭王都曾相信過方士，使人入海尋找過仙人仙藥。《史記·封禪書》說：

自齊威、宣之時，騶子（衍）之徒，論著終始五德之運，及秦帝而齊人奏之，故始皇採用之。而宋毋忌、正伯僑、充尚、羨門高最後皆燕人，為方仙道，形解銷化，依於鬼神之事。騶衍以陰陽主運顯於諸侯，而燕齊海上之方士傳其術不能通，然則怪迂阿諛苟合之徒自此興，不可勝數也。

又說：

自威、宣、燕昭使人入海求蓬萊、方文、瀛洲。此三神山者，其傳在渤海中，去人不遠；患且至，則船風引而去。蓋嘗有至者，諸仙人及不死之藥皆在焉。其物禽獸盡白，而黃金銀為宮闕。未至，望之如雲；及到，三神山反居水下。臨之，風輒引去，終莫能至云。世主莫不甘心焉。

由此可見，戰國時燕齊已有方士出現，講神仙學，其思想則依附於鄒衍的「陰陽主運」說。另據《莊子》書記載，當時戰國也已經有了導引長生術的思想。如《莊子．刻意》說：「吹呴呼吸，吐故納新，熊徑鳥申，爲壽而已矣。此導引之士，養形之人，彭祖壽考者之所好也。」呼吸、吐納、導引，屬於爲壽養形之術，可見導引煉養術也在戰國時期產生了。及至秦始皇時，更有齊人徐市上書，「言海中有三神山，名曰蓬萊、方丈、瀛洲，仙人居之。」於是始皇：「遣徐市發童男女數千人，入海求仙人。」（《史記．秦始皇本紀》）後又使燕人盧生「求羨門、高誓」，欲得不死之藥，其實哪裡有仙人仙藥呢？盧生等最後相與謀曰：「始皇爲人，……貪於權勢至如此，未可爲求仙藥。」於是乃亡去，從而觸怒了始皇，鬧出了坑殺諸生之事件。

西漢初年，黃老學曾經盛極一時，因此漢代的方士們開始把自己的神仙學與黃老學聯繫起來，他們假託黃帝與老子來宣揚長生不死的思想。這是因爲傳說中的老子本來就是帶有神秘性的人物，再如《道德經》中也確有方士們可利用來宣揚長生不死的東西。例如《老子》講到：「治人事天莫若嗇。夫唯嗇，是謂早服，早服是謂重積德。重積德則無不克，無不克則莫知其極。莫知其極可以有國之母。有國之母可以長久，是謂深根固柢長生久視之道。」（《老子》五十九章）這裡本是說愛惜形神，無知無欲，實行無爲而治，可以得到長久統治的道理，並不是講一個人長生不死的問題。但是「長生久視」這句話很可以牽强附會地解釋爲長生不死的。再如《老子》講：「載營魂抱一，能毋離乎？摶氣至柔，能嬰兒乎？」（《老子》十章）意謂形神能夠保持住不離散，結聚形體之氣能做到像嬰兒一樣柔弱。這本來也沒有講到長生問題，但這一說法很容易被方士們解釋爲煉形長生之術的。所以方士們抬出了老子，說：「老子之道，……恬淡無欲，養精愛氣。夫人以精神爲壽命，精神不傷，則壽命長而不死。成事：老子行之，踰百度世，爲眞人矣。」（《論衡·道虛》）這樣黃老學到了方士們手中就成爲神仙學了。

漢武帝時，方士李少君與公孫卿等，則把黃帝說成是以封禪而成仙的。《史記·孝武帝本紀》：

少君言於上曰：「祠灶則致物，致物而丹砂可化為黃金，黃金成以為飲食器則益壽，益壽而海中蓬萊仙者可見，見之以封禪則不死，黃帝也。

這裡不僅把黃帝說成長生不死的仙人，而且還提出了一個煉丹砂成黃金爲飲食器而益壽的丹法問題，這是我國道教早期的煉丹術。以此武帝「遣方士入海，求蓬萊安期生之屬，而事化丹砂諸藥齊爲黃金矣。居久之，李少君病死。天子以爲化去不死也，而使黃鍾史寬舒受其方。求蓬萊安期生莫能得，而海上燕齊怪迂之方士多相效，更言神事矣。」（同上）

武帝時另有一位方士叫公孫卿的，乘著一年天旱，稱：「黃帝時封則天旱，乾封三年。」武帝於是下詔曰：「天旱，意乾封乎？其令天下尊祠靈星焉。」（《史記．孝武本紀》）公孫卿還宣揚「黃帝採首山銅，鑄鼎既成，有龍垂鬍髯下迎黃帝，黃帝上騎龍，與羣臣後宮七十餘人俱登天。」（《資治通鑑》卷二十〈漢紀十二〉）更有濟南方士公玉帶上黃帝時明堂圖，並稱：「黃帝時雖封泰山，然風后、封巨、岐伯令黃帝封東泰山，禪凡山，合符，然後不死焉。」（《史記．封禪書》）其後武帝令公玉帶「奉祠侯神物」。

文帝與武帝朝時的淮南王劉安，尤好道家之學，曾「招致賓客方術之士數千人，作爲《內書》二十一卷，《外書》甚衆，又有《中篇》八卷，言神仙黃白之術，亦二十餘萬言。」（《漢書》卷四十四〈淮南衡山濟北王傳〉）可惜這《中篇》二十餘萬言的神仙學黃白術之書，早已不存，其內容已不得而知。據《漢書》卷三十六〈楚元王傳〉說：

> 上（指宣帝）復興神仙方術之事，而淮南有《枕中鴻寶苑秘書》。書言神仙使鬼物為金之術，及鄒衍重道延命方，而更生（即劉向）父德，武帝時治淮南獄得其書。更生幼而讀誦，以為奇，獻之，言黃金可成。

這裡的《枕中鴻寶苑秘書》不知是否就是《中篇》中的一部分內容，其所講的「黃金可成」，則是與《中篇》的黃白術思想相類，但是否就是李少君等人所說的化丹砂爲金的煉丹術，尚不可定。

東漢時，佛教漸入中土，在外來佛教的啓發下，神仙學開始向宗教發展。漢光武帝的兒子，楚王劉英，「誦黃老之微言，尙浮屠（即佛）之仁祠」，「晚節更喜黃老，學爲浮屠齋戒祭祀」，後又「交通方士，作金龜玉鶴，刻文字以爲符瑞」（《後漢書》卷四十二〈楚王英傳〉），就開始把方士講的神仙學與佛教思想看成是一個東西，至桓帝時則更是「聞宮中立黃老浮屠之祠」（《後漢書．襄楷傳》），「設華蓋以祠浮屠老子」（《後漢書．桓帝本紀》），並於「延熹八年（西元一六五年），初使中常侍之陳國苦縣祠老子。九年，親祠老子於濯龍。文罽爲壇，飾淳金扣器，設華蓋之坐，用郊天樂也。」（《後漢書．祭祀中》），把老子當成與佛一樣的宗教之主，向他頂禮膜拜了。

順帝時，並有神仙學家魏伯陽者①，以「大易黃老、爐火」三者融合爲一，著《參同契》一書。《參同契》是道教神仙學的最早一部丹經，它用《周易》的思想，論述煉丹修仙的方法，思想神秘，文字隱晦，很難讀懂。學術界對它的解釋，歷來衆說紛紛，莫衷一是。有的認爲《參同契》講的是外丹術，主張煉取金丹；也有的則認爲講的是內丹術，主張煉養身體中的精氣神，使之結成內丹而長生不死。從整個《參同契》的思想來看，依我所見，恐怕是既講外丹，也講了內丹的。講外丹的地方很多，顯而易見。但《參同契》講內丹的地方也是很明顯的，例如它說：

類如雞子，白黑相符，縱廣一寸，以為始初。四肢五臟，筋骨乃俱，彌歷十月，脫出其胞，骨弱可卷，肉滑若飴。（《參同契·養性立命》）

這裡明顯是形容內丹的，最初的內丹狀如雞子「縱廣一寸」，其後還能脫出其胞，游離而出。至於內丹的煉養方法，《參同契》則講的較爲詳細。例如它說：

二氣玄且遠，感化尚相通，何況近存身，切在於心胸。……耳目口三寶，固塞勿發揚，真人（指元氣）潛深淵，浮游守規中（規中指丹田）。……離（指目）氣內營衛，坎（指耳）乃不用聰，兑（指口）合不以談，希言順鴻蒙。三者既關鍵，緩體處空房，委志歸虛無，無念以為常；證難以推移，心專不縱橫；寢寐神相抱，覺悟候存亡。顏色寖以潤，骨節益堅強，辟卻眾陰邪，

然後立正陽。修之，不輟休，庶氣雲雨行，淫淫若春澤，液液象解冰，從興流達足，究竟復上升，往來洞無極，……。（《參同契》）

這是一套修煉內丹的丹法理論。《參同契》把人看成是陰陽二氣交感而生，因此煉養的關鍵在於煉氣。煉氣的方法則在於無欲無思清淨無爲，耳目口三寶閉合，委志虛無，無念爲常。這也就是老子所說的「塞兌閉門」、「滌除玄覽」的思想。如果做到了這樣，那末就能骨節堅强，辟卻衆邪，使得人體中的氣能淫淫若春澤，液液象解冰，並能從頭至足周身往來無極，最後達到結成內丹，形體長存。這實是一種類似「氣功」的靜功修養法。這種靜功修養無疑對於調節神經，使大腦得到休息，以至療病健身是有益處的。但是以此而推出可以長生不死戰神仙，則是完全不科學的宗教臆想。

《參同契》的丹法理論，對後來道教影響甚大，它奠定了爾後道教丹鼎派思想的理論基礎，從而被奉爲「丹經王」。

以上就是從戰國至兩漢時期神仙學在上層社會中流行的情況，但這樣的神仙學當時還尚沒有能眞正建立起一個完整的宗教——道教來。要使神仙學成爲一個完整的宗教，還必須建立起自己的宗教組織與一套宗教的清規戒律才行。與上層社會的情況相反，最初的道教組織卻在民間創建，並在民間中得到廣泛的傳播，這又是與東漢末年農民起義信奉宗教來組織和宣傳羣衆分不開的。當時民間出現了兩大道教組織：一是鉅鹿人張角領導的太平道（又稱黃老道），一是張陵、張衡、張魯和張修領導的五斗米道（後亦稱爲天師道）。這兩個道教組織我們一般稱之爲早期道教，或原始道教。關於太平道（黃老道）的事迹，《後漢書》中說：

中平元年（西元一八四年）春二月，鉅鹿張角自稱「黃天」，其部帥（原作師）有三十六方（原作萬），皆著黃巾，同日反叛。（《後漢書．靈帝紀》）

《後漢書．皇甫嵩傳》則說：

初，巨鹿張角自稱「大賢良師」，奉事黃老道，畜養弟子，跪拜首過，符水咒說以療病，病者頗愈，百姓信向之。角因遣弟子八人使於四方，以善道教化天下，轉相誑惑。十餘年間，眾徒數十萬，連結郡國，自青、徐、幽、冀、荊、揚、兖、豫八州之人，莫不畢應，遂置三十六方。方猶將軍號也。大方萬餘人，小方六、七千，各立渠帥。訛言：「蒼天已死，黃天當立，歲在甲子，天下大吉。……」皆著黃巾為標幟，時人謂之「黃巾」，亦名為「蛾賊」。殺人以祠祀天。角稱「天公將軍」，角弟寶稱「地公將軍」，寶弟梁稱「人公將軍」。所在燔燒官府，劫略聚邑，州郡失據，長吏多逃亡。旬月之間，天下響應，京師震動。

以此可見，張角創建的「黃老道」，顯係與上層社會流行的神仙學是不一樣的。他們所宣揚的並不是那些方士神仙學家所鼓吹的長生不死方，而是更多地叫人「跪拜首過」，和用「符水咒說以療病」，以及宣傳「蒼天已死，黃天當立」的農民造反思想。至於置三十六方，則是起義農民利用的組織形式而已。張角在起義過程中，還利用了《太平經》一書，作爲宣傳羣衆的工具。太平盛世「天下大吉」，是廣大農民所追求的理想社會。《太平經》旨在宣揚建立太平的社會，雖說其主要思想是宣揚封建的儒家忠孝仁義之道的，但它裡面也還夾雜著一些對封建統治者剝削成性，貪得無厭的批判，如書中說：「或積財億萬，不肯救窮周急，使人饑寒而死，罪不除也。」又說：「並得天地中和之財，積之乃億億萬種，珍物金銀億萬，反封藏逃匿於幽室，今皆腐塗，見人窮困往求，罵詈不予，即予不即許，必求取增倍也，而或但一增，或四五乃至。賜予富人，絕去貧子，令使其饑寒而死，不以道理，反就笑之，與天爲怨，與地爲咎，與人爲大仇，百神憎之。所以然者，此財物乃天地中和所有以共養人也，此家但遇得其聚處，比若食中之鼠，常獨足食，此大倉之粟本非獨鼠有也。」（《道藏》《太平經》卷六十七）這些對剝削階級的批評自然是對勞動人民有利的，所以張角領導太平道起義就利用了這部書，這也是很自然的事。

至於張陵、張衡、張魯以及張修的五斗米道的情況，《後漢書．劉焉傳》記載說：

（張）魯字公旗。初，祖父陵，順帝時客於蜀，學道鶴鳴山中，造作符書，以惑百姓。受其道者輒出米五斗，故謂之「米賊」。陵傳於衡，衡傳於魯，魯遂自號「師君」。其來學者，初名為「鬼卒」，後號「祭酒」。祭酒各領部眾，眾多者名曰「理頭」，皆校以誠信，不聽欺妄。有病但令首過而已。諸祭酒各起義舍於路，同之亭傳，懸置米肉以給行旅。食者量腹取足，過多則鬼能病之。犯法者先加三原，然後行刑。不置長吏，以祭酒為理，民夷信向，朝廷不能討遂就拜魯鎮夷中郎將，領漢寧太守，通其貢獻。……

關於張修與五斗米道的關係，據《典略》說：

初，熹平中，妖賊大起〔三輔有駱曜。光和中，東方有張角〕，漢中有張修。〔駱曜教民緬匿法，角〕為太平道，〔張角〕〔脩〕為五斗米道。……脩法略與角同，加施淨室，使病人處其中思過。又使人為姦令祭酒，主以《老子》五千文，使都習，號「姦令」。為鬼吏，主為病者請禱。〔請禱〕之法，書病人姓字，說服罪之意。作三通，其一上之天，著山上，其一埋之地，其一沈之水，謂之「三官手書」。使病者家出米五斗以為常，故號「五斗米師」也。……後角被誅，脩亦亡，及魯自在漢中，因其人信行脩業，遂增飾之。（《後漢書．劉焉傳》注引《典略》）

據此可知，張脩先在漢中推行五斗米道，脩死之後，張魯才在漢中繼續推行五斗米道的。張陵張魯張脩的五斗米道，亦屬於農民起義的一種組織形式，它不置長吏以祭酒爲理，有病但令首過，犯法先加三原，並起義舍於路，懸置米肉以給行旅等等，都是反映了下層人民的要求的。張陵張魯還以《老子》書，作爲宣傳羣衆的工具。相傳張陵抑或張魯還曾注過《老子》，名曰《老子想爾訓》②。想爾注思想基本上與《太平經》相類，宣傳修道成仙與法道治國兩個方面，認爲「道」爲最高的主宰，能賞善罰惡等等。《典略》則稱：「（張脩）使人爲姦令祭酒，主以老子五千文，使都習。」（《後漢書．劉焉傳》注引）爲什麼農民起義的領導者們會號召部衆學習《老子》呢？這大概是老子思想中亦有爲農民階級可利用的東西的緣故，例如《老子》說：「天之道，其猶張弓者也，高者抑之，下者舉之，有餘者損之，不足者補之。」（《帛書老子．德篇》）類似這樣的思想是完全可以被農民利用來當作自己階級的平均主義思想要求的。張魯在漢中沒有「義舍懸置米肉以給行旅」的做法，就是農民階級的一種平均主義思想的表現，所以深受到了下層民間的歡迎（「民夷信向」）。這種思想在當時來說是有其反對封建壓迫的積極意義，但畢竟這種思想是不符合社會發展的規律的，因而農民起義最後也是不可能成功的。最終張魯在漢中建立的農民政權，歸降了曹操，宣告了起義的失敗。

東漢末年至三國初年，除太平道與五斗米道外，在民間尚有一批江湖方士在活動，其著名的有于吉、費長房、甘始、王眞、劉根、郗儉、左慈等人。

于吉，關於他的事迹，據《後漢書·襄楷傳》說：

初順帝時，琅邪宮崇詣闕，上其師于吉於曲陽泉水上，所得神書百七十卷，皆縹白素朱介青首朱目，號《太平清領書》。其言以陰陽五行為家，而多巫覡雜語，有司奏崇所上妖妄不經，乃收藏之，後張角頗有其書焉。

《三國志·吳書·孫破虜討逆傳》注引《志林》亦說：

初順帝時，琅邪宮崇詣闕上師于吉所得神書於曲陽泉水上，白素朱界，號《太平青領道》，凡百餘卷。

由此可見，于吉爲須帝時人，他與「以陰陽五行爲家，而多巫覡雜語」的《太平青領書》（又名《太平青領道》）即《太平經》有關，是位宣揚《太平經》的人。然而《江表傳》說：

時有道士瑯邪于吉，先寓居東方，往來吳會，立精舍，燒香讀道書，制作符水以治病，吳會人多事之。策嘗於郡城門樓上，集會諸將賓客，吉乃盛服杖小函，漆畫之，名為仙人鏵，趨度門下。諸將賓客三分之二，下樓迎拜之，掌賓者禁呵不能止。策即令收之。……催斬之，懸首於

市。（《三國志·吳書·孫破虜討逆傳》注引）

孫策收斬于吉，事在建安五年，在曹操與袁紹相拒於官渡之時，而「順帝至建安中，五六十歲，于吉是時近已百年。」（同上書注引《志林》）因此孫策所斬之于吉，是否就是順帝時的于吉，是可懷疑的，也可能兩者並不是同一個人③。

甘始，《後漢書·方術列傳》說：「甘始、東郭延年、封君達三人者，皆方士也，率能行容成御婦人術，或飲小便，或自倒懸，愛嗇精氣，不極視久言。……凡此數人，皆百餘歲，及二百歲也。」曹植《辯道論》則說：「始能行氣導引」。又說：「甘始者，老而有少容，自諸術士咸共歸之。然始辭繁寡實，頗有怪言。」甘始並且稱：「吾本師姓韓字雅，嘗與師於南海作金，前後數四，投數萬斤金於海。」（《辯道論》）又稱：「取鯉魚五寸一雙，令其一著藥，投沸膏中，有藥（者）奮尾鼓鰓，游行沈浮，有若處淵，其一者已熟而可噉。」（同上）可見，甘始能使一些神術，如御婦人、飲小便、自倒懸，並能說一些怪誕不經之言，顯係是一位江湖術士。

郄儉，曹植《辯道論》說：「儉善辟谷。」魏文帝《典論》則說：「潁川郤儉能辟谷，餌伏苓，……議郎安平李覃學其辟谷，食伏苓，飲寒水，水寒中泄利，殆至殞命。」（《後漢書·方術列傳·左慈傳》注引）郄儉與郤儉，恐即爲一人，學辟谷之術以求長壽，然而議郎李覃學其術，「殆至殞命」。可見，辟谷之術是不可能獲得長生不死的。

費長房，汝南人，曾爲市椽，從一賣藥老翁修道。老翁「懸一壺於肆頭，及市罷，輒跳入壺中，市人莫之見。」（《後漢書．方術列傳》）可見賣藥老翁亦是一位江湖術士。後長房學成辭歸，老翁與之一杖一符。長房乘其竹杖而歸。其符則能「主地上鬼神」，以此長房能鞭笞百鬼，驅使社公，「後失其符，爲衆鬼所殺」（同上）。很顯然，費長房的這一套東西亦全是騙人的鬼話而已。

左慈，字元放，廬江人。「知補導之術」（《典論》），並「曉房中之術」（《辯道論》）。「少有神道」，「嘗在司空曹操坐，操從容顧衆賓曰：『今日高會，珍羞略備，所少吳淞江鱸魚耳。』放於下坐應曰：「此可得也。」因求銅盤貯水，以竹竿餌釣於盤中，須臾引一鱸魚出。操大拊掌笑，會者皆驚。操曰：『一魚不周坐席，可更得乎？』放乃更餌釣沈之，須臾復引出，皆長三尺餘，生鮮可愛。操使目前鱠之，周浹會者。……後操出近郊，士大夫從者百許人，慈乃爲齎酒一升、脯一斤，手自斟酌，百官莫不醉飽。操怪之，使尋其故，行視諸鑪，悉亡其酒脯矣。操懷不喜，因坐上收，欲殺之，慈乃卻入壁中，霍然不知所在。」（《後漢書．方術列傳》）據此左慈是位能使神術的人，他神通廣大，不僅能像變戲法一樣變出鱸魚，變出酒脯，而且有隱身之法，乃至使自己變成羝羊等等。諸如此類的神術，竟想迷惑住像曹操這樣的大人物。然而曹操總究是位政治家，他鎭壓了張角的太平道的起義，又收編了五斗米道的張魯，他深深懂得下層人民是可以利用道教來宣傳和聯絡羣衆進行起義造反的。因此曹操爲了防止農民起義的再起，他把天下的方士收錄了起來，集中加以管制，以防止他們在民間「造謠惑衆」，煽起民變。所以曹植在〈辯道論〉中說：

> 世有方士，吾王（指曹操）悉所招致。甘陵有甘始，廬江有左慈，陽城有郄儉。始能行氣導引，慈曉房中之術，儉善辟谷，悉號三百歲。本所以集之於魏國者，誠恐斯人之徒挾奸究以欺衆，行妖隱以惑民，故聚而禁之也。豈復欲觀神仙於瀛洲，求安期於海島，釋金輅而履雲輿，棄六驥而羡飛龍哉？自家王與太子及余兄弟，咸以為調笑不信之矣。

曹操之所以要收錄方士，並不是要學神仙之道，而是爲了防範「斯人之徒，挾奸究以欺衆，行妖隱以惑民」的，其政治目的十分清楚，這與孫策在吳收斬「能幻惑衆心」的道士于吉，亦有相似之處。繼承曹操父業的魏文帝曹丕亦對方士採取抑制的政策。其在黃初五年下詔云：「叔世衰亂，崇信巫史，至乃宮殿之內，戶牖之間，無不沃酹，甚矣其惑也！自今其敢設非祀之祭，巫史之言，皆以執左道論，著於令典。」正由於這些原因，道教在三國時代，並沒有得到更大的發展。

三國時自魏正始起，士大夫們崇尚起老莊玄學，尤其是莊子的浮世逍遙思想，深受到以嵇康、阮籍爲代表的竹林七賢們的推崇。嵇康阮籍他們把莊子的逍遙思想與神仙學結合起來，宣揚起遁世逍遙成神仙的思想，從而又使得神仙學在士大夫階層中到了傳播。尤其是一代名士嵇康，是位相信有神仙存在的人。他確實認爲：「神仙雖不目見，然記籍所載，前史所傳，較而論之，其有必矣。」（《嵇康集．養生論》）但是他又不同意神仙可以通過學習而獲得，認爲「（神仙）似特受異氣稟之自然，非積學所能致也。」（同上）雖說神仙是特稟異氣而成，不能學致，然後他又提出「導養得理，以盡性命，上獲千餘歲，下可數百年，可有之耳。」（同上）充分相信導養得理，是可以延年益壽，至千百歲的。爲此他著有〈養生論〉一文，探討了養生之術：

善養生者，……清虛靜泰，少私寡欲，知名位之傷德，故忽而不管，非欲而強禁也；識厚味之害性，故棄而弗顧，非貪而後抑也。外物以累心不存，神氣以醇白獨著，曠然無憂患，寂然無思慮。又導之以一，養之以和，和理日濟，同乎大順，然後蒸以靈芝，潤以醴泉，晞以朝陽，綏以五弦，無為自得，體妙心玄，忘歡而後樂足，遺生而後身存。若此以往，庶可與羨門比壽，王喬爭年，何為其無有哉。

他認爲養生首先在於恬淡無爲，清靜寡欲，不爲名位所傷，同時也要以藥物相配，「蒸以靈芝，潤以醴泉」，又加「守之以一」，和「呼吸吐納」（〈養生論〉），「使形神相親，表裡俱濟」，這樣就可以與「羨門比壽」和「王喬爭年」了。以此，他還提出了養生「五難」之說。他說：

> 養生有五難：名利不滅，此一難也；喜怒不除，此二難也；聲色不去，此三難也；滋味不絕，此四難也；神虛精散，此五難也。五者必存，雖心希難老，口誦至言，咀嚼英華，呼吸太陽，不能不回其操，不夭其年也。五者無於胸中，則信順日濟，玄德日全。不祈喜而有福，不求壽而自延。此養生大理之所效也。（〈益難養生論〉）

這即是說，養生延年必須做到滅名利，除喜怒，去聲色，絕滋味和保持精神清靜這樣五個方面。然而要做到這些，嵇康認爲這就需要越名教而遠離世務，不爲物累而遁世逍遙。以此他在〈幽憤詩〉中表述了自己的養生益壽的志向說：「託好老莊，賤物貴身，志在守樸，養素全眞。」並主張要「採薇山阿，散發巖岫，永嘯長吟，頤性養壽。」他更在〈五言詩三首〉中說：「俗人不可親，松喬是可鄰，何爲穢濁間，動搖增垢塵。慷慨之遠遊，整駕俟良辰，輕舉翔區外，濯翼扶桑津，徘徊戲靈岳，彈琴泳泰眞，滄水澡五藏，變化忽若神，恆娥進妙藥，毛羽翕光新。一縱發開陽，俯視當路人，哀哉世間人，何足久託身。」這首詩抒發了他想遠離世俗，遠游輕舉，與松喬爲鄰的理想情趣。

嵇康之所以提出遁世逍遙願與松喬爲鄰的思想，是由於當時時代所「激」而爲的。正如他自己所說是由於「俗人不可親」，故願「蟬蛻棄穢累」（《遊仙詩》）的緣故。也就是說，嵇康是由於受司馬氏集團壓迫，而又無力反抗司馬氏的政治壓力，從而轉向遁世逍遙去追求神仙學的。這是嵇康的一種自我安慰與消極反抗的表現。顯然是與漢代上層社會的神仙學追求長生不死，永享人間歡樂的思想是不一樣的。

西晉社會是門閥士族腐朽統治的社會，諸王之間奪權爭利，少數民族豪酋入主中原，致使社會處於分裂割據，戰事頻仍的一片動亂之中。這種混亂動盪的社會，給廣大的人民，帶來了莫大的災難。然而這無情的世界，卻正好是宗教賴以滋生的絕好土壤。佛教「漢魏法微，而晉代始盛。」道教則亦與佛教一樣，在這無情世界的土壤上得到了較大的發展。

晉代的道教，它一方面繼承了兩漢三國以來的神仙學思想，另一方面又對早期道教（主要是太平道與五斗米道）作了一番加工改造，使之從勞動人民手中，奪取過來成爲了統治階級的統治工具。如果說，過去的早期道教主要是平民道教的話，那末兩晉時期的道教則主要成爲了封建貴族的道教。

首先起來提倡貴族道教的，是兩晉之際的葛洪。他集了以往各種神仙方術之大成，著有《抱朴子》一書，建立了一套以外丹爲主的神仙道教理論，是外丹全丹派的主要代表人物。同時葛洪不僅是一位道教徒，而且是一位儒學家，他在《抱朴子》一書中，把儒家思想與道教神仙學說結合在一起，認爲兩者是互爲補充，缺一不可的東西，從而把道教納入了維護封建名教的規道，爲道教成爲封建統治階級的一個重要的思想統治工具奠定了基礎。因此葛洪在我國道教發展史上是一位十分重要的人物。

至東晉哀帝時，有楊羲、許謐等人，又開始以上清經授受，創道教上清派的開端。《黃庭經》則是他們所習的主要道教經典。《黃庭經》是一部道教養生修煉的要書，對後世影響亦很大。

除上述葛洪與楊、許之外，道教活動活躍的則要推天師道。

兩晉時期，漢末張陵開倡的五斗米道，時稱爲天師道。自曹操收編張魯之後，其道則沿江南下。先是陳瑞在四川益州（成都）④，推行張魯之業。又有相傳張魯兒子張盛在西晉永嘉年間，由四川來至江西龍虎山，開龍虎山天師道系。晉室南渡之後，天師道亦紛紛隨之流向東南一帶，並在士大夫中得到了傳佈，如王羲之、殷仲堪、司馬道子等人，都信奉天師道。當時主要的傳教道士有杜子恭、許邁等人。同時天師道亦在下層民間流傳，如孫恩、盧循等人，則利用「天師道」組織了農民的起義。下面我們就其天師道的主要信徒作一簡要的介紹：

杜子恭，東晉道士，名靈，錢塘人，宗奉天師道，爲張陵再傳陳文子的弟子。《晉書》說他有「秘術」，「就人借刀，其主求之，子恭曰：當即相還耳。既而刀主，行至嘉興，有魚躍入船中，破魚得瓜刀，其爲神效，往往如此。」（《晉書・孫恩傳》）從而使得東南一帶豪富貴族，並事之爲弟子。但他的弟子孫泰、孫恩、盧循等卻利用天師道發動了當時的農民起義。

孫恩，字靈秀，琅琊人，「世奉五斗米道」。叔文泰，師事錢塘杜子恭，「子恭死，泰傳其術」。後「泰見天下兵起，以爲晋祚將終，乃煽動百姓，積集徒衆，三吳士庶多從之，於時朝士皆懼。」（《晋書·孫恩傳》）但其謀未遂而被誅。泰死之後，孫恩「志欲復仇」，自海上攻上虞，殺縣令，襲擊會稽，害內史王凝之，旬日之間，八郡一時俱起，徒衆數十萬，掀起了一場大規模的農民起義運動。恩據會稽後，自號征東將軍，號其徒黨爲「長生人」。後爲官軍所破，「赴海自沉」，其「妖黨及妓妾謂之水仙，投水從死者百數。」（《晋書·孫恩傳》）恩死之後，其妹夫盧循，復推爲主，再興義兵，轉戰於廣州、交州等南方各地，但最後起義是失敗了。這就是歷史上有名的孫恩、盧循起義。它是繼黃巾大起義之後，又一起下層人民利用道教發動的大規模的農民起義運動。

王羲之，字逸少，司徒王導之從子。羲之「雅好服食養性」，並嘗與道士許邁「共修服食，採藥石，不遠千里，遍遊東中諸郡，窮諸名山，泛滄海。」（《晋書·王羲之傳》）王氏世事張氏五斗米道，不僅羲之信道，其子凝之信道更篤，孫恩攻會稽，「寮佐請爲之備，凝之不從，方入靖室請禱，出語諸將佐曰：吾已淸大道，許鬼兵相助，賊自破矣。即不設備，遂爲孫恩所害。」（同上）王凝之與孫恩共信天師道，但王氏屬封建世族，相信的是「服食養性」的貴族道教，而孫恩則是利用天師道以發動農民起義，所以他們之間的矛盾是階級的鬥爭，絕不是什麼道教內部的紛爭。凝之愚篤信道，最後爲起義軍所害，亦足見道教的鬼神是幫不了封建貴族的忙的。

以上是天師道的情況，除此之外，其時尚有一些遊方道士，其主要的有：

許邁，字叔玄，小名映，丹陽句容人，關於他的事迹，《晉書》卷八十〈許邁傳〉說：

（許邁）家世士族，而邁少恬靜，不慕仕進。未弱冠，嘗造郭璞為之筮，遇泰之大畜，其上六爻發，璞謂曰：君元吉自天，宜學升遐之道。時南海太守鮑靚，隱迹潛遁，人莫知之，邁乃往候之，探其至要。父母尚存，未忍違親，謂餘杭懸霤山近延陵之茅山，是洞庭西門，潛通五嶽，陳安世、茅季偉⑤常所遊處。於是立精舍於懸霤，而往來茅嶺之洞室，絕世務以尋仙館，朔望時節還家定省而已。父母既終，乃遣婦孫氏還家，遂攜其同志，遍遊名山焉。初採藥於桐廬縣之桓山，餌術涉三年。時欲斷穀，以此山近人，不得專一，四面藩之。好道之徒，欲相見者，登樓與語，以此為樂。常服氣，一氣千餘息。永和二年（三四六年）移入臨安西山，登巖茹芝，眇爾自得有終焉之志，乃改名玄，字遠游，與婦書告別。又著詩十二首，論神仙之事焉。羲之造之，未嘗不彌日忘歸，相與為世外之交。……自後莫測所終，好道者皆謂之羽化矣。

《雲笈七藏》中的〈許邁傳〉中則說：

（許邁）世為冑族，冠冕相承。映總角好道，……曾從郭璞筮卦，……。初師鮑靚受中部之法，及三皇天文……。入臨安縣山中散髮去累，改名遠遊，服術黃精，……數年之中，密感玄虛太元真人定錄茅君，降授上法，遂善於胎息內觀步門隱逸，每一感通，將超越雲漢。後移臨海赤山，遇王世龍、趙道玄、傅太初。因師世龍受解束反行之道，服玉液朝腦精，三年之中面有童顏。

許邁篤志好道，以餌術斷穀服氣等術，以求長生之道。王羲之並與許邁共修此術，結成爲世外之交。可見許邁在當時士大夫中是位有一定影響的道士。

許遜，字敬之，南昌人。年二十學道於吳猛，曾任旌陽（今湖北枝江縣北）令，後棄官，周遊江湖，相傳在南昌西山合家拔宅飛升。據《雲笈七藏》〈許遜眞人傳〉說：

許遜，字敬之，南昌人也。……聞豫章有孝道之士吳猛，學道能通靈達聖，嘆我緣薄未得識之，於是旦夕遙禮拜猛，久而彌勤，……。猛升仙去時，語其子云：去後東南方有人姓許，名遜，應來悼汝，汝當重看之，可以真符授也。至時遜果來悼，其子以父命，將真符傳遜，奉修真感有愈於猛。

可見，許遜是傳授吳猛道士的符籙的。吳猛《晉書》中有〈傳〉。〈傳〉中說：

> 吳猛，豫章人也。少有孝行，夏日常手不驅蚊，懼其去己而噬親也。年四十，邑人丁義始授其神方。因還豫章，江波甚急，猛不假舟楫，以白羽扇畫水而渡，觀者異之。庾亮為江州刺史，嘗遇疾，聞猛神異，乃迎之，問己病何如。猛辭以算盡，清具棺服，旬日而死，形狀如生，未及大斂，遂失其尸。識者以為亮不祥之徵，亮疾果不起。

以此而見，吳猛是位玩弄神術的道士，傳授了丁義的神方。其以符籙授許遜亦是可能的。

在兩晉時期尚有一些零星的農民起義或流民起義，亦與道教有一定的關係。湯用彤先生在〈康復扎記四則〉中，專門討論了「妖賊」李弘的問題，就屬這樣一些農民起義的領袖人物。李弘，據《弘明集》卷八劉勰〈滅惑論〉說，道教「事合氓庶，故比屋歸宗，是以張角、李弘，毒流漢季。」以此而言，李弘本是漢末的如張角一樣的農民起義領袖。然而後來許多農民起義的領導者常常利用假託李弘的名字來發動羣眾。所以《道藏》中的〈老君音誦誡經〉中說：「世間詐偽，攻錯經道，惑亂愚長。但言老君當治，李弘應出，天下縱橫返逆者眾，稱名李弘歲歲有之，其中精感鬼神，白日人見，惑亂萬民，稱鬼神語，愚民信之，誑詐萬端，稱官設號，蟻聚人眾，壞亂土地。稱劉舉者甚多，稱李弘者亦復不少。」又說：「愚人誑詐無端，人人欲作不臣，聚眾逋逃罪逆之人，及以奴僕隸皂之間，詐稱李弘。」（《湯用彤學術論文集·康復札記》）李弘大概是他與老子李耳同姓的緣故吧，所以農民起義好用他的名字來號召羣衆。湯用彤先生並在《晉書》中查出四個李弘全爲「妖賊」的史料：

㈠《晉書》卷五十八〈周札傳〉說：「時有道士李脫者，妖術惑衆。弟子李弘養徒灊山，云應讖當王。」事並見《册府元龜》第十二册一〇八六頁。按此事當約在元帝永昌元年（西元三二二年）王敦舉兵之後。按灊山當爲今安徽霍山。

㈡《晉書》卷一〇六〈載記〉文稱：石虎時「貝丘人李弘，因衆心之怨，自言姓名應讖，連接奸黨，署置百僚，事發誅之，連坐者數千家。」事亦見《通鑑》卷九十七，晉成帝咸康八年（西元三四二年）。按貝丘應在今山東。

㈢《晉書》卷八：「廣漢妖賊李弘與益州妖賊李金根（《晉書》卷五十八〈周楚傳〉作李金銀）聚衆反，弘自稱聖王。」（按〈周楚傳〉作聖道王）時在海西公五年（西元三七〇年）。廣漢當在今四川地區。

㈣《晉書》卷一一八〈載記〉：「姚興寢疾，妖賊李弘反於貳原。貳原氏仇常起兵應弘。」按其時約在姚興死（義熙十二年即西元四一六年）前數年，地當在今川陝地區。

以上數條均引自《湯用彤學術論文集》第三一〇頁。由此可見，李弘當時簡直成爲了農民起義領袖的代名詞。這些起義的領袖的共同特點是：一、假託李弘，二、利用道教。有的還用讖語來應驗自己當王。可見，道教既可爲統治階級利用來統治老百姓，亦可反過來爲農民羣衆所利用，成爲他們反抗統治階級的思想武器的。當然這種武器是落後的，這是時代與階級局限的表現。

至於與道教有關的流民起義，則首推西蜀的李特、李雄爲代表。李氏本爲巴人，因値天下大亂，遷於張魯雄據的漢中。李特祖父以「魏武帝剋漢中」，「將五百餘家歸之」，「拜爲將軍，遷於略陽，北土復號之爲巴氐。」特父慕爲東羌獵將。特少仕州郡，「雄武善騎射，沈毅有大度。」「元康中，氐齊萬年反，關西擾亂，頻歲大饑，百姓乃流移就谷，相與入漢川者數萬家。」李特隨流人入蜀。而朝廷令流人限期還返原地，貪官又欲殺流人首領，取其資貨。於是流人「咸往歸特」，「推特爲主」，自此爆發了蜀地流民的起義。李特「與蜀人約法三章，施捨振貸，札賢拔滯，軍政肅然。」太安元年，特「自稱益州牧，都督梁益二州諸軍事，大將軍大都督，改年建初。」後終因敵衆我寡而戰死於疆場。特死之後，其子李雄（字仲儁）繼承父業。雄「少以烈氣聞，每周旋鄉里識達之士，皆器重之。」時有劉化者，道術士也，每謂人曰：「關隴之士，皆當南移，李氏子中惟仲儁有奇表，終爲人主。」（以上引文均見《晉書．李雄傳》）李特起兵先以雄爲前將軍，特去世後，李雄自稱「大都督大將軍益州牧」。李雄攻克成都後，曾以「西山范長生，巖居穴處，求道養志，欲迎立爲君而臣之。」（同上）但「長生固辭」。雄乃

「深自挹損，不敢稱制。」後諸將固請，雄即尊位，以永興元年（三〇四年），僭稱成都王，改元爲建興，除晉法，並約法七章。時「范長王自山西乘素輿詣成都，雄迎之於門，執版延坐，拜丞相，尊曰范賢。」（同上）長生勸雄稱尊號，「雄於是僭即帝位，赦其境內，改年曰太武。」並「加范長生爲天地太師，封西山侯。」（同上）可見李雄對修道之士范長生是十分敬重的，而長生亦參與了李雄的政事，李先輩本巴人「敬信巫覡」，李雄亦「信巫覡者之言，多有忌諱。」（同上）由此可知，李特李雄領導的流民起義，與道教和民間的鬼神巫祝思想也是有一定聯繫的。後李雄於咸和八年（三三三年）迂疾而卒，死時年六十一。

綜上所述，我們可以看到，兩晉時期是道教開始興盛的時期。這一時期，道教在上層社會的統治階級中，和在下層的民間中，都得到了新的發展。上層社會中出現了以葛洪爲代表的貴族派道教的思想；下層社會中則產生了繼張角領導的太平道起義之後的孫恩、盧循的天師道農民起義。至於兩晉時期道教之所以能得到新的發展，其深刻的根源，則在於兩晉社會的政治經濟的原因。兩晉時代是一個處於動盪、戰亂、分裂、割據的社會，苦難的社會卻是培育宗教之花的園地，因爲這朵虛幻的宗教之花可以用來慰藉受苦的生靈，所以這樣的社會就需要有宗教的存在。兩晉時期的道教與佛教一樣，能夠得以興盛，確是有其深刻的社會根源的。

另外在兩晉道教中上尚有一件事，也是應當注意的，即佛道兩教發生了紛爭。佛教與道教在漢代本來看作是思想一致的兩個宗教，所以楚王劉英「誦黃老之微言，尙浮屠之仁祠」，而桓帝在宮中則「設華蓋以祠浮屠老子」。當時人們用老子的思想來解釋佛教，認爲佛教所講的涅槃寂靜就是老子所說的無爲思想，佛教講的一切皆空思想就是老子的本無觀念等等。因此佛教被看作爲一種道術，佛老並不分家。只是在漢末的牟子《理惑論》中，才談到了佛教與道教的差別。《論》中設問說：「王喬赤松，入仙之籙，神書百七十卷，長生之事，與佛經豈同乎？」牟子回答曰：「神仙之書，聽之則洋洋盈耳，求其效，猶握風而捕影。是以大道之所不取，無爲之所不貴，焉得同哉！」又設問說：「谷寧可絕不？」答曰：「吾未解大道之時，亦嘗學焉。辟谷之法，數千百術，行之無效，爲之無徵，故廢之耳。」這就是說，本來道教佛教「道皆無爲，一也」，而此時牟子開始意識到了佛道之間的差別，並以排斥道教來稱頌佛教，欲使佛教從道術中獨立出來。但漢代尙未見到有道教攻擊佛教的情況。道士攻擊佛教，始見於晉代的帛遠與王浮之爭，王浮並作《老子化胡經》以誹謗佛教。其事記載於《高僧傳．帛遠傳》：

> 帛遠，字法祖，本姓萬氏，河內人，……晉惠之末，太宰河間王顒鎮關中，虛心敬重，待以師友之敬。……昔祖平素之日，與浮每爭邪正，浮屢屈，既瞋不自忍，乃作《老子化胡經》，以誣謗佛法。

帛遠為佛教徒，王浮信奉道教，他們互爭佛道邪正，而王浮屢屈，乃作《老子化胡經》以誣謗佛教。老子化胡之說，當然亦非王浮所首創，此說最早東漢時就已出現，《後漢書・襄楷傳》載襄楷上書說：

又聞宮中立黃老，浮屠之祠。此道清虛，貴尚無為，好生惡殺，省欲去奢。今陛下嗜欲不去，殺罰過理，既乖其道，豈獲其祚哉！或言老子入夷狄為浮屠，浮屠不三宿桑下，不欲久生恩愛，精之至也。天神遺以好女，浮屠曰：此但革囊盛血。遂不眄之。其守一如此，乃能成道。今陛下淫女艷婦，極天下之麗，甘肥飲美，單天下之味，柰何欲如黃老乎？

在漢代黃老與浮屠看成為一家，浮屠（佛教）依賴於黃老而得到發展，所以：「或言老子入夷狄為浮屠」的說法，決不意味著攻擊佛教，反而是為了抬高佛教的地位，以便於佛教在中華傳佈的。正如湯用彤先生所說：「夫異族之神不宜為諸華所信奉，則老子化胡之說，在後世雖為佛家所痛恨，而在漢代想實為一般人所以兼奉佛老之關鍵。觀乎現在所保存甚少之漢魏佛教史料，而化胡之說竟一見於朝廷奏疏（《後漢書・襄楷傳》），再見於史家著作（《三國志》注引《魚泰》《魏略》），則其說大有助於最初佛教之流行可以想見也。」（《湯用彤學術論文集》第八〇頁王維誠《老子化胡說考證》中查書）只是待到佛教後來脫離了道術而獨立發展之後，老子化胡說才遭到佛教的反對，而道教則利用這一說法來貶低排擯佛教的。自此也就在思想上開啓了南北朝時期的佛道之爭。

註釋

①魏伯陽，正史無傳，葛洪《神仙傳》說：「魏伯陽，上虞人。貫通詩律，文辭贍博，修貞養志。約《周易》作《參同契》。桓帝時，以授同郡淳於叔通。」

②《老子想爾注》，據《唐玄宗道德眞經疏．外傳》：「《道德經》箋注，有《想爾》二卷。三天法師張道陵所著。」又陸德明《經典敍錄》：「《老子想爾》二卷。」原注：「不詳何人，一云張魯，或云劉表。」而《傳授經戒儀注訣》：「系師（張魯）得道，化道西蜀，蜀風淺末，未曉深言，託遘想爾，以訓初迴。」《茅山志》卷九《道山册》亦認爲《想爾注》爲係師張魯作。（可參閱《宗教辭典》三七四頁和陳國符《道藏源流考》上册第七十八頁。）

③關於于吉的事跡，可參閱陳國符《道藏源流考》上册第八十七～八十八頁。

④《廣弘明集》卷二十記載說：「道士陳瑞以左道惑衆，自號天師，徒附數千，積有歲月，爲益州刺史王浚誅滅。」

⑤茅季偉，《雲笈七藏》卷一〇四〈太元眞人東嶽上卿司命眞君傳〉說：「大茅君，諱盈，字叔申，稱太元眞人東嶽上卿司命神君。中茅君，字季偉。小茅君，諱衷，字思和。」（參見陳國符《道藏源流考》第九頁）

第一章 葛洪的道教思想

葛洪是兩晉時期著名的道教理論家、煉丹家，外丹金丹派的重要代表人物。所以我們在這裡重點研究一下葛洪的道教思想。

第一節 葛洪的生平與著作

葛洪，字雅川，丹陽句容人。約生於西晉武帝太康四年（二八三年），約卒於東晉康帝建元元年（三四三年），年六十一①。洪出身官僚家庭，祖父葛系「仕吳，歷宰海鹽臨安山陽縣，入爲吏部侍郎，御史中丞，廬陵太守，吏部尚書，太子少傅，中書大鴻臚，侍中光祿勳輔吳將軍，封吳壽縣侯。」（《抱朴子·自敍》）父葛悌「以孝友聞行爲士表」，仕吳，歷任五官郎中正，建城南昌二縣令，中書郎建尉平中護軍，拜會稽太守，後遷「至大中大夫」（同上），入晉又爲「邵陵太守」（《晉書．葛洪傳》）。葛洪則爲悌之第三子。

洪少好學，年十三，父悌去世，家貧，「飢寒困瘁，躬執耕穡」，常「自伐薪，以貿紙筆」，「夜輒寫書誦習」（《晉書．葛洪傳》）。年十六（西元二九九年）「始讀《孝經》、《論語》、《詩》、《易》……，廣覽於衆書，乃無不暗誦精持，曾所披涉，自正經諸史百家之言，下至短雜文章，近萬卷。」（《抱朴子．自敍》，以下凡引《抱朴子》一書，只注篇名）又「少好方術，負步請問，不憚險遠，每有異聞，則以爲喜，雖見毀笑不以爲戚焉。」（〈金丹〉）並「兼綜練醫術」。（《晉書．葛洪傳》）後又「學風角、望風、三元、遁甲、六壬、太乙之法，粗知其旨，又不研精。」（〈自敍〉）。晉太安中（西元三〇二年至三〇三年），葛洪年二十歲左右，石冰領導的農民起義爆發。時「吳興太守顧秘爲義軍都督，與周玘等起兵討之。」（《晉書．葛洪傳》）並「邀洪爲將兵都尉」。葛洪由此參與顧秘軍事，並「攻賊之別將破之」。於是加洪爲伏波將軍，事平以後，葛洪「投戈釋甲，逕詣洛陽，欲廣尋異書。」（〈自敍〉）正値「上國大亂」（查即爲西元三〇三年司馬顒司馬穎起兵司馬□，進攻洛陽城），北道不通，「而陳敏又反於江東」，歸途阻隔，會遇故人譙國嵇居道（即嵇含）見用爲廣州刺吏，乃「表請洪爲參軍」（〈自敍〉）。於是葛洪先赴廣州，不巧嵇居道隨即遇害，洪留在廣州多年，一無所就，只得獨自還歸鄉里。其時晉元帝司馬睿為丞相，以葛洪「平賊有功」，「賜爵關內侯」。晉成帝咸和初（咸和元年為西元三二六年），葛洪約四十歲左右，司徒王導召之補州主薄，轉司徒椽，遷諮議參軍（見《晉書·葛洪傳》）。乾寶則薦洪「才堪國史，選為散騎常侍，領大著作」，葛洪「固辭不就」（同上）。其時葛洪自廣州之行之後，已失去了仕途進取之心，而欲存養性命，服食煉丹，「以祈遐壽」。正如他在《自敍》中所說：

　　今齒近不惑（即近四十歲時），素志衰頹，但念損之又損，為乎無為，偶耕藪澤，苟存性命耳。

又說：

　　且榮位勢利，譬如寄客，既非常物，又其去不可得留也。隆隆者絕，赫赫者滅，有若春華須臾凋落，得之不喜，失之安悲？悔吝百端，憂懼競戰，不可勝言，不足為也。且自度性篤懶，而才至短，以篤懶而御短才，雖俯眉屈膝，趨走風塵，猶必不辦大致名位而免患累，況不能乎！未若修松喬之道，在我而已，不由於人焉。將登名山，服食養性，非有廢也。事不兼濟，自不絕棄世務，則曷緣修習玄靜哉？……是以車馬之迹，不經貴世之域；片字之書，不交在位之家。……而古之修道者，必入山林誠欲以違遠讙譁，使心不亂也。今將遂本志委桑梓，適嵩岳以尋方平梁公之軌。

由此可見，葛洪之所以絕棄世務，遁入山林，最後入羅浮山煉丹終生，是有其一番原委的。青年時期的葛洪，原是一位有從政抱負並有經國之才的人，但當時社會正處於戰亂頻仍的時代，年輕的葛洪剛初露頭角，以「平賊」有功，即加伏波將軍。自此之後，好景不常，就遇「上國大亂」，不得逕趨洛陽，只能隨故友嵇含去廣州避難，然而不幸嵇含又被害，弄得葛洪隻身在廣州一無所就，從而「素志衰頹」，最後只好回歸鄉里。從而使得葛洪悟出了「榮位勢利」，譬如「寄客春華」，並非常物的道理，不如「修松喬之道，在我而已。」從此由從政轉入了學道之路。最後上羅浮山修道終生。

葛洪「修松喬之道」，從事神仙學的師承關係：

左元放（左慈）→葛玄→鄭隱→葛洪

鮑玄→葛洪

據《晉書·本傳》說：

（葛洪）尤好神仙導養之法。從祖玄，吳時學道得仙，號曰葛仙公，以其煉丹秘術，授弟子鄭隱。洪就隱學，悉得其法焉。後師事南海太守上黨鮑玄，玄亦內學，逆占將來。

葛洪自己則說：

昔左元放（左慈）於天柱山中精思，而神人授之金丹仙經……。余從祖仙公，又從元放受之。凡受《太清丹經》三卷，及《九鼎丹經》一卷，《金液丹經》一卷。余師鄭君者，則余從祖仙公之弟子也。又於從祖受之。而家貧無用買藥，余親事之灑掃積久，乃於馬迹山中，立壇盟受之，並諸口訣之不書者，江東先無此書。此書出於左元放，元放以授余從祖，從祖以授鄭君，鄭君以授余。故他道士了無知者也。然余受之已二十餘年矣。（〈金丹〉）

按照《晉書》的說法，葛洪還師事過上黨鮑玄，鮑玄能逆占將來。但葛洪屬外丹派的重要人物，學仙以煉丹爲主，所以正如他自己所說，他的神仙學思想主要是以傳授葛玄鄭隱的丹法而來。至於葛玄是否曾從左慈學？據《後漢書．方術列傳》所記，左慈是位能使神術的人，並未說他從事過煉丹術的研究。因此葛玄是否師事過左慈，由於史料不足，只好闕疑。

葛洪的著述甚富。《晉書．本傳》說他「博聞深洽，江左絕論；著述篇章，富於班馬。」葛洪在《抱朴子．自敍》中，說他自己十五、六歲時，就開始作詩賦雜文，但長大之後感到所作詩文「殊不稱意」，於是年二十時，乃草創子書（即《抱朴子》一書），但「遇兵亂流離播越」，「不復投軍十餘年」，直至建武中（西元三一七年至三一八年，其時葛洪已三十四、五歲時）才完成《抱朴子》內篇二十卷和外篇五十卷的②。外篇早出，內篇則稍晚。《抱朴子》內篇〈黃白〉：「余所著外篇及雜文二百餘卷，足以寄意於後代，不復須此。此且內篇，皆直語耳，無藻飾也。」內篇〈黃白卷〉中已提及外篇，可見外篇作於內篇之先。內篇「言神仙方藥，鬼怪變化，養生延年，禳邪卻禍之事，屬道家」；外篇則「言人間得失，世事臧否，屬儒家。」外篇最後一篇是〈自敍篇〉，大概作於三十四、五歲左右，是在《抱朴子》一書寫成之後所作，所以〈自敍〉中既講到內篇，又講到外篇。〈自敍〉：

或人難曰：昔王充，年在耳順（即六十歲），道窮望絕，懼身名之偕滅，故自紀終篇。先生以始立之盛，值乎有道之運，……何憾芬芳之不揚，而務老生之彼務。

可見葛洪在三十多歲時（「始立之盛」）寫就〈自敍〉的，可能就是在他三十四、五歲時（即建武中西元三一七～三一八年）完成了《抱朴子》一書之後所作。

葛洪的其它著作尚有「碑頌詩賦百卷」，「軍書檄移章表箋記三十卷」，《神仙傳》十卷，《隱逸傳》十卷。又抄五經七史百家之言，兵事方伎，短雜奇要三百一十卷（以上均見〈自敍〉）。《晉書・本傳》稱內外篇爲一百一十六篇與〈自敍〉所記稍有出入。現存的《抱朴子》爲內篇二十卷，外篇五十二卷（包括〈自敍卷〉）。另撰有《良吏傳》和《集異傳》各十卷，《金匱藥方》一百卷，《肘後備急方》四卷。

第二節　葛洪的社會政治思想

葛洪不僅是一位道教神仙家，而且也是一位地主階級的政治思想家。他所著的《抱朴子》外篇所謂「言人間得失，世事臧否」的儒家之道，就是闡說他的政治思想的。他的政治學說，以儒家思想爲主，同時亦兼採了「百家之言」，並提出了道本儒末，儒道合一的主張。尤其是葛洪總結了漢末與三國末年政治衰敗的歷史教訓，提出了頗有見識的「貴賢」、「任能」、「審舉」的用人思想，並對漢末魏晉興起的浮華、任誕、不遵禮法、不務實事的所謂「魏晉風度」進行了抨擊。這些思想對於當時的社會來說，是有其一定的積極意義的。

1. 論道本儒末

我國封建社會的正統思想，是維護封建等級秩序與封建道德，即所謂「三綱五常」的儒家思想。因此任何宗教，不論是外來的還是自生的，要在我國能夠生根發展，並得到統治階級的支持，就必須使自己的教義符合儒家正統思想的要求。不然的話，它必遭到正統儒家思想的排擠與非難。外來的佛教就是這樣。由於它宣揚落髮出家，這就與儒家的忠道孝道發生了矛盾，所以它傳入中國之後，常遭到儒家的排擯。佛教徒門爲了求得自己的生存與發展，只得迎合儒家的思想，把儒家的綱常名教攙入佛教，使儒佛兩者揉合起來，以適應我國封建統治階級的需要。道教是我國土地上自生的宗教，爲統治階級服務的道教徒門深深懂得這一道理。然而早期道教，如黃老道（太平道）和五斗米道，卻與此相反，它們只叫人讀《老子》五千文，叫人「跪拜首過」，和用「符水咒說以療病」等，而它們的眞正目的則在於動員和組織農民起來造地主階級的反。顯然這樣的宗教是根本不符合統治階級所需要的。所以道教要成爲統治階級的宗教，成爲地主階級統治人民的思想武器，則必需對早期道教加以根本的改造。爲此，葛洪站在地主階級的立場上，指責早期道教的張角等人說：

> 曩者有張角、柳根、王歆、李申之徒，或稱千歲，假託小術，坐在立亡，變形易貌，誑眩黎庶，糾合羣愚，進不以延年益壽為務，退不以消災治病為業，遂以招集奸黨，稱合逆亂，……威傾邦君，勢凌有司，亡命逋逃，因為窟藪。（〈道意〉）

以此爲了革除早期道教這些危險性，就必需首先要把正統的儒家禮教思想引入道教之中。在這裡，首要解決的問題，就是道教與儒家的關係問題。在先秦老莊的道家是以反儒而著稱的，那末道教與儒家的關係應是怎樣呢？在《抱朴子》中葛洪用了很大的力量論說了它們兩者的關係。他認爲道教與儒家本是一個事物的兩個方面，道爲本，儒爲末，兩者是不可分的。《抱朴子．明本》說：

> 或問儒道之先後。抱朴子答曰：「道者，儒之本也，儒者，道之末也。」今苟知推崇儒術而不知成之者由道。道也者，所以陶冶百氏，範鑄二儀，胞胎萬類，醞釀彝倫者也。

道是造成天地萬物乃至人類的人倫禮教的總根源，所以說道是儒之本，儒是道之末，二者是本末關係並不矛盾。《抱朴子．塞難》：

> 仲尼，儒者之聖也。老子，得道之聖也。儒家近而易見，故宗之者衆焉；道意遠而難識，故達之者寡焉。道者，萬殊之源也；儒者，大淳之流也。……所以貴儒者，以其移風而易俗，不唯揖讓與盤旋也。所以尊道者，以其不言而化行，匪獨養生之一事也。若儒道果有先後，則仲尼未可專儀，而老氏未可孤用。

道爲源，儒爲流；儒者移風易俗，道者不言而化行；道儒兩者相輔而行，都不可偏用，既不可專信儒術，也不可孤用老氏。所以葛洪在《抱朴子》中既講道又講儒，其內篇講道教神仙思想，外篇則講儒家學說，內外互爲補充，缺一不可。外篇中的〈崇教〉篇，崇的就是儒家之教。甚至他還進而提出：

今聖明在上，稽古濟物，堅堤防以杜決溢，明褒貶以彰勸沮，想宗室公族，及貴門富年，必當競尚儒術，撙節藝文，釋老莊之不急，精六經之正道也。（〈崇教〉）

這即是說，要堅固禮教之大防，就必須崇尚儒術。在這裡老莊之學就反而成爲不急之務了。這是因爲「道意遠而難識，達之者寡」，適應不了當時的封建統治的急需。所以他批評老莊道家說：

道家之學，高則高矣，用之則弊，遼落迂闊，譬猶干將不可縫線，巨象不可使捕鼠，金丹不能凌陽侯之波，玉馬不任騁千里之迹也。（〈用刑〉）

道家之學雖說高深，但不切當前之用，遠水解不了近渴，最後的結論是：其言「可得而論，難得而行也。」甚至他還批評《老子》說：

又五千文雖出老子，然皆汎論較略耳，其中了不肯首尾全舉，其事有可按據者也。但暗誦此經，而不得要道，直為徒勞耳，又況不及者乎！（〈釋滯〉）

至於對莊周等人，則更進行了猛烈的抨擊說：

> 至於文子、莊子、關令尹喜之徒，其屬文章，雖祖述黃老，憲章玄虛，但演其大旨，永無至言。或復齊生死謂無異，以存活為徭役，以殂落為休息，其去神仙已千億里矣，豈足耽玩哉！其寓言譬喻猶有可採，以供給碎用充御卒乏，至使末世利口之奸佞無行之弊子，得以老莊為窟藪，不亦惜哉！（同上）

又說：

> 常恨莊老言行自伐，桎梏世業，身居漆園，而多誕談，好畫鬼魅，憎圖狗馬，狹細忠貞，貶毀仁義，可謂彫虎畫龍，難以征風云；空板億萬，不能救無錢；孺子之竹馬，不免於腳剎；工拌之盈菜，無益於腹虛也。（《莊·朝》）

《老子》泛論較略，不肯首尾全舉，使人不可得其要旨，而《莊子》更是宣揚齊生死的消極的人生哲學，「以存活爲徭役」，「以殂落爲林息」，狹細忠貞，貶棄仁義，更是離道教的神仙學說不知「千億里矣」。老子雖被奉爲道教的教主，莊子也被說成是道教的神仙，但先秦的道家思想顯然是與葛洪的道教神仙學說不一樣的，因此老莊的思想遭到了葛洪的攻擊。

儒家的禮教既然成爲了道教的思想內容，因此作爲道教徒就必需遵循禮教，修習仁義。《抱朴子．對俗》：

> 或問曰：為道者當先立功德，言然否乎？抱朴子答曰：有之。按《玉鈴經》中篇云，立功為上，除過次之。為道者以救人危使免禍，護人疾病令不枉死為上功也。欲求仙者，要當以忠孝和順仁信為本。若德行不修，而但務求玄道無益也。

《微旨》篇亦說：

> 欲求長生者，必欲積善立功，慈心於物，恕己及人，仁逮昆蟲，樂人之吉，愍人之苦，賙人之急，救人之窮，手不傷蟲，口不勸禍，見人之得如己之得，見人之失如己之失，不自貴，不自譽，不嫉妒勝己，不媚諂陰賊，如此乃為有德，受福於天，所作必成，求仙可冀也。

這裡然是在宣揚儒家的仁德教化的思想，並且還用天命論「受福於天」爲其作佐證。以此葛洪說：「上天司命之神，察人過惡，其行惡事大者，司令奪紀，小過奪筭，隨其輕重，故所奪有多少也。」又說：「人欲地仙，當立三百善；欲天仙，當立千二百善。……積善事未備，雖服仙藥亦無益也。若不服仙藥，然行好事，雖未便得仙，亦可無卒死之禍矣。」（同上）這明顯地是把儒家的天命論與積善餘慶的報應說，納入了道教神仙學之中。

至於道士們遁入山林修性養生，是否是違背了儒家的父子君臣之大義呢？《抱朴子》的回答是：「在朝者，陳力以秉事，山林者循德以厲貪濁，殊途同歸，俱人臣也。……今隱者潔行蓬蓽之內，以詠先生之道，使民知退讓，儒墨不替，此亦堯舜之所許也。」（〈逸民〉）隱遁的道士，「循德以厲貪濁」，並「詠先生之道」，「使民知退讓」，是有助於儒家教化的。因此他們與在朝者一樣「俱爲人臣」，「殊途而同歸」。葛洪所說的這番道理，與佛教徒慧遠所說的「隱居則宜高尚其志。夫然，故能拯溺族於沈流，拔幽根於重劫，……雖不處王侯之位，固已協契皇極，大庇生民矣。」的思想完全是一樣的。其實，這也就是宗教爲統治階級服務的社會作用之所在。

2. 論百家之言不可廢

《抱朴子》外篇一面崇儒教，一面又主張百家之言不可廢，並用了〈尙博〉〈百家〉兩篇文章專門討論了這一問題。〈尙博〉說：

> 正經（指儒家經典）為道義之淵海，子書為增深之川流。仰而比之，則景星之佐三辰也；俯而方之，則林薄之裨嵩嶽也。雖津塗殊闢，而進於歸德；雖難於舉趾，而合於興化。故通人總原本以括末流，操綱領而得致焉。

這即是說，儒家經典爲淵海爲原本，百家之言爲川流流末；儒家經典爲三辰爲嵩嶽，百家之言爲景星爲林薄。川流增大海，景星佐三辰，林薄裨嵩嶽，可見百家之言是有助於儒家的德教的。所以說：「雖津塗殊闢，而進於歸德。」因此，決不能以書「不出周孔之門，而廢助教之言」（〈百家〉）。「百家之言，雖不皆清翰銳藻弘麗汪濊，然悉才士所寄心，一夫所澄思也。」（同上）百家之言悉爲才士寄心，各有可取之處，雖不出於聖人之門，然猶「操水者器雖異而救火同焉。譬若鍼灸者，術雖殊而攻疾均焉。」（同上）因此學者決不能「專守一業，遊井忽海」，局限自己的知識。如果認爲這些皆是小道，不足一觀，或者認爲「廣博」則爲亂人思想等等，葛洪則認爲這些看法都是錯誤的，並批評持這些觀點的人爲狹見之徒，是「不識合錙銖可以齊重於山陵，聚百千可以致數於億兆」的道理。爲此，作爲一位學者，葛洪是廣覽羣書，「曾所披涉自正經諸史百家之言，下至短雜文章近萬卷」的，確實他是一位具有廣博知識的人。

葛洪不僅廣覽羣書。而且在他自己的思想中也確是博採羣言的。除了他尊道崇儒之外，他的思想中還吸取了墨家、法家等思想成分。例如：他在〈省煩〉篇中，就推崇了墨子的「譏葬厚，刺禮煩」的思想。葛洪說：

> 安上治民，莫善於禮，彌綸人理，誠為曲備。然冠婚飲射何煩碎之甚邪？人倫雖以有禮為貴，但當令足以敘等威而表情敬，何在乎升降揖讓之繁，重拜俯伏之無已邪？（〈省煩〉）

禮義制度重在內容，不應去追求繁瑣的儀式，因此墨子「譏葬厚剌禮煩，未可棄也」（同上）。並認爲：「自建安之後，魏之文武送終之制，務在儉薄，此則墨子之道，有可行矣。」（同上）以此葛洪主張對於禮儀制度要刪繁就簡，「俎豆觚觶之屬，衣冠車服之制，旗章采色之美，宮室尊卑之品，朝饗賓主之儀，祭奠殯葬之變，郊祀禘祫之法，社稷山川之禮」等等，「皆可減省務令約儉」（同上）。約儉的好處則在於「約則易從，儉則用少。易從則不煩，用少則費薄。不煩則莅事者無過矣，費薄則調求者無苛矣。」很顯然，所有這些思想，都是墨子所提倡的節用、儉樸、反對繁瑣禮儀思想的進一步具體發揮而已。

再如：葛洪提倡嚴刑法治，就是取自先秦法家的思想。《抱朴子．用刑》說：「莫不貴仁而無能純仁以致治也，莫不賤刑而無能廢刑以禁民也。」認爲純用仁政不能致治，治理狡暴之民必須用嚴刑。「仁者，養物之器；刑者，懲非之具」，懲非必用刑，因此「刑爲仁佐」而不可廢。對此葛洪進一步論證說：

> 肅殺少怠，則慢惰已至；威嚴暫弛，則辟邪生心。當恕不恕，奸臣為虎；當殺不殺，大賊乃發。（〈用刑〉）

以此刑法是「須臾不可無」的。並且他還總結了秦王朝興亡的經驗教訓，得出了「秦以嚴得之，非以嚴失之」的結論。他說：「俗儒徒聞周以仁興，秦以嚴亡，而未覺周所以得之不純仁，而秦所以失之不獨嚴也。」（同上）爲什麼能這樣講呢？對此葛洪對秦國的興亡作了具體的歷史的考察之後解釋說：

秦之初興，官人得才，衛鞅、由余之徒，式法於內；白起、王翦之徒，攻取於外；兼弱攻昧，取威定霸，吞噬四鄰，咀嚼羣雄，拓地攘戎，龍變虎視，實賴明賞必罰，以基帝業。降及叔季，驕於得意，窮奢極泰，加之以威虐，築城萬里，離宮千餘，鐘鼓女樂，不徙而具，驪山之徒，太半之賦，閭左之戍，坑儒之酷，北擊獫狁，南征百越，暴兵百萬，動數十年，天下有生離之哀，家戶懷怨恨之嘆，白骨成山，虛祭布野，徐福出而重號咷之仇，趙高入而屯豺狼之黨，天下欲反，十室九空，其所以亡豈由嚴刑。此為秦以嚴得之，非以嚴失之也。（〈用刑〉）

秦本以法家的政治明賞必罰以成帝業的，所以秦之興盛是「以嚴得之」的。但秦統一了六國之後，由於驕橫、奢侈、威虐、大規模用兵，大動土木、賦稅繁重，再加趙高的弄權等等原因，造成了「天下欲反，十室九空」的局面，致使秦王朝很快滅亡的。因此秦朝的滅亡，並不在於「獨嚴」，而是各種原因促成的。所以說：「秦非以嚴失之也」。由此可見，葛洪是主張明賞必罰的法家思想的。同時他又認爲賞貴當功而不必重，罰貴得罪而不必酷，秦王朝滅亡的原因之一，不在於「嚴」而在於「酷」了。

總之，葛洪是主張博採羣言的，他對諸子百家的態度，要比漢代董仲舒等人，所提倡的「獨尊儒術，罷黜百家」的思想，要進步得多。

3.論「貴賢」、「任能」

葛洪十分重視政治上選用賢才的官吏，他在《抱朴子》外篇的〈貴賢〉、〈任能〉、〈審擧〉、〈擢才〉、〈淸鑒〉、〈漢過〉、〈吳失〉、〈百里〉等篇中，都討論了這一問題，他認爲「招賢用才」乃是「人主之要務」（〈貴賢〉）。他闡說這一思想說：

> 華霍所以能崇極天之峻者，由乎其下之厚也；唐虞所以能臻巍巍之功者，實賴股肱之良也。……人君雖明並日月，神鑒未兆，然萬機不可以獨統，曲碎不可以親總，必假目以遐覽，借耳以廣聽，誠須有司是康是贊，故聖王莫不根心招賢，以擧才為首務。（〈審擧〉）

這即是說，人君一個人決不能總統萬機，必須依賴有司良吏才能把政事辦好，因此聖王必須根心於招賢擧才，「勞於求人，逸於用能」（同上），才能做到「恭己無爲而治平」。爲此，他批評了那種所謂「尾大於身者不可掉，臣賢於君者不可任」的說法，他認爲「漢高決策於玄幃，定勝乎千里，則不如良平（張良、陳平）；治兵多而益善，所向無敵，則不如信布（韓信、黥布）；

兼而用之，帝業克成。」（〈任能〉）所以說，猛將雖說難御，而「可以折衝拓境」；高賢雖說難臨，而可以「攸敍彝倫」；沒有賢臣良將，如張良、陳平、韓信、黥布等人，漢高祖就不可能成就帝業。因此作爲人君，決不能嫉賢妒能，必須是舉賢任能。

然而選拔賢能之士，卻是一件很不容易的事。「夫貌望豐偉者，不必賢；而形器尪瘁者，不必愚；咆哮者，不必勇；淳淡者，不必怯。或外侯同而用意異，或氣性殊而所務合，非若天地有常候，山川有定止也。」（〈清鑒〉）形貌豐偉不見得是賢能之人，形貌醜陋不見得不聰明，因此選拔賢才不能看貌相。同時主選拔人才的官吏還要具有公心，而官吏們卻常常「率其所舉，皆在乎附舉己者也，所薦者先乎利己者也。毀所畏而進所愛。所畏則至公者也，所愛則同私者也。」（〈名實〉）爲此，葛洪提出選拔賢才必須要去私立公，做到「不爲利慾動，不爲囑託屈，所欲舉者必澄思以察之，博訪以詳之，修其名而考其行，校同異以備虛飾。」（〈審舉〉）因此明君之要務在於「勤於招賢，而汲汲於擢奇，道達凝滯，而嚴防壅蔽。」（〈名實〉）爲了防止下面官吏的濫選人才，葛洪又主張「明考課試」，認爲課試既可以鼓勵士人學習，又可以杜絕士人去追求虛名。所以他說：「令貢士無復試者，則必皆修飾馳逐以竟虛名，誰肯復開卷受書哉。」（〈審舉〉）爲了杜絕以親戚、朋黨、附己者選拔人才，葛洪極力主張要選拔那些沈抑、疏賤、不顯不貴，而有眞才實學的人。以此，他專門寫了〈接疏〉一篇，論說了這一問題。他說：

> 若以沉抑而可忽乎？則姜公（姜尚）不用於周矣。若以疏賤而可距乎？則毛生（毛遂）不貴於趙矣。……若貴宿名而委任，則陳（陳平）、韓（韓信）不錄於漢矣。（〈接疏〉）

爲了成就大業，選拔人才就不應以顯貴親戚爲依據，而應當以「賢能」爲標準，不論其沉抑疏賤，只要有才能皆應選拔之。

葛洪之所以這樣重視選拔人才的問題，是與他總結了漢末與吳末的政治衰敗的歷史教訓密切不可分的。葛洪在《抱朴子》一書中，有〈漢過〉與〈吳失〉兩篇，研究了漢末與三國的吳國末年政治失敗的原因，尤其研究了漢末與吳末在人才失選上的教訓。他指出漢末的貢舉制度已經爲「當塗端右閹官之徒」所把持，「進官則非多財者不達也，……官高勢衆力足拔才，而不能發毫氂之片言，進益時之翹俊也。其所用也，不越於妻妾之戚屬；其惠降也，不出乎近習之所庸。」（〈漢過〉）從而使得選拔出來的官吏僅限於親戚近習之屬，而不可能得到賢能之士。然而這些人卻「率皆素餐偷容，掩德蔽賢，忌有功而危之，疾清白而排之，諱忠讜而陷之，惡特立而擯之。」（同上）這樣苟且偷安、妒賢嫉能、黨同伐異，也就成爲了漢末時代的風氣。更有甚者，以賣官買官爲榮，「於時懸爵而賣之，猶利肆也；爭津者買之，猶市人也。」「其貨多者，其官貴；其財少者，其職卑。」（〈審舉〉）最後的結果是：「靈獻之世……台閣失選用於上，州郡輕貢舉於下。夫選用失於上，則牧守非其人矣；貢舉輕於下，則秀才不得賢矣。故時人語曰：『舉秀才不知書，察孝廉父別居，寒淸素白濁如泥，高節良將怯如雞。』」（〈審擧〉）而眞正有才能的卻被拒之於門外，受到排擠，從而也就把政治搞得一片混亂。至於「吳之晚世」，亦與漢末一樣，「賢者不用，滓穢充序，紀綱馳紊，……貢擧以厚貨者在前，官人以黨强者爲右，匪富匪勢，窮年無冀。德淸行高者，懷英逸而抑淪；有財有力者，躡靑雲以官躋。君昏於上，臣欺於下，不黨不得，不競不進，背公之俗彌劇，正直之道遂壞。」（〈吳失〉）爲此，葛洪認爲「漢過」與「吳失」的歷史敎訓，必須認眞記取，作爲誡鑑，選拔官吏決不能任人唯親，決不能營私舞弊。總之，選拔官吏必須是「唯賢是擧」。葛洪的這一選拔人才的思想，在當時來說，是相當進步的積極的，是應當加以肯定的，時至今日也還有著許多合理的成份，是我們可以吸取的。

4.論魏晉風敎

魏晉時期由於社會的動盪不定和老莊學的盛行，致使在士大夫之中，出現了一股崇尙虛玄，不務實事，不遵禮法，不拘檢括，放任縱逸的社會風氣。這種風氣一般稱之爲「魏晉風度」。這種風度顯然是與儒家的禮敎背道而馳的。葛洪站在儒家的立場上，對於這種所謂有傷風化的魏晉風度，進行了猛烈的抨擊。他指責這種風氣說：

輕薄之人，迹側高深，交成財贍，名位粗會，便背禮叛教，託云率任，才不逸論，強為放

達。以傲兀無檢者為大度，以惜護節操者為澀少。……（〈疾謬〉）

意即是說，這些輕薄之徒，一有了名位，便以率任放達爲名，拋棄了節操廉恥的禮教。接著葛洪又指責他們說：這些人或者「入他堂室，觀人婦女，指玷修短，評論美醜」，或者「不通主人，便共突前，嚴飾未辦，不復窺聽，犯門折關，踰垝穿隙，有似抄劫之至也。其妾媵藏避不及，至搜索隱僻，就而引曳，亦恠事也」；或者「蓬髮亂鬢，橫挾不帶，或褻衣以接人，或裸袒而箕踞，朋友之集，類味之游，莫切切進德，誾誾修業，攻過弼違，講道精義。其相見也，不復敍離闊，問安否，賓則入門而呼奴，主則望客而喚狗，……終日無及義之言，徹夜無箴規之益。」（同上）這些人如此地放縱，敗倫亂俗，棄禮教而不顧，卻標榜自己是老莊之徒。通達體道之士，以此他們「誣引老莊，貴於率任，大行不顧細禮，至人不拘檢括，嘯傲縱逸」，而自名謂之「體道」。所有這些，從儒家立場來看，顯然都是背理叛教的東西，他們都是名教的罪人。葛洪認爲，所謂「通達」者，決不是背叛禮教，而「從肆邪僻」者，而應該是「通於道德，達於仁義耳，豈謂通於褻黷而達於淫邪哉？」（〈刺驕〉）

至於阮嗣宗等人的傲俗自放，葛洪認爲他們與後來一些人的縱欲放任，又有所不同。前者是些才學之士，而後者則是無才學的人以貌「慕學之者」。所以葛洪說：

世人聞戴叔鸞(即後漢隱士戴良)阮嗣宗(阮籍)傲俗自放，見謂大度，而不量其才力非傲生之匹，而慕學之。或亂項科頭，或裸袒蹲夷，或濯足於稠眾，或溲便於人前，或停客而獨食，或行酒而止所親。此蓋左衽之所為，非諸夏之快事也。(〈刺驕〉)

戴阮等人都是有眞才實學的人，所以他們能夠傲俗自放。而後來慕學戴阮的人，都是些無才之輩，他們不學戴阮之才學，而只是以貌取之，徒慕其放達的形式，以致弄得傷風敗俗，「詆周疵孔」，背叛了名教，喪失了華夏民族之傳統，則完全是要不得的。在這裡，葛洪肯定了阮籍等人的才學，但對其後學者徒慕其自放的形式進行了抨擊。至於阮籍等人的傲俗自放，葛洪亦不贊成。他說：

夫以戴阮之才學，猶以跣踔自病，得失財不相補。向使二生敬蹈檢括，恂恂以接物，競競以御用，其至到何適但爾哉？(〈刺驕〉)

這即是說，戴阮雖說有才學，但由於自放，「猶以跣踔(進退無常)而自病」，如果他們能夠遵守禮法，兢兢業業從事於世務，就不至於這樣了。爲此葛洪對於阮籍的才學是深爲惋惜的。然而他不懂得阮籍的才能之所以得不到發揮，以及阮籍等人思想風度的形成，主要是當時社會的產物，是司馬氏政治集團壓迫的結果，是有「激」而發的。

5.駁貴古賤今說

東漢時的王充作有〈齊世〉篇，駁斥了「貴古卑今」之說；晉代的葛洪則著有〈鈞世〉篇，駁斥了「貴遠賤近」之說；兩人時代不同而思想基本相似，都是反對崇古非今說的。在這裡葛洪的思想，很可能是受到了王充思想影響的。葛洪對王充是很推崇的，他曾經在〈喻蔽〉篇中稱讚王充說：「余雅謂王仲任作《論衡》八十餘篇，爲冠倫大才。」王充的〈齊世〉篇是針對著漢儒們鼓吹的復古主義而發，而葛洪的〈鈞世〉則是用以反對魏晉時期出現的一批反名教的名士，如阮籍、嵇康、鮑敬言等人，宣揚一種貴古非今的崇古主義思想而作。嵇康阮籍他們認爲，人類的遠古時代是最美滿的社會，那時人人純樸善良，無有爭奪，不需要有什麼禮義的教化，禮義的產生則是後來道德衰頹的表現。鮑敬言更倡古代無君說，以爲「古者無君，勝於今世」（〈詰鮑〉），後來君臣之道的產生完全是社會墮落，强者凌弱，智者詐愚的結果。因此，他們崇尚古代，對於現今社會的禮義名教採取了批判的態度。他們的思想雖說對於揭露魏晉時代禮教的虛僞性方面起了一定作用，但是在理論上他們又都是錯誤的，把歷史看作倒退的觀點，是違背歷史發展客觀規律的。葛洪爲了維護禮教，則批判了這些人的崇古非今的錯誤，堅持了歷史進化的學說，突破了以往儒家的復古主義傳統。葛洪針對著鮑敬言等人的思想，寫下了〈詰鮑〉篇一文，批駁了他們的歷史退化論，認爲自然界與人類社會都是逐步演進的。他說：

蓋聞沖昧既闢，降濁升清，穹隆仰焘，旁泊俯停。乾坤定位，上下以形。遠取諸物，則天尊地卑，以著人倫之體；近取諸身，則元首股肱，以表君臣之序。降殺之軌，有自來矣。（〈詰鮑〉）

又說：

古者，生無棟宇，死無殯葬；川無舟楫之器，陸無車馬之用；吞啖毒烈，以至殞斃；疾無醫術，枉死無限。後世聖人，改而重之，民到於今，賴其厚惠。（同上）

這即是說，自然界的天地有著開闢定位的產生過程，人類社會也有一個由不文明走上文明的歷史，社會是進步的，並不是今不如昔，而是今勝於昔。為此，葛洪在〈鈞世〉篇中，批判了那種「貴遠賤近」、「貴古賤今」的思想。〈鈞世〉篇中說，有人認為，古代的著書者「才大思深」，所以「其文隱而難曉」，近人則「意淺力近」，所以「露而易見」；易見比之於難曉，「猶溝澮之方江河，蟻垤之並嵩岱矣。」總之結論是：今不如昔。對此葛洪回答說：

往古之士，匪鬼匪神，其形器雖治鑠於疇曩，然其精神布在乎方策，情見於辭，指歸可得耳。且古書之多隱，未必昔人故欲難曉，或世異俗變，或方言不同，經荒歷亂，埋藏積久，簡編

朽絕，亡失者多，或雜續殘缺，或脫去章句，是以難知，似若至深耳。（〈鈞世〉）

古書之所以難曉，在於世異語變，方言不同，脫簡錯簡等原因所造成，並不在於它思想至深。葛洪的這一分析是符合歷史實際的。因此，古書的曉難並不證明它們的思想勝於當今。為此葛洪舉例說：

夫《尚書》者，政事之集也，然未若近代之優文、詔策、軍書、奏議之清富贍麗也。《毛詩》者，華彩之辭也，然不及〈上林〉、〈羽獵〉、〈二京〉、〈三都〉之汪濊博富也。……然守株之徒，嘍嘍所翫有耳無目，何肯謂之，其於古人所作為神，今世所著為淺，貴遠賤近，有自來矣。

這即是說，古代的《尚書》、《毛詩》，不及當今文章詩賦的宏麗博富，只是由於墨守陳規的守株之徒，有耳無目，淺所見而貴所聞，從而貴古而賤今的。人類社會是進步的，人類的文化也在進步。「古者事事醇素，今則莫不彫飾，時移世改，理自然也」，「若舟車之代步涉，文墨之改結繩，諸後作而善於前事，其功業相次千萬者不可復縷舉也。世人皆知之快於曩矣，何以獨文章不及古邪？」（〈鈞世〉）因此結論只能是今之文章勝於往昔，而不能貴古賤今，決不能像「俗士」那樣「云今山不及古山之高，今海不及古海之廣，今日不及古日之熱，今月不及古月之明。」（〈尚博〉）一切都是古代的好，「重所聞」而「輕所見」也（同上）。這顯然是一種歷史進化論思想，比起那種崇古非今的歷史倒退論來說，自然是一種進步的合理的學說。但他的歷史進化論思想，主要是用來論證他所維護的封建禮教的。他把後來社會爲什麼能勝過古代社會，說成是由於聖人制禮作樂的結果，這就違背了歷史的實際，陷入了歷史唯心論。

第三節　葛洪的道教神仙學說

道教作爲宗教來說，其根本的問題，是在於求得長生不死成神仙。佛教講寂滅成佛，道教講長生成仙。假若佛教不講成佛，也就不成其爲佛教。同樣，假若道教不講成仙，也就不成其爲道教，所以葛洪指責張角等人的早期道教是「進不以延年益壽爲務，退不以消災治病爲業」，而是「招集奸黨，稱合逆亂」的。葛洪所要求的道教，就是要解決人如何能長生不死成神仙的問題。歷來的神仙學主要討論的就是這個問題，而早期道教（太平道與五斗米道）不重視長生不死術的研究，這就不適合於封建統治階級的要求。這些封建貴族階級享受慣了人間的樂趣之餘，又妄想長生不死永過神仙般的生活，以自欺欺人。所以要按照貴族階級的意志來改造早期道教，就必須使道教著重去研究長生不死的神仙之術。葛洪的道教神仙學說，正是適應著這一階級的需要而產生的。

1.論神仙

葛洪的道教神仙學，首先要解決的問題，自然是先要論證神仙的存在問題，所以他在《抱朴子》內篇的〈論仙〉、〈對俗〉、〈辯問〉、〈極言〉、〈勤求〉諸篇中，著重討論了這一問題。神仙的存在與否本來是個虛幻不實的問題，論證神仙的存在，就不能用科學的方法。葛洪雖說在內篇中用了較大的力量論說了這一問題，然而提出的所有論據都是些似是而非的東西，不足爲據。例如他在〈論仙〉中說：

或問曰：「神仙不死可得信乎？」抱朴子答曰：「雖有至明而有形者不可畢見焉，雖稟極聰而有聲者不可盡聞焉，……列仙之人盈乎竹素矣，不死之道，曷為無之？」

世界上萬物衆多，自然一個人所見所聞，遠不如未見未聞的東西多，但這不能以此證明神仙之必有。至於古代竹帛所書有神仙的存在，同樣不能證明神仙之必有，猶如古書上記載有鬼神，尚不能證明確有鬼神的存在一樣。這是因爲書上記載的東西並沒有能得到社會實踐的驗證，因此決不能把古代書籍上的記載全當作眞理來看待。又如〈論仙〉篇又說：

問者大笑曰：「夫有始者必有卒，有存者必有亡，故三五丘旦之聖，棄疾良平之智，端嬰隨酈之辯，賁育五丁之勇，而咸死者，人理之常然，必至之大端也。……未聞有享於萬年之壽，久視不已之期者矣。……」抱朴子曰：「事有本鈞而末乖，未可一也。夫言有始必有終者多矣，混而齊之非通理矣。謂夏必長而薺麥枯焉，謂冬必凋而竹栢茂焉，謂始必終而天地無窮焉，謂生必死而龜鶴長存焉，……何獨怪仙者之異不與凡人皆死乎？」

在這一段對話中，發問者堅持了自然界的一條最普遍的規律，即有始必有終，有生必有死。這是客觀事物運動的辯證法，宇宙中每一個具體的存在物，都是概莫能外的。這就有力地說明了長生不死的神仙是不可能存在的。面對著這一普遍眞理的挑戰，抱朴子的反駁顯得十分軟弱無力。他只能以狡辯的手段，妄圖抓一些似乎不合理的特殊現象來摧毀這一普遍的眞理。所謂「夏必長而薺麥枯焉，謂冬必凋而竹栢茂焉」，這只是樹木花草生長規律中的特殊情況，但它不能證明薺麥竹栢的永恆長存。至於「謂始必終而天地無窮焉，謂生必死而龜鶴長存焉」的說法，也不能證明有長生不死的神仙的存在。如果把天地當作整個宇宙而言，只能說整個宇宙是無始無終的，但宇宙中每一個具體存在物則都是有始有終的。如果天指日月星辰，地指地球而言，那末這些都是有限的，有生滅變化的。龜鶴更不能例外，雖說他們的壽命要比一般的生物長一些，但決不能長壽不死。葛洪在這裡，顯然是拿不出任何的證據，來證明有長生不死的神仙存在的。

魏晉時期曾有這樣一種神仙學說法，即認爲神仙是「特稟異氣」自然所成，並不是學成的。例如魏末的嵇康就受這種思想的影響，他說：「神仙……似特受異氣，稟之自然，非積學所能致也」，認爲積學可以長壽但不能成仙。這種神仙學說，顯然是不符合道教要求的，道教的教化作用就在於教人學成仙。如果道教一旦失去了這一作用，也就失去了道教存在的意義。葛洪站在道教的立場上，他一面承認「特稟異氣」的自然之說，另一面又强調了學以成仙的人爲的作用。他說：「若謂彼（指神仙）皆特稟異氣，然其相傳皆有師授。」（〈論仙〉）即認爲如果一個人稟受了異氣，但沒有師授教導也是不能成仙的。對於這一問題，葛洪在〈辯問〉中作了較爲詳細的闡說：

> 仙經以為諸得仙者，皆其受命偶值神仙之氣，自然所稟，故胞胎之中，已含信道之性，及其有識，則心好其事，必遭明師而得其法，不然則不信不求，求亦不得也。

這即是說，一個人稟賦了神仙之氣，在胞胎之中就有了信道之性，但必值明師教導，才能求道得仙。然而神仙之氣又來源於何處呢？神仙之氣則來源於神仙之宿。葛洪接著引仙經說：

> 《玉鈐》云：主命原由，人之吉凶修短於結胎受氣之日，皆上得列宿之精，其值聖宿則聖，值賢宿則賢，……值貴宿則貴，值富宿則富，值賤宿則賤，值貧宿則貧，值壽宿則壽，值仙宿則仙。……苟不受神仙之命，則必無好仙之心。未有心不好之，而求其事者也，未有不求而得之者也。（〈辯問〉）

得仙宿之氣才能成爲仙，不稟受仙宿之氣則必不能成爲仙。但得了仙宿之氣還必須要有好仙之心與求仙之行，如果不好不求，就是得了仙宿之氣，也是不能成仙的。葛洪的這一番議論，顯然都是神秘主義的宗教迷信的說法，其思想來源則可上溯到漢代王充的自然命定論。例如王充說：「（人）所稟之氣，得衆星之精。衆星在天，天有其象，得富貴象則富貴，得貧賤象則貧賤。」（《論衡·命義》）王充用稟受衆星之氣來說明人的貴賤貧富之命，葛洪則用仙宿之氣來解釋得神仙之命，兩者雖說都是從物質的氣出發，其得出的結論則都是唯心主義的。至於葛洪所宣揚的這一套道教迷信的說教，其眞正的社會意義，則在於論證社會上的貴賤、貧富、成聖成仙，都是由先天所稟賦的命決定的，以此證明封建貴族們可以成聖成賢成神仙，而貧賤的人民則應當備受剝削壓迫而已。

2. 論煉丹

成仙的途徑與方法，一向是神仙學研究的重要課題，不解決這一問題，道教宣揚的成仙目的也就不能達到。佛教宣揚人能成佛，其辦法是通過戒（戒律）、定（禪定）、慧（智慧）三學的修行來實現。道教神仙學的修煉方法，即所謂「道術」則種類繁多，直接用於成仙的方法，除了主要有內外丹法之外還有導引、房中、辟谷、吐納等長生術。除此以外，還有主要用來祛禍驅鬼的方法，如符籙、禁咒、占卜等術。講內外丹法的一般稱之爲丹鼎派，講符籙驅鬼的一般稱之爲符籙派。葛洪則集其以往的一切神仙道術之大成，但他著重注意的是外丹法的成仙問題，是道教外丹派的重要代表人物。

葛洪在《抱朴子》內篇中，作有〈金丹〉一篇，專門闡說了服食金丹能成仙，與煉製金丹的外丹術問題。〈金丹〉中說：

> 余考覽養性之書，鳩集久視之方，曾所披涉篇卷以千計矣，莫不皆以還丹金液為大要者焉。然則此二事，蓋仙道之極也，服此而不仙，則古來無仙矣。

依葛洪看來，服飲一般的木石草藥，乃至呼吸導引之術，「可得延年，不免於死也」，雖能益壽但並不能解決長生不死成神仙的問題，「服他藥萬斛，爲能有小益，而終不能使人遂長生也。」（同上）只有服食大補之藥的金丹，才能使人長生不死而成仙，「服神丹，令人壽無窮已，與天地相畢。」（同上）

那末服食金丹又爲什麼能使人長生不死呢？對此葛洪回答說：

> 夫金丹之為物，燒之愈久，變化愈妙，黃金入火，百鍊不消，埋之畢天不朽。服此二藥，鍊人身體，故能令人不老不死。（同上）

金丹之藥變化神妙而無窮，黃金（葛洪有〈黃白〉一卷專講煉取黃金）之藥畢天不朽，所以服之可以使人身體堅固而不死。葛洪又說：

凡草木燒之即燼，而丹砂燒之成水銀，積變又還成丹砂，其去草木亦遠矣，故能令人長生。（同上）

這即是說：草木經過燃燒，即成了灰燼，丹砂經過燃燒則成爲水銀，而水銀「積變又還成丹砂」，在這裡丹砂是與草木不一樣的，經過燃燒之後，仍然可還原爲丹砂，由此可見，丹砂是永遠不會消滅的，因此服食金丹可以使人長生不死。其實，煉丹家煉出的金丹，常含有劇毒的水銀，它不僅不能使人長生，反而會把人毒死，歷史上吃了道教的金丹而中毒身亡的不乏其人。服食金丹能長生的說法，完全是古人不懂得科學的表現。

葛洪對金丹的提煉方法，在〈金丹〉篇中，也作了詳盡的研究。他還經過實際的操作，總結出了煉丹的理論，並提出要煉出最佳的金丹，即所謂使人服之「三日得仙」的「九轉之丹」（丹砂燃燒成水銀，而後又還原成丹砂，如此一個循環謂之一轉，九次循環即爲九轉）。葛洪煉丹的原料有丹砂、硫黃、雄黃、礬石、雲母、曾青、戎鹽、鉛丹等等，尤以丹砂爲主。丹砂，即是紅色的硫化汞（Hgs）粉末。「丹砂燒之成水銀，積變又還成丹砂。」（〈金丹〉）這是葛洪對煉丹現象的總結。實際上，這是硫化汞在這裡起了幾次化學變化：先是紅色硫化汞加熱分離出水銀（汞）和二氧化硫，然後水銀又與硫黃化合成黑色的硫化汞，再經昇華即還原得紅色的硫化汞。除汞有這種還原作用外，鉛亦具有這一性質，所以煉丹家們也有用鉛作爲煉丹原料的。葛洪也研究了這一煉取鉛丹的方法，他說：「鉛性白也，而赤之以爲丹；丹性赤也，而白之以爲鉛。」（同上）在這裡鉛也經過了幾次化學變化：先是鉛經過化學變化後成爲白色的碱性碳酸鉛，再經加熱後，又變成紅色的四氧化三鉛，四氧化三鉛又再經化學變化分解出白色的鉛。汞與鉛的這種化學的還原變化，在古人們看來，是一種十分神秘的變化，以此而設想人食了金丹之後就可以返老還童長生而不死的。顯然這是一種不科學的迷信思想，然而葛洪等人發現了這些化學變化，並人工製取了這些化合物，這又爲我國古代化學科學的發展，作出了一大貢獻。在這點上，我們是應該加以充分的肯定的。

3. 論養生

成仙以煉取金丹爲至要，但平時的養生之道亦必需要加以認眞研習。「九丹金液最是仙主，然事大費重不可卒辦也。寶精愛氣最其急也。並將服小藥以延年命，學近術以辟邪惡，乃可漸階精微矣。」（〈微旨〉）要煉製出貴重的金丹，需要昂貴的費用，並要有「明師」指點，所以「不可卒辦」。因此平日的養生之術不可不加探求。「若未得其至要之大者，則其小者不可不廣知也。蓋籍衆術之共成長生也。」（同上）以此房中、吐納、導引、草藥，乃至平日的養生保健等術，都需「廣知」。爲此，葛洪對養生術進行了研究。

要掌握養生之術，首先要懂得益壽養生之道。以此葛洪考察了人的生命本質問題。他認爲人的身體是由氣所構成的，氣存則身存，「氣竭則身死」（〈地眞〉），「人在氣中，氣在人中，自天地至於萬物，無不須氣以生也。」（〈至理〉）因此養生的問題，也就是養氣的問題（「養其氣所以全其身」）。他並認爲人的壽命的長短是由稟受的氣的多少所決定的，「受氣各有多少，多者其盡遲，少者其竭速。」（〈極言〉）氣多壽長，氣少命短。這些說法完全是用漢代沿襲下來的氣一元論觀點來解釋生命現象的。在漢代唯物主義者堅持氣一元論思想，爲的是反對靈魂不滅論的。例如王充主張「人死血脈竭，竭而精氣滅，滅而形體朽，朽而成灰土，何用爲鬼。」（《論衡·論死》）的思想，明顯是用以反對有鬼論的。然而葛洪在這裡也用了氣的理論，所要證明的卻是人如何能養氣長生的問題，所以兩者的目的是有所不同的。生命的長短是先天稟受的氣決定的，那末後天能否改變呢？葛洪認爲，「其知道者」，後天可以「補而救之」，即可補救先天的不足。爲此，葛洪又認爲養生的問題，也就是補養血氣的問題。他說：「夫吐故納新者，因氣以長之，……服食藥物者，因血以益血。」（〈極言〉）這即是說，吐納在於補氣，服食藥物在於益血。當然益血的目的也是爲了養氣的，正如漢代的王充所說：「能爲精氣者血脈也。人死血脈竭，竭而精氣滅」，因此養血還是爲了補養好氣的。但是一個人能否經過補養血氣成爲長生不死的神仙呢?按照葛洪的說法，這還是要有相當的條件的。很重要的條件是要看一個人平時血氣損傷得怎樣，如果損傷淺，那就容易補養成仙；如果損傷太深，「氣大衰者，則難長」，那就難以補養成仙了。因此能否成仙，還應懂得如何保養身體不使虧損。以此葛洪引仙經說：「養生以不傷爲本，此要言也。」（〈極言〉）又說：「禁忌之至急，在不傷不損而已。」（〈微旨〉）並引用神農的話學：「百病不瘉，安得長生，信哉斯言也。」（〈極言〉）這即是說，只有做到「正氣不衰，形神相衛，莫能傷。」（同上）才能通過補養血氣而長生不死。爲此要使自己長生，就必須平日重視保養身體，不使自己的身體受到損傷。葛洪還特別强調：「治身養性，務謹其細，不以小益爲不乎（乎疑爲補字）而不修，不可以小損爲無傷而不防。」（〈極言〉）要求人們保養身體務必做到謹愼細心爲好。並且要求人們要從小做起，不能「恃年紀之少壯，體力之方剛」而「自役過差」，弄成「百病兼結，命危朝露」（〈極言〉）。以此葛洪研究出了一套保養身體不使損傷的辦法。他首先列舉出了種種損傷身體的情況，說：

才所不逮而困思之傷也；力所不勝而强舉之傷也；悲哀憔悴傷也；喜樂過差傷也；汲汲所欲傷也；久談言笑傷也；寢息失時傷也；挽弓引弩傷也；沉醉嘔吐傷也；飽食即臥傷也；跳走喘之

傷也；歡呼哭泣傷也；陰陽不交傷也。（〈極言〉）

這即是說，人們平日的喜怒哀樂，言笑寢臥，思慮勞役等等一切日常活動，都應當保持一定的適度，決不能作過分的事。事過分了，身體不能勝任，就會受到損傷。隨即葛洪針對著上述種種損傷身體的情況，提出了自己的「養生之方」說：

是以養生之方：唾不及遠，行不疾步，耳不極聽，目不久視，坐不至久，臥不及疲，先寒而衣，先熱而解，不欲極饑而食，食不過飽，不欲極渴而飲，飲不過多。凡食過則結積聚，飲過則成痰癖。不欲甚勞甚逸，不欲起晚，不欲汗流，不欲多睡，不欲奔車走馬，不欲極目遠望，不欲多啖生冷，不欲飲酒當風，不欲數數沐浴，不欲廣志遠願，不欲規造異巧。冬不欲極寒，夏不欲窮涼，不露臥星下，不眠中見肩，大寒大熱，大風大露，皆不欲冒之。五味入口不欲偏多，故酸多傷脾，苦多傷肺，辣多傷肝，鹹多則傷心，甘多則傷腎，此五行自然之理也。凡言傷者亦不便覺也，謂久則壽損耳。（〈極言〉）

總之，行坐睡臥，耳目之欲，寒暑冷熱，五味入口，飲食饑飽等等一切起居都要有節制，不得極差過度，過度了都能損害身體，如極聽傷耳、久視傷目、久臥則困、食過則結聚，飲過則成痰癖、酸多傷脾、辣多傷肝，甘多傷腎等等。所以善於保養身體的人，自己的生活起居都應當有一定的節度，一定的常規。最後葛洪總結「養生之方」說：

> 善攝生者，臥起有四時之早晚，興居有至和之常制，調利筋骨有偃仰之方，杜疾閑邪有吞吐之術，流行榮衛有補瀉之法，節宣勞逸有與奪之要，忍怒以全陰氣，抑喜以養陽氣，然後先將服草木以救虧缺，後服金丹以定無窮長生之理，至於此矣。（同上）

雖說最後還是要服食金丹才能長生，這自然是神仙家的說法，但在這裡，葛洪提出的「養生之方」，「攝生之道」，總的來說，是符合保養身體的科學原則的，是我國古代養生思想的一次比較系統的總結，是對我國古代保健事業的一大貢獻。

對於人體疾病的態度：一是防，二是治。防，就要重視養生之術的研究；治，就要重視醫術的研究。「百病不瘉」，「正氣大衰」，「安得長生」？以此葛洪不僅注意研究身體保健方面的問題，而且十分重視治療疾病方面的研究。他說：「古之初爲道者，莫不兼修醫術，以救近禍焉。」（《雜應》）葛洪也確實是這樣做了，他不僅是一位神仙家，而且是一位醫學家，「兼綜練醫術」。當時他研究了諸多醫方，搜集了「戴霸華陀所集《金匱綠囊》」，崔中書的「黃素方及百家雜方五百許卷」，又集「甘胡，呂付、周始、甘唐通、阮南河等，各撰集暴卒備急方，或一百十，或九十四，或八十五，或四十六。」（《雜應》）葛洪皆「窮而觀之」，認爲「殊多不備諸急病，其尚未盡」者，從而加以條貫整理，作《玉函方》一百卷，「分別病名，以類相續，不相雜錯」，使「衆急之病，無不畢備」，並克服了過去藥方中的「渾漫雜錯」，好用貴重藥物，「自非富室而居京都者不能卒辦」，和炙法不明部位、分寸等弊病。另又作《肘後備急方》四卷，方中「率多易得之藥」，皆爲「賤價草石之藥」，所在皆有，是部帶有普及性的實用方書，從而大大地便利了下層民間的就醫。葛洪確是我國古代一位卓越的醫藥學家，他對我國古代醫藥事業作出了貢獻。

第四節　葛洪的道教哲學思想

葛洪在道教史上的貢獻，還在於他給神仙學提供了一個哲學的理論根據，建立了一個比較完整的道教宗教哲學的思想體系。在理論方面，早期道教是十分貧乏的，不論太平道，還是五斗米道，都沒有建立自己的思想體系。至於戰國秦漢時期，那些神仙方士們，也只是援用鄒衍的陰陽五行說，或假託黃老學，講一些迂闊不經的變化鬼怪之事，也談不上有多少思想。只有東漢出現的《太平經》，倒是以陰陽五行說與老子的思想，攙雜在一起，試圖建立道教理論的。但《太平經》是一部龐雜的書，理論又很不完整，它所宣揚的五行學說，又爲東漢末的黃巾農民大起義所利用。他們按照五德終始的學說，提出了「蒼天已死，黃天當立」的革命口號，造了封建地主階級的反，這樣要使道教成爲統治階級手中的一個能起巨大影響作用的宗教，就必須建立起一套比較完整的道教宗教哲學思想體系，以便給神仙學提供理論的根據。葛洪的道教哲學思想，就是適應著這種需要而產生的。下面我們就來分析一下葛洪道教哲學思想的主要內容：

1.論玄、道、無、一

葛洪的哲學思想是深受到老子的哲學思想，和魏晉玄學思想影響的。我們在第一編中已經講到，魏晉時期出現了一股新的哲學思潮，即以老莊學爲中心的玄學思潮。玄學是一種研究世界的本體，世界的最後根源的一種哲學。他承繼了先秦的老莊思想，把「有無」問題作爲自己討論的中心問題。由於對「有無」問題的看法不一，當時玄學基本上可分成爲兩派：一派是玄學貴無派，一派是玄學崇有派。而兩派之中，尤以玄學貴無派的影響爲最大。它們用老子的「道」即「無」的思想來解釋世界的本體，並且認爲這種道（無）是深玄莫測的，所以人們一般稱這種學說爲玄學貴無論。葛洪則深受了這一派玄學唯心論哲學的影響。也認爲世界的最後根源是一種叫做「玄」（或稱「道」）的東西。他說：

> 玄者，自然之始祖，而萬殊之大宗也。（〈暢玄〉）

這即是說，「玄」是世界上萬事萬物的總根源。因此，它不同於一般的事物，而是非常神秘的東西，「眇眛乎其深也，故能微焉；綿邈乎其遠也，故稱妙焉。」（同上）其高可以「冠蓋乎九宵」，其曠可以「籠罩乎八隅」，其「光乎日月，迅乎電馳」，「金石不能比其剛，湛露不能等其柔」，「方而不矩，圓而不規，來焉莫見，往焉莫追。」（同上）總之，「玄」是一種微妙莫測的東西。

「玄」道既然是這樣一種神秘的東西，那末它究竟是「有」還是「無」呢？老子講的「道」是「無」，葛洪講的「玄」（或「道」）與老子講的「道」略有所不同。葛洪認爲「玄」不能簡單地斷定它是「有」還是「無」。「論其無，則影響猶爲有焉。論其有，則萬物猶爲無焉。」（〈道意〉）這即是說，論它爲無，它比陰影回響還要更虛無；論它爲有，它又比萬物更實在。因此，它既是有，亦是無，「因兆類而爲有，託潛寂而爲無。」（〈暢玄〉）但是「有」與「無」最後到底誰是最根本呢？他的回答是：「有因無而生焉，形須神而立焉，有者無之宮也，形者神之宅也。」（〈至理〉）「無」還是要比「有」更根本，「有」只是「無」居住的處所，就象形須神而立，形爲神之宅一樣，講到底世界最後的根源還是「無」。這種觀點顯然是唯心主義的。神是形體的作用，神須形而立。至於「無」則總是相對於具體的「有」而言的，「無」決不能脫離具體的「有」而存在，把「無」當作比「有」更根本，並能獨立存在的東西，完全是人腦的抽象物，虛構的東西。然而葛洪卻把這種虛構的東西當作客觀實際的存在物，並且賦予它了無窮的力量：「乾以之高，坤以之卑，雲以之行，雨以之施。」（〈暢玄〉）「方者得之而靜，圓者得之而動，降者得之而俯，升者得之而仰。」（〈道意〉）「胞胚元一，范鑄兩儀，吐納大始，鼓冶億類，回旋四七（指二十八宿），匠成草昧。」（〈暢玄〉）總之，自然界的一切，乾之高、坤之卑、雲之行、雨之施、方者靜、圓者動，都是由它造成；從最初的存在（元一）到天地萬類都是由它陶冶，由它而產生。而它自己則是絕對的永恆存在物，所以〈暢玄〉篇中說它「增之不溢，挹之不匱，與之不榮，奪之不瘁。」它是永遠不滅的。很明顯，這種哲學是一種形而上學的客觀唯心主義。

葛洪還把「玄」或「道」也叫做「一」。他說：

> 道起於一，其貴無偶，各居一處，以象天地人，故曰：「三一也」。天得一以清，地得一以寧，人得一以生，神得一以靈。……老君曰：忽兮恍兮，其中有象；恍兮忽兮，其中有物。一之謂也。（〈地真〉）

又說：

一能成陰成陽，推步寒暑，春得一以發，夏得一以長，秋得一以收，冬得一以藏。其大不可以六合階，其小不可以毫芒比也。（同上）

這即是說，玄（道）所以能永恆存在，而且有著如此神秘的力量，就在於它是一，它是獨一無偶的。所以，這裡的「道起於一」，並不是說道生於一，在時間上有前後，而在於說道所以能發揮如此的作用，在於它是「一」的緣故。這種無限地誇大「一」的作用的做法，完全是把「一」這一數字神秘化的結果。雖說數的計算總是要從「一」開始的，但是「一」決不是神秘的東西，它是從具體事物的數量關係中抽象出來的概念。而唯心論者則總是把這種抽象的概念當作客觀存在物來對待，並誇大其作用，當作天地萬物產生的根源，從而在認識論上犯下了絕大的錯誤。

把「道」說成是「一」，這種思想最早見之於先秦的老子。老子說：「天得一以高，地得一以寧，神得一以靈，谷得一以盈，萬物得一以生，侯王得一以爲天下貞。」（《老子》三十九章）這裡的得「一」就是指得「道」，一與道是一個東西。玄學家王弼對於道爲什麼是「一」的問題也作了闡說，他說：「一，數之始而物之極也。各是一物之生所以爲主。」（《老子》三十九章注）「一」之所以重要，這是因爲一是數的開始，萬物的根源，萬物都是由一物（即道）所生的。以此他解釋老子的「道生一時」說：「萬物萬形，其歸一也。何由致一？由於無也。由無乃一，一可謂無。」（《老子》四十二章注）這即是說，一與無是一而二、二而一的東西，一即是無，亦即是道。很顯然葛洪是受了老子和王弼思想影響的，所以他也十分强調一的作用。他不僅把道的作用歸結爲一，而且還進一步地把一的作用神秘化，使之適應於自己的宗教神學的需要。他說：

> 一在北極大淵之中，前有明堂，後有絳宮，巍巍華蓋，金樓穹隆，左罡右魁，激波揚空，……龍虎列位，神人在傍。……（〈地真〉）

這裡的「一」已經大不同於老子、王弼的思辯哲學所講的「一」了，而純粹是宗教學上的上帝的別名了。

2.論守一

道教哲學所關心的問題，是人如何能長生不死成爲神道廣大的神仙問題。按照葛洪的說法是：「長生仙方則唯有金丹，守形卻惡，則獨有眞一，故古人尤重也。」（〈地眞〉）金丹可使長生，守位眞一即能通神卻惡，成爲神通廣大的仙人。然而金丹大藥「皆用錢值，不可卒辦」，只有「累年積勤，然後可合」，「及於合作之日，當復齋潔清淨，斷絕人事，有諸不易，而當復加之以思神守一，卻惡衛生，常如人君之治國，或戎將之凌敵，乃可爲得長生之功也。」（同上）這即是說，金丹難辦，也只有在思神守一卻惡衛生的情況下，才能合成。因此，不懂得守一卻

惡，亦就不可得到金丹，所以說：「子欲長生，守一當明。」(同上)

不僅守一能合成金丹，而且守一能獲得廣大的神通。葛洪說：

余聞之師云：「人能知一，萬事畢。」知一者，無一之不知也；不知一者，無一之能知也。(同上)

「一」是最高的神秘的絕對物，所以知道了「一」，也就能無一不知，知道一切。「知一」有神秘作用，「思一」亦有神秘作用：「思一至饑，一與之糧；思一至渴，一與之漿。」(同上)思一能使饑時得到糧，渴時得到漿。甚至守一的作用不僅能給糧給漿，而且能神通廣大到無所不能。所以葛洪接著說：

守一存真，乃能通神，少欲約食，一乃留息。白刃臨頸，思一得生。……陸辟惡獸，水卻蛟龍，不畏魍魎挾毒之蟲，鬼不敢近，刃不敢中，此真一之大略也。(同上)

又說：

人能守一，一亦守人，所以白刃無所措其銳，百害無所容其凶，居敗能成，在危獨安也。若在鬼廟之中，山林之下，大疫之地，塚塞之間，虎狼之藪，蛇蝮之處，守一不怠，眾惡遠進。

……（同上）

這即是說，只要認眞地守一，就可得到神通，鬼不近，刀不中，所謂刀槍不入虎龍不傷，成爲無所不能的神人仙人。這自然完全是一種宗教神秘主義的說法罷了。

爲了宗教神學的需要，葛洪還把「一」分成爲「玄一」與「眞一」兩種。以葛洪的說法，眞一在人身上的存在比較具體，它表現出有姓字、長短、服色等不同，「男長九分，女長六分」（同上）。它或存在於臍下下丹田中，或存在於心下絳宮金闕中丹田中，或存在於人的兩眉間上丹田中。總之，眞一比較具體，是一種有形有象的東西。而玄一則不是具體的存在物，而是超形體的東西，所以守玄一又與守眞一的作用有所不同，可以得到所謂的「分形之道」。葛洪說：

> 守玄一，並思其身，分為三人；三人已見，又轉益之，可至數十人，皆如己身。隱之顯之，皆自有口訣，此所謂分形之道。（同上）

這就是所謂守玄一可得隱身分身之法。所有這些全是道教神秘主義的說法了。

3.論變化

葛洪的道教哲學，是爲他的道教神學作佐證的，他的哲學大多宣揚的是一套唯心主義神秘主義的東西，但是他在論證人能成仙與鉛汞之屬能煉成金丹，或煉成黃金白銀（黃白術）的過程中，發現了自然界存在的變化現象，猜測到了不少合乎科學的辯證法思想：

⑴提出了「變化者，乃天地之自然」（〈黃白〉）的思想。葛洪認識到「高山爲淵，深谷爲陵」，這些現象乃是「大物之變化」，即是屬於自然變化的現象，因此自然界沒有什麼不變的東西。至於社會現象，葛洪也認爲是變化的：

法無一定，而慕權宜之隨時。（〈博喻〉）

人才無定珍，器用無常道。進趨者以適世為奇，役御者以合時為妙。（〈廣喻〉）

社會現象如法則，如人才、器用等，都是「隨時」而變的。因此，「常制不可以待變化……刻船不可以索遺劍。」（同上）爲此葛洪主張隨時而變，反對刻船索劍，守株待兔的不變思想。但他也反對那種「功不倍前，而好屢變以偶俗」（〈博喻〉）的做法，認爲這種不講實際功效的好變思想，猶如「刵高馬以適卑車，削附踝以就褊履，斷長劍以赴短鞘，割玉璧以納促匣也。」（同上）一樣，是斷斷使不得的。至於葛洪依據「變化者天地之自然」的思想，論證鉛汞之屬可以煉成黃金，白銀之類，當時來說，則是不科學的臆斷的東西，乃至認爲服食這樣的黃金可以昇仙之說，則更是荒謬的了。

⑵肯定了事物向自己的相反方向轉化的思想。葛洪認爲，輕重、高下、福禍、利害等等，這

些對立的方面，都是會向著自己的相反方向轉化的。例如他說：

盈乎萬鈞，必起於錙銖；竦秀凌霄，必起於分毫；是以行潦集而南溟就無涯之曠，尋常積而玄圃致極天之高。（〈博喻〉）

利豐者害厚，質美者召災，是以南禽殲於藻羽，穴豹死於紋皮，……金玉崇而寇盜至，名位高而憂貴（貴應作患）集。（同上）

金以剛折，水以柔全，山以高移，谷以卑安，是以據雌節者，無爭雄之禍；多尚人者，有百怨之患。（同上）

這即是說，萬鈞與錙銖，凌霄與分毫，利豐與害厚，質美與招災，名位與憂患、剛與折、柔與全等等，本來都是對立的東西，卻是可以向著自己的對立方面轉化的。顯然這些思想，是對老子的對立面可以轉化思想的發揮。老子曾經說過：「合抱之本生於毫末。九層之台起於蔂土。千里之行，始於足下。」（《老子》六十四章）又說：「圖難乎其易也，爲大乎其細也。天下之難作於易，天下之大作於細。」（《老子》六十三章）但老子講轉化並不講轉化的條件性。在這裡葛洪也與老子一樣，忽視了轉化的條件性。其實利害、福禍等等之間轉化必須具備一定的條件，無一定的條件是不會轉化的。

葛洪哲學中的合理成分，除上述兩點之外，還有一個很重要的思想，即是在他討論貴賢任能過程中所提出來的要全面地看待問題的思想。我們知道，事物總是複雜的，既有事物的正面，肯定的一面，亦有事物的反面消極的一面。因此我們在認識事物，評論人物時，既要看到其正面，亦應看到其反面，並且更應看到這兩方面誰占主導一面的問題，只有這樣我們才能全面地正確地認識事物，評論人物。所以葛洪說：

> 瓊琨山積不能無挾瑕之器，鄧林千里不能無偏枯之木。論珍，則不以細疵棄巨美；語大，則不可以少累廢其多。（〈博喩〉）

確實美玉山積不可能無瑕器，森林千里不可能無根枯木，然而不可以「細疵棄巨美」，亦不可以少累而廢其多。這即是說，事物總是有正反兩個方面，我們一定要看到它的主導面，然後才可決定取捨。以此葛洪論說了選用人才的道理，認爲選拔官吏切不可求全責備，尤其不能只重小節而忽視一個人的大節。葛洪說：「小疵不足以損大器，短疚不足累長才。……奢僭不可以棄夷吾，奪田不可以薄肖何，竊妻不可以廢相如，受金不可以斥陳平。」（同上）而關鍵在於如何用人，「用得其長，則才無或棄；偏詰其短，則觸物無可。」（同上）因此，用人在於用其長而避其短，決不可以小疵而棄大才。至於對於歷史人物的評價，葛洪認爲也應當作全面的考察，不可把好的說成絕對的好，沒有一點毛病；亦不可把壞的說成絕對的壞，一無是處。爲此葛洪說：

能言莫不褒堯政，不必皆得也；舉世莫不貶桀事，不必盡失也。……西施有所惡，而不滅其美者，美多也；嫫母有所善，而不能救其醜者，醜篤也。（〈博喻〉）

我們認爲，葛洪能如此地評價堯與桀，西施與嫫母，是比較客觀的全面的，是合乎兩分法的思想的，是我們應當加以肯定的。

註釋

①《晉書・本傳》載葛洪卒年爲八十一歲，而《太平寰宇記》說爲六十一。查葛洪晚年爲鄧嶽所留止廣州羅浮山修道，而葛洪死於鄧嶽之前，又鄧嶽任廣州刺史在咸和五年（三三〇年）以後，歷任十餘年，死於任所，則葛洪卒年當爲六十一爲確。（參見侯外廬主編《中國思想通史》第三卷二八三頁）。

②《抱朴子・自敍》：「至建武中，乃定凡著內書二十卷，外篇五十卷，……。」

第二章　《黃庭經》的道教思想

《黃庭經》據陶弘景《眞誥》所載，此經是由晉哀帝興寧二年（三六四年），南岳魏夫人授其弟子的。《眞誥》云：

上清真經，晉哀帝興寧二年，南岳魏夫人授其弟子，使作隸書寫出，數傳而後，為楊某竊之，因濟浙江，遇風淪漂，惟《黃庭》一篇得存。

魏夫人是何人？《太平廣記》卷第五十八說：

魏夫人者，任城人也。晉司徒劇陽文康公舒之女，名華存，字賢安。幼而好道，靜黙恭謹，讀莊老三傳五經百氏，無不該覽，志慕神仙，味真耽玄，欲求沖舉，常服胡麻散茯苓丸，吐納氣液，攝生夷靜，……。

魏夫人，名華存，晉司徒魏舒之女。然正史中無有記載。《太平御覽》則引〈南岳魏夫人內傳〉亦說：「夫人姓魏，諱華存，字賢安，任城人，晉司徒文康公魏舒之女也。」其說法與《廣記》同。《太平廣記》同卷接著說：

年二十四，強適太保椽南陽劉文，字幼彥，生二子，長曰璞，次曰瑕。……景林（指景林真人）又授夫人〈黃庭內景經〉，令晝夜存念，讀之萬遍後，乃能洞觀鬼神，安適六府，調和三魂五臟，主華色，反嬰孩，乃不死之道也。……夫人……凡住世八十三年，以晉成帝咸和九年，歲在甲午，……夫人乃託劍化形而去。……又述〈黃庭內景經〉，……夫人令璞傳法於司徒瑯邪王舍人楊義，護軍長吏許穆，……並皆昇仙。陶貞白《真誥》所呼南真，即夫人也。

以此而言，魏夫人似歷史上確有其人，有丈夫有兒子（「璞爲庾亮司馬，又爲溫太眞司馬，後至安成太守。瑕爲陶太尉侃從事中郎將。」）《太平廣記》後記載似有所本。《黃庭經》則相傳由道教中的神仙景林眞人授予魏夫人，夫人又令其子璞傳於楊義①與許穆②（許穆或即是許謐，穆有靜義，謐亦有靜義，故許謐一名許穆也。）然而《廣記》所說夫人住世八十三年，於成帝咸和九年仙去，咸和九年爲西元三三四年，這就與《眞誥》所講《黃庭經》於興寧二年（三六四年）由魏夫人授其弟子之說，時間上發生了矛盾，其間隔三十年，兩種說法不知孰是孰非。

至於現存《黃庭經》有〈內景〉與〈外景〉兩篇，究竟哪篇早出，學術界看法不一。有主〈內景〉早出者，而一般則主〈外景〉早出。在兩晉南北朝時代《黃庭經》似乎無內外兩篇之分。最早著錄此經的首推《抱朴子．遐覽篇》（《抱朴子》內外篇成書於三一七年至三一八年間，則在這以前，《黃庭經》已經聞世）。其文則講到《黃庭經》一卷，其後《眞誥》所載亦只是說「惟《黃庭》一篇」。那末這一卷或一篇是〈內景經〉還是〈外景經〉呢？按《太平廣記》或《太平御覽》的說法：「景林眞人又授夫人《黃庭內景經》」，那末這一卷或一篇就應該是〈黃庭內景經〉。然而歐陽修《集古錄》曾記載到他所見到的王羲之於永和十三年（三五七年）所寫的《黃庭經》刻石本③，爲〈外景經〉。現《雲笈七籤》中〈太上黃庭外景經帝〉（務成子作）說：

後晉有道士，好黃庭之術，意專書寫，常求於人，聞王右軍精於草隸，而復性愛白鵝，遂以數頭贈之，得乎妙翰。

可見，北宋時（宋眞宗時張君房編《雲笈七籤》）是有傳王羲之寫〈外景經〉一說的。如果歐陽修所見沒有錯的話，〈外景經〉應是在前。然而《晉書．王羲之傳》並無這樣的記載，〈本傳〉中則說：「又山陰有一道士，養好鵝，羲之往觀焉，意甚欲，固求市之。道士云：爲寫《道德經》，當舉羣相贈耳。羲之欣然寫畢，籠鵝而歸，甚以爲樂。」王羲之以寫《道德經》而換取白鵝，並未說到寫

《黃庭經》的事。究竟王右軍寫的是《道德經》呢?還是〈外景經〉?抑或兩經都寫了呢?現在我們很難加以考定了。就〈外景〉與〈內景〉的內容上說,思想基本上一致,並無多出入,只是〈外景〉簡約,〈內景〉較繁多。所以一般認爲,〈外景〉成書較早,〈內景〉是由〈外景〉推衍而出的。但也有人認爲〈外景〉爲〈內景〉删減而成。當然這兩種情況都是有可能的。近來有些道教研究者,還提出:「〈內景〉的〈治生章〉談到《洞玄》,〈沐浴章〉談到《大洞經》、《洞玄》、《大同》均爲南北朝時期流行的道教經典;又〈上清章〉提到『玉晨君』,〈高奔章〉有『玉清虛無老』,〈紫清章〉有『紫清上皇大道君』,均爲南北朝以前未出現之神。」④以此證明〈內景經〉當晚出等等。

綜上所述,從我們目前所掌握的史料來看,〈外景〉早出〈內景〉的理由較多一些。〈內景〉很可能是在〈外景〉的基礎上擴充而成的。

《黃庭經》是上清派道教的主要經典,是上青眞經中的主要著作。相傳魏夫人傳經給楊義和許謐之後,始創「上清派」,又因以茅山爲聖地,故又稱爲「茅山宗」。《黃庭經》爲一部道教的養生修煉要書,它討論了通過呼吸、漱津、存神、斷欲等術,以期求得長生之道。何謂「黃庭」?「黃」者土之色,土在五行配方位中居中央,所以黃者表「中央」之義。「庭」者,乃庭院空地也,黃庭即表中空之義。就人來說,人之中央部位爲臍部,臍內空處即黃庭也。道教重胎息,故重黃庭。所以〈外景經〉說:

解說身形及諸神，上有黃庭下關元，後有幽闕前命門，呼吸廬間入丹田，玉池清水灌靈根，
審能修之可長存。

上有黃庭，指上有臍部。下有關元，關元在臍下三寸處，所以說臍下有關元。幽闕爲神闕穴，命門爲命門穴。呼吸精氣入於丹田，再加漱津（玉池清水即指口中津液）吞液灌溉「靈根」，即可長存久視。這就是《黃庭經》所說的呼吸術與漱津術。關於呼吸術，〈外景經〉說：

仙人道士非異有，積精所致和專仁。人盡食穀與五味，獨食太和陰陽氣。故能不死天相溉。
呼吸虛無見吾形，強我筋骨血脈盛。
服食玄氣可遂生。

道教認爲，人之筋骨血脈皆有氣所成，所以服氣即可長生。而氣之中最精微的則是精氣，所以最重要的是修煉精氣。「三關之中精氣深，子欲不死修崑崙。」三關指口爲心關、足爲地關、手爲人關。崑崙指頭部。口、足、手三關精氣深藏需要修煉，而最稱重要是修崑崙頭部，這樣就能達到長生不死。關於漱津術，〈外景經〉說：

玉池清水上生肥，靈根堅固老不衰。

〈內景經〉亦說：

> 口為玉池太和宮，嗽咽靈液災不乾，體生光華氣香蘭，卻滅百邪玉煉顏。

漱出津液，使靈液不乾，體生光華，卻除百邪，亦爲長生之重要一術。此外，《黃庭經》還特別重視斷欲和精神上的保持寧靜恬淡所謂「守虛靜」的修煉術。關於斷絕男女之欲方面，〈外景經〉說：

> 長生要愼房中急，棄捐淫俗專子精，寸田（丹田）尺宅（面部）可治生。……閉子精門可長活。

〈內景經〉亦說：

> 長生至愼房中急，何為死作令神泣，……但當吸氣錄子精，寸田尺宅可治生，若當決海百瀆傾，葉去樹枯失青青。
>
> 急守精室勿妄泄，閉而寶之可長活。

道教認爲，要得長生必須煉養精氣，而不能使之泄漏虧損。房中之欲即是虧損精氣，自走死路，而不得長生。爲此道教至愼房中，主張斷男女之欲，保精自守以求長存。關於守虛靜的修煉方法，〈外景經〉說：

正室堂前神所舍，洗心自治無敗洿，歷觀五臟視節度，六腑修治潔如素，虛無自然道之固。物有自然道不煩，垂拱無為身體安，虛無之居在幃間，寂寞廓型口不言，修和獨立真人宮，恬淡無欲遊德園，清淨香潔玉女前，修德明達神之門。……

又說：

作道優遊深獨居，扶養性命守虛無，恬淡自樂何思慮，羽翼己具正扶骨，長生久視乃飛去。

這即是說，虛無無爲，寂寞恬淡，優遊獨居，無欲無思，保持心神的安寧，內視五臟六腑百節之清淨，達到虛無自然的狀態。這是一種類似氣功的靜養方法。守虛靜主要講的是保持神的安靜。關於神的學說，《黃庭經》認爲，一個人身上有形有神，形與神是相應的，有多少形體器官就有多少神，因此認爲身內有諸多神。在這方面〈內景經〉講得爲最詳細。它說：

至道不煩決存真，泥丸（即腦，相當百會穴）百節皆有神。髮神蒼華字太元，腦神精根字泥丸，眼神明上字真玄，鼻神玉龍字靈堅，耳神空閒字幽田，舌神通命字正倫，齒神崿峯字羅千，一面之神宗泥丸，……心神丹元字守靈，肺神皓華字虛成，肝神龍煙字含明，翳鬱導煙守濁清，腎神玄冥字育嬰，脾神常在字魂停，膽神龍曜字威明，六腑五臟神體精，皆在心內運天經，晝夜存之自長生。

眼、耳、舌、鼻、髮、腦、面、齒、心、肺、肝、腎、脾、膽……皆有神，所以說：「泥丸百節皆有神」。這就是所謂體內神的思想，神是各種形體器官運動的主使者（「皆在心內運天經」），沒有諸神的主使也就沒有人的生命活動。所以晝夜存之而勿失，才能長生（「能存玄冥萬爭畢，一身精神不可失」）。〈內景經〉的這種體內神思想，在〈外景經〉中亦有所見。如〈外景經〉說：「脾中之神主中官，朝會五臟列三光。」有脾神當然也有其它五臟之神，但遠不如〈內景經〉分析得那樣細微，很可能〈內景經〉是充分發揮了〈外景經〉的體內神思想的。

從上面的分析中，我們可以看到，《黃庭經》確是一部修煉養生之書。它所講的養生之道，如呼吸法、漱津法、守虛靜法等，都是有一定的科學道理的，是古代人養生經驗的總結，時至今日，我們也是應當加以批判地吸取的。至於它講的體內神的思想，則明顯是一種有神論觀念，而是應當剔去的。

註釋

①楊羲，《眞誥》卷二十記載說：「楊君，名羲，成帝咸和五年庚寅歲九月生。本似是吳人，來居句容。……性淵懿沈厚。幼有通靈之鑒。與先生（即許邁）長史（許謐）年並懸殊，而早結神明之交。」

②許穆，即許謐。《眞誥》卷二十記載：「長史名謐，字思玄，一名穆，……少知名，儒雅清素，博學有才章。……少仕郡主薄功曹史。……出爲餘姚令，入爲尚書郎，郡中正，護軍長史，給事中，散騎常侍。雖外混俗務，而內修眞學，密授教化，遵行上道。」許謐其兄則爲許邁，其子爲許翽，皆爲道教中人（參見《眞誥》卷二十）。

③若王氏在永和十三年（三五七年）寫《黃庭經》，則此經已在社會上流行，那末《眞誥》所講興寧二年（三六四年）魏夫人授其弟子之說，恐有誤。

④《宗教詞典》第九三四頁（上海辭書出版社出版）。

桂冠叢刊

85711	兩結下的沈思	黃光國著
85712	大學、教育、人生	楊極東著
85718	大陸知識份子論政治、社會、經濟	李少民主編
85719	咱攏馬是台灣人	丁庭宇著
85901	基進筆記	傅大爲著
85902	知識與權力的空間	傅大爲著
85903	自我實現的人生	黃光國著
85904	中國大陸的政革與發展	陳一諮等著
85905	中國大陸當代文化變遷	陳奎德主編
85906	靠岸航行	吳潛誠著
85907	中國古典詩歌評論集	葉嘉瑩著
85908	中國古代房內考(精裝)	李　零譯
85909	傅正先生紀念集	宋英等著
85910	唐宋詞十七講	葉嘉瑩著
85911	王國維及其文學批評	葉嘉瑩著
85912	中國之興衰	黃天麟著
85913	東方與西方	黃天麟著
85914	苦水作劇	顧隨著、葉嘉瑩輯
85915	顧羨季先生詩詞講記	顧隨講述、葉嘉瑩筆記
85916	當代中國的國家與社會關係	李少民著
85917	中國傳統價值觀念詮釋學	劉　翔著
85918	符號與社會初論	陳光中著
85919	魏晉思想史	許抗生著

85920	中國大陸的社會、政治、經濟	李少民編
85921	超高與浮士德——台灣政治探針	金恒煒著
85922	建生文藝散論	王建生著
85923	國民黨派系鬥爭史(上)	郭緒印主編
85924	國民黨派系鬥爭史(下)	郭緒印主編
85925	中華文化史(上)	馮天瑜等著
85926	中華文化史(中)	馮天瑜等著
85927	中華文化史(下)	馮天瑜等著
85928	中國文明與魯迅的批評	張琢著
85929	解放軍的現況與未來	林長盛編
85930	電視社會學	陳光中、張麗華著
85931	認識與奧秘	蔡信健著